Bublitz, Marek, Steinmann, Winkler (Hrsg.)

AUTOMATISMEN

SCHRIFTENREIHE DES GRADUIERTENKOLLEGS

„AUTOMATISMEN"

Herausgegeben von

Hannelore Bublitz, Gisela Ecker,
Norbert Eke, Reinhard Keil
und Hartmut Winkler

Hannelore Bublitz, Roman Marek,
Christina L. Steinmann, Hartmut Winkler (Hrsg.)

AUTOMATISMEN

Wilhelm Fink

Gefördert mit Mitteln der Deutschen Forschungsgemeinschaft und der Universität Paderborn

Umschlagabbildung:
Jürgen Gebhard (picturepress)

Bibliografische Information der Deutschen Nationalbibliothek

Die Deutsche Nationalbibliothek verzeichnet diese Publikation in der Deutschen Nationalbibliografie; detaillierte bibliografische Daten sind im Internet über http://dnb.d-nb.de abrufbar.

Gedruckt auf umweltfreundlichem, chlorfrei gebleichtem und alterungsbeständigem Papier.

Alle Rechte, auch die des auszugsweisen Nachdrucks, der fotomechanischen Wiedergabe und der Übersetzung, vorbehalten. Dies betrifft auch die Vervielfältigung und Übertragung einzelner Textabschnitte, Zeichnungen oder Bilder durch alle Verfahren wie Speicherung und Übertragung auf Papier, Transparente, Filme, Bänder, Platten und andere Medien, soweit es nicht §§ 53 und 54 UrhG ausdrücklich gestatten.

© 2010 Wilhelm Fink Verlag, München
(Wilhelm Fink GmbH & Co. Verlags-KG, Jühenplatz 1, D-33098 Paderborn)

Internet: www.fink.de

Lektorat und Satz: Margret Westerwinter, Düsseldorf
Einband: Evelyn Ziegler, München
Printed in Germany.
Herstellung: Ferdinand Schöningh GmbH & Co. KG, Paderborn

ISBN 978-3-7705-4987-0

INHALT

HANNELORE BUBLITZ, ROMAN MAREK,
CHRISTINA L. STEINMANN, HARTMUT WINKLER
Einleitung 9

*Thesenbaukasten zu Eigenschaften, Funktionsweisen und
Funktionen von Automatismen. Teil 1* 17

KOLLEKTIVE AUTOMATISMEN, KUMULATION, UNERWARTETE EFFEKTE

HARTMUT WINKLER
Spuren, Bahnen …
Drei heterogene Modelle im Hintergrund
der Frage nach den Automatismen 39

ANDERS JOHANSSON
Selbstorganisation und (Un)Koordination
in Menschenmengen. Die Dynamiken von Massenpaniken 61

HOLGER KARL
Struktur aus Zufall:
Entstehung von Abhängigkeiten
in Telekommunikationssystemen 71

TILMANN SUTTER
Emergenz sozialer Systeme und die Frage des Neuen 79

*Thesenbaukasten zu Eigenschaften, Funktionsweisen und
Funktionen von Automatismen. Teil 2* 99

Wiederholung, Strukturbildung

Mladen Dolar

Automatismen der Wiederholung:
Aristoteles, Kierkegaard und Lacan 129

Hannelore Bublitz

Täuschend natürlich.
Zur Dynamik gesellschaftlicher Automatismen,
ihrer Ereignishaftigkeit und strukturbildenden Kraft 153

Ulrike Bergermann

Spiegelneurone und Tanzkaraoke:
Echo Objects und *Napoleon Dynamite* 173

Reinhard Keil

Das Differenztheater.
Koaktive Wissensarbeit als Selbstorganisation 205

*Thesenbaukasten zu Eigenschaften, Funktionsweisen und
Funktionen von Automatismen. Teil 3* 231

Tausch, Zirkulation, unsichtbare Hand

Gisela Ecker

Ungeschriebene Regeln. Automatismen und Tabu 257

Bernd Blaschke

Automatismen und das Ende der Komödie.
Tausch, Markt und (un)sichtbare Hand
als Motive im Lachtheater 271

Ludwig Jäger, Matthias Jarke,
Ralf Klamma, Marc Spaniol

Transkriptivität.
Operative Medientheorien als Grundlage von
Informationssystemen für die Kulturwissenschaften 299

Abbildungsnachweise 315

Über die Autorinnen und Autoren 317

EINLEITUNG

Als Automatismen bezeichnet man Abläufe, die sich einer bewussten Kontrolle weitgehend entziehen. Die Psychologie kennt Automatismen im individuellen Handeln; die Soziologie untersucht Prozesse der Habitualisierung und der Konventionalisierung, Ökonomen haben den Markt als einen Automatismus beschrieben.

Automatismen bringen – quasi im Rücken der Beteiligten – neue Strukturen hervor; dies macht sie interessant als ein *Entwicklungsmodell*, das in Spannung zur bewussten Gestaltung und zu geplanten Prozessen steht. Automatismen scheinen insbesondere in verteilten Systemen wirksam zu sein; Automatismen sind technische bzw. quasi-technische Abläufe; gleichzeitig stehen sie in Spannung zum Konzept des technischen Automaten.

Der vorliegende Band geht auf eine Ringvorlesung zurück, die das Graduiertenkolleg *Automatismen – Strukturentstehung jenseits geplanter Prozesse* 2008/09 an der Universität Paderborn veranstaltet hat. Ausgehend vom Konzept des Kollegs geht es darum, den Begriff der ‚Automatismen‘ aus der Perspektive unterschiedlicher Fächer – der Medien- und Kulturwissenschaften, der Sozialwissenschaften und der Informatik – in den Blick zu nehmen, mit dem Ziel, Gemeinsamkeiten und Unterschiede im Gegenstandsfeld, in der Herangehensweise, im methodischen Instrumentarium und in der Terminologie zu entdecken. Am Kolleg Beteiligte und externe Gäste loten sehr unterschiedliche Dimensionen aus; auf Basis der gemeinsamen Überzeugung, dass sich mit dem Blick auf die ‚Automatismen‘ im Feld zwischen Kultur und Technik tatsächlich Neues erschließt.

Warum aber dieser Gegenstand? Warum ‚Automatismen‘? Ausgangspunkt ist die Beobachtung, dass ein immer größerer Anteil der gesellschaftlich relevanten Strukturen dort entsteht, wo der Raum bewusster Planung endet. Dies gilt für technische Entwicklungen ebenso wie im Prozess allgemeiner kultureller Evolution; die Beispiele sind vielfältig: An die Seite der traditionellen Massenmedien tritt das Internet mit seiner unübersehbar verteilten Nutzeraktivität, innerhalb von Firmen werden Hierarchien durch informelle, kooperative Strukturen ersetzt; von Informatikern entworfene Ad-hoc-Netze kopieren das Marktmodell und handeln die Allokation von Ressourcen selbstständig aus.

Allgemein scheinen alle diejenigen Erklärungsansätze in eine Krise geraten, die – *top down* – auf zentrale, verantwortlich handelnde Instanzen verweisen. Was aber kann an deren Stelle treten? Ist es möglich, Mechanismen der Strukturentstehung *bottom up* zu modellieren?

An dieser Stelle kommt der Begriff der ‚Automatismen‘ ins Spiel. Wo man planende Instanzen vermisst, scheinen diese häufig durch Automatismen ersetzt. Hierbei geht es um ein Entwicklungsmodell, um die Frage, auf welche Weise sich in automatisierten Prozessen Strukturen herausbilden.

Automatismen sind bisher vor allem im Rahmen von Einzelwissenschaften untersucht worden. Wie aber sind solche Einzelansätze aufzugreifen, durchzuarbeiten und möglicherweise zusammenzuführen? Ist es möglich, sie in Richtung einer systematischeren Fragestellung zu überschreiten und im interdisziplinären Vergleich eine *strukturelle Sicht automatisierter Prozesse* zu erreichen? Ziel wäre, das Konzept der Automatismen zu einer tragfähigen Konzeption auszubauen, die sich – differenziert, kohärent und operationalisierbar – in der Analyse konkreter technischer, medialer und kultureller Phänomene als fruchtbar erweist.

Um dem näher zu kommen, hat das Kolleg eine Reihe von Erkenntnis leitenden Hypothesen entwickelt, die wir hier – stichwortartig verkürzt – präsentieren:

Automatismen im Sinne des Skizzierten sind – wie Technologien – Praktiken der Formung und Formierung, die in Kategorien der Funktion zu denken sind und welche sich auf eine im Voraus berechenbare Rationalität aber nicht reduzieren lassen. Automatismen sind unhintergehbar und übersteigen den Horizont jeder subjektiven, willentlichen Verfügbarkeit. Sie fügen sich zu einem Regime hochwirksamer ‚Logiken' zusammen, ihre Wirkungen sind aber – aufgrund der unüberschaubaren Pluralität der beteiligten Kräfte – in gewisser Weise Zufallseffekte. Sie verdanken sich nicht dem Willen eines planvoll handelnden Subjekts, der sich in ihnen manifestiert, sondern sind Bestandteil eines wirkmächtigen Arrangements von Dingen, Zeichen und Subjekten.

1. *Verteilter Charakter*: Automatismen scheinen vor allem dort zum Tragen zu kommen, wo verschiedene Akteure ohne zentrale Lenkung voneinander unabhängig handeln. Innerhalb der Medien scheinen es vor allem die Nutzungsprozesse zu sein, die strukturgenerierend wirken und die ein Bottom-up-Ansatz entsprechend berücksichtigen muss. Wo ein strikter institutioneller Rahmen fehlt, stiften Kommunikationsprozesse, Tausch und Austausch, das Netz, das die Handlungsträger verbindet; entsprechend ist zu klären, wie, wo und wann Kommunikation ‚automatisiert' in Strukturbildung übergeht.

Ein besonderer Denkanreiz sind ‚verteilte Systeme', mit denen die *Informatik* sich in zunehmendem Maß beschäftigt. Von den Netzen der Mobilfunks über sogenannte Ad-hoc-Netze bis hin zu Waren, die mittels RFID-Etiketten ‚spontan' miteinander kommunizieren, sehen sich die Entwickler verteilter Systeme besonderen Anforderungen gegenübergestellt. Verteilte Systeme sind mit ihrem Nutzungsprozess auf völlig neue Weise verwoben; Strukturmuster entstehen weitgehend ungeplant als Automatismen; die Entwickler finden sich in einer neuen Position der Beobachtung wieder.

Ein anderer Beispielraum sind Markt und Ökonomie. Automatismen und ‚spontane' Strukturentstehung werden – gerade in der Öffentlichkeit – häufig am Beispiel der Ökonomie diskutiert: Die ‚*invisible hand*' des Marktes ist an die Stelle der ‚*visible hand*' planender Gestaltung getreten.

Und schließlich kann man nach Automatismen auch auf der Ebene von Gruppenprozessen fragen. Verteilte Systeme spielen zunehmend dort eine wichtige Rolle, wo einander unbekannte Akteure Kontakt aufnehmen und gemeinsame Aktivitäten planen und koordinieren. Beispiele hierfür reichen von der Freizeitgestaltung über politische Aktivitäten und spontane Protestaktionen („*smart mobs*') bis hinein in Bereiche des vernetzten Lernens und Arbeitens. Solche Zusammenschlüsse werden erst durch den Einsatz spezifischer Medien, wie z. B. Mobilfunk, Webschnittstellen, virtuelle Begegnungsstätten oder Agentensysteme, möglich. Und Medien machen die Gruppenprozesse transparent: Ein Beziehungsgeflecht, das automatisiert entsteht und für die Beteiligten möglicherweise opak bliebe, wird mit technischen Mitteln beobachtbar gemacht.

Was aber sind die Strukturmerkmale dieses neuen Typs medialer Mobilisierung? Spontaneität, Verzicht auf übergeordnete Planung, relative Unverbundenheit und Heterogenität der Beteiligten finden ihre Entsprechung im größeren Raum der Gesellschaft: Individualisierung, Projektförmigkeit unternehmerischer Aktivitäten, Themenorientierung politischen Engagements, kollaboratives Lernen, sogenanntes *„mobile and nomadic computing'* wären hier zu nennen.

2. *Selbstkalibrierung, Selbstadjustierung, Selbstmanagement*: Der griechische Wortstamm ‚auto-' spricht es aus: Mit den Automatismen zwangsläufig verbunden ist die Frage nach dem Selbst und nach den Bedingungen, die es hervorbringen. Der traditionelle Verweis auf das Subjekt ist irritiert worden durch die subjektkritischen Ansätze der Philosophie; im Feld der Technik durch die Künstliche Intelligenz und die Robotik, und in jüngerer Zeit durch die Techniktheorie etwa Latours, dessen Akteur-Netzwerk-These zwischen menschlichen und technisch-apparativen Aktanten nicht mehr trennt.

Automatismen setzen ein ‚Selbst' einerseits voraus; andererseits ist zu fragen, wie ein ‚Selbst' entsteht, wie es sich stabilisiert und reproduziert, und welchen Anteil hieran wiederum Automatismen haben. Gesellschaftlich ist zu beobachten, dass Mechanismen der Selbstkonstitution zunehmende Aufmerksamkeit zukommt: Im Zurücktreten traditionaler Bindungen und der Flexibilisierung von Rollenvorgaben werden Selbstkonstitution und Selbstmanagement zunehmend verlangt; dies wird von den Betroffenen als zunehmend belastend erfahren. Selbstkonstitution erscheint als auferlegt – in deutlicher Spannung zu den Konnotationen einer positiv besetzten Autonomie, die der Begriff ebenfalls mit sich führt.

Auf Seiten der Technik kann das Konzept der Automatismen abgegrenzt werden gegenüber den Theorien zum Automaten. Hier ist es die Vorstellung einer mechanischen Selbsttätigkeit, die den Begriff bestimmt; sie kann nicht gemeint sein, wenn von ‚Automatismen' die Rede ist.

Innerhalb der Sozialwissenschaften wird betont, dass Selbstkonstitution sich immer in einem Wechselverhältnis vollzieht – im Wechselverhältnis zwischen Subjekt und Gesellschaft, und zweitens im Wechselverhältnis zwischen

Subjekt/Gesellschaft und Technologie. Soziale Prozesse der Technisierung und Automatisierung ergreifen immer auch den Menschen selbst. Der Begriff der ‚Automatismen' beschreibt auf dieser Ebene z. B. körperliche und psychische Haltungen, die zwar automatisch – unbewusst – funktionieren und von daher als gleichsam ‚technisch' zu beschreiben sind, gleichzeitig aber rein technische Funktionsabläufe überschreiten. Widerlager auch dieser Frage ist der Begriff des technischen Automaten. Kann technischen Anordnungen ein ‚Selbst' zugestanden werden? Welcher Grad von Autonomie ist hierfür gefordert? Und wenn sich das Selbst der Subjekte in der Wechselbeziehung zu gesellschaftlich/technischen Anordnungen entwickelt – entwickelt sich auch die Technologie in zyklischen Prozessen, im Durchgang durch Gesellschaft, Alltag, Gebrauch und Massenkultur?

Die Überlegungen zur Selbstkonstitution unterstellen bereits, dass sich Prozesse der Selbststeuerung in zyklischen Rückkoppelungsschleifen vollziehen. Zyklen der Reproduktion spielen eine Rolle in der Biologie und der Evolutionslehre und sind von dort aus in die Kybernetik übernommen worden; Basisvorstellungen wie Rückkopplung und Regelkreis gehen auf die Erfahrung technischer Apparaturen zurück; das „Selbst-" der Selbstkonstitution und das „Auto-" der Automatismen enthält jeweils die Zyklen als reflexives Moment.

Die Systemtheorie generalisiert das Modell im Konzept der Autopoiesis. Systementstehung und Systemerhalt werden hier in systematischer Weise beschrieben. Grundlegendes Konzept bildet der operative Konstruktivismus, der von der selbstreferenziellen Bildung (Selbstkonstitution) und Abgrenzung von Systemen ausgeht: Systeme werden nicht produziert, sondern entstehen in den laufenden rekursiven Anschlüssen systeminterner Operationen. In diesem Rahmen untersucht die Systemtheorie die medienbedingte Formung rekursiv aneinander anschließender Kommunikationen; darüber hinaus die Funktionen von Kommunikationsmedien in zunehmend komplexen Gesellschaften, den Erfolg und die Verbreitung von Kommunikation sowie die Gedächtnis-, Speicher- und Thematisierungsfunktion.

Sehr konkret stellt sich die Frage nach den Zyklen der Reproduktion für die Entwickler technischer Systeme. Klassisch werden Softwarepakete nach einem vereinbarten Stufenplan erstellt und dann an den Nutzer übergeben; in der Praxis, im Gebrauch, bewähren sie sich oder bewähren sich nicht; die Kritik der Nutzer leitet die Nachbesserung und damit den nächsten Entwicklungszyklus ein. Dieses Entwicklungsmodell setzt voraus, dass der Entwickler ein konkretes Gegenüber hat, das die Kritik (Brauchbarkeit oder Unbrauchbarkeit) kommuniziert; dies ist insbesondere bei verteilten Systemen kaum mehr der Fall. Ebenso wenig scheint sichergestellt, dass das explizite Urteil, wie es etwa die Marktforschung empirisch ermittelt, die tatsächliche Nutzerzufriedenheit/-unzufriedenheit zutreffend spiegelt. Die Informatik reagiert, indem sie neue Wege der Systementwicklung sucht, die dialogischer, in enger Abstimmung mit dem Nutzungsprozess vorgehen.

3. *Kumulation, Emergenz*: Automatismen haben eine quantitative Seite, häufig sind sie mit *kumulativen* Prozessen verbunden; Strukturentstehung in verteilten Systemen vollzieht sich oft additiv. Auch diese Seite allerdings ist keineswegs trivial: Quantitative Veränderungen können Entwicklungssprünge auslösen, vor denen die Statistik versagen muss; Phänomene der Verdichtung scheinen ebenso typisch wie diejenigen schlichter Aufhäufung zu sein. Zudem ist zu beobachten, dass die Prozesse der Kumulation sich wiederum in Zyklen vollziehen; Rückkopplung, Resonanz und Selbstverstärkung scheinen in diesen Zyklen wirksam zu sein.

Verschiedene Fachgebiete nutzen den Begriff der ‚Emergenz', um Phänomene der Strukturbildung und den Umschlag von Quantität in Qualität zu beschreiben. Hauptsächliches Kennzeichen emergenter Prozesse ist, dass sie auf Basis quantitativer Veränderungen Unerwartetes, Neues hervorbringen; wenn wir Automatismen also als strukturbildend betrachten, berühren wir die Frage der Emergenz. In welchem Verhältnis aber stehen beide Begriffe? Sind Automatismen ein Fall, ein Typus von Emergenz? Besteht die Chance, das Konzept mit Blick auf die Automatismen zu konkretisieren?

Dass Quantitäten relevant sind, wird besonders deutlich am Beispiel der *Rankings*; einer Form populärkultureller Ordnungssysteme, die ausgehend von den etablierten Hitparaden und Sellerlisten inzwischen weite Teile des Internets und der Medienlandschaft bestimmen. Buchempfehlungen bei Amazon und das CHE-Ranking der Universitäten, Ergebnislisten der Suchmaschinen und personalisierte Werbung aufgrund von Clusterbildungen – alle diese Anwendungen verbindet, dass man verteilte, empirische Prozesse beobachtet, um sie statistisch versammelt in den Diskurs wieder einzuspeisen.

Ist ein solches Feedback implementiert, werden auch hier Automatismen wirksam. Es ist mit Effekten einer *Selbstverstärkung* zu rechnen. Diese kann zentralistisch wirken und bestehende Hierarchien stabilisieren; gleichzeitig aber sind auch Effekte in Richtung einer Dezentralisierung denkbar, etwa wenn die Verweisungs- und Bewertungsaktivitäten der Internetnutzer in Mechanismen der *Selbstorganisation* münden.

Ein wichtiger theoretischer Bezug ist der Begriff der Normalisierung, wie er von Jürgen Link in die Diskussion eingebracht worden ist. Link beschreibt, dass die Subjekte sich in der Beobachtung des gesellschaftlich ‚Normalen' zunehmend selbst adjustieren. Gesellschaftliche Vorgaben und Normen werden durch einen ‚flexiblen Normalismus' abgelöst. Auch beim Normalismus geht es um Quantitäten, insofern es Häufigkeiten sind, die das ‚Normale' formatieren. Die Gauß-Kurve ist eine statistische Funktion und sie markiert den Ort des Umschlags, an dem Quantitäten/Häufungen *strukturrelevant* werden. Dass die These auf eine implizite, intuitive Orientierung abhebt, verbindet den Normalismus mit der hier verfolgten Frage nach den Automatismen. Eine Einbindung in ein allgemeineres Modell der Schemabildung und Konventionalisierung erscheint möglich.

Und schließlich der letzte wichtige Punkt: Auffällig nämlich ist, dass Automatismen und Schemabildung innerhalb der Kulturwissenschaften durchaus ambivalent, und von einigen Ansätzen äußerst kritisch gesehen werden. So haben etwa der Russische Formalismus und der Prager Strukturalismus (Viktor Šklovskij, Jan Mukařovský) programmatisch vertreten, die Kunst habe die Aufgabe, eine *Entautomatisierung* zu leisten. Sind automatisierte und konventionalisierte Prozesse einerseits entwicklungsmächtig, unvermeidbar und ‚ökonomisch', sind sie gleichzeitig von einer gewissen Blindheit bestimmt; der Vorgang der Automatisierung steht geradezu für die Schwelle zwischen bewusst und unbewusst, und Konventionen bilden *underlying assumptions*, die sich einer bewussten Reflexion und Gestaltung weitgehend entziehen. Die These der Entautomatisierung stellt damit eine Art Kontrollgröße dar; sie scheint geeignet, das Konzept der Automatismen an eine wichtige Grenze zu führen.

Die so formulierten Hypothesen bilden ein erstes Raster, das es erlaubt, konkrete Beobachtungen am Material mit theoretischen Modellen in Verbindung zu bringen und das Problem der Automatismen in einem größeren Umfeld bereits entwickelter Theorien und Begriffe zu verorten. Gleichzeitig handelt es sich zunächst um eine Sammlung von Fragen.

Die Beiträge, die im vorliegenden Band versammelt sind, gehen diese Fragen aus unterschiedlicher Richtung an:

Der erste Teil des vorliegenden Sammelbandes befasst sich mit kollektiven Automatismen, Kumulation und unerwarteten Effekten. Der Beitrag von *Hartmut Winkler* geht aus vom Bild der Spur. Spuren graben sich ein, in der Überlagerung entstehen Muster und Strukturen. Im Fall von Trampelpfaden ist es der Verkehr selbst, der sich eine Infrastruktur schafft. Spuren verweisen insofern auf den Prozess ihrer Entstehung zurück, an ihrem Beispiel kann man die Wirkung unkontrollierter Bottom-up-Prozesse und den Umschlag von Quantität in Qualität zeigen.

Anders Fredrik Johansson ist Verkehrsforscher. Sein Text untersucht das Entstehen von Massenpaniken und die Möglichkeiten, ihnen mit technischen Maßnahmen entgegenzuwirken. Paniken sind ein besonders plastisches Beispiel für Automatismen; und die Verkehrswissenschaft hat auf Basis von Videoaufnahmen Computermodelle entwickelt, die solche kollektiven Automatismen beschreibbar machen.

Ebenfalls auf Basis empirischer Daten, nun aus der Telekommunikation, schildert *Holger Karl* wie sich Strukturen aus Zufall bilden. Mit den Mitteln der Statistik können unerwartete Regelmäßigkeiten im Nutzerverhalten entdeckt werden; die Frage nach den *Ursachen* weist über den Raum der Statistik hinaus.

Die Frage nach unerwarteten Effekten führt *Tilmann Sutter* weiter. Er beschäftigt sich mit dem Begriff der Emergenz und erschließt, wie Neues entsteht und woran es überhaupt zu erkennen ist. Systemtheoretisch und mithilfe der soziologischen Konstitutionstheorie erfasst Sutter Systembildungsprozesse und erläutert diese schließlich am Beispiel neuerer Medien.

Einen zweiten Schwerpunkt bildet der Zusammenhang von Strukturbildung und Wiederholung. Dieser Teil des Bandes wird eingeleitet von einem Beitrag von *Mladen Dolar*, der den Automatismusbegriff aus psychoanalytischer und philosophischer Sicht behandelt. Dolar spannt einen Bogen von Aristoteles über Bergson, Kierkegaard und Freud bis hin zu Lacan, um Automatismen der Wiederholung und ihren rätselhaften Charakter zwischen Zwang, Gleichheit und Verschiedenartigkeit zu erschließen.

Auch *Hannelore Bublitz* beschäftigt sich in ihrem Beitrag mit unbewussten Prozessen. Als ‚täuschend natürlich' charakterisiert sie automatisierte Regeln, die unhinterfragt als verselbstständigte Muster der Normalisierung inkorporiert und als unbewusste ‚Mechanismen' wirksam sind. Der Beitrag erhellt unsichtbare Machtstrukturen und Dynamiken fremd- und selbstgesteurter Automatismen.

Ulrike Bergermann erläutert anhand einer Tanzszene im Film *Napoleon Dynamite* die Nachahmung und ihre strukturbildende Kraft. Nachahmung ist ein besonders interessanter Typus von Wiederholung; wo die Neurowissenschaft die sogenannten ‚Spiegelneuronen' in Arbeit sieht, beschreibt Bergermann, dass in der ‚Tanzkaraoke' komplexe Mechanismen der Imitation, der Anverwandlung und der Verschiebung wirken.

Nach diesem Exkurs zum Potenzial des Films entwickelt *Reinhard Keil* in seinem Beitrag das Konzept der ‚Mediarena' als einen Schauplatz koaktiver Wissensarbeit und sozialer Selbstorganisation. Er plädiert dafür, Lernprozesse nach dem Muster biologischer Informationsverarbeitung zu modellieren und Softwaresysteme so zu entwerfen, dass ein gemeinsamer Wahrnehmungs- und Handlungsraum entsteht.

Im dritten Abschnitt schließlich geht es um Tausch und Zirkulation. *Gisela Ecker* analysiert die Praxis des Gabentausches in ihren unterschiedlichen Dimensionen. Sie zeigt, dass im Fall der Gabe bestimmte Regeln, wie der Zwang zur Gegengabe, nicht thematisiert werden. Sie unterliegen einem Tabu; die Gabe funktioniert offensichtlich nur dann, wenn die Regeln unterhalb der sichtbaren Oberfläche verbleiben und als Automatismen wirken.

Bernd Blaschke schildert, dass ähnlich wie in der Ökomie auch in Komödien eine ‚unsichtbare Hand' wirksam scheint. Und vielleicht ist dies kein Zufall: hat die Komödie doch ihre eigene ‚Ökonomie' und inhaltlich-thematisch vielfältige Bezüge auf Geldgeschäfte, Tausch, Austausch und Markt. Mit Beispielen aus Literatur und Film zeigt Blaschke, wie sich Automatismen auf Handlungsebene durchsetzen, und dass die ‚unsichtbare Hand' letztlich auch für die Komik verantwortlich ist.

Abschließend beschreiben *Ludwig Jäger*, *Matthias Jarke*, *Ralf Klamma* und *Marc Spaniol* ihr Konzept zur Transkriptivität und entfalten damit eine operative Medientheorie.

Hier geht es um Automatismen, die auf der Ebene der Diskurse wirksam werden; und weiter um die technische Umsetzung in ein Computersystem, das die Lesbarkeit medialer Produkte – über Zeit, Raum und Kulturkreise hinweg – unterstützen soll.

Neben diesen ausgearbeiteten Beiträgen gibt es eine Anzahl von kürzeren Texten im Thesenformat. Aufgegliedert in drei Blöcke und im Buch entsprechend verteilt, sollen sie einen Einstieg in verschiedene Einzelaspekte des Themas bieten.

Die Herausgeber

Thesenbaukasten zu Eigenschaften, Funktionsweisen und Funktionen von Automatismen. Teil 1

Die folgenden Texte wollen in einem ersten, groben Durchgang einige Dimensionen des Konzepts der *Automatismen* ausloten. Damit ist keinerlei definitorischer Anspruch verbunden. Um klar zu machen, dass es zunächst um eine Skizze geht und dass man jede der getroffenen Aussagen aus guten Gründen bestreiten kann, wählen die Autoren die Thesenform. In den Thesen vermischen sich verschiedene Dimensionen: Geht es einerseits darum, bestimmte Eigenschaften von Automatismen festzustellen, so verweist die Funktion auf den *Kontext*: Automatismen treten in den verschiedensten Feldern auf, und übernehmen je nach Zusammenhang völlig unterschiedliche Funktionen. Entsprechend gibt es nicht eine einzelne wissenschaftliche Disziplin, die für Automatismen zuständig wäre, Automatismen werden vielmehr in den unterschiedlichsten Fächern thematisiert. Wer Automatismen ‚quer' zu diesen Fachgrenzen in den Blick nehmen will, bewegt sich immer an der Grenze der Seriosität und wird unterbieten, was innerhalb des einzelnen Fachs Standard ist. Demgegenüber steht der Gewinn, dass auf diese Weise auch unvermutete Bezüge hervortreten. Auch in dieser Hinsicht ist der Inhalt der folgenden Thesen gemischt: Neben dem zu Erwartenden, das auch eine Lexikondefinition aufzählen würde, werden strikt perspektivische Aussagen gemacht, und da es etablierte Standardwerke zum Thema nicht gibt, besteht auch in der Wahl der Herangehensweisen und der zu untersuchenden Phänomene einige Freiheit. Der Text ist ein Kollektivprodukt, zu dem mehrere Autorinnen und Autoren beigetragen haben; die einzelnen Thesen sind gekennzeichnet.

These 1: Automatismen stehen in Spannung zum freien Willen, zu Kontrolle und Selbstkontrolle und zum Bewusstsein.

Am geläufigsten ist der Begriff der „Automatismen" wahrscheinlich in der Individualpsychologie. Landauer etwa, der schon 1927 Automatismen zu seinem Gegenstand macht[1], beobachtet, dass bestimmte Patienten Handlungen ausführen, die ihrem Willen nicht unterworfen sind und deren Sinn sie nicht benennen können; wiederholte, stereotype Gesten etwa, die Landauer entsprechend

---

[1] Karl Landauer, „Automatismen, Zwangsneurose und Paranoia", in: *Internationale Zeitschrift für Psychoanalyse*, 13 (1927), S. 10-17.

als Symptome betrachtet.² Diese Gesten aber, sagt Landauer, sind *Zwang,* und damit von ‚normalen Automatismen' klar unterschieden³:

> Der Vorgang des Sitzens ist *de norma* eine Aufeinanderfolge und Zusammenarbeit zahlreicher Innervationen, eine Taxie, bei der nur der Impuls und der Endeffekt bewußt sind, die Handlungen selbst aber unbewußt. Sie waren es allerdings nicht immer, denn beim Kinde ist die Synthese noch nicht gelungen (dies gilt übrigens [...] überhaupt für alle Willkürbewegungen, namentlich aber für jene häufig ausgeführten, erstarrten komplexen Leistungen, die man Praxien nennt, und die beruflichen Automatismen). Auf die – wenn auch nicht ausdrücklich ausgesprochene – Aufforderung hin, sich zu setzen, und im Bewußtsein, daß ein Beobachter zugegen ist, mißlingt die Leistung: Der Automatisierungsvorgang ist so lange zwangsmäßig gestört, als er vom Bewußtsein kontrolliert werden soll.⁴

Automatismen sind damit ein Zwischenreich; zwischen freiwilligen, bewussten Handlungen einerseits, und andererseits der vollständig unbewusst/unfreiwilligen Sphäre des Zwangs. Der Ablauf von Automatismen ist weitgehend unbewusst (und die Intervention des Bewusstseins kann den Vorgang stören), anders als beim Zwang aber kann der Impuls zur Handlung durchaus vom Bewusstsein kommen.

Zum Zweiten wird im Zitierten deutlich, dass Automatismen sich herausbilden, also eine *Geschichte* haben. Und Landauer bietet noch ein drittes, interessantes Motiv, indem er Automatismen auf der Grenze zwischen Totem und Lebendigem, Menschen- und Maschinenwelt ansiedelt. So argumentiert er gegen die materialistische Position eines Kollegen:

> [A]uf der einen Seite stehen [...] Vorgänge, die absolut organisch sind, auf der anderen Seite solche, deren seelische Wesenheit täglich neu Erlebnis werden, aber unliebes, denn das Weltbild ist durch jene unüberbrückbare Grenze von Totem und Lebendigem gestört. Der Drang nach Beseitigung dieses Widerspruches führt zu dem Streben, die Grenzlinie des Körperlichen, Kausalen, möglichst ins Psychische, Konditionale vorzuschieben. So, wie es das Ziel des Ingenieurs im Auftrage des Fabrikherrn ist, die lebendigen Arbeiter durch tote Maschinen zu ersetzen, nimmt der stumpfsinnige Materialist eine sich immer vergrößernde Zone an, in der das willkürlich arbeitende und daher unzuverlässig funktionierende Großhirnlebewesen von den stur reagierenden Reflexautomaten chemisch-physikalischer Zwangsläufigkeit verdrängt wird. Nicht diese Machterweiterungen des Toten sind von jenem Standpunkt aus erklärungsbedürftig, sondern das Welträtsel, daß es eine Psyche gibt.⁵

Die Rhetorik von tot und lebendig wird wiederkehren, wenn es um Puppen, Automaten und den Bezug der Automatismen zur *Technik* geht. Automatismen selbst jedenfalls scheinen geeignet, diese Grenze zu irritieren; sie werden

---

² Ebd., S. 12.
³ „Janet hat uns die Zwangshandlung als eine Störung normaler Automatisierung beschrieben." (Ebd., S. 13.)
⁴ Ebd., S. 14.
⁵ Ebd., S. 18.

als *maschinenhaft,* als mechanisch erfahren; nur deshalb muss Landauer Kraft aufwenden, um sie aus der Sphäre des Maschinellen noch einmal zu lösen.

Dass Automatismen ihren Ort außerhalb des freien Willens haben, wird besonders klar, wenn Levy/Bayne „automatism, automaticity, and moral accountability" diskutieren.[6] Ähnlich wie es im europäischen Recht möglich ist, auf verminderte Schuldfähigkeit zu plädieren, erlaubt es das amerikanischen Recht, sich auf ‚Automatismen' zu berufen.

> The legal defence of automatism is well established [...], and reflects the commonsense judgment that individuals are not fully accountable for what they do in such states. [...] In an engaging study of moral responsibility in automatism, Robert Schopp (1991) argues that the automaton is not responsible for what she[7] does because she is unaware of how the contemplated act conflicts with her other desires, and such morally relevant information as her self-image and her moral beliefs. Although the automaton's wants and beliefs may cause her actions, they do not cause them „in the manner characteristic of ordinary human activity" [...] and as a result her actions are not deeply attributable to her.[8]

Auf dieser Basis stellen Levy/Bayle eine allgemeinere Überlegung an:

> [H]uman activities involve a range of modes of agency, from the deliberative and reflective to the automatic and non-intentional. While the contrast between deliberative agency and automatisms seems clear, the contrast between automatisms and more automatic, non-deliberative, forms of ‚ordinary human activity' is anything but clear (indeed a number of authors argue *that automaticity is the norm for human activity* [...]).[9]

Dieser Sprung ist gewaltig. Steht der juristische Tatbestand für den Sonderfall, dass das Kontrollsystem, das den moralisch zurechnungsfähigen Menschen ausmacht, unter bestimmten Umständen kurzzeitig aussetzen kann, würde die Verallgemeinerung – „automaticity is the norm for human activity" – ein Menschenbild, das sich auf moralische Zurechnungsfähigkeit stützt, insgesamt in Frage stellen. Levy/Bayne führen damit auf eine äußerst irritierende Seite der ‚Automatismen'.

Die Verallgemeinerung selbst aber erscheint zwingend: „Our theses here", schreiben Bargh/Chartrand,

> that most of a person's everyday life is determined not by their conscious intentions and deliberate choices but by mental processes that are put into motion by features of the environment and that operate outside of conscious awareness and guidance – is a difficult one for people to accept. [...] Fortunately, contemporary

---

[6] Neil Levy/Tim Bayne, „Doing without Deliberation. Automatism, Automaticity, and Moral Accountability", in: *International Review of Psychiatry* 16, 3 (August 2004), S. 209-215.
[7] Die US-amerikanische Gewohnheit, genderbewusst die weibliche Form des Artikels zu wählen, wird immer dann problematisch, wenn es um Inhalte geht, die selbst einen Genderbias haben; so auch hier, wo die Aussage ausgerechnet ‚the automaton' und den Zweifel an der ‚moral responsibility' weiblich konnotiert.
[8] Ebd., S. 209.
[9] Ebd. [Herv. H. W.]

psychology for the most part has moved [...] [towards] dual-process models [...], in which the phenomenon in question is said to be influenced simultaneously by conscious (control) and non-conscious (*automatic*) processes.[10]

Das Argument setzt – sicher unterkomplex – *non-conscious* und *automatic* gleich, und kann, kurios behavioristisch, unbewusst-automatisierte Prozesse zunächst nur als *Reflex* auf die Außenwelt denken. (Im Reflex kehrt zudem das Motiv des Mechanismus, der ‚toten Maschine', wieder). Wichtiger aber ist die These selbst, dass nämlich die Automatismen als Teil des Alltags[11], als selbstverständlich-gleichrangiger Partner des Bewusstseins und Teil des normalen psychischen Funktionierens gedacht werden müssen. Für das *Unbewusste* hätte dies die Psychoanalyse ohnehin immer vertreten; bemerkenswert allerdings ist, dass sich hier auch die behavioristische Psychologie genötigt sieht, dies zuzugestehen, und das Argument zudem auf den Begriff der Automatismen zentriert.

Bargh/Chartrand diskutieren Automatismen der Wahrnehmung[12] und ‚the Perception-Behavior Link'[13], das sogenannte ‚*priming*', als ein Beispiel für das Zusammenspiel zwischen (Vor-)Erfahrung und Verhaltensprädisposition, um schließlich auf das interessante Problem von *aktiv* und *passiv* zu stoßen:

> Although the effect of perception on behavior occurs passively [!], without the need for a conscious choice or intention to behave in the suggested manner, this does not mean that people do not have goals and purposes and are merely passive experiencers of events. People are active participants in the world with purposes and goals they want to attain.[14]

Das Zitat macht deutlich, was die Anerkennung von Automatismen (und sei es nur der Wahrnehmung) für einen Behavioristen bedeutet: Je klarer man sein Menschenbild auf das Modell bewusst-zielgerichtet-intentionalen Handelns zentriert, desto irritierender muss die Einsicht in ‚Automatismen' sein. Und wenn ‚aktiv' mit Bewusstsein und *Kontrolle* assoziiert wird, droht in den ‚passiven' Automatismen *Kontrollverlust*. In den Kategorien ‚aktiv' und ‚passiv' scheinen Gendercodes auf; und dahinter das bürgerliche Subjekt, das sein Selbstbewusstsein auf die Gewissheit seiner männlich konnotierten Handlungsfähigkeit stützt.

An dieser Stelle wird deutlich, dass die Automatismen es mit einem mächtigen Gegner zu tun haben. Und weiter, dass von den Automatismen – zumindest in der skizzierten Perspektive – ein *Angst- und Frustrationspotenzial* ausgeht.

---

[10] John A. Bargh/Tanya L. Chartrand, „The Unbearable Automaticity of Being", in: *American Psychologist*, 54 (July 1999), S. 462-479: 462 f. [Erg. u. Herv. H. W.]
[11] Ein zweiter Aufsatz Barghs trägt den Titel: „The Automaticity of Everyday Life", in: Robert S. Wyer JR (Hg.), *The Automaticity of Everyday Life: Advances in Social Cognition*, Volume X, Mahwah, NJ, S. 1-64.
[12] Bargh/Chartrand (1999), The Unbearable, S. 465 f.
[13] Ebd., S. 466.
[14] Ebd., S. 468. [Herv. H. W.]

Dass diese Lektüre nicht überzogen ist, mag daran deutlich werden, dass bei Bargh/Chartrand – geradezu klassisch – auch die *Wiederholung* auf die Seite des passiv (und weiblich?) konnotierten ‚unintentional' fällt: Unter dem Titel: „Intentional and Unintentional Routes to the Automatization of a Psychological Process" erscheint folgende Grafik[15]:

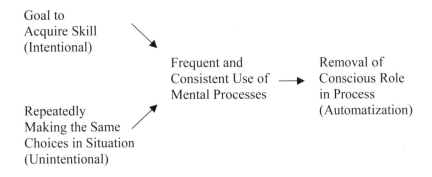

‚Intentional' und ‚unintentional/Repetition' erscheinen scharf polarisiert.[16] So kurios der theoretische Rahmen ist, so verdienstvoll ist der Versuch, Automatisierung abhängig von Wiederholung als einen *Prozess* aufzufassen. Auf diese Vorstellung wird zurückzukommen sein.

Dass es bei den Automatismen u. a. um Kontrolle und Kontrollverlust geht, um den Höhenrausch des Subjekts und den männlichen Horror, die Subjektposition zu verlieren, wird in der Individualpsychologie deutlich, wesentlich deutlicher allerdings noch in der *Massenpsychologie*. In den klassischen Texten Le Bons[17] und Cannettis[18] kommt der Begriff der Automatismen nicht vor; in klarer Weise aber geht es darum, was dem Individuum zustößt, wenn es aufhört Individuum zu sein, um sich von einer Masse davontragen zu lassen. Das Individuum, konstatiert Le Bon, durchläuft eine tiefgreifende Verwandlung; ein Prozess, der sich unabhängig vom Willen des Einzelnen – als ein Automatismus des Kollektiven – vollzieht. Und wieder geht es um das Motiv moralisch-politischer Zurechnungsfähigkeit:

> Das Überraschendste an einer psychologischen Masse ist: welcher Art auch die Einzelnen sein mögen, die sie bilden, wie ähnlich oder unähnlich ihre Lebensweise, Beschäftigungen, ihr Charakter oder ihre Intelligenz ist, durch den bloßen Umstand ihrer Umformung zur Masse besitzen sie eine Art Gemeinschaftsseele,

---

[15] Ebd., S. 469.
[16] ... und wieder mit einer Genderkonnotation – hat doch die feministische Theorie den repetetiven Charakter z. B. der Hausarbeit immer wieder betont.
[17] Gustave Le Bon, *Psychologie der Massen*, Neuenkirchen, 2007. [Frz. OA 1895.]
[18] Elias Canetti, *Masse und Macht*, München, Wien, o.J. [1960]

> vermöge derer sie in ganz andrer Weise fühlen, denken und handeln, als jedes von ihnen für sich fühlen, denken und handeln würde.[19]

Le Bon setzt fort:

> Das Auftreten besonderer Charaktereigentümlichkeiten der Masse wird durch verschiedene Ursachen bestimmt. Die erste dieser Ursachen besteht darin, dass der Einzelne in der Masse schon durch die Tatsache der Menge ein Gefühl unüberwindlicher Macht erlangt, welches ihm gestattet, Trieben zu frönen, die er für sich allein notwendig gezügelt hätte. Er wird ihnen um so eher nachgeben, als durch die Namenlosigkeit und demnach auch Unverantwortlichkeit der Masse das Verantwortungsgefühl, das die Einzelnen stets zurückhält, völlig verschwindet.[20]

Und schließlich:

> Die Hauptmerkmale des Einzelnen in der Masse sind also: Schwinden der bewussten Persönlichkeit, Vorherrschaft des unbewussten Wesens, Leitung der Gedanken und Gefühle durch Beeinflussung und Übertragung in der gleichen Richtung, Neigung zur unverzüglichen Verwirklichung der eingeflößten Ideen. Der Einzelne ist nicht mehr er selbst, er ist ein Automat [!] geworden, dessen Betrieb sein Wille nicht mehr in der Gewalt hat. Allein durch die Tatsache, Glied einer Masse zu sein, steigt der Mensch also mehrere Stufen von der Leiter der Kultur hinab. Als einzelner war er vielleicht ein gebildetes Individuum, in der Masse ist er ein Triebwesen, also ein Barbar.[21]

Der Einzelne ist nur solange „er selbst", wie er einzeln ist; Träger eines Namens, Herr seines Willens, zurechenbar, rational und verantwortungsbewusst. Der Text ist einerseits getragen vom Ideal des bürgerlichen Individualismus, den er ins fast Karikaturhafte steigert, und auf der anderen Seite von schlichtem *Horror*: Denn geht der Einzelne in der Masse auf, fällt all dies von ihm ab, er wird Spielball von Emotion und Trieb, die nicht im selben Maß ‚seine' sind. Der Wille, der den Betrieb in der Gewalt hatte, büßt diese Kontrolle ein. Der Einzelne wird ‚Automat' (zumindest in dieser Form also taucht der Begriff auf).

Wenn der ‚Automat' mit den Automatismen zu tun hat, geht von diesen ein großes Bedrohungspotenzial aus: Das bürgerliche Individuum, das ein Bollwerk ist, und nur von der Gewalt seiner Handlungsmacht zusammengehalten, muss um seine Existenz fürchten. In gewisser Weise also buchstabiert Le Bon aus, was bei Bargh/Chartrand als Angst vor Kontrollverlust angelegt ist. Automatismen scheinen – zumindest auf einer ihrer Seiten – tiefschwarz gefärbt.

Hartmut Winkler

---

[19] Le Bon (2007), *Psychologie der Massen*, S. 33.
[20] Ebd., S. 36.
[21] Ebd., S. 38. [Herv. H. W.]

These 2: Automatismen beinhalten einen qualitativen Sprung: Aus der wiederholten Einschleifung durch Übung entsteht – paradoxerweise – gerade das Neue: spielerisch-mühelose Perfektion.

Die Überlegung, die den folgenden Betrachtungen zugrunde liegt, ist die Annahme, dass Automatismen in der unbewussten Routine, in den eingeübten Schemata, in den dauerhaften Gewohnheiten zugleich die Entstehung von neuen Strukturen, von quasi reflexhaft-spielerisch anmutender Virtuosität ermöglichen. Damit käme den Automatismen gewissermaßen eine kulturschaffende Funktion zu und der Übergang von unbewussten, quasi-natürlichen Steuerungsvorgängen und kulturellen, bewussten Formen wäre ein fließender.

Automatismen in Spannung zum *Bewussten* und *Unbewussten* verweisen nicht nur, aber ganz wesentlich auf Prozesse der *Einübung*, die eine doppelte *Transformation* markieren: Neben dem Übergang von bewusst zu unbewusst gibt es den von *Quantität in Qualität*. Durch Wiederholung des Gleichen wird ein Vorgang dem Bewusstsein entzogen. Dabei entsteht eine neue Struktur: Das Eingeübte transformiert sich in eine Haltung, Disposition, ein Schema. Und nicht nur das: Die andauernde Einübung führt nicht nur zur Einschreibung von Gewohnheiten, automatisierten Abläufen, zur Optimierung und Effizienz von Fertigkeiten. Es entsteht dabei vielmehr eine – das Bewusstsein entlastende – ‚Könnensdisposition', die, der reflexiven Überprüfung entzogen, nicht nur bewusst und kontrolliert abgerufen und aktualisiert werden kann, sondern auch noch den Eindruck des Spielerischen, ja, quasi Natürlichen hervorruft, das sich gewissermaßen von selbst einstellt. Eine derart artistische Leistung erscheint aufgrund der (Ein-)Übung und deren Verselbstständigung zur Struktur als unbewusster Automatismus des scheinbar Mühelosen. Das aber bedeutet dann auch: Einmal etabliert, verdecken Prozesse der Automatisierung die Konstruktionsleistung und damit auch die Mühe und den Arbeitsaufwand, die in ihnen stecken. Sie münden in Automatismen, denen man ihren Entstehungsprozess nicht mehr ansieht.

Der *Rückzug* der Automatismen aus dem Bewusstsein markiert also eine qualitative ‚Barre', denn nun entsteht etwas qualitativ Neues: Ein Schema, auf das immer wieder zurückgegriffen wird und das zugleich eine neue Struktur bildet. Weder der Prozess des Einübens noch das Eingeübte ist mit dem Resultat – der Kompetenz und Virtuosität – schlicht identisch.

Ein zweiter Aspekt ist auffällig: Automatismen produzieren nicht nur etwas Neues, sondern sie sind darüber hinaus auf erstaunliche Weise entlastend und effektiv. Mit ihrem Rückzug aus dem Bewusstsein ist ihr stilles Funktionieren verbunden, das den reibungslosen Ablauf garantiert. Voraussetzung dieses Zeitgewinns ist allerdings, im wiederholten Einüben Zeit zu ‚verlieren'. Automatismen funktionieren also zeit- und energiesparend, indem zunächst beides, Zeit und Kraft, verausgabt wird. Dabei gewährleisten sie nicht nur *Beschleunigung*, sondern zudem *Verdichtung*. Mit dem Entzug des Denkens und Handelns aus dem Bewusstsein und ihrem Rückzug ins Unbewusste ist eine qualitative *Verwandlung* dessen, was sich entzieht und zurückzieht, angezeigt. Im Unbewussten verwandelt der Automatismus die vom Subjekt scheinbar unkontrollierte Aktivität, das scheinbar Unverfügbare, in ein *Handeln ohne Nachdenken* und überführt es gerade durch den Status des Unbewussten in bewusste, kontrolliert abrufbare, verfügbare Aktivität. Welche Paradoxie! Der Rückzug erweist sich also als Weg, der ‚unter der Hand', wie ‚von unsichtbarer Hand gesteuert', zur Entwicklung, *Verwandlung* und *Transformation* wird.

Automatismen haben also einen generativen Aspekt; sie verfestigen nicht allein Bestehendes, Vorgegebenes, Programmiertes, sondern *bringen neue Strukturen hervor*.[22] Das zeigt sich nicht zuletzt an ‚Begabungen', perfektionierten Fertigkeiten wie Violine- oder Klavierspielen, die das ‚normale' Maß überschreiten. Das heißt: Das Schematische des Automatismus erhält gewissermaßen den Status eines überpersonalen generativen (Handlungs-)Prinzips, das – zumindest der Möglichkeit nach – Überdurchschnittliches produziert oder produzieren kann. Aus der wiederholten Einschleifung von Mustern und Schemata entsteht quasi ‚unter der Hand' etwas qualitativ Neues, nämlich ein Handeln ohne Nachdenken, ein Können, das über bloße Fertigkeiten hinausgeht: Perfektion, Virtuosität. Die Wiederholung des Automatismus bewirkt also einen qualitativen Sprung, eine Transformation nach dem Muster: Übung macht den Meister. Der enge Bezug des Automatismus zur Wiederholung zeigt sich hier in der zeitlichen Dimension als Horizonterweiterung; sie bringt Ungewöhnliches und Neues hervor – und überschreitet damit das Muster einer bloß technischen Reproduktion.[23]

Damit aber wäre auch der überdurchschnittliche – ‚begabte' – Mensch wesentlich als Übender, als sich durch Übung erzeugendes und dabei über sich hinausgehendes Wesen bestimmt.[24] Die Übung und die damit einhergehende quasi-reflexhafte Praxis ist Basis der Überschreitung des Vorgegebenen.

Die Horizontüberschreitung und Erschließung des Neuen ereignet sich also möglicherweise weniger auf der Grundlage kontemplativen, reflektierten Handelns, sondern nicht zuletzt auf der Basis eingeübter, automatisierter Abläufe

---

[22] Das ist im Übrigen aber durchaus auch bei Konventionen der Fall – Butler beschreibt das mit der Verschiebung von Normen. Hier wird die Norm in der wiederholten Zitation und Aufführung, in der Realisierung und körperlichen Materialisierung – unkontrolliert – auch immer wieder verändert; vgl. dazu Judith Butler, *Körper von Gewicht. Diskursive Grenzen des Geschlechts*, Berlin, 1995; dies., *Psyche der Macht. Das Subjekt der Unterwerfung*, Frankfurt/M., 2001; dies., *Die Macht der Geschlechternormen und die Grenzen des Menschlichen*, Frankfurt/M., 2009.

[23] Insofern verweist der enge Bezug des Automatismus zum Vorgang der Wiederholung möglicherweise, wie Benjamin ja schon in Bezug auf die technische Reproduktion des Kunstwerks ausführte, auf eine „Zertrümmerung der Aura" (Walter Benjamin, „Das Kunstwerk im Zeitalter seiner technischen Reproduzierbarkeit", in: ders., *Gesammelte Schriften*, Band I.3, Frankfurt/M., 1982, S. 355) des Außergewöhnlichen, Meisterhaften, für das aus dieser Sicht dann eher der Automatismus eingespielter Bewegungen als angeborener Begabung und Genialität zuständig ist.

[24] Vgl. hierzu Peter Sloterdijk, *Du musst dein Leben ändern. Über Anthropotechnik*, Frankfurt/M., 2009.

und deren strukturgenetischer Wirkungen. Der Automatismus erhält so nicht nur den Status des Bewusst-Unbewussten, sondern er markiert einen innovativen Brückenschlag zwischen Bewusstsein und Unbewusstem.

Damit wird ein weiterer *Übergang* markiert, der nun nicht mehr länger dualistisch, polarisierend gedacht werden kann und muss, sondern als solches *fließend* erscheint, nämlich der von *Natur in Kultur* und umgekehrt. Die scheinbar unüberwindliche Kluft zwischen natürlichen, biologischen und kulturellen sowie sozialen Prozessen wird überbrückt durch Übung und durch Automatismen. Und in der Verkörperung von Kultur, Sprache, Ritualen und technischen Handgriffen greift Kultur quasi zurück auf Natur, auf das leibliche Moment; schließlich wird sie selbst zur Natur.

> In Wahrheit steht der Übergang von der Natur in die Kultur und umgekehrt seit jeher weit offen. Er führt über eine leicht zu betretende Brücke – das übende Leben. Für ihre Errichtung haben die Menschen sich engagiert, seit es sie gibt – vielmehr, es gibt die Menschen erst dadurch, dass sie sich für besagten Brückenbau verwenden. Der Mensch ist das pontifikale Lebewesen, das von den ältesten Stadien seiner Evolution an zwischen den Brückenköpfen in der Leiblichkeit und denen in den Kulturprogrammen traditionstaugliche Bögen schlägt. Von vorneherein sind Natur und Kultur durch eine breite Mitte aus verkörperten Praktiken verbunden – in ihr haben die Sprachen, die Rituale und die Handgriffe der Technik ihren Sitz, sofern diese Instanzen die universalen Gestalten automatisierter Künstlichkeiten verkörpern.[25]

Automatismen sind in der „Zwischenzone" angesiedelt, die eine Brücke zwischen natürlichen und kulturellen Prozessen schlägt; sie sind gewissermaßen *natürlich-künstlich*. Auf der Grundlage von Übung, Training und ‚Exerzitien', die in – unbewusste – Schemata, Haltungen und Habitusformen übergehen, ermöglichen sie die Grenzüberschreitung von Natur und Kultur, Unbewusstem und Bewusstsein.[26] Die Übung wäre also ein wichtiger Anhaltspunkt für den Übergang von *bewusst* zu *unbewusst*, von *natürlich* zu *künstlich* und zu *kulturell*, bei dem es zu einer Transformation und zur Entstehung von etwas qualitativ Neuem kommt.

Hier setzt auch Foucault mit seinen Ausführungen zur Disziplin an: Die Übung produziert den kalkulierten Zwang, der „jeden Körperteil durchzieht und bemeistert, den gesamten Körper zusammenhält und verfügbar macht und sich insgeheim bis in die Automatik der Gewohnheiten durchsetzt"[27]. Aber dadurch bewirkt sie keineswegs nur die Unterwerfung des zuvor „untauglichen Körpers"[28], der sich durch Disziplin in eine Maschine verwandelt, sondern sie

---

[25] Ebd., S. 25.
[26] Damit ist im Übrigen auch die Überschreitung geschlechtsspezifischer Kodierungen von Natur und Kultur, Bewusstsein und Unbewusstem verbunden, die nun als fließendes Kontinuum, nicht als polarisierter Gegensatz erscheinen.
[27] Michel Foucault, *Überwachen und Strafen. Die Geburt des Gefängnisses*, Frankfurt/M., 1976, S. 173.
[28] Ebd.

produziert ein Können, das über bloße Kontrolle hinaus, mit jeder Bewegung, jedem Schritt, die aus purer Gewohnheit ausgeführt werden, etwas Außer- oder Ungewöhnliches leistet. In der „durchgängigen Zwangsausübung, die über die Vorgänge der Tätigkeit genauer wacht als über das Ergebnis und die Zeit, den Raum, die Bewegungen bis ins kleinste codiert"[29], produziert die Disziplin in der Wiederholung, Vervielfältigung und synthetischen Zusammensetzung der Kräfte mehr als die Summe ihrer Einzelbewegungen verspricht. Durch Weglassen des Überflüssigen kommt es zu einer Passung zwischen Möglichkeit und Form; so paradox es klingt: Durch ständige Wiederholung kommt gewissermaßen im eingeschliffenen Gewöhnlichen das Außergewöhnliche, nämlich der Perfektionismus zustande. „Die einzig bedeutsame Zeremonie ist die der Übung"[30], konstatiert Foucault; sie konstituiert als Element der Disziplin und als Machttechnik eingeführt, in ihrer „Ökonomie und Effizienz der Bewegungen und ihrer inneren Organisation"[31] ein performatives System der Kunstfertigkeit und Meisterschaft.

Es *zeigt* sich, dass Menschen durch Disziplin nicht (nur) unterdrückt, sondern als soziale Subjekte, Kulturschaffende *allererst* ermöglicht werden. Macht und Freiheit sind hier ebenso wie Natur und Kultur ineinander verschränkt.

„Die Macht ist kein behindernder Zusatz zu einem ursprünglich freien Können, sie ist für das Können in allen Spielarten konstitutiv. Sie bildet überall das Erdgeschoß, über dem ein freies Subjekt einzieht."[32]

Das verweist wiederum darauf, dass es im Kontext unbewusst gesteuerter Automatismen zur weitreichenden Entfesselung von Könnens- und Wissensformen kommt. Es konstituiert sich gewissermaßen eine virtuose Welt mit expandierenden Könnensgrenzen.

Möglicherweise ist der Rückzug von Kräften ins Unbewusste und die – unbewusste – Freisetzung von Energien überhaupt eine wesentliche Voraussetzung für die qualitative (Weiter-)Entwicklung des Menschen.

Hannelore Bublitz

These 3: Für die ungeplante Strukturentstehung in der Gesellschaft stellt Adam Smiths ‚unsichtbare Hand' die wahrscheinlich einflussreichste Denkfigur dar. An ihr lassen sich grundsätzliche Problematiken sozialer Automatismen zeigen.

Die ‚unsichtbare Hand' kommt in Smiths Gesamtwerk nur an drei Stellen vor. Die bekannteste findet sich in *The Wealth of Nations* (1776) im Kontext einer

---

[29] Ebd., S. 175.
[30] Ebd.
[31] Ebd.
[32] Sloterdijk (2009), *Du musst dein Leben ändern*, S. 241.

Verteidigung des Freihandels. Smith argumentiert, dass Geschäftsleute auch ohne Schutzzölle oder anderen staatlichen Zwang dazu neigen, im eigenen Land zu investieren, und resümiert:

> Wie nun jedermann nach Kräften sucht, sein Kapital auf den inländischen Gewerbefleiß zu verwenden und diesen Gewerbefleiß so zu leiten, daß sein Produkt den größten Wert erhält, so arbeitet auch jeder notwendig dahin, das jährliche Einkommen der Nation so groß zu machen, als er kann. Allerdings ist es in der Regel weder sein Streben, das allgemeine Wohl zu fördern, noch weiß er auch, wie sehr er dasselbe befördert. Indem er den einheimischen Gewerbefleiß dem fremden vorzieht, hat er nur seine eigene Sicherheit vor Augen, und indem er diesen Gewerbefleiß so leitet, daß sein Produkt den größten Wert erhalte, beabsichtigt er lediglich seinen eigenen Gewinn und wird in diesen wie in vielen anderen Fällen von einer unsichtbaren Hand geleitet, daß er einen Zweck befördern muss, den er sich in keiner Weise vorgesetzt hatte.[33]

Die außerordentliche Strahlkraft der Denkfigur[34] verdankt sich einem Umschlag in der moralischen Wertung: der Tatsache, dass es *egoistische* Motive, also eigentlich *Laster*, *Sünden* sind, die moralisch positive Wirkungen haben.[35] Smith setzt auf eine Stärkung des „lebhaftesten Wetteifer[s]"[36] statt einer repressiven Moral oder Gesetzgebung; er ist zunächst und vor allem Moralphilosoph. Schon in *The Theory of Moral Sentiments* (1759) hatte Smith das Bild der ‚unsichtbaren Hand' verwendet, wo er, bezogen auf die Motivation, drastischer von „Selbstsucht und Raubgier" und „unersättlichen Begierden" der Reichen spricht, die sie gleichwohl dazu motivieren, Verbesserungen einzuführen, die auch den Armen zugutekommen. Die Figur erlaubt es Smith hier also, eine pessimistische Anthropologie mit moralischem Paternalismus – die Menschen müssen geführt werden – und Fortschrittsoptimismus zu verbinden. Dies ist bei Smith noch ohne Zweifel aufrichtig.

Die Metapher hebt hervor, dass die regulierende Hand *unsichtbar* ist. Anders als der Staat oder eben der moralische Appell, der sichtbar-regulierend in die gesellschaftlichen Prozesse eingreift, wird die ‚unsichtbare Hand' nicht als Gegenüber, als Machtausübung gedacht, sondern als eine heilsame Kraft, die im Hintergrund die Geschicke leitet. Bei Smith ist die Nähe zu christlich-reli-

---

[33] Adam Smith, *Der Reichtum der Nationen*, übersetzt v. Max Stirner, hg. v. Heinrich Schmidt, Leipzig, 1910 [1776]; hier: zweiter Band (viertes Buch/zweites Kapitel) S. 17.

[34] Das Bild der ‚unsichtbaren Hand' war als eine Redensart mit religiösen Konnotationen vorher bereits etabliert. Smith appliziert das Bild auf die Ökonomie. (Vgl.: Ralf Klausnitzer, „Unsichtbare Fäden, unsichtbare Hand. Ideengeschichte und Figuration eines Metaphernkomplexes", in: Lutz Danneberg/Carlos Spoerhase/Dirk Werle (Hg.), *Begriffe, Metaphern und Imaginationen in Philosophie und Wissenschaftsgeschichte*, Wiesbaden, 2009, S. 145-176).

[35] Die Grundstruktur des Gedankens geht auf Mandeville zurück: „Bernard Mandeville argued that private vices are actually public benefits. In *The Fable of the Bees* (1714), he laments that the ‚bees of social virtue are buzzing in Man's bonnet': that civilized man has stigmatized his private appetites and the result is the retardation of the common good." Wikipedia: Invisible hand, http://en.wikipedia.org/wiki/Invisible_hand, zuletzt aufgerufen am 25.04.09.

[36] Eine Formulierung von Kant, s. u.

giösen Vorstellungen noch unmittelbar deutlich: die ‚unsichtbare Hand' setzt fort, was in einem christlichen Weltbild die Aufgabe der *Vorsehung* war.

Hiermit hängt zusammen, dass sich die Resultate ‚automatisch' einstellen. Gerade weil die positive Wirkung nicht intendiert ist, und unabhängig von der Moral der Einzelnen, die immer gefährdet wäre[37], muss sie umso sicherer eintreten. Gerade der unbewusste Charakter also sorgt für die Stabilität und macht die ‚unsichtbare Hand' zu einem ‚Mechanismus'; dies macht die besondere Vitalität der Konstellation aus.

Die „Selbstheilungskräfte des Marktes" stellen sicherlich nach wie vor ein zentrales liberales Ideologem dar. Es ist nicht ohne Ironie, dass die beliebteste Metapher für die Selbstregulierung einen Argumentationsgang resümiert, der belegen soll, dass ein Kaufmann auch ohne äußeren Einfluss dazu neige, „sein Kapital auf den inländischen Gewerbefleiß zu verwenden". Die empirischen Argumente, die Smith hier bemüht, sind heute, in Zeiten der Globalisierung, weitgehend entwertet.[38] Und auch in der neoliberalen Theoriebildung hat sich inzwischen ein Paradigmenwechsel vollzogen. Während Smith das Gewicht der Argumentation darauf legt, dass die Konkurrenz ihre positiven Wirkungen nur dann entfalten kann, wenn der Staat sich mit Regelungen zurückhält, proklamiert z. B. die neoliberale Freiburger Schule, die vor allem in den Anfangsjahren der Bundesrepublik äußerst einflussreich war, dass der Staat auch in ökonomischen Dingen die Führung behalten müsse und nur er die Bedingungen einer solchen Konkurrenz setzen und überwachen kann. Ein *Automatismus* wird hier nur noch in einer schwächeren Form vertreten.

Die ‚*invisible hand*' ist in der Rezeptionsgeschichte ausgehend von der Ökonomie auf vielfältige Gegenstände erweitert worden – schon Smith selbst hatte ja von „vielen anderen Fällen" gesprochen. Und in der Tat macht seine Denkfigur eine rasche Karriere. Im unmittelbaren Anschluss an Smith vertraut ihr 1795 Immanuel Kant nicht weniger als den ewigen Frieden an,

> der nicht, wie jener Despotism [...] durch Schwächung aller Kräfte, sondern durch ihr Gleichgewicht, im lebhaftesten Wetteifer derselben, hervorgebracht und gesichert wird. So wie die Natur weislich die Völker trennt [...] so vereinigt sie auch andererseits Völker, die der Begriff des Weltbürgerrechts gegen Gewalttätigkeit und Krieg nicht würde gesichert haben, durch den wechselseitigen Eigennutz. Es ist der *Handelsgeist*, der mit dem Kriege nicht zusammen bestehen kann, und der früher, oder später sich jedes Volks bemächtigt. [...] Auf die

---

[37] Smith setzt das oben Zitierte fort: „Ich habe niemals gesehen, daß diejenigen viel Gutes bewirkt hätten, welche die Miene annahmen, für das allgemeine Beste Handel zu treiben. Es ist indes diese Affektation unter Kaufleuten auch nicht sehr häufig, und es bedarf nur weniger Worte, sie davon abzubringen."

[38] Smith bezieht sich u. a. auf die Wahl des Wohnsitzes, die Unübersichtlichkeit des Handels und der Rechtslage im Ausland, die Unsicherheit, Kosten und Unübersichtlichkeit der Transportwege.

Art garantiert die Natur, durch den Mechanismus in den menschlichen Neigungen selbst, den ewigen Frieden.[39]

Und Hegel verallgemeinert sie um 1820 in der Metapher von der „List der Vernunft" gar zum Movens der Weltgeschichte:

> Es ist das Besondere, das sich aneinander abkämpft und wovon ein Teil zugrundegerichtet wird. Nicht die allgemeine Idee ist es, welche sich in Gegensatz und Kampf, welche sich in Gefahr begibt; sie hält sich unangegriffen im Hintergrund. Das ist die *List der Vernunft* zu nennen, dass sie die Leidenschaften für sich wirken lässt, wobei das, durch was sie sich in Existenz setzt, einbüßt und Schaden leidet.[40]

Auch wenn solche Verallgemeinerungen inzwischen nicht mehr gewagt werden, ist die Annahme, dass intentionale Handlungen der Individuen auf Ebene der Gesellschaft nicht intendierte Resultate haben, in Philosophie, Soziologie und Ökonomie heutzutage nahezu unbestritten. Die Annahme hat sich auch quer zu den theoretischen Lagern durchgesetzt, mit Kant und Hegel sind Ahnherrn der Handlungs- und Strukturtheorie erwähnt.

Gleichzeitig allerdings ist die Skepsis gegenüber den positiven Wirkungen der ‚unsichtbaren Hand' im Laufe der Theoriegeschichte gewachsen. Teilt Kant die Smithsche Annahme, dass die Auswirkungen allen zugutekommen und so letztlich auch im Sinne der egoistischen Akteure sind, bricht Hegel mit solchen harmonisierenden Konnotationen und spricht davon, dass das Einzelne, Besondere ‚zugrunde gerichtet' wird. Am Ende dieser Linie steht Marx, der den Fokus auf die Konkurrenz der Arbeiter untereinander setzt und, weil er weder den anthropologischen Pessimismus noch den Paternalismus teilt, lieber vom „stummen Zwang" als von der ‚unsichtbaren Hand' spricht. Das Ende des gewaltsamen Entstehungsprozesses der kapitalistischen Produktionsweise[41] resümiert er wie folgt:

> Es ist nicht genug, daß die Arbeitsbedingungen auf den einen Pol als Kapital treten und auf den anderen Pol Menschen, welche nichts zu verkaufen haben als ihre Arbeitskraft. Es genügt auch nicht, sie zu zwingen, sich freiwillig zu verkaufen. Im Fortgang der kapitalistischen Produktion entwickelt sich eine Arbeiterklasse, die aus Erziehung, Tradition, Gewohnheit die Anforderungen jener Produktionsweise als selbstverständliche Naturgesetze anerkennt. Die Organisation des ausgebildeten kapitalistischen Produktionsprozesses bricht jeden Widerstand, die beständige Erzeugung einer relativen Überbevölkerung hält das Gesetz der Zufuhr von und Nachfrage nach Arbeit und daher den Arbeitslohn in einem den Verwertungsbedürfnissen des Kapitals entsprechenden Gleise, der stumme Zwang der ökonomischen Verhältnisse besiegelt die Herrschaft des Kapitalisten

---

[39] Immanuel Kant, *Zum ewigen Frieden*, in: ders., *Werkausgabe*, Band XI, hg. v. Wilhelm Weischedel, Frankfurt/M., 1977, S. 226.
[40] Georg Wilhelm Friedrich Hegel, *Vorlesungen über die Philosophie der Geschichte*, Stuttgart, 1961, S. 78.
[41] Vertreibung der Ackerbauern zugunsten von Schafsweiden, Vagabundengesetzgebung etc.

über den Arbeiter. Außerökonomische, unmittelbare Gewalt wird zwar immer noch angewandt, aber nur ausnahmsweise.[42]

Der Mechanismus wirkt nun nicht nur unsichtbar, sondern auch *unhörbar, ‚stumm'*. An die Stelle der wohltätigen Macht, die die Harmonie von Einzel- und Gemeininteressen bewirkt, tritt ein Zwang. Dieser löst offen gewaltförmige Verhältnisse ab. Ähnlich wie bei Automatismen im Kontext der Psychologie wird angenommen, dass bewusste Prozesse (Kämpfe) auf Aktivitäten herabsinken, die ohne erkennbare willentliche Steuerung und Kontrolle vollzogen werden. Die Figur eines ohne Rechtfertigung auskommenden (stummen) Mechanismus der Handlungskoordinierung hat auch in der linken Gesellschaftstheorie, insofern sie auf Legitimationskrisen und „falsches Bewusstsein" hin ausgelegt war, wenig Beachtung gefunden.

Ungeachtet dieser wachsenden Skepsis setzt sich die ‚unsichtbare Hand' als Metapher durch: Ein kurzer Test bei Google ergibt 9,3 Millionen Treffer für „invisible hand" 248 000 für „unsichtbare Hand", 198 000 für „List der Vernunft" und, weit abgeschlagen, 38 900 für den „stummen Zwang".[43]

Andreas Böhm

These 4: Automatismen formieren Subjekte.

Automatismen stehen in Zusammenhang mit ungeplanten und unkontrollierten Prozessen der Formung und Formierung. In der Individual- wie in der Massenpsychologie treten sie als − irrationale − Prozesse der Subjekt- und Massensteuerung, als Wiederholungszwang und kollektives Übertragungsgeschehen in Erscheinung. Folgt man der traditionellen Massenpsychologie, so wird der Einzelne in der Masse zum − unbewusst und unkontrolliert agierenden − Automaten. Er verliert damit seinen Status als willentlich und vernünftig handelndes Subjekt. Aus dieser Perspektive betrachtet heißt das, dass das Subjekt und die − kollektiven − Automatismen sich gegenüberstehen: Wo Automatismen regieren, verliert das Subjekt seine Macht. Aber ist dies tatsächlich der Fall? Folgt man Foucault, ergibt sich ein völlig anderes Bild; hier nämlich sind es Automatismen, die das Subjekt als solches erst *konstituieren*. Denn das Subjekt, das mit Hilfe von Disziplinar- und Kontrollstrategien aus der Masse herausgelöst wird, wird selbst wieder zum Automaten, der als *homme machine* agiert, der genutzt, beständig umgeformt und vervollkommnet wird.[44] „Automaten sind", wie Foucault in *Überwachen und Strafen* (1976) ausführt, nicht

---

[42] Karl Marx/Friedrich Engels, *Das Kapital. Kritik der politischen Ökonomie*, Erster Band. MEW Band 23, Berlin, 1972, S. 765. [1867]
[43] Zuletzt abgefragt am 21.04.09.
[44] Hier geht es um „Kontrollstrategien", die sich gegen „das unkontrollierte Verschwinden von Individuen, gegen ihr diffuses Herumschweifen, gegen ihre unnütze und gefährliche Anhäufung" (Foucault (1976), *Überwachen und Strafen*, S. 183) wenden.

„bloß Illustrationen", nachgeahmte Modelle des menschlichen Organismus, sondern auch „politische Puppen, verkleinerte Modelle der Macht"[45], an denen die Dressur und die langen Übungen vollzogen werden können, mithilfe derer sich der Mensch als soziales Subjekt erst bildet. Wenn also das Argument massenpsychologischer Analysen darauf hinausläuft, das Individuum verschwinde in der Masse und werde zum Automaten, dann gilt dies in gleichem Maß, wenn auch in anderer Weise, offensichtlich auch für das individualisierte Subjekt; nur dass Automatismen hier im Dienste der Subjektivierung – und nicht der Massenbildung – eingesetzt werden. Die Frage ist, wie Automatismen, die als Kontrollverlust des Subjekts umschrieben werden, in solche umschlagen, die als ein Teil von *Selbsttechnologien* funktionieren – und ob nicht beide auf irgendeine Weise zusammenhängen.

Zunächst wären verschiedene Formen der Automatisierung zu unterscheiden: Kollektive Automatismen rufen Kontrolltechniken der ‚Ent-Automatisierung' auf, die das Individuum dem Übertragungsgeschehen der Masse(n) entziehen, es aber wiederum selbst in Automatisierungsprozesse einbinden. In der Individualisierung etabliert sich dann ein neuer Automatismus, der, konträr zum Massengeschehen, auf die dauerhafte, innere Kontrolle des Subjekts angelegt ist. Damit rücken dann ‚automatisch' jene Prozesse der Entautomatisierung in den Blick, mit denen das Individuum dem Automatismus der Masse(n) und ihrem Übertragungsgeschehen entzogen werden soll. Zugleich wird ein neuer Automatismus auf der Ebene des Subjekts sichtbar, der den Rückzug des Individuums aus der Masse in Gang setzt und auf Dauer stellt.

Automatismen verbinden sich mit Umwandlungs- und Transformationsprozessen: Aus der physisch präsenten Masse, in der Triebkräfte entladen und körperliche Distanzen zugunsten der Einheit der Masse aufgehoben werden, wird durch psychische Aufladungsenergien und körperliche Dichte ein scheinbar homogenes Kollektiv, ein Block unkontrollierter und unkontrollierbarer Kräfte.

> Jede Form etablierter sozialer Ordnungen und Grenzen wird durch die Masse temporär außer Kraft gesetzt. Die Masse erscheint als unübersichtliche Vermischung des zuvor Getrennten, als Assoziation von Elementen, die normalerweise dissoziativ gesehen werden.[46]

Dadurch wird aber nicht nur ein Ordnungsprinzip außer Kraft gesetzt, sondern es werden Austausch-, Zirkulations- und Übertragungsprozesse verändert und optimiert. Unabhängige individuelle Reflexion stört hier nur. Urs Stäheli beschreibt die Übertragungsdynamik der Masse im Anschluss an massenpsychologische Befunde analog zu Stromkreisläufen, in denen Individuen bloße Re-

---

[45] Ebd., S. 175.
[46] Urs Stäheli, „Emergenz und Kontrolle in der Massenpsychologie", in: Eva Horn/Lucas Marco Gisi (Hg.), *Schwärme. Kollektive ohne Zentrum. Eine Wissensgeschichte zwischen Leben und Information*, Bielefeld, 2009, S. 85-100: 87.

laisstationen von affektiven Impulsen, Emotionen und körperlichen Berührungen bilden:

> Die homogenen, von allen individuellen Eigenschaften befreiten Elemente dienen nun als *Leitmedium* für die Übermittlung von kognitiven, vor allem jedoch von affektiven Impulsen. Auf diese Weise werden Individuen zu bloßen Relaisstationen von Emotionen und Informationen – zu Stationen, welche keine eigenen und unabhängigen reflexiven Prozesse mehr erlauben. In anderen Worten: Die Masse optimiert Kommunikationsprozesse, indem Hindernisse, welche die Übertragungsgeschwindigkeit beeinträchtigen, weitgehend reduziert werden.[47]

Reize werden sofort, ohne Aufschub weitergegeben. Autonome Reflexionsfähigkeit würde die Dynamik der Masse und ihre Kommunikationsdichte und -geschwindigkeit stören. Solche Prozesse signalisieren daher nicht bloßen Kontrollverlust, sondern im Gegenteil Kontrollzuwachs, allerdings in veränderter Form mit veränderten Übertragungsqualitäten. Durch die Masse werden etablierte Kriterien von Kausalität suspendiert:

> Massen sind unberechenbar und nicht vorhersagbar. Die Genese der Masse entzieht sich der Beobachtung: Wo zuvor noch vereinzelte Passanten unterwegs waren, treffen wir plötzlich auf eine neugierige, aufgewühlte und vielleicht sogar zerstörerische Masse.[48]

Damit wird die Masse zum emergenten Phänomen, dessen Bestandteile sich, unvorhersehbar, immer wieder neu und anders verbinden. Als solches teilt sie strukturbildende Aspekte des Emergenzbegriffs: Unvorhersehbarkeit und -sagbarkeit, das Ganze bildet mehr als die Summe seiner Teile, es verselbstständigt sich gegenüber seinen Elementen und ist aus diesen nicht ableitbar, die Neuheit des Ganzen gegenüber seinen Teilen. Es handelt sich um ein qualitativ neues Phänomen, das über eine eigene Logik und eigene Funktionsgesetze verfügt.

> Die *Unvorhersagbarkeit* macht das Erschreckende von Massen aus: Sie können nicht genetisch erklärt werden, sondern sie entstehen plötzlich aus geringstem Anlass. Schließlich lassen sich die Verhaltensweisen und Strukturen einer Masse nicht aus den Eigenschaften von Individuen ableiten, aus welchen sie zusammengesetzt sind: Weder die sozialstrukturelle Herkunft von Individuen, noch ihre intellektuellen Fähigkeiten bestimmen die Struktur der Masse. Massen können also nicht durch die Eigenschaften oder Verhaltensweisen der einzelnen Massenmitglieder erklärt werden.[49]

Massenbildung ist emergent, ihre Austausch- und Kontrollformen sind selbstreferenziell: An die Stelle heteronomer, disziplinärer Formen fremdgesteuerter Kontrolle treten Dynamiken der feedbackgesteuerten (Selbst-)Kontrolle.

---

[47] Ebd., S. 90. [Herv. i. O.]
[48] Ebd., S. 88.
[49] Ebd., S. 89 f. [Herv. i. O.]

Während Disziplinarstrategien darauf abziel(t)en, die unberechenbare Masse durch „Anti-Agglomerationstaktiken"[50] zu steuern, den Automatismus von Massendynamiken also dadurch zu ent-automatisieren, dass die Masse künstlich gegliedert oder durch individualisierende Disziplinarstrategien vereinzelt wird[51], setzen Massendynamiken auf Automatismen der Selbststeuerung der Masse.

Automatismen kommen auf der Ebene der Emergenz der Masse *und* des Subjekts ins Spiel: Angeschlossen an mediale Bänder und Prozesse der Massenkommunikation ‚verschwindet' das ‚klassische' Subjekt, scheinbar souverän, mit autonomem und freiem Willen ausgestattet, von der Bildfläche medialer Prozesse der Übertragung und Zirkulation. In der Eigendynamik selbstreferenzieller, aufeinander bezogener und sich selbst regulierender Massen ebenso wie in der technisch-medialen Vervielfältigung finden aus der Perspektive des klassischen Subjektkonzepts Prozesse der Entsubjektivierung und Deindividuierung statt. Das scheinbar souverän handelnde Subjekt fällt gewissermaßen aus dem Rahmen medialer Bilder. Stattdessen artikuliert sich hier ein ex-zentrisches Subjekt, dessen Konturen sich im Automatismus medialer Spiegel(ungen) immer wieder verschieben, ohne mit dem einheitsstiftenden Zentrum einer stabilen, zeit- und raumunabhängigen Identität ausgestattet zu sein. Es scheint, als unterliege das Selbst einem Wiederholungszwang, der es, einem Automatismus gleich, unbewusst antreibt, sich in immer neuen Facetten medial reflektierter Oberflächen seines Selbst zu spiegeln. Dabei visualisiert sich das Subjekt in seiner medialen – an Prozesse der Massenproduktion und -kommunikation angeschlossenen – Vervielfältigung, während das ‚Original' immer mehr an den Rand des medial reflektierten (oder besser: kopierten?) (Selbst-)Bildes geschoben wird, bis es ganz aus dem Bild fällt. Was bleibt, ist keineswegs eine leere Fläche, auf der sich lediglich das Verschwinden des Subjekts visualisiert, sondern ein Prozess, in dem sich das Subjekt immer wieder aufs Neue und auf unvorhergesehene Weise formt.

Aus dieser Perspektive erscheinen Masse und Individuum dann aber nicht als Polaritäten, sondern als fließendes Kontinuum; die ‚rohe' Masse als nicht von außen, durch materielle Anordnungen und Führer formbare Materie, sondern als von innen, selbstreferenziell geformte, die Individualität keineswegs negiert, sondern steigert.

Dies gilt auch und erst recht unter Bedingungen einer medial ‚partikularisierten' Masse, die Technologien des Selbst an flexible Dynamiken der Selbstführung und -adjustierung bindet. Prozesse der Subjektivierung ereignen sich in dieser Perspektive nicht am Gegenpol der Masse, sondern, im Gegenteil, sie verweisen geradezu auf ‚die Masse' als konstitutives und regulatives Medium

---

[50] Foucault (1976), *Überwachen und* Strafen, S. 183.
[51] Vgl. dazu auch Siegfried Krakauer, „Das Ornament der Masse", in: ders., *Schriften, Band 5, Aufsätze von 1927-1931*, Frankfurt/M., 1963, S. 50-63; Franz Dröge/Michael Müller, *Die Macht der Schönheit. Avantgarde und Faschismus oder die Geburt der Massenkultur*, Hamburg, 1995, S. 311-326.

des Subjekts. Allerdings muss hier darauf verwiesen werden, dass Subjektivierung sich nicht mit den intentionalen Absichten eines Subjekts verbindet, auch nicht ursächlich auf dessen Bewusstsein zurückzuführen ist, sondern als emergente Praxis der Subjektbildung verstanden werden muss, die, bezogen auf ein Gefüge von Zeichen und (Selbst-)Technologien, ihre eigenen Formen (der Verkettung und der Abfolge) besitzt. Diese übersteigen, wie Automatismen, den Horizont jeder subjektiven, willentlichen Verfügbarkeit. Praktiken der Selbstführung sind gebunden an Automatismen unvorhersehbarer Verteilungsstrukturen und feedbackgesteuerter Selbstoptimierung. Angenommen wird dabei, dass das Subjekts nicht als individueller Pol dem der Gesellschaft gegenübersteht und sich, im Gegenüber zur Gesellschaft, kulturellen Kodierungen vorgängig bildet, sondern sich, eingebunden in ein „normalisierendes Gestränge"[52] sozialer Praktiken sowie in die permanente Selbstbefragung und Selbststeuerung, im Rahmen kultureller Normen erst konstituiert und form(ier)t. Es unterliegt in seiner Selbstregulierung Automatismen der Normalisierung, die es selbst nicht steuert. Flexible Selbstadjustierung erfolgt im Einklang und in Abgrenzung zur Normalität. Was zählt, ist ein individuelles Profil, das ja keineswegs aufgrund individueller Absichten entsteht, sondern das in der Erstellung bereits ungeplanten Verteilungsstrukturen folgt, und dessen Anschlussfähigkeit, die wiederum einer individuell nicht steuerbaren Dynamik folgt.

Während massenpsychologische Analysen das Subjekt als Gegenpol zur Masse entwerfen und nahelegen, dass sich die Konturen des Subjekts in der Masse auflösen, seine Persönlichkeit, der Massensuggestion unterworfen, schwindet und das Selbst zu einem von unbewussten Massendynamiken gesteuerten Spielball wird, *zeigt* sich das Subjekt hier eingebunden in selbstorganisierte Prozesse massenhafter Kommunikation – und gerade auch solchen, die an mediale Übertragungs- und Zirkulationsprozesse angeschlossen sind. In der ereignishaften Logik der Masse bilden sich Masse und Subjekt als das unvorhersehbar Neue und als unerwartete Struktur. Nachahmungsketten und Feedbackschleifen sind die Instrumente der Subjektbildung, die, wie die Bildung der Masse(n), auf der Basis von Heterogenität und Inkohärenz erfolgen. Angetrieben durch mediale Umbrüche und sozioökonomische Zwänge, sich öffentlich transparent zu machen, formt sich das Subjekt in medialen Anschlüssen an soziale Bänder. Kollektive ohne Zentrum und deren Eigendynamiken sind unmittelbar mit Selbsttechnologien und Formen der feedbackgesteuerten Selbstregulierung des Subjekts verbunden. Die Masse der Individuen folgt in ihren Optionen einer unvorhersehbaren Verteilungsstruktur, deren Profile sich mit emergenten globalen und individuellen Prozessen verbinden. Es geht dabei nicht nur darum, sich permanent mit der individuell gedeuteten Sozialität und den Optimierungsidealen seiner Umgebung abzugleichen, viel-

---

[52] Hubert L. Dreyfus/Paul Rabinow, *Jenseits von Strukturalismus und Hermeneutik*, Weinheim, 1987, S. 299.

mehr produziert die Selbstreferenzialität von Masse und Individuum unvorhergesehene Effekte, die sich nicht als Einschränkung von Individualität, sondern als deren konstitutive Bedingung und Steigerung lesen lassen.

Das Subjekt gewinnt seine ‚Autonomie' also paradoxerweise im Feld gesellschaftlicher Kräfteverhältnisse und Machtstrukturen; es ist selbst eine Wirkung dieser Macht; es bildet sich als Struktur erst im komplexen Zusammenspiel gesellschaftlicher Praktiken heraus und transformiert sich immer wieder aufs Neue als Instanz, die, bei aller sozialen Konstitution, eine subjektive Haltung gegenüber sozialen Normen und Machtprozeduren einnimmt. Die Macht wirkt also nicht einseitig und schon gar nicht deterministisch auf ein Subjekt, vielmehr konstituiert sich dieses performativ im Kontext überindividueller, anonymer Dynamiken als fragiles und fehlbares Subjekt.[53]

Hannelore Bublitz

Literatur

Bargh, John A., „The Automaticity of Everyday Life", in: Robert S. Wyer JR (Hg.), *The Automaticity of Everyday Life: Advances in Social Cognition*, Volume X, Mahwah, NJ, S. 1-64.

Ders./Chartrand,Tanya L., „The Unbearable Automaticity of Being", in: *American Psychologist*, 54 (July 1999), S. 462-479.

Benjamin, Walter, „Das Kunstwerk im Zeitalter seiner technischen Reproduzierbarkeit", in: ders., *Gesammelte Schriften*, Band I.3, Frankfurt/M., 1982.

Butler, Judith, *Körper von Gewicht. Diskursive Grenzen des Geschlechts*, Berlin, 1995.

Dies., *Psyche der Macht. Das Subjekt der Unterwerfung*, Frankfurt/M., 2001.

Dies., *Kritik der ethischen Gewalt. Adorno-Vorlesungen 2002*, Frankfurt/M., 2003.

Dies., *Die Macht der Geschlechternormen und die Grenzen des Menschlichen*, Frankfurt/M., 2009.

Canetti, Elias, *Masse und Macht*, München, Wien, o.J. [1960]

Dreyfus, Hubert L./Rabinow, Paul, *Jenseits von Strukturalismus und Hermeneutik*, Weinheim, 1987.

---

[53] Vgl. dazu auch Judith Butler, *Kritik der ethischen Gewalt. Adorno-Vorlesungen 2002*, Frankfurt/M., 2003. Hier löst Judith Butler sowohl die Handlungsmacht als auch die Verantwortung des Subjekts von der Vorstellung eines souveränen Subjekts ab, zum anderen geht sie davon aus, dass das Subjekt nicht ausschließlich und gewissermaßen ‚automatisch' durch Diskurse hervorgebracht wird, sondern „sich selbst in Bezug auf eine Menge von Codes, Vorschriften und Normen formt" (ebd., S. 26). Das Subjekt ist demnach nicht ein einfacher Effekt oder eine einfache Funktion ihm vorausgehender Sprechakte oder Normen, es bildet diese auch nicht in einer einfachen Struktur ab. Moralische Vorschriften und Normen bilden zwar die Begrenzung der Beziehung zu sich selbst und anderen, aber es handelt sich dabei keineswegs um ein deterministisches Verhältnis, sondern um eine emergente Praxis der Selbstkonstitution.

Dröge, Franz/Müller, Michael, *Die Macht der Schönheit. Avantgarde und Faschismus oder die Geburt der Massenkultur*, Hamburg, 1995.

Foucault, Michel, *Überwachen und Strafen. Die Geburt des Gefängnisses*, Frankfurt/M., 1976.

Hegel, Georg Wilhelm Friedrich, *Vorlesungen über die Philosophie der Geschichte*, Stuttgart, 1961.

Kant, Immanuel, *Zum ewigen Frieden*, in: ders., *Werkausgabe, Band XI*, hg. v. Wilhelm Weischedel, Frankfurt/M., 1977.

Klausnitzer, Ralf, „Unsichtbare Fäden, unsichtbare Hand. Ideengeschichte und Figuration eines Metaphernkomplexes", in: Lutz Danneberg/Carlos Spoerhase/Dirk Werle (Hg.), *Begriffe, Metaphern und Imaginationen in Philosophie und Wissenschaftsgeschichte*, Wiesbaden, 2009, S. 145-176.

Krakauer, Siegfried, „Das Ornament der Masse", in: ders., *Schriften, Band 5, Aufsätze von 1927-1931*, Frankfurt/M., 1963, S. 50-63.

Landauer, Karl, „Automatismen, Zwangsneurose und Paranoia", in: *Internationale Zeitschrift für Psychoanalyse*, 13 (1927), S. 10-17.

Le Bon, Gustave, *Psychologie der Massen*, Neuenkirchen, 2007. [Frz. OA 1895.]

Levy, Neil/Bayne, Tim, „Doing without Deliberation. Automatism, Automaticity, and Moral Accountability", in: *International Review of Psychiatry* 16, 3 (August 2004), S. 209-215.

Marx, Karl/Engels, Friedrich, *Das Kapital. Kritik der politischen Ökonomie*, Erster Band. MEW Band 23, Berlin, 1972. [1867]

Sloterdijk, Peter, *Du musst dein Leben ändern. Über Anthropotechnik*, Frankfurt/M., 2009.

Smith, Adam, *Der Reichtum der Nationen*, übers. v. Max Stirner, hg. v. Heinrich Schmidt, Leipzig, 1910. [1776]

Stäheli, Urs, „Emergenz und Kontrolle in der Massenpsychologie", in: Eva Horn/Lucas Marco Gisi (Hg.), *Schwärme. Kollektive ohne Zentrum. Eine Wissensgeschichte zwischen Leben und Information*, Bielefeld, 2009, S. 85-100.

Kollektive Automatismen, Kumulation, unerwartete Effekte

HARTMUT WINKLER

SPUREN, BAHNEN …
DREI HETEROGENE MODELLE IM HINTERGRUND DER FRAGE NACH DEN AUTOMATISMEN

0. Intro

Auf die Frage nach den Automatismen sind sehr unterschiedliche Perspektiven möglich; eine *royal overlooking position* in diesem Feld gibt es nicht. Ich möchte deshalb bei meinem Fach und bei einem mediengeschichtlichen Thema ansetzen. Wie kann man Mediengeschichte schreiben? Was treibt die Mediengeschichte voran? Was ist der Motor, oder was die Motoren, die hinter den beobachtbaren Veränderungen in Wirkung sind? Innerhalb der Medienwissenschaften wird Mediengeschichte immer noch überwiegend *top down* modelliert, wenn auch in einer großen Vielfalt von Varianten. Häufig bewegt man sich an einer Kette technischer Erfindungen entlang, und untersucht von dort aus – „das Fernsehen hat die Welt verändert" – die Wirkungen aufs Soziale. Man ironisiert diese Perspektive, indem man die Kamera exakt auf den Moment einstellt, in dem Edison den Phonographen erfindet und sein „Hulloo" ins Telefonmundstück brüllt[1]; oder man geht umgekehrt vom Sozialen aus, wieder aber *top down*, indem man auf die großen geschichtlichen Phasenmodelle zurückgreift, die die Geschichts- oder Sozialwissenschaften entwerfen.

Ansätze, die den Versuch einer Mediengeschichtsschreibung *bottom up* unternehmen, haben es demgegenüber methodisch wie inhaltlich schwerer; wenn die Cultural Studies etwa den Mediengebrauch und ‚the people' in den Mittelpunkt stellen, so werden häufig z. B. Rezeptionsprozesse beschrieben. Hierbei bleibt offen, ob diese die Ebene des eigentlich ‚Medialen' überhaupt erreichen, ob sie tatsächlich in der Lage sind z. B. neue Medien hervorzubringen. Schon der Begriff des ‚Gebrauchs' wäre in sich problematisch; impliziert er doch, dass das Medium primär und vorgängig ist, wodurch der Gebrauch notwendig zu etwas Sekundärem wird …

Gleichzeitig ist auffällig, dass die Dimension des Mediengebrauchs immer wichtiger und immer augenfälliger wird. Die Tatsache, dass der Mobilfunk sich in weniger als zehn Jahren vollständig durchsetzen konnte, haben weder ich selbst noch andere Vertreter meines Fachs prognostiziert oder auch nur für möglich gehalten. Dieses Versagen fordert das Fach dazu heraus, die eigenen

---

[1] Friedrich A. Kittler, *Grammophon, Film, Typewriter*, Berlin, 1986, S. 37.

Kategorien und Begriffe zu überdenken. Möglich war dieser Siegeszug nur, weil das neue Medium offensichtlich auf ein ‚Bedürfnis' gestoßen ist. Dies wirft die Frage auf, was ein Bedürfnis ist, und ob, inwieweit und wieso Bedürfnisse – und ‚the people'? – Macht über die Zukunft und ihre Gestaltung haben.

Mit dem Gesagten allerdings ist eher die Motivation beschrieben als das Feld, in dem sich mein Text konkret bewegen wird. Ich werde zunächst nur in den Hintergrund investieren; in jene Modelle und Begriffe also, die man möglicherweise braucht, um Fragen wie die skizzierten irgendwann beantworten zu können. Im Konkreten wird es um die Metapher der Spur und der Bahnung gehen. In einem ersten Abschnitt werde ich den Begriff der Spur aufgreifen, wie ihn Krämer in die medienwissenschaftliche Diskussion eingebracht hat; ein zweiter Abschnitt wird bestimmte Gedächtnistheorien vorstellen, die in Spur und Bahnung eine gemeinsame Perspektive haben; mein dritter und letzter Abschnitt schließlich wird in einem zugegeben etwas rüden Sprung auf die Ebene einer begrifflichen Verallgemeinerung wechseln.

Insgesamt geht es mir um Mosaiksteine, und nicht um eine geschlossene Konzeption. Dies erscheint mir angemessen, da die Debatte um die Automatismen, zumindest was die Medienwissenschaften angeht, noch ganz am Anfang steht.

1. Spur, Krämer

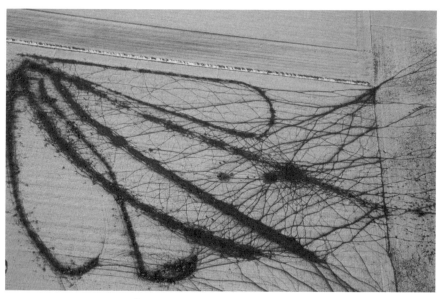

Ausgangpunkt meiner Überlegung ist das Bild, das sich auch auf dem Titel des vorliegenden Bandes findet: Auf den ersten Blick wirkt es wie ein Jackson

Pollock, tatsächlich aber handelt es sich um das Foto einer Schafherde im Schnee, das ursprünglich im *Stern* erschien[2]; im Kern enthält dieses Foto das ganze Problem, um das es mir geht.

Gegenwärtig nämlich – dies ist auffällig – gibt es eine große Aufmerksamkeit für den Begriff der Spur. Anschließend an die *Grammatologie* Derridas (1967) und an Levinas *Die Spur des Anderen* (1963) haben verschiedene Autorinnen und Autoren den Begriff in zeichen- und schrifttheoretische Überlegungen eingebracht. Sybille Krämer hat im Jahr 2007 einen Sammelband vorgelegt, der die Ergebnisse dieser Debatte aufgreifen und in eine neue Richtung fortschreiben will.[3] Bezugspunkt neben Derrida und Levinas sind Sebeok/Sebeok *Du kennst meine Methode* (1980) und Ginzburg *Spurensicherungen* (1983). Krämer verfolgt mit ihrem Band ein letztlich zeichentheoretisches Projekt.

> Kann es nun sein, dass die Beschäftigung mit dem Spurkonzept deshalb fruchtbar und an der Zeit ist, weil sie dem unbekümmerten und referenzlosen Flotieren der Zeichen etwas entgegenzuhalten vermag, das seine Erdung in einer Art ‚Dingsemantik' findet? Tatsächlich gewinnen Tätigkeiten wie ‚Repräsentieren', ‚Lesen', ‚Interpretieren' im Kontext des Spurenlesens eine Bedeutung, welche in der Selbstgenügsamkeit von Zeichensystemen nicht aufgeht. Im Nachdenken über die Spur knüpfen wir nun einerseits an den semiologisch-repräsentationalen Diskurs an, doch halten wir mit dem Spurenlesen zugleich einen Ariadnefaden in der Hand, der uns aus der ‚reinen' Zeichenwelt hinausführt und mit der Dinghaftigkeit, Körperlichkeit und Materialität der Welt verbindet, welche die conditio sine qua non der Genese und der Deutbarkeit von Spuren ist. Sind Spuren also die Nahtstelle der Entstehung von Sinn aus Nichtsinn?[4]

Im Paradigma der Spur sieht Krämer eine Chance, die sterile Gegenüberstellung von Zeichen und Bezeichnetem zu überwinden und dem etablierten, schlichten, zweiwertigen Modell der Repräsentation zu entkommen. Das Modell der Repräsentation hält Krämer für problematisch, weil es letztlich auf die Körper-Geist-Dualität zurückgeht und diese in den Raum der Medientheorie hinein verlängert. Das Projekt zur Spur schließt insofern an frühere ihrer Projekte an; mehrere große Untersuchungen zur Performativität etwa hatten dasselbe Ziel, den Zeichenbegriff durch eine Rückbindung an Materialität und Praxen zu ‚erden'.

Und deutlicher noch als früher ist das Gegenüber der poststrukturalistische Diskurs. Diesem hält sie zugute, die Einsicht durchgesetzt zu haben, „dass wir keinen zeichenfreien und interpretationsunabhängigen Zugang zu Welt und Wirklichkeit [...] haben"[5]; gleichzeitig aber wirft sie ihm vor, in ein unkriti-

---

[2] Foto: Jürgen Gebhard (picturepress).
[3] Sybille Krämer/Werner Kogge/Gernot Grube (Hg.), *Spur. Spurenlesen als Orientierungstechnik und Wissenskunst*, Frankfurt/M., 2007.
[4] Sybille Krämer, „Was also ist eine Spur? Und worin besteht ihre epistemologische Rolle? Eine Bestandsaufnahme", in: dies./Kogge/Grube (2007), *Spur*, S. 11-33: 12 f.
[5] Ebd., S. 12.

sches Bündnis mit einer Technikentwicklung zu geraten, die sich in Begriffen wie ‚Information' und ‚Immaterialisierung' möglicherweise selbst missversteht:

> Die Beschwörung einer Referenzlosigkeit der Zeichen und einer lückenlosen Textverfasstheit der Welt im so genannten postmodernen Denken erscheint daher nur konsequent: Dematerialisierung, Derealisierung, Entkörperlichung, Informatisierung, Virtualisierung, Simulationseuphorie – das sind nur unterschiedliche Ausdrücke für die Tendenz, die Zeichen von aller Verbindung mit dem Nichtzeichenhaften freizusetzen und damit die Zeichennatur der Welt absolut zu setzen. *Damit aber verschwinden die Dinge.*[6]

Die Spur verspricht hier einen Ausweg, weil sie klar – und klarer noch als andere Zeichen – an Materialität gebunden ist:

> Spuren treten gegenständlich vor Augen; ohne physische Signatur auch keine Spur. Spuren entstehen durch Berührung, also durchaus ‚stofflich': Sie zeigen sich im und am Material. Spuren gehören der Welt der Dinge an. Nur kraft eines Kontinuums in der Materialität, Körperlichkeit und Sinnlichkeit der Welt ist das Spurenhinterlassen und Spurenlesen also möglich.[7]

Ein Paradox nun besteht darin, dass Spuren gleichzeitig für ein Abwesendes stehen.

> In der Hohlform des Abdrucks, mit der eine Bewegung in der Zeit sich zur Konfiguration im Raum auskristallisiert, zeigt sich das Vorbeigegangensein von jemandem oder von etwas. Die Anwesenheit der Spur zeugt von der Abwesenheit dessen, was sie hervorgerufen hat. In der Sichtbarkeit der Spur bleibt dasjenige, was sie erzeugte, gerade entzogen und unsichtbar.[8]

Diese Spannung ist es, die Krämer vor allem interessiert, und die sie in ihrem eigenen Beitrag im genannten Band austragen wird.[9]

All dies nun erscheint mir ohne Zweifel plausibel und fruchtbar für eine Theorie der Medien, die es immer – hier wäre ich mit Krämer einig – mit der ‚Materialität der Kommunikation' zu tun hat. Auffällig allerdings ist, dass Krämers Bestimmung der Spur einen sehr wichtigen Aspekt der Spur nicht enthält, und zwar nicht nur im Referierten, sondern in allen zehn Attributen, die sie für diesen Begriff angibt.[10] Es ist dies die Eigenheit, *dass Spuren häufig nicht einmal, sondern mehrmals begangen werden, wodurch sie sich entweder überlagern und dadurch unkenntlich werden, oder aber ganz im Gegenteil sich durch Eingrabung vertiefen.*

Mittelalterliche Fernstraßen etwa waren keineswegs, wie man denken sollte, schmaler als die heutige Autobahn. Rekonstruktionen haben vielmehr erge-

---

[6] Ebd. [Herv. i. O.]
[7] Ebd., S. 15.
[8] Ebd., S. 14.
[9] Sybille Krämer, „Immanenz und Transzendenz der Spur: Über das epistemologische Doppelleben der Spur", in: dies./Kogge/Grube (2007), *Spur*, S. 155-181.
[10] Krämer (2007), Was also ist eine Spur, S. 14-18.

ben, dass sie bis zu 500 Meter breit waren; aus der einfachen Tatsache heraus, dass die Wagenräder die meist unbefestigten Straßen im Gebrauch gleichzeitig zerstörten. War der Boden im Regen aufgeweicht, mussten immer weitere Parallel- und Ausweichspuren gebahnt werden; die Wälder waren deshalb nicht von klaren Linien, sondern von einem komplizierten Netzwerk paralleler und dissipativ sich verzweigender Spuren durchzogen.

Das eingangs zitierte Bild der Schafherde gibt diesen Aspekt mühelos her. Zumindest die Alltagsvorstellung von Spuren hat eine quantitative Seite. Und einen privilegierten Bezug entweder zur Masse oder zur *Wiederholung*. Diese quantitative Seite wird weder bei Sebeok/Sebeok noch bei Ginzburg thematisiert, von denen Krämer die Perspektive des Jägers, der Spuren liest und verfolgt, übernimmt. Auch bei Krämer geht es um Lesen, Erkennen und Wissen; und genauer: um einen Typus von ‚Wissen', der sich zunächst auf den Einzelfall, auf die einzelne Spur richtet.

Daneben aber sind selbstverständlich auch andere Typen von Wissen möglich; die Spur, die die Herde hinterlässt, gehorcht eigenen Gesetzen und wirft eigene Fragen auf. Wollte man diese zumindest grob skizzieren, könnte man z. B. folgende nennen:

1. Die Frage der Quantitäten selbst. ‚Size does matter', ist eine Erkenntnis, die sich aufdrängt, die sich einer Beschreibung, z. B. mit den Mitteln der Statistik, aber keineswegs notwendig fügt. Alle Probleme der Beobachtung potenzieren sich, sobald es gilt, eine größere Anzahl von Aktanten im Blick zu behalten.

2. Die Frage, welches oder welche Muster in der Vielzahl und in der Überlagerung der Spuren entstehen. Im fraglichen Schafherden-Foto ist es die privilegierte Draufsicht[11], die den Blick dazu bringt, von der Ebene der Schafe auf diejenige der entstehenden Muster zu springen. Die Spuren erscheinen regelhaft und gleichzeitig schwer zu erklären; sie scheinen einem *strange attractor* zu folgen, der *strange* gerade darin ist, dass ein äußerer Grund, eine Ursache nicht sofort benannt werden kann.

3. Eine dritte Frage wäre, in welchem Verhältnis die Einzelaktion, z. B. der Weg eines einzelnen Schafs, zu der sich bildenden Gesamtstruktur steht. Im Muster scheint die Tatsache auf, dass es zwischen den einzelnen Handelnden (Schafen) Mechanismen der Koordination oder schüchterner/offener: einen Zusammenhang gibt. Wie dieser Zusammenhang aussieht, worin er im Konkreten besteht, ist damit aber noch nicht gegeben. Und mehr noch:

4. Die Frage wird dadurch kompliziert, dass es überhaupt beide Ebenen gibt. Obwohl man den Status des Handelnden zunächst nur dem einzelnen Schaf zuschreiben würde, ist man geneigt, auch die Herde als eine Art Kollektivsubjekt zu modellieren. Inwieweit dies berechtigt ist, wäre für verschiedene Fälle sicher different und jeweils einzeln zu prüfen.

---

[11] Das Problem dieser Draufsicht verfolgt der Beitrag von Oliver Leistert im vorliegenden Band.

5. Weiter stellt sich die Frage nach der Fläche oder dem Raum, in den sich die Spuren einschreiben. Selbstverständlich wäre dies auch im Falle von Einzelspuren relevant; bezogen auf Kollektiv- oder Wiederholungsspuren aber ist sie dramatisch, gerade in dem Maß, wie es u. a. um die Herstellung eines ‚Gesamtbildes' geht.

6. Und schließlich brauchte es Kriterien, um Kollektivphänomene und Wiederholung überhaupt zuverlässig zu trennen ...

Weit davon entfernt, auch nur eine dieser Fragen beantworten oder operationalisieren zu können, möchte ich statt dessen das Terrain wechseln. Der Begriff der Spur nämlich kommt noch in einem weiteren Argumentationszusammenhang vor, der uns möglicherweise näher an das Genannte heranführt.

2. Gedächtnistheorien

Dieser Zusammenhang ist derjenige der *Gedächtnistheorie*. Harald Weinrich hat in einem Aufsatz 1964 gezeigt, dass sich die Metaphern, in denen das menschliche Gedächtnis modelliert und verstanden wird, um zwei Pole gruppieren: die Wachstafel und das Magazin.[12] Während die Magazin- oder Speichermetapher von einem relativ schlichten Nebeneinander der eingelagerten Inhalte ausgeht, und unterstellt, dass diese, treulich bewahrt, zu gegebener Zeit in identischer Form wieder auftauchen, arbeitet die Metapher der Wachstafel komplizierter. Die Metapher selbst gibt es schon in Platons Theaitetos-Dialog[13]:

> So setze mir nun, damit wir doch ein Wort haben, in unsern Seelen einen wächsernen Guß, welcher Abdrücke aufnehmen kann [...]. Dieser, wollen wir sagen, sei ein Geschenk von der Mutter der Musen, Mnemosyne, und wessen wir uns erinnern wollen von dem Gesehenen oder Gehörten oder auch selbst Gedachten, das drücken wir in diesen Guß ab, indem wir ihn den Wahrnehmungen und Gedanken unterhalten, wie beim Siegeln mit dem Gepräge eines Ringes. Was sich nun abdrückt, dessen erinnern wir uns und wissen es, solange nämlich sein Abbild vorhanden ist. Hat man aber dieses ausgelöscht oder hat es gar nicht abgedrückt werden können: so vergessen wir die Sache und wissen es nicht.[14]

Wachstafeln waren in der Antike ein verbreitetes Aufschreibesystem, es ist also eine tatsächliche, materielle Medientechnik, die hier zum Bild für die Erinnerung gewählt wird. Und ausgehend von Platon findet sich die Metapher in einer langen Kette von Varianten. In der Metapher vermischen sich verschie-

---

[12] Harald Weinrich, „Typen der Gedächtnismetaphorik", in: *Archiv für Begriffsgeschichte*, 1964; zit. nach: Aleida Assmann, „Zur Metaphorik der Erinnerung", in: dies./Dietrich Harth (Hg.), *Mnemosyne. Formen und Funktionen der kulturellen Erinnerung*, Frankfurt/M., 1991, S. 13-35: 13.

[13] Platon, „Theaitetos", in: *Sämtliche Werke*, Band 4, Hamburg, 1958, S. 103-182: 158-169. [Altgriech. OA 369 vor Chr.]

[14] Ebd., S. 159.

dene Dimensionen: Zum einen ist eine Nähe zur Problematik der Wahrnehmung gegeben, würde man hier doch auch alltagssprachlich – ganz im Sinne der Wachstafelmetapher – von ‚Eindrücken' sprechen; zum Zweiten wird klarer als im Fall des Speichers die Drohung des Vergessens thematisiert; zum Dritten schließlich Überlagerung und Überschreiben, eine Dimension, die uns im vorliegenden Zusammenhang in besonderer Weise interessiert.

Überlagerung und Überschreiben werden, wie Aleida Assmann zeigt, später häufig auch mit dem Palimpsest illustriert.[15] Wachstafel und Palimpsest stehen für die Wandelbarkeit und die tendenzielle Unverfügbarkeit des Gedächtnisses, sie stehen für das „Buch ohne feste Gestalt, das [zeitlich] dynamisierte Buch"[16]. Von hier aus schlägt Assmann den Bogen zurück zur Spur.

> Die Spur wurde in der Psychologie des 19. Jahrhunderts zum Zentralbegriff der Gedächtnisforschung. Karl Spamer bestimmte sie als „eine Krafteinwirkung an einem unbelebten Objekt", das Energie in sich festhält. Gedächtnis und Spur werden geradezu zu synonymen Begriffen: „Man kann [..] von einem Gedächtnis aller organischen Materie, ja der Materie überhaupt sprechen, in dem Sinne, daß gewisse Einwirkungen mehr oder weniger dauernde Spuren an ihr hinterlassen. Der Stein selbst behält die Spur des Hammers, der ihn getroffen hat."[17]

Wunderblock, Bahnung

Ihre wohl bekannteste Fassung hat die Metapher der Wachstafel in Freuds Wunderblock-Text gefunden, der ebenfalls das Wechselverhältnis zwischen Wahrnehmung und Dauerspuren/Gedächtnis zu fassen versucht. Hier wird das Gedächtnis interessanter Weise mit dem Unbewussten assoziiert, insofern die Dauerspuren der Wachstafel zunächst unkenntlich sind.

Im vorliegenden Kontext noch wichtiger allerdings scheint mir ein früherer Text, in dem Freud den Begriff der *Bahnung* entfaltet; einen Begriff, der mir wichtig ist, weil er an denjenigen der Spur unmittelbar angrenzt. Seinen „Entwurf einer Psychologie" schrieb Freud bereits 1895[18], in einer Phase, in der er, sehr viel stärker als in seinem Spätwerk, medizinisch-physiologische und neurologische Vorstellungen einbezog und sich bemühte, psychische Vorgänge in doppelter Perspektive, psychologisch und physiologisch-energetisch, zu beschreiben.

Auch in diesem Text geht es um den Zusammenhang zwischen Wahrnehmung und Gedächtnis, bzw. um das Rätsel, dass der psychische Apparat einerseits immer aufs Neue aufnahmefähig ist, andererseits aber dennoch mit jeder

---

[15] Assmann (1991), Zur Metaphorik der Erinnerung, S. 19.
[16] Ebd.
[17] Ebd., S. 21 (Assmann zitiert Karl Spamer [1877]).
[18] Sigmund Freud, „Entwurf einer Psychologie", in: *Gesammelte Werke, Nachtragsband, Texte aus den Jahren 1885 bis 1938*, Frankfurt/M., 1987, S. 375-486.

Wahrnehmung sich verändert, in dem er – dies ist das Phänomen des Gedächtnisses – Dauerspuren bewahrt.

> Eine Haupteigenschaft des Nervengewebes ist das Gedächtnis, d. h. ganz allgemein die Fähigkeit, durch einmalige Vorgänge dauernd verändert zu werden, was einen so auffälligen Gegensatz gibt zum Verhalten einer Materie, die eine Wellenbewegung durchläßt und darauf in ihren früheren Zustand zurückkehrt. Eine irgend beachtenswerte psychologische Theorie muß eine Erklärung des ‚Gedächtnisses' liefern. Nun stößt jede solche Erklärung auf die Schwierigkeit, daß sie einerseits annehmen muß, die Neurone seien nach der Erregung dauernd anders als vorher, während doch nicht geleugnet werden kann, daß die neuen Erregungen im allgemeinen auf dieselben Aufnahmsbedingungen stoßen wie die früheren. Die Neurone sollen also sowohl beeinflußt sein als auch unverändert, unvoreingenommen. Einen Apparat, der diese komplizierte Leistung vermöchte, können wir vorderhand nicht ausdenken.[19]

Freuds erste Antwort ist eher grob: „Die Rettung liegt also darin, daß wir die dauernde Beeinflussung durch die Erregung einer Klasse von Neuronen zuschreiben, die Unveränderlichkeit dagegen, also die Frische für neue Erregungen einer anderen."[20]

Sofort allerdings sieht er sich gezwungen, seine Antwort zu modifizieren und entwickelt die sogenannte ‚Kontaktschrankentheorie':

> Es gibt also durchlässige (keinen Widerstand leistende und nichts retenierende) Neurone, die der Wahrnehmung dienen, und undurchlässige (mit Widerstand behaftete [...]) Neurone, die Träger des Gedächtnisses, wahrscheinlich also der psychischen Vorgänge überhaupt sind. [...] [Gedächtnisneurone] werden durch den Erregungsablauf dauernd verändert [...] [,] ihre Kontaktschranken geraten in einen dauernd veränderten Zustand. [...] [Diese] Veränderung [...] muß darin bestehen, daß die Kontaktschranken leitungsfähiger, minder undurchlässig werden, also denen des [Wahrnehmungssystems] [...] ähnlicher. Diesen Zustand der Kontaktschranken wollen wir als Grad der *Bahnung* bezeichnen. Dann kann man sagen: Das Gedächtnis ist dargestellt durch die zwischen den [Gedächtnisneuronen] [...] vorhandenen Bahnungen.[21]

Der Begriff der Bahnung ist ein großer Gewinn. Er moderiert die Kluft zwischen den beiden zunächst als getrennt postulierten Neuronenarten; zwischen Wahrnehmung und Gedächtnis, und allgemeiner zwischen Prozess/Aktualität und Speicher/Beharrung.

Mehr noch: Im Begriff der Bahnung wird die Struktur des Gedächtnisses an die Wahrnehmung zurückgebunden; Gedächtnis entsteht, indem je aktuelle Wahrnehmungen sich – als Bahnung – in die Struktur einschreiben.

Und schließlich eröffnet die Tatsache, dass Freud sein Modell durchaus auch physiologisch verstanden wissen will, eine *quantitative* Perspektive.

---

[19] Ebd., S. 391.
[20] Ebd., S. 391 f.
[21] Ebd., S. 392. [Herv. i. O.; letzter Satz des Zitierten im O. ebenfalls kursiv.]

Wovon hängt nun die Bahnung in den [...] [Gedächtnis-]Neuronen ab? Nach der psych[olog]ischen Erfahrung hängt das Gedächtnis, d. h. die fortwirkende Macht eines Erlebnisses, ab von einem Faktor den man „die Größe des Eindrucks" nennt, und von der Häufigkeit der Wiederholung desselben Eindrucks. In die Theorie übersetzt: Die Bahnung hängt ab von der [...] [Erregungsquantität], die im Erregungsvorgang durch das Neuron läuft, und von der Wiederholungszahl des Vorgangs.[22]

Freud also sagt, dass starke Reize andere Spuren/Bahnungen hinterlassen als schwache Reize; und dass neben den Reizquantitäten auch die Frequenz ihrer Wiederholung eine Rolle spielt. Die Spuren des Gedächtnisses verstärken sich durch Gebrauch, was den Bogen zurück zur Luftaufnahme der Schafherde schlägt.

Assoziation

Der Begriff der Bahnung zieht all diese Momente tatsächlich in sich zusammen. Das Ergebnis selbst aber ist keineswegs kontraintuitiv oder verblüffend, sondern schließt durchaus auch an Alltagsvorstellungen an. Dies wird deutlich, wenn man auf den Begriff der *Assoziation* wechselt, den Freud – von der Behandlungstechnik, d. h. der Anweisung an den Analysanden, frei zu assoziieren, bis hin zur „Psychopathologie des Alltagslebens" – in unterschiedlichster Funktion immer wieder verwendet.

Die Psychoanalyse findet die Assoziationenlehre als ein fertiges Rahmenwerk vor, das ungleich älter ist und von Aristoteles („De Memoria") über Leibniz („Von der Ideenassoziation")[23], Locke und Hume bis hin zu Schopenhauer[24] reicht. Zu Zeiten Freuds ist Assoziation einer der kurrenten Begriffe der Psychologie.

Die Assoziationenlehre fragte, wie sich die verschiedenen Geistesinhalte – Ideen, Bilder oder Begriffe – zueinander verhalten; welche Typen von Assoziationen sinnvoll unterschieden werden können und wie sie auf der Ebene des Individuellen und des Kollektivs entstehen.

„Assoziation" ist ein Relationenbegriff, der zwischen bestehenden Entitäten Verbindungen sucht; wird ein Gesamtbild entwickelt, geht das Konzept der Assoziation häufig in Netzwerkvorstellungen über. Einzelassoziationen können fest oder locker sein; in genetischer Perspektive hat man gefragt, was sie

---

[22] Ebd., S. 393.
[23] Gottfried Wilhelm Leibniz, „Von der Ideenassoziation", in: ders., *Neue Abhandlungen über den menschlichen Verstand*, Leipzig, 1916, S. 293 ff. [1765]
[24] „Stets sucht wer eine Erinnerung hervorrufen will, zunächst nach einem Faden, an dem sie durch die Gedankenassociation hängt. [...] Im Grunde beruht unser unmittelbares, d. h. nicht durch mnemonische Künste vermitteltes Wortgedächtniß, und mit diesem unsere ganze Sprachfähigkeit, auf der unmittelbaren Gedankenassociation." (Arthur Schopenhauer, *Die Welt als Wille und Vorstellung*, Band II, 1. Teilband, Zürich, 1977, S. 155 f. [1844])

stärkt oder schwächt; und man hat erkannt, dass sie quasi natürlich verblassen, wenn sie nicht auf die eine oder andere Weise aufgefrischt werden.[25]

Auch die Assoziation also hat eine strukturale und eine prozessuale Seite, auch dieser Begriff vermittelt systematisch zwischen Struktur und Gebrauch. Was ihm normalerweise fehlt, ist das quantitativ-physiologische Moment, das Freud in seinem Begriff der „Bahnung" deutlich hervorhebt; allenfalls in der Lernpsychologie hat man „Auswendiglernen und Üben als [gezielte] Stiftung von Assoziationen verstanden".[26]

Schmerz, Eingrabung, Nietzsche

Auf eine weitere Dimension, die mit dem Konzept der Spur als Eingrabung verbunden ist, kann ich nur im Vorübergehen verweisen; vor allem Nietzsche nämlich hat das Gedächtnis insgesamt vom Schmerz, von einer schmerzhaften Eingrabung, abhängig gemacht.[27] Und hieran schließen sich Theorien an, die aus dem Trauma, als einer dauerhaft weiterwirkenden Verletzung der Psyche, weitreichende Folgerungen für das Gedächtnis insgesamt ziehen.[28]

---

[25] „[Manche Ideen] werden im Verstand durch ein Objekt erzeugt, das nur ein einziges Mal – nicht öfter – auf die Sinne eingewirkt hat. [...] In allen diesen Fällen verblassen die Ideen rasch und verschwinden oft ganz aus dem Verstand, [...] so daß der Geist ihrer so bar ist, als seien sie nie dagewesen. [...] Verschwinden [...], weil sie nur wenig beachtet und nicht wieder aufgefrischt wurden [...]. Gleichwohl scheint ein ständiges Schwinden aller unserer Ideen stattzufinden [...], so daß, wenn sie nicht bisweilen durch wiederholten Gebrauch der Sinne oder durch Reflexion auf Objekte jener Art, durch die sie das erste Mal angeregt wurden, erneuert werden, der Eindruck verblaßt und schließlich nichts mehr davon übrig bleibt. [...] [U]nser Geist gleicht [...] einem Grab." John Locke, „An Essay Concerning Human Understanding [Auszug]", in: Dietrich Harth (Hg.), *Die Erfindung des Gedächtnisses*, Frankfurt/M., 1991, S. 81-83: 82. [Engl. OA 1690.]

[26] Joachim Ritter (Hg.), „Stichwort Assoziation", in: ders. (Hg.), *Historisches Wörterbuch der Philosophie*, Band 1, S. 552.

[27] „„[W]ie macht man dem Menschen-Tiere ein Gedächtnis? Wie prägt man diesem teils stumpfen, teils faseligen Augenblicks-Verstande, dieser leibhaften Vergeßlichkeit etwas so ein, daß es gegenwärtig bleibt?'... Dieses uralte Problem ist, wie man denken kann, nicht gerade mit zarten Antworten und Mitteln gelöst worden; vielleicht ist sogar nichts furchtbarer und unheimlicher an der ganzen Vorgeschichte des Menschen, als seine Mnemotechnik. ‚Man brennt etwas ein, damit es im Gedächtnis bleibt: nur was nicht aufhört, wehzutun, bleibt im Gedächtnis' – das ist ein Hauptsatz aus der allerältesten (leider auch allerlängsten) Psychologie auf Erden. [...] Es ging niemals ohne Blut, Martern, Opfer ab, wenn der Mensch es nötig hielt, sich ein Gedächtnis zu machen". Friedrich Nietzsche, *Zur Genealogie der Moral*, in: *Werke*, Band 4, München,Wien, 1980, S. 761-900: 802 [1887]. Siehe auch: Friedrich A. Kittler, *Aufschreibesysteme 1800 1900*, München, 1985, S. 202 u. 332.

[28] Siehe Jan Assmann, *Moses der Ägypter*, Frankfurt/M., 2000, S. 22 u. 49 ff. [Am. OA 1997.]

Zwischensumme

Die genannten Gedächtnismodelle, so kurz ich sie hier skizziert habe, sind bezogen auf die Ausgangsfrage nach der ‚Spur', der Eingrabung, sicherlich ein privilegiertes Feld. Sie haben den großen Vorteil, dass sie auf Alltagsevidenzen und Introspektion aufsetzen. Und die wesentlichen Züge wären sicher nicht strittig: Das Gedächtnis erscheint als Organ nicht einfach gegeben, sondern verweist wie selbstverständlich auf den Prozess seiner Entstehung zurück. Selbst wenn man ein ‚Vermögen' zum Gedächtnis organisch voraussetzen muss, so ist doch klar, dass das Gedächtnis seine Struktur, seine Inhalte und seine konkrete Form im Prozess einer lebenslangen Wahrnehmung/-Erfahrung allererst erhält, indem Wahrnehmung und Erfahrung sich in dieses Gedächtnis einschreiben. In umgekehrter Perspektive stellt das Gedächtnis eine Art *Protokoll* dieser Wahrnehmungs- und Erfahrungsprozesse dar; wie auch immer verdichtet, verzerrt und entstellt sind diese in seiner Struktur ‚vollständig' enthalten, monumentalisiert.

Bahnung, Eindruck und Spur würde selbst die Alltagssprache dem Gedächtnis zuschreiben; im Begriff der Assoziation verbindet sich die Vorstellung einer linearen Verkettung mit ausgebauteren Netzmodellen; der Bezug auf die Wiederholung – etwa im Mechanismus des Auswendiglernens – erscheint evident und schlägt die Brücke zum Quantitativen.

Irritation

Zwei Dinge allerdings sind irritierend: Zum einen die Tatsache, dass Metaphorik hier eine herausragende und nicht völlig zu kontrollierende Rolle spielt. Wenn von ‚Spur' und ‚Bahnung' die Rede ist, so sind dies selbstverständlich zunächst Metaphern; d. h. *Modelle*, die Erfahrung organisieren, der Erfahrung selbst aber keineswegs unmittelbar zugänglich sind. Genauso gilt dies für Wachstafel und Wunderblock. Man greift auf äußere Medientechniken zurück, um zu illustrieren, was gerade kein äußerer Vorgang ist, was sich einer unmittelbaren Anschauung und Beobachtung entzieht. Als eine technische Metapher liefert Medientechnik das Modell zu verstehen, was im Dunkel der Köpfe der Individuen verborgen bleibt.

Modelle kollektiv?

Die zweite Irritation hängt hiermit zusammen. Die genannten Modelle beziehen sich zunächst auf das individuelle Gedächtnis; was die Frage aufwirft, ob es auch im intersubjektiven Raum äquivalente oder anschlussfähige Vorstellungen gibt. Dass man *Medientechniken* zum Verständnis heranzieht, mag den

Sprung moderieren; haben diese doch immer und grundsätzlich im intersubjektiven Raum ihren Ort.

Und in der Tat ist ein solcher Übergang möglich. Die fraglichen Modelle allerdings haben die Schwierigkeit, dass sie teilweise sehr voraussetzungsvoll und nur mit einiger Sorgfalt plausibel zu machen sind. Ich möchte mich hier deshalb auf sehr kurze Stichworte beschränken, die den Zusammenhang allenfalls andeuten können, und die Punkte benennen, in denen sich die Frage in bestimmte Anschlussdiskurse verzweigt. (Dies fällt mir etwas leichter, weil ich zu einigen dieser Punkte anderswo ausführlicher Stellung genommen habe.[29])

1. Ein systematischer Übergang zwischen Gedächtnisproblematik und intersubjektivem Raum findet sich in den Theorien zur Oralität, zu jenen Stammesgesellschaften also, die nicht über Schrift verfügten, und damit alle kulturelle Tradierung der Wachstafel der individuelle Gedächtnisse anvertrauen mussten. Konstitutiv für diese Theorien ist das Moment der rituellen Wiederholung; einer kollektiven Technik, die die Aufgabe hat, die individuellen Gedächtnisse auf ein Gemeinsames zu beziehen und zu synchronisieren; die rituell wiederholten Diskursereignisse frischen die Gedächtnisse auf bzw. graben die Inhalte ein. Medientechnisch geht es damit um den Übergang zwischen Individual- und Kollektivgedächtnis. Die Vielzahl der individuellen Gedächtnisse stellt die verteilte ‚Hardware' dar, auf der das Kollektivgedächtnis läuft.

2. Auf der Mikroebene des Diskursiven sind *Rhythmus*phänomene interessant. In der Musik, im Schlag der Trommel und im Tanzschritt verbinden sich Wiederholung und Eingrabung/Strukturbildung; über eine äußere Medientechnik werden die Körper und über die körperliche Erfahrung die Welt strukturiert. An bestimmten Höhlenzeichnungen kann Marie König nachweisen, dass sie nicht auf einmalige, sondern auf wiederholte Inzisionen an gleicher Stelle zurückgehen, was ebenfalls eine Brücke zurück zum Ritus und zur rituellen Bekräftigung schlägt.[30]

Immer wieder werden prähistorische Knochen mit regelmäßigen Einkerbungen gefunden, der älteste ist ca. 40 000 Jahre alt.[31] Diese werden meist als Notationen des Mondzyklus, also als Kalender interpretiert; quasi mimetisch werden hier die Rhythmen der Natur nachvollzogen und in die Raster und Rhythmen des Kulturellen überführt.[32]

---

[29] Hartmut Winkler, *Diskursökonomie*, Frankfurt/M., 2004, S. 110 ff.
[30] Marie E. P. König, *Am Anfang der Kultur. Die Zeichensprache des frühen Menschen*, Frankfurt/M., o.J., S. 64 ff. [1973]
[31] Der bekannteste ist der sogenannte Ishango-Bone, gefunden in Uganda/Zaire und ca. 25 000 Jahre alt; kürzlich wurde im russischen Ural-Gebirge nahe des Polarkreises ein Mammutstoßzahn, ebenfalls mit regelmäßigen Einkerbungen gefunden und auf ein Alter von 35 000 bis 40 000 Jahren datiert. Andrea Naica-Loebell, „Der Mensch der aus der Kälte kam", in: *Telepolis online*, online unter: www.heise.de/tp/r4/artikel/9/9480/1.html, zuletzt aufgerufen am 23.03.2008.
[32] André Leroi-Gourhan, *Hand und Wort. Die Evolution von Technik, Sprache und Kunst*, Frankfurt/M., 1988, S. 239. [Frz. OA 1964.]

3. Zum Dritten – um unvermittelt in die Gegenwart zu springen – wären die Theorien zur Stereotypenbildung zu nennen. Diese Theorien, die sich vor allem in der Analyse der Bildmedien als fruchtbar erweisen, erscheinen mir im vorliegenden Zusammenhang äußerst wichtig, weil sie anders etwa als die konventionellen Zeichentheorien immer schon den Prozess der *Herausbildung* der Stereotypen betonen.

Stereotypen sind das Paradebeispiel einer Strukturbildung, die als solche niemand der Beteiligten intendiert. Stereotypen entstehen nicht im einzelnen Produkt, sondern in der größeren Fläche zwischen den Produkten; sie bilden sich im Rücken der Beteiligten, als ein Beiprodukt der Kommunikationsprozesse, heraus.

4. Zum Vierten gibt es Theorien zur Signifikatbildung, die sich an die genannten Stereotypentheorien anschließen lassen. Die Herausbildung von Signifikaten, auf welche Weise also sprachliche Bedeutung entsteht, ist wahrscheinlich das zentrale Rätsel der Sprache. Zu beantworten scheint es mir nur auf dem hier skizzierten Weg: Indem man – ganz im Sinne der Eingrabung – zwischen den Diskursereignissen und der sprachlich-semantischen Struktur eine regelhafte Verbindung unterstellt, etwa in dem Sinne, dass die diskursiven Ereignisse in die sprachlich-semantische Struktur wie in ein ‚Gedächtnis' zurückschreiben.[33]

5. Die Semantik selbst hat man interessanterweise immer wieder als ein *Netzwerk* konzipiert.[34] Diese Vorstellung geht – und hier schließt sich in gewisser Weise der Kreis – wiederum auf assoziationspsychologische Grundlagen zurück; die beobachtbare Eigenschaft sprachlicher Einheiten – Worte –, sich im Gedächtnis mit anderen ‚assoziativ' zu verketten, setzt Saussure in Beziehung zu jener zweiten Kette, die als Anreihung/Abfolge von Worten, als Text, im Außenraum zu beobachten ist.

Der jeweils aktuelle Text ist in dieser Perspektive eine Spur, die nur aktualisiert, was in den assoziativ-paradigmatischen Ketten des sprachlichen Systems immer schon vorgebahnt ist; umgekehrt hängt das sprachliche System von diesen Aktualisierungen ab: Wie das kollektive Gedächtnis der oralen Gesellschaft ohne die rituelle Wiederaufführung verloren ginge, würden auch das sprachliche System und die Assoziationen, die die Sprache regelhaft organisiert, ohne die Pflege, die sie durch das jeweils aktuelle Sprechen erfahren, untergehen.

6. Wenn man das semantische System der Sprache als ein ‚Netzwerk', als ein System von Spuren konzipiert, tut sich die Frage auf, wie dieses ‚innere'

---

[33] Winkler (2004), *Diskursökonomie*, S. 110-130.
[34] „Die Bausteine der Sprache verfügen definitionsgemäß über eine unendliche Vielzahl von Verbindungen, Assoziationen, Ähnlichkeiten und Verwandtschaften – die sich dadurch, daß die Wörter verwendet werden, ausbilden: Ein Wort ist ein etikettiertes (mit einem ‚Label' versehenes) Bündel solcher Verbindungen." George A. Miller, *Wörter. Streifzüge durch die Psycholinguistik*, Heidelberg, 1993, S. 109, siehe auch S. 126. [Am. OA 1991.]

Netzwerk sich zu den äußeren Netzwerken verhält, auf denen die Zeichen physisch laufen.

Die genannten Zusammenhänge können hier, wie gesagt, nur angedeutet werden. Sie markieren Übergangsstellen zu Diskursen, die konkrete Medienprobleme behandeln, die innerhalb meines Fachs interessant und nach wie vor strittig sind. Meine These ist, dass die hier behandelte Problematik, also das Problem von Bahnung und Spur, auf diese Themen tatsächlich eine neue und möglicherweise vereinheitlichende Perspektive bietet.

3. Umschlag von Quantität in Qualität, Engels

In einem dritten Schritt nun möchte ich einen begrifflichen Rahmen vorschlagen, in den die Frage nach der Spur, und allgemeiner dem Zusammenhang zwischen Quantitäten und Strukturgenerierung, möglicherweise eingestellt werden kann. Und ich greife zurück auf ein Buch, das einigermaßen prominent war, durchaus aber auch hart kritisiert wurde, und mit dem heute wahrscheinlich kaum noch jemand arbeiten würde; Engels' *Dialektik der Natur*, 1873-1886 geschrieben.[35] Meine MEW-Ausgabe von 1973 stellt den Text wie folgt vor:

> Ein grundlegendes Werk des Marxismus, in dem Friedrich Engels eine dialektisch-materialistische Verallgemeinerung der wichtigsten Errungenschaften der Naturwissenschaften in der Mitte des 19. Jahrhunderts gibt, die materialistische Dialektik weiterentwickelt und die metaphysischen und idealistischen Konzeptionen in der Naturwissenschaft kritisch analysiert.[36]

Engels' Projekt ist es zu zeigen, dass die Dialektik nicht allein Menschenwerk ist, sondern – dies ist neu und zunächst völlig kontraintuitiv – auch in der Sphäre der Natur wirksam ist. Dass also auch die Natur, und zwar die Natur selbst, und nicht etwa nur die Naturerkenntnis, in ihrer Entwicklung nach dialektischen Prinzipien verfährt. Zunächst rekonstruiert Engels den wissenschaftsgeschichtlichen Hintergrund seiner These: Eine verstärkte Hinwendung zur Naturerkenntnis ab der zweiten Hälfte des 15. Jahrhunderts; zunächst allerdings im Sinne einer starren, überzeitlichen Auffassung der Natur, verbunden mit nach wie vor metaphysischen Elementen.[37] Erst ab Ende des 18. Jahrhunderts (mit Kant, Caspar Friedrich Wolff) wird Natur als etwas Gewordenes aufgefasst, das sich aus sich selbst heraus und nach eigenen Prinzipien entwickelt. Konkreter Anstoß für Engels ist sicher *Darwin*.[38]

Das ganze 19. Jahrhundert sieht Engels dadurch gekennzeichnet, dass die Vorstellung von Geschichte und Entwicklung immer weitere Felder der Wis-

---

[35] Karl Marx/Friedrich Engels, *Dialektik der Natur*, MEW, Band 20, Berlin, 1973, S. 307-620.
[36] Ebd., S. 646.
[37] Ebd., S. 315.
[38] Ebd., S. 319.

senschaften ergreift; zu seiner, Engels', Zeit ist das Paradigma durchgesetzt: „Die neue Naturanschauung war in ihren Grundzügen fertig: Alles Starre war aufgelöst, alles Fixierte verflüchtigt, alles für ewig gehaltene Besondere vergänglich geworden, die ganze Natur als in ewigem Fluß und Kreislauf sich bewegend nachgewiesen."[39]

Darwin ist der Schock, von dem die Überlegung ausgeht.

Engels nun wendet diesen Schock um; er sieht die Chance, zwischen der Geschichte und Sozialgeschichte der Menschheit – dies war ja das klassische Feld, in dem er sich gemeinsam mit Marx bewegt hatte – und der Naturgeschichte bzw. Naturtheorie eine Brücke zu schlagen.

Für die marxistische Theorie, hier ist den Editoren zuzustimmen, ist dieses Projekt keineswegs peripher; es sei daran erinnert, dass die marxistische Gesellschaftstheorie sich als eine *materialistische* versteht, und im Feld des Sozialen durchaus ähnliche Geltungs- und Objektivitätsansprüche stellt, wie sonst nur die Naturwissenschaften im Feld der Naturerkenntnis.

Bevor man dies als hypertroph überlegen lächelnd zurückweist, sollte man sich kurz klar machen, dass es auch bei modernen Denkern, wie bei Latour, eine ähnliche Denkfigur gibt; zwar nicht einen vergleichbaren Objektivitätsanspruch, sehr wohl aber die Unzufriedenheit mit der Spaltung in eine ‚objektive' Welt der Naturerkenntnis und eine zweite, von Interpretation abhängige des Sozialen. Latour versucht, wenn auch auf völlig anderem Terrain, durchaus einen ähnlichen Brückenschlag; und bei Krämer (oben) war ja zu sehen, dass auch der Begriff der Spur zwischen Natur und Kultur vermittelt.

Und schon bei Engels schlägt die materialistische Grundintuition nicht einfach in Determinismus um; indem Gesellschaft und Natur in radikaler Weise von *Entwicklung* abhängig werden, kommt ein Moment von *Unabsehbarkeit* bzw. *Offenheit* in die Überlegung hinein.

Zum Zweiten ist wichtig, dass Engels zwischen Natur/Naturwissenschaft und Gesellschaft/Sozialwissenschaft nicht einfach einen Kurzschluss herstellt. Die gesuchte Verbindung vielmehr findet er zunächst auf der Ebene einer sehr abstrakten Modellbildung; auf der Ebene jener ‚Dialektik' eben, die der Titel – *Dialektik der Natur* – deutlich benennt.

Und mehr noch: Engels muss, um seinem Projekt näher zu kommen, eine geeignete Konzeption von Dialektik allererst entwickeln. Die Dialektik, die er vorfindet, etwa bei Hegel, ist auf die Menschenwelt und die menschliche Erkenntnis weitgehend eingeschränkt; zumindest in der Perspektive Engels', der das Voranschreiten des Weltgeistes als eine objektiv-metaphysische Bewegung nicht anerkennen würde.[40]

---

[39] Ebd., S. 320.
[40] „Alle drei [Gesetze] sind von Hegel in seiner idealistischen Weise als bloße *Denk*gesetze entwickelt [...]. Der Fehler liegt darin, daß diese Gesetze als Denkgesetze der Natur und Geschichte aufoktroyiert, nicht aus ihnen abgeleitet werden." (Ebd., S. 348. [Herv. i. O.])

Wenn Engels also zeigen will, dass auch in den Vorgängen der Natur und im Voranschreiten der Naturgeschichte eine ‚Dialektik' waltet, muss er am Begriff selbst arbeiten, ihn vom Menschen lösen und in ein Modell überführen, das auch jenseits der Menschengeschichte möglicherweise Gültigkeit hat.

An dieser Stelle ist eine Bemerkung nötig. Denn selbstverständlich ist es nur und ausschließlich diese Abstraktion, die Engels' Vorstellung im vorliegenden Kontext überhaupt interessant macht. Da es mir hier nicht um Naturerkenntnis und nicht um den fraglichen Brückenschlag geht und weil die Übernahme von Begriffen aus den Naturwissenschaften – Beispiel sei der Emergenz-Begriff, oder derjenige der Evolution – fast grundsätzlich in Probleme führt, möchte ich mich im Folgenden zunächst *ausschließlich* auf der Ebene des Modellhaften bewegen.

Exakt hier aber liefert Engels eine knappe, bestechend klare und fast unabweisbar evidente Vorstellung, die mir für die Klärung der Frage nach den Automatismen sehr brauchbar erscheint, und die ich in die Diskussion um die Automatismen gerne einbringen möchte: Engels nämlich behauptet als eines von drei Gesetzen seiner Dialektik, dass zwischen quantitativen Prozessen und den beobachtbar evolutionären Sprüngen, den Veränderungen in der *Struktur*, dem Sprung zu neuen *Qualitäten*, eine regelhafte Verbindung besteht.

Quantität, das ist die These für die das Buch berühmt geworden ist, *schlägt in Qualität um*.[41]

> [Das] Gesetz vom Umschlagen von Quantität in Qualität [...] können wir für unsern Zweck dahin ausdrücken, daß in der Natur, in einer für jeden Einzelfall genau feststehenden Weise, qualitative Änderungen nur stattfinden können durch quantitativen Zusatz oder quantitative Entziehung von Materie oder Bewegung (sog. Energie). Alle qualitativen Unterschiede in der Natur beruhen entweder auf verschiedner chemischer Zusammensetzung oder auf verschiednen Mengen resp. Formen von Bewegung (Energie) oder, was fast immer der Fall, auf beiden. Es ist also unmöglich, ohne Zufuhr resp. Hinwegnahme von Materie oder von Bewegung, d. h. ohne quantitative Änderung des betreffenden Körpers, seine Qualität zu ändern.[42]

So „ziemlich einleuchtend"[43] dieser Satz ist, in so klarer Weise wirft er Probleme auf. So steht keineswegs fest, ob mit der notwendigen Bedingung einer quantitativen Veränderung auch schon die hinreichende genannt ist; ob die ‚Chemie', die er als Beispielfeld wählt, anders vielleicht als Energie nicht immer schon Qualitäten voraussetzt, ob diese auf Quantitäten wiederum vollständig zurückgeführt werden können usf. An Fragen wie diesen werden sich die Folgedebatten, z. B. zum Emergenz-Begriff, der ebenfalls den Umschlag von Quantität in Qualität fassen will, weiter reiben.

---

[41] Ebd., S. 348.
[42] Ebd., S. 349.
[43] Ebd.

Lassen wir sie, das ist das Privileg einer so groben Annäherung, einstweilen dahingestellt. Und ebenso Engels' Verfahren im Konkreten, der im Durchschreiten einer Vielzahl naturwissenschaftlicher Felder den Kredit, den er als Laie aufnimmt[44], einigermaßen belastet. Modelle können, auf den lichten Höhen des Modellhaften, auch dann instruktiv sein, wenn die gewählten Gegenstände sich einstweilen sträuben. Springen wir deshalb zu Engels' kraftvoller Summierung:

> Die Dialektik, die sog. *objektive*, herrscht in der ganzen Natur, und die sog. subjektive Dialektik, das dialektische Denken, ist nur Reflex der in der Natur sich überall geltend machenden Bewegung in Gegensätzen, die durch ihren fortwährenden Widerstreit und ihr schließliches Aufgehen ineinander, resp. in höhere Formen, eben das Leben der Natur bedingen.[45]

Neu an dieser zweiten Bestimmung ist das Moment des Gegensatzes, des *Streits*. Im Begriff der Dialektik bereits angelegt als das Widerspiel von These und Antithese, oder empirisch: These und Einspruch, Rede und Widerrede, ist der tatsächliche Bezug hier ein anderer: Gerade im Moment des Widerstreits nämlich geht Engels auf die Grundvorstellungen *Darwins* zurück.

> [V]on der einfachen Zelle an weist die Entwicklungstheorie nach, wie jeder Fortschritt bis zur kompliziertesten Pflanze einerseits, bis zum Menschen andererseits, durch den fortwährenden Widerstreit von Vererbung und Anpassung bewirkt wird. Es zeigt sich dabei, wie wenig Kategorien wie „positiv" und „negativ" auf solche Entwicklungsformen anwendbar sind. Man kann die Vererbung als die positive, erhaltende Seite, die Anpassung als die negative, das Ererbte fortwährend zerstörende Seite, aber ebensogut die Anpassung als die schöpferische, aktive, positive, die Vererbung als die widerstrebende, passive, negative Tätigkeit auffassen. Wie aber in der Geschichte der Fortschritt als Negation des Bestehenden auftritt, so wird auch hier – aus rein praktischen Gründen – die Anpassung besser als negative Tätigkeit gefaßt. In der Geschichte tritt die Bewegung in Gegensätzen erst recht hervor in allen kritischen Epochen der leitenden Völker [!]. In solchen Momenten hat ein Volk nur die Wahl zwischen zwei Hörnern eines Dilemmas [...].[46]

---

[44] „Diese Leistungen [des Herrn Dühring] haben mich genötigt, ihnen auch auf eine Reihe von Gebieten zu folgen, auf denen ich höchstens in der Eigenschaft eines Dilettanten mich bewegen kann." Ebd., S. 329. [Erg. H. W.]

[45] Ebd., S. 481.

[46] Ebd., S. 481. [Herv. H. W.] Interessant in diesem Zusammenhang eine Äußerung von Marx über Darwin (Brief an Engels vom 18.6.1862): „Mit dem Darwin, den ich wieder angesehn, amüsiert mich, daß er sagt, er wende die ‚Malthussche' Theorie *auch* auf Pflanzen und Tiere an, als ob bei Herrn Malthus der Witz nicht darin bestände, dass sie *nicht* auf Pflanzen und Tiere, sondern nur auf Menschen mit der geometrischen Progression angewandt wird im Gegensatz zu Pflanzen und Tieren. *Es ist merkwürdig, wie Darwin unter Bestien und Pflanzen seine englische Gesellschaft mit ihrer Teilung der Arbeit, Konkurrenz, Aufschluß neuer Märkte, ‚Erfindungen' und Malthusschem ‚Kampf ums Dasein' wiedererkennt.* Es ist Hobbes' bellum omnium contra omnes, und es erinnert an Hegel in der ‚Phänomenologie', wo die bürgerliche Gesellschaft als ‚geistiges Tierreich', während bei Darwin das Tierreich als bürgerliche Gesellschaft figuriert." (Karl Marx, „Marx an Engels in Manchester, 18.6.1862", in: ders./

Der leichtfüßige Sprung von der Natur- in die Kulturgeschichte erscheint aus heutiger Sicht ebenso problematisch wie im Konkreten der Kurzschluss zwischen Darwin und Politik (und dies zu zeigen, ist der Sinn des Zitats). Wieder aber: Nicht darum geht es hier. Wer, kulturwissenschaftlich geschult, dergleichen Übergänge grundsätzlich zurückweist, ist sicher im Recht; gleichzeitig sollte sie/er zumindest so lange einhalten, bis das Argument selbst, das Abheben auf den *Streit*, in seiner Reichweite begriffen ist und die Chance hatte, sich möglicherweise adäquatere Gegenstände zu suchen.

Bleiben wir mit der Überlegung also diesseits der Natur, bei der Gesellschaft. Ist nicht zumindest hier evident, dass z. B. im Mechanismus des *Markts* der Antagonismus, der Widerstreit, als Antrieb und Bewegungsgesetz wiederkehrt? Auch wenn man auf Darwin möglicherweise verzichten muss – bis hin zu Schumpeters ‚schöpferischer Zerstörung' scheint zumindest in der Ökonomie wirksam, was Engels – relativ abgekühlt – als eine ‚Dialektik' beschreibt.[47]

Dies mag Motivation sein, auch Engels' letztes Teilargument noch zur Kenntnis zu nehmen. Denn der entscheidende Schritt seines Theorems steht noch aus. Absolut verblüffend nämlich ist die Radikalität, mit der er das dynamische Moment in den Vordergrund stellt. Und zwar soweit, dass es die Stabilität des Gegebenen, die Identität der vorfindlichen Dinge, untergräbt. *Identität*, so vorfindlich-evident sie erscheint, wird vom Prozess ihrer Hervorbringung abhängig gemacht.

> Die Pflanze, das Tier, jede Zelle in jedem Augenblick seines Lebens identisch mit sich und doch sich von sich selbst unterscheidend, durch Aufnahme und Ausscheidung von Stoffen, Atmung, durch Zellenbildung und Zellenabsterben, durch den vorgehenden Zirkulationsprozeß, kurz, durch eine Summe unaufhörlicher molekularer Veränderungen, die das Leben ausmachen und deren summierte Resultate in den Lebensphasen – Embryonalleben, Jugend, Geschlechtsreife, Gattungsprozeß, Alter, Tod – augenscheinlich hervortreten. Je weiter die Physiologie sich entwickelt, desto wichtiger werden für sie diese unaufhörlichen, unendlich kleinen Veränderungen, desto wichtiger für sie also ebenso die Betrachtung des Unterschieds innerhalb der Identität, und der alte, abstrakt formelle Identitätsstandpunkt, daß ein organisches Wesen als ein mit sich einfach Identisches, Konstantes zu behandeln, veraltet.[48]

Wieder auf dem Terrain der Biologie formuliert, wird das Argument vielleicht dennoch deutlich. Was als vorfindliche Struktur, als stabil und mit sich iden-

---

[47] Friedrich Engels, *Briefe Januar 1860 bis September 1864*, MEW, Band 30, S. 248-249: 248. [Dritte Herv. H. W.] Dank für den Fund an Renate Wieser.
Ich selbst habe das Argument ausgeführt in Hartmut Winkler, „Netzbildung durch antagonistisches Handeln. Bietet die Ökonomie ein Modell für ein Verständnis der Medien?", in: Ralf Adelmann/Jan-Otmar Hesse (Hg.), *Ökonomien des Medialen, Tausch, Wert und Zirkulation in den Medien- und Kulturwissenschaften*, Bielefeld, 2006, S. 47-62.
[48] Engels (1973), *Dialektik*, S. 483 f. Das Zitierte beginnt: „Identität – abstrakte, ‚a = a'; und negativ ‚a nicht gleich und ungleich a' gleichzeitig – ebenfalls in der organischen Natur unanwendbar." [‚a = a' und ‚a nicht gleich und ungleich a' im Original ohne Anführungszeichen].

tisch erscheint, wird abhängig gemacht vom Prozess seiner Entstehung, und – wieder scheint Darwin durch – von dem Umfeld, in dem es sich streitbar durchsetzen muss und mit dem es im Stoffwechsel steht. In diese Prozesse löst die ‚Identität' sich nahezu auf.

Und dies scheint mir die hauptsächliche Pointe bei Engels zu sein: *Es geht um ein Modell der Strukturentstehung.* Der Umschlag von Quantität in Qualität bindet Struktur an Prozess, Stabiles an Flüssiges, und scheinbar irreduzible Qualitäten an gradierbar Quantitatives zurück. Das Moment des *Widerstreits*, das Engels der Dialektik entnimmt, und für das Darwins Existenzkampf der Arten vielleicht nur eine Art vorgeschobener Referenzposten ist, will den *Motor*, den Antrieb hinter dem Prozesshaften zeigen.

Die scheinbar stabile Identität des Vorfindlichen wird verflüssigt; und zwar nicht, was vielleicht noch breitere Zustimmung fände, in kontingente *Geschichte*, sondern in Zirkulation und Prozess.

Methodisch ist wichtig, dass es Engels um eine Art *Mechanismus,* ein abstrakt Gesetzmäßiges hinter den konkreten Erscheinungen geht. Und nur die Abstraktion erlaubt es ihm, von den Gegenständen der Natur zu solchen der Kultur überzuwechseln (oder eigentlich umgekehrt, insofern die Dialektik im Feld der Kultur sicher unbestrittener wäre). Gleichzeitig ist dies sicherlich der bestreitbarste Punkt.

Und schließlich ist mir wichtig, was schon gesagt wurde; dass es sich nicht um ein deterministisches Modell handelt. Engels vielmehr betont, dass das, was er beschreibt, immer und notwendig unabsehbar und resultatoffen ist. Hierin nimmt Engels in gewisser Weise vorweg, was die Poststrukturalisten gegen den Strukturbegriff der Strukturalisten einwenden werden; und vielleicht ist es kein Zufall, wenn – aus der Dialektik herausgelöst – auch der ‚Widerstreit' bei Lyotard zurückkehren wird.[49]

4. Schluss

Was nun ist das Resultat der vorgetragenen Überlegung? Ist der Durchgang durch so heterogene Modelle, und der Sprung von Bahnung und Spur, die vielleicht metaphorisch, zumindest aber noch anschaulich sind, hin zu Engels nicht allzu weit, allzu risikoreich? Im Kern geht es mir darum zu zeigen, was Engels mit seiner Abstraktion tatsächlich gewinnt.

Dass Schafe Spuren hinterlassen, wäre sicherlich ebenso wenig strittig wie die Tatsache, dass diese sich überlagern, und in der Überlagerung Muster bilden. Strittig, und darum geht es mir, wäre allenfalls der Status der Muster selbst. Erst wenn ich begreife, dass es neue Qualitäten sind, die in der Musterbildung entstehen, erst wenn ich die Perspektive umkehre und von den Mustern ausgehend nach den Mechanismen ihrer Entstehung frage, wenn ich mich

---

[49] Jean-François Lyotard, *Der Widerstreit*, München, 1987. [Frz. OA 1983.]

mit dem Hinweis, dass es Schafe waren, die die Muster als einen Sekundäreffekt in die Welt brachten, nicht mehr zufrieden gebe, erst dann werden Engels und sein Umschlag von Quantität in Qualität interessant.

Der entscheidende Punkt ist, dass Engels letztlich nicht die Muster von den Schafen, sondern die Schafe von den Mustern abhängig macht. Wenn die Identität der Netzknoten (und der Aktanten im Netz) nicht vorgängig gegeben, sondern selbst Effekt der Musterbildung ist – wie bei Engels/Darwin die Identität der Arten Effekt ihrer Interaktion mit der ökologischen Nische –, ist die Metapher der Schafe, die Spuren machen, gesprengt.

Exakt an dieser Stelle beginnt aus meiner Perspektive die Frage nach den Automatismen.

Literatur

Assmann, Aleida, „Zur Metaphorik der Erinnerung", in: dies./Dietrich Harth (Hg.), *Mnemosyne. Formen und Funktionen der kulturellen Erinnerung*, Frankfurt/M., 1991, S. 13-35.
Assmann, Jan, *Moses der Ägypter*, Frankfurt/M., 2000. [Am. OA 1997.]
Freud, Sigmund, „Entwurf einer Psychologie", in: *Gesammelte Werke, Nachtragsband, Texte aus den Jahren 1885 bis 1938*, Frankfurt/M., 1987, S. 375-486.
Kittler, Friedrich A., *Aufschreibesysteme 1800 1900*, München, 1985.
Ders., *Grammophon, Film, Typewriter*, Berlin, 1986.
König, Marie E. P., *Am Anfang der Kultur. Die Zeichensprache des frühen Menschen*, Frankfurt/M., o.J. [1973]
Krämer, Sybille/Kogge, Werner/Grube, Gernot (Hg.), *Spur. Spurenlesen als Orientierungstechnik und Wissenskunst*, Frankfurt/M., 2007.
Dies., „Was also ist eine Spur? Und worin besteht ihre epistemologische Rolle? Eine Bestandsaufnahme", in: dies./Werner Kogge/Gernot Grube (Hg.), *Spur. Spurenlesen als Orientierungstechnik und Wissenskunst*, Frankfurt/M., 2007, S. 11-33.
Dies., „Immanenz und Transzendenz der Spur: Über das epistemologische Doppelleben der Spur", in: dies./Werner Kogge/Gernot Grube (Hg.), *Spur. Spurenlesen als Orientierungstechnik und Wissenskunst*, Frankfurt/M., 2007, S. 155-181.
Leibniz, Gottfried Wilhelm, „Von der Ideenassoziation", in: ders., *Neue Abhandlungen über den menschlichen Verstand*, Leipzig, 1916. [1765]
Leroi-Gourhan, André, *Hand und Wort. Die Evolution von Technik, Sprache und Kunst*, Frankfurt/M., 1988. [Frz. OA 1964.]
Locke, John, „An Essay Concerning Human Understanding [Auszug]", in: Dietrich Harth (Hg.), *Die Erfindung des Gedächtnisses*, Frankfurt/M., 1991, S. 81-83. [Engl. OA 1690.]
Lyotard, Jean-François, *Der Widerstreit*, München, 1987. [Frz. OA 1983.]
Marx, Karl/Engels, Friedrich, *Dialektik der Natur*, MEW, Band 20, Berlin, 1973, S. 307-620.

Ders., „Marx an Engels in Manchester, 18.6.1862", in: ders./Friedrich Engels, *Briefe Januar 1860 bis September 1864*, MEW, Band 30, S. 248-249.

Miller, George A., *Wörter. Streifzüge durch die Psycholinguistik*, Heidelberg, 1993. [Am. OA 1991.]

Naica-Loebell, Andrea, „Der Mensch der aus der Kälte kam", in: *Telepolis online*, online unter: wwww.heise.de/tp/r4/artikel/9/9480/1.html, zuletzt aufgerufen am 23.03.2008.

Nietzsche, Friedrich, *Zur Genealogie der Moral*, in: Werke, Band 4, München,Wien, 1980, S. 761-900. [1887]

Platon, „Theaitetos", in: *Sämtliche Werke*, Band 4, Hamburg, 1958, S. 103-182. [Altgriech. OA 369 vor Chr.]

Ritter, Joachim, „Stichwort Assoziation", in: ders. (Hg.), *Historisches Wörterbuch der Philosophie*, Band 1, S. 552.

Schopenhauer, Arthur, *Die Welt als Wille und Vorstellung*. Band II, 1. Teilband, Zürich, 1977. [1844]

Winkler, Hartmut, *Diskursökonomie*, Frankfurt/M., 2004.

Ders., „Netzbildung durch antagonistisches Handeln. Bietet die Ökonomie ein Modell für ein Verständnis der Medien?", in: Ralf Adelmann/Jan-Otmar Hesse (Hg.), *Ökonomien des Medialen, Tausch, Wert und Zirkulation in den Medien- und Kulturwissenschaften*, Bielefeld, 2006, S. 47-62.

Anders Fredrik Johansson

Selbstorganisation und (Un)Koordination in Menschenmengen.
Die Dynamiken von Massenpaniken

Übersetzung aus dem Englischen von
Tobias Conradi und Maik Bierwirth

Die Simulation und Analyse von bewegten Menschenmengen werden aufgrund unterschiedlichster Gründe durchgeführt; so beispielsweise, um die Evakuierung von Gebäuden einschätzen zu können, um einen Einblick in die Bewegungsmuster von Fußgängern [*interaction patterns between pedestrians*] zu erlangen, oder um Ereignisse mit großen Menschenmassen zu organisieren. Im folgenden Aufsatz werden wir sehen, wie ein Modell zur Simulation von Fußgängerbewegungen in Verbindung mit einer datengestützten Videoanalyse von Menschenmassen dabei helfen kann, Massenunglücke zu verstehen und hoffentlich zu vermeiden.

Bevor einzelne Anwendungen aufgezeigt werden, beginnen wir mit einer Vorstellung des *social force model*, einem Modell zur Simulation von Fußgängerströmen. Innerhalb des *social force model* wird jede Person quasi als ein Masseteilchen angesehen. Jeder Fußgänger wird von einer Vielzahl von Kräften beeinflusst: Zum Beispiel wirken auf ihn abstoßende Kräfte von Menschen in der Umgebung, da Fußgänger es vermeiden, einander zu nahe zu kommen – sie möchten also möglichst eine gewisse Privatsphäre um sich herum aufrechterhalten. Weitere Kräfte werden von Hindernissen wie Mauern oder ähnlichen Begrenzungen ausgeübt, denen Fußgänger eher ausweichen. Außerdem existiert eine anziehende Kraft in Richtung eines Zielpunkts, also in etwa der angestrebten Bewegungsrichtung des Fußgängers. Wenn all diese Kräfte miteinander verrechnet werden, erhalten wir eine resultierende Kraft, welche die Richtung bestimmt, in die die Menschen sich bewegen werden. Innerhalb eines Gleichungssystems ergibt sich:

$$\frac{d\vec{v}_\alpha(t)}{dt} = \vec{f}_\alpha(t) + \vec{\xi}_\alpha(t) \quad \text{Noise term}$$

Where the force is composed by:

$$\vec{f}_\alpha(t) = \frac{1}{\tau_\alpha}(v_\alpha^0 \vec{e}_\alpha - \vec{v}_\alpha) + \sum_{\beta(\neq\alpha)} \vec{f}_{\alpha\beta}(t) + \sum_i \vec{f}_{\alpha i}(t)$$

Acceleration time | Desired velocity | Actual velocity | Forces from all other pedestrians, β | Forces from all borders, i

Die Gleichungen[1] erinnern an Newtonsche Physik, da die Beschleunigung von Fußgänger „α" von den entsprechenden Kräften plus eines Fluktuationsterms bestimmt wird, mit welchem stochastische Schwankungen berücksichtigt werden. Die resultierende *social force* setzt sich wie gezeigt aus unterschiedlichen Komponenten zusammen. Der erste Teil der Gleichung beschreibt die gewünschte abzüglich der tatsächlichen Geschwindigkeit. Dies bedeutet, dass der Fußgänger seine Geschwindigkeit an die Wunschgeschwindigkeit im Rahmen einer gewissen Beschleunigungszeit „τ" anpasst. „α" bezeichnet den aktuell betrachteten Fußgänger, „β" alle anderen in seiner Umgebung. Von jedem dieser anderen Fußgänger „β" gehen Kräfte aus, die wir summieren. Schließlich bestimmen wir noch die Grenzen „i", deren Kräfte wir ebenfalls summieren. Die Wunschgeschwindigkeit kann auf unterschiedliche Weise bestimmt werden, wobei die Frage, in welche Richtung und wie schnell der Fußgänger gehen möchte, keineswegs trivial ist. Die einfachste Annahme ist, dass alle Fußgänger den kürzesten Weg zu ihrem Ziel nehmen. Von allen Startpunkten aus kann die Distanz zum Ziel berechnet werden, um ein Potenzialfeld [ähnlich der Gravitation] zu erhalten. Folgt man dem Potenzialfeld abwärts, wird man schließlich das Ziel erreichen. Innerhalb des entsprechenden Vektorfeldes richten sich die Pfeile nach der kürzesten Entfernung zum Zielpunkt aus. Die Annahme des kürzesten Weges allerdings liefert eine wenig realistische Simulation, weil es an einer Stelle zu einem Stau kommen kann, während es an anderer Stelle viel freien Raum gibt. Anstatt den kürzesten Weg zu wählen, können wir die Berechnung auch mittels eines *discrete choice framework* durchführen: Wenn wir zum Beispiel zwei Wege A und B zur Auswahl haben, können wir die Zeit messen, die Fußgänger jeweils bis zum Ziel brauchen. Welcher Weg gewählt wird, kann mit einer Wahrscheinlichkeitsfunktion modelliert werden: Ist die Wegzeit auf Route A kürzer, steigt die Wahrscheinlichkeit, dass Fußgänger diesen Weg wählen, für den umgekehrten Fall gilt das Gleiche. Anschließend lassen wir die Simulation erneut laufen, nun allerdings auf Basis des *schnellsten* Wegs statt des kürzesten. Wieder werden die Personen zunächst die kürzeste Route wählen. Sobald sie jedoch feststellen, dass es dort zu einem Stau kommt, entscheiden sie sich für die alternative Route; einige Personen werden immer noch den kürzesten Weg nehmen, die Mehrheit aber wird nun den etwas längeren wählen. Abbildung 2 zeigt das Ergebnis.

---

[1] *Noise term* = Fluktuationsterm; wobei die Kraft sich ergibt aus: *Acceleration time* = Beschleunigungszeit, *Desired velocity* = Wunschgeschwindigkeit, *Actual velocity* = Tatsächliche Geschwindigkeit, *Forces from all other pedestrians* = Kräfte der umgebenden Fußgänger, *Forces from all borders* = Kräfte der umgebenden Hindernisse.

2 – Schnappschuss einer Simulation des *social force model*.[2]

Wir haben nun ein Fußgängermodell, das wir aber noch mittels empirischer Daten kalibrieren und evaluieren wollen. Zu diesem Zweck verwenden wir zahlreiche Videoaufnahmen von Fußgängermassen. Wir haben eine Software entwickelt, die die Bewegungen der Personen auf den Videobändern automatisch erfasst. Um zu identifizieren, wo die Fußgänger sich aufhalten und wie sie sich bewegen, werden unterschiedliche Algorithmen zur Bildanalyse eingesetzt. Wird das gesamte Material mittels der Software analysiert, erhalten wir die entsprechenden Routen oder Bewegungsabläufe aller Fußgänger innerhalb der Videos.

Die Kalibrierung wurde hauptsächlich anhand von drei unterschiedlichen Videos vorgenommen. Das erste zeigt Aufnahmen eines weitestgehend leeren Raums, in dem sich nur einige Personen aufhalten. Das zweite zeigt ebenfalls einen recht leeren Raum, in dem sich aber bereits mehr Personen aufhalten. Das dritte Video beruht auf einem Flaschenhals-Experiment, in dem der zur Verfügung stehende Raum entsprechend überfüllt ist.

In einem ersten Ansatz werden alle Datensätze zusammengenommen. Wir wollen das Modell evaluieren und anhand der empirischen Daten kalibrieren. Wir nehmen an, dass alle – bis auf einen Fußgänger – dem im Video vorgezeichneten Weg folgen. Ein Fußgänger wird jetzt aus dem Video entfernt und durch einen simulierten Fußgänger ersetzt. Anschließend lassen wir das Video ein oder zwei Sekunden vorwärts laufen und vergleichen nun die Position, an der sich der virtuell simulierte Fußgänger befindet, mit der Position, an der sich der Fußgänger entsprechend der empirischen Daten befinden sollte. Auf diese Weise erhalten wir eine Fehlerkorrektur. Mit ihrer Hilfe kann ein Optimierungsprozess durchlaufen werden, der die Parameterwerte findet, die am besten zu den Daten passen.

Betrachten wir nun die soziale Kraft [*social force*] zwischen zwei Fußgängern und nehmen an, dass diese aus zwei Teilen besteht: einem distanzabhängigen und einem winkelabhängigen Anteil. Bei Betrachtung der Daten zeigt sich, dass die Distanzabhängigkeit exponentiell zur Entfernung der beiden

---

[2] Links: Nehmen die Fußgänger den kürzesten Weg, stauen sie sich vor dem Flaschenhals. Rechts: Nutzen die Fußgänger stattdessen den schnellsten Weg nutzen, gleichen sich die Ströme über beide möglichen Routen aus.

Personen abnimmt. Gleichwohl ist die Standardabweichung ziemlich hoch, handelt es sich doch nicht um Physik, sondern um Menschen. Selbstverständlich ist jede Person verschieden; abhängig von unterschiedlichen Kulturen, Persönlichkeiten, Vorlieben etc. Dennoch lässt sich erkennen, dass die angesprochene exponentielle Abnahme der Distanzabhängigkeit ziemlich gut einer ‚durchschnittlichen Fußgängerpersönlichkeit' entspricht. Zweitens ergibt sich, dass die Winkelabhängigkeit mehr oder weniger einen Halbkreis *vor* dem Fußgänger betrifft, was bedeutet, dass Fußgänger nur auf das reagieren, was innerhalb ihres Sichtbereichs passiert.

Eine andere Möglichkeit, die Genauigkeit des Modells zu überprüfen, besteht darin, es mit den vielen Phänomenen von Selbstorganisation abzugleichen, die in Fußgängerströmen beobachtet wurden:

Das erste Selbstorganisations-Phänomen wird „Spurbildung" [*lane formation*] genannt. Es ist wesentlich einfacher, einer Person zu folgen, die in dieselbe Richtung läuft, als fortlaufend Personen ausweichen zu müssen. Es ist also erheblich einfacher hinter einer Person herzulaufen, und wenn alle diese Strategie anwenden, entwickeln sich Spuren gleichgerichtet fortschreitender Bewegung. Zu beachten ist hierbei, dass die Spurbildung nicht im Modell vorausgesetzt wird, sondern ausschließlich aus den Kräften resultiert, die miteinander interagieren.

Betrachten wir, was passiert, wenn sich dieselben zwei Ströme nicht in einem 180°-Winkel begegnen, sondern in einem beliebigen Winkel. Hierdurch erhalten wir „Bewegungsstreifen" [*stripes of movement*]. Dieses Phänomen ist mit miteinander verschmelzenden Verkehrsströmen vergleichbar, d. h., man lässt ein Auto von der ersten Straße passieren und anschließend ein Auto von der anderen Straße usw.

Das nächste Selbstorganisations-Phänomen nennen wir „Flaschenhals-Oszillation" [*bottleneck oscillations*]. Wir betrachten nun dieselbe Straße, aber mit einem Flaschenhals – beispielsweise einer Tür – in der Mitte. Im Ergebnis zeigt sich, dass die Personen nicht willkürlich den Engpass durchschreiten. Vielmehr entwickelt sich für eine begrenzte Zeit ein Strom in die eine Richtung, und nach einer Weile ein Strom in die entgegengesetzte Richtung, usw. Wir erhalten also eine pendelnde Bewegung zwischen den beiden unterschiedlichen Richtungen.

Wenn es einen Flaschenhals gibt, aber alle Menschen in die gleiche Richtung streben, erinnert dies an die Evakuierung eines Gebäudes durch *einen* Ausgang. Im Falle eines Feuers oder einer ähnlichen (Panik-)Situation kann davon ausgegangen werden, dass die flüchtenden Personen rücksichtslos drängeln und so schnell wie möglich hinaus wollen. Im Ergebnis strömen die Personen nicht mehr gleichmäßig durch den Flaschenhals, sondern behindern sich gegenseitig an der engsten Stelle und verstopfen schließlich den Ausgang. Da jede Person darauf bedacht ist, als erste das Gebäude zu verlassen, verlieren alle die Fähigkeit zur Koordination. Ein Experiment, das hinsichtlich einer solchen Evakuierung durch eine Tür durchgeführt wurde, hat ergeben, dass die

Menge an herausströmenden Personen wesentlich höher ist, wenn die Menschen den Raum ruhig verlassen. Siehe Abbildung 3 für die Ergebnisse der Simulation.

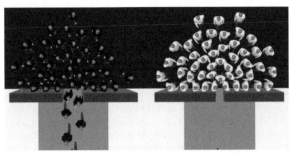

3 – Aufnahme von zwei unterschiedlichen, auf dem *social force model* beruhenden Flaschenhals-Simulationen.[3]

Wenden wir uns, nachdem wir Situationen mit einer mäßigen Personendichte betrachtet haben, nun Szenarien mit einer höheren Dichte zu. Bis vor Kurzem existierten keinerlei empirische Daten über Situationen mit extrem hoher Personendichte (Personendichte bezeichnet, wie viele Personen sich innerhalb eines Quadratmeters aufhalten). Forscher waren deshalb darauf angewiesen, Situationen zu analysieren, in denen eine geringe Personendichte bis zu einer mittleren Personendichte ansteigt und aus diesen Daten ein Modell zu entwickeln. Anschließend wurde das so gewonnene Modell mittels Extrapolation der Daten auf Szenarien mit höherer Personendichte angewendet.

Um zu entscheiden, ob dies eine gute Strategie darstellt, wenden wir uns nun einem außergewöhnlichen Ereignis zu: dem Hadsch, dem Ereignis mit der wohl größten Menschenmenge der Erde. Im Rahmen des Hadsch pilgern geschätzte drei Millionen Menschen aus der ganzen Welt nach Mekka in Saudi-Arabien. Beim Hadsch handelt sich nicht nur wegen der absoluten Anzahl an Personen um ein äußerst kompliziertes Großereignis, sondern auch aufgrund sehr enger zeitlicher und ortsbezogener Vorschriften. Das Gelände, auf welchem der Hadsch vollzogen wird, ist relativ klein und die Zeit, um gewisse Rituale durchzuführen, ebenfalls beschränkt. Somit handelt es sich beim Hadsch um eine in seiner Organisation äußerst komplexe Ansammlung von Menschenmassen. Wir beschränken unsere Betrachtung auf einen der Brennpunkte des Hadsch: die Jamarat-Brücke (siehe Abbildung 4), auf der ein Ritual namens „Steinigung des Teufels" abgehalten wird. Alle Pilger sind aufgefordert, sich innerhalb von vierundzwanzig Stunden zu der Jamarat-Brücke zu begeben. Die Pilger betreten die Brücke, werfen sieben Kieselsteine auf jede der

---

[3] Links: Ist der Flaschenhals breit genug, können die Personen gleichmäßig den Raum verlassen. Rechts: Ist der Flaschenhals zu schmal, können die Personen nicht mehr gleichmäßig ausströmen. Die Bewegung wechselt nun zwischen stoßartigem Ausströmen und Stauung an der Tür.

drei Jamarahs (Säulen/Mauern) und verlassen anschließend die Brücke, um wieder zu ihren Zelten zurückzukehren, in denen sie vier Tage lang wohnen. Der Zugang zu der Brücke (hier die Jamarat-Brücke von 2006) war vierundvierzig Meter breit, und obwohl das viel Platz ist, handelt es sich im Verhältnis zu drei Millionen Menschen um einen Flaschenhals (vergleichbar den Türen aus dem vorhergehenden Beispiel).

4 – Foto der Jamarat-Brücke[4]

In den vergangenen Jahren ist es während des Hadsch wegen der Überfüllung im Umfeld der Jamarat-Brücke zu vielen tragischen Massenunfällen gekommen. Im Jahr 2006 starben dreihundertdreiundsechzig Menschen vor dem Zugang zur Brücke. Da diese Stelle bereits aus vorhergehenden Jahren als sehr überfüllt bekannt war, wurde das Gelände mittels einer Videokamera überwacht. Aus diesem Grund existieren Videoaufnahmen der Massenpanik von 2006. Dieser Umstand macht es möglich, die große Menschenmenge zu analysieren und nach Ursachen für das Entstehen des Massenunglücks zu suchen.

Obwohl die Pilger vierundzwanzig Stunden Zeit haben, um das Steinigungsritual durchzuführen, sind gewisse Zeitpunkte beliebter als andere. Die Menge an herbeiströmenden Pilgern ist daher nicht gleichmäßig über vierundzwanzig Stunden verteilt. Vielmehr existieren einige Stoßzeiten, zu denen viele Pilger die Steinigung durchführen wollen. Die Massenpanik von 2006 ereignete sich exakt während einer dieser Stoßzeiten, um die Mittagszeit. Viele der Pilger wanderten zu der Brücke und warteten bis zwölf Uhr, um anschließend das Ritual zu vollziehen.

Um den Unfall analysieren zu können, haben wir die Bewegungen der Fußgänger aus den Videoaufnahmen vom Eingang der Jamarat-Brücke ausgelesen und die Daten in Personendichte [*crowd density*] (Pilger pro Quadratmeter)

---

[4] Auf dem Foto ist eine von drei Jamarahs (Säulen/Mauern) zu erkennen.

und Strömung [*flow*] (Pilger pro Meter pro Sekunde) aufaggregiert. Eine Darstellung der Strömung in Abhängigkeit von der Dichte wird Fundamentaldiagramm genannt. Bei geringer Dichte können sich die Personen frei und schnell bewegen (was die Strömungsgeschwindigkeit ansteigen lässt), aber bei höherer Dichte nimmt die Geschwindigkeit ab, was wiederum eine geringere Strömung zur Folge hat. Das Fundamentaldiagramm des Hadsch unterscheidet sich von vorhergehenden Studien über Situationen mit sehr großer Personendichte. Es zeigt sich, dass die Strömung nicht, wie erwartet, gegen Null geht, sondern dynamisch variiert. Zunächst handelt es sich um einen gleichmäßigen Strom – dies nennen wir laminare Strömung [*laminar flow*] – und dann gibt es eine Übergangsphase: Ist die Dichte hoch genug, stoppen die Personen, bewegen sich einige Schritte, stoppen, bewegen sich usw. Die Personen beginnen, sich wie Autos auf einer viel befahrenen Bundesstraße zu bewegen. Dieses Bewegungsmuster wird *Stop-and-go-Welle* [*stop-and-go waves*] genannt.

Während der Stop-and-go-Wellen, wenn die Dichte noch weiter angestiegen ist, findet ein zweiter Übergang statt, den wir „Massenturbulenz" [*crowd turbulence*] nennen. Während einer solchen Massenturbulenz werden die involvierten Personen durch die Menschenmenge auf chaotische Weise in alle möglichen Richtungen geschoben. Die einzelnen Individuen in der Menge haben keinen Einfluss mehr auf ihre Bewegung, vielmehr werden sie von der Menge fortgetragen. In der Menge bauen sich so starke Kräfte auf, dass niemand Kontrolle über ihre Bewegung ausüben kann. Dieses Bewegungsmuster ist grundverschieden von unserer vorhergehenden Annahme, dass ein totaler Stillstand eintreten würde, wenn die Dichte nur stark genug anstiege. Dies ist klar ersichtlich nicht der Fall. Die *crowd turbulence* tritt erst einige Minuten vor Beginn des Unfalls ein. Wenn Personen während der Turbulenzen umher geschubst werden, ist es wahrscheinlich, dass sie die Balance verlieren. Stürzen sie, wird der zuvor von ihnen besetzte Raum schnell von nachströmenden Personen eingenommen, und sie haben keine Möglichkeit mehr wieder aufzustehen.

Ist es nun möglich, mit den gegebenen Daten die Ursache des Unfalls nachzuvollziehen? Können wir ihn erklären oder sogar vorhersagen? Und können wir einen Maßstab definieren, anhand dessen sich die Gefährdung einer Menschenmasse bestimmen lässt? Betrachten wir zunächst die Dichte, die häufig verwendet wird, um Aussagen über das Gefahrenpotenzial in Menschenmengen zu treffen. Die Dichte steigt, abhängig von der Zeit, bevor der Unfall sich ereignet. Mit Blick auf den Raum allerdings ist die Dichte kein gutes Kriterium zur Vorhersage: Eine Betrachtung der Dichte sagt nichts darüber aus, warum der Unfall gerade dort geschehen musste, wo er passierte.

Als nächstes testen wir (a) die Vortizität[5] und (b) die negative Divergenz des Strömungsfeldes[6], aber keines von beiden erweist sich als guter Indikator zur Vorhersage; weder in Abhängigkeit von der Zeit noch vom Raum. Schließlich stellt der (gaskinetisch definierte) „Druck" die einzige Quantität dar, anhand derer Vorhersagen als Zeit- *und* Raumfunktion getroffen werden können. Zu beachten ist hierbei, dass wir nicht den Newtonschen Druck, sondern vielmehr den gaskinetischen Druck verwenden, der definiert ist als: *Dichte multipliziert mit der Geschwindigkeitsvarianz*.

Was können wir daraus lernen? Es gibt verschiedene Möglichkeiten des *crowd management*, die man ergreifen kann, um das Risiko großer Massenunfälle zu vermindern. Während der letzten Jahre wurden viele Verfahrensänderungen von unterschiedlichen Gruppen vorgeschlagen. Diese wurden im Rahmen einer Reihe von Workshops – organisiert durch das Ministry of Municipal and Rural Affairs, Saudi Arabien – koordiniert.

Da der geografische Ort der Steinigung durch die Tradition exakt festgelegt ist, war es nicht möglich, für die gewachsene Zahl von Pilgern zusätzliche solcher Orte zu schaffen. Was allerdings möglich war, war die Aufteilung auf verschiedene *Ebenen*. Zusätzlich wurden weitere Zugangsrampen geschaffen.

5 – Neubau der Jamarat-Brücke (Computergrafik)

---

[5] *Vorticity* (Wirbelstärke) stellt eine zentrale Größe der Strömungsmechanik dar. Sie beschreibt die Bewegung der einzelnen Einheiten an einem Punkt der Flüssigkeit, gefasst als ein Vektor, der sich kreisförmig um die Achse der Flüssigkeitsrotation bewegt.

[6] In der Strömungsmechanik beschreibt die Divergenz eines Flusses die Anreicherung bzw. Abnahme der transportierten Größe. Eine negative Divergenz des Massenflusses bedeutet die Zunahme und eine positive Divergenz die Abnahme der Konzentration.

Das Straßennetz wurde als einspuriges System umgestaltet. Außerdem wurde das Straßennetz nun ausgeglichen gestaltet: Wird die Breite aller Straßen in einer Richtung miteinander verrechnet, haben sie an jedem Punkt des Systems die gleiche absolute Breite. Dies trägt der Tatsache Rechnung, dass es sehr gefährlich ist, wenn eine breite Straße plötzlich in einer wesentlich schmaleren Straße mündet. Der positive Effekt zeigt sich in Abbildung 6 an der Straßenzusammenführung links im Bild.

Um jederzeit Informationen über den Status der Menschenmassen während des Hadsch zu erhalten, wird ein System zur Echtzeit-Videoanalyse verwendet. Die hierdurch gewonnenen Informationen liefern Daten für die Sicherheitskräfte, um die Menschenmenge zu regulieren.

Die Pilger werden in einen Zeitplan eingeteilt: Ungefähr die Hälfte der Pilger sind offiziell registriert, sprich, sie gehören zu Gruppen. Jede dieser Gruppen bekommt ein Zeitfenster zugewiesen, das für sie bestimmt, wann welche Aktionen durchgeführt werden sollen.

Ausschilderung und Warnhinweise wurden verbessert bzw. ausgebaut.

Es gibt mittlerweile ein Shuttlebus-System, das einen Teil der Pilger transportiert.

6 – Neuorganisiertes einspuriges Straßennetz
während des Hadsch

Anmerkung der Herausgeber: Vorgänge in großen Menschenmengen sind ein plastisches Beispiel für *Automatismen*; Paniken und Verkehrsstaus werden von keinem der Beteiligten gewollt, und dennoch geht das Gesamtphänomen nur und ausschließlich auf das Verhalten der Einzelnen zurück. Dass dieses Verhalten – analog zur Physik der Gase – in relativ einfachen Algorithmen zu modellieren ist, macht die Sache nur noch rätselhafter. Und auch, dass in diese Automatismen steuernd eingegriffen werden kann, ist interessant: Voraussetzung scheint die Möglichkeit, den Vorgang von einem externen Punkt aus zu beobachten. Unter den Maßnahmen, die das Problem lösten, bezieht nur das Stichwort „Warnhinweise/*awareness*" die konkret Beteiligten ein.

Literatur

Al-Abideen, H. Z./Al-Bosta, S./Johansson, A./Helbing, D., „Scientific Evaluation of Videos Showing Hajjis Flow into Jamarat Area", in: *Specialized Architectural Engineering Magazine* issued by Ministry of Municipal and Rural Affairs, Kingdom of Saudi Arabia, 10, December 2006.

Al-Bosta, S./Serwill, D., „Design and Organization of Jamarat Plaza in Hajj 1427H", in: *Specialized Architectural Engineering Magazine* issued by Ministry of Municipal and Rural Affairs, Kingdom of Saudi Arabia, 10, December 2006.

Helbing, D./Buzna, L./Johansson, A./Werner, T., „Self-Organized Pedestrian Crowd Dynamics: Experiments, Simulations, and Design Solutions", in: *Transportation Science* 39, 1 (2005), S. 1-24.

Ders./Farkas, I./Vicsek, T., „Simulating Dynamical Features of Escape Panic", in: *Nature* 407 (2000), S. 487-490.

Ders./Johansson, A./Al-Abideen, H. Z., „The Dynamics of Crowd Disasters: An Empirical Study", in: *Physical Review E* 75 (2007), 046109.

Ders./Molnár, P., „Social Force Model for Pedestrian Dynamics", in: *Physical Review E* 51 (1995), 4282-4286.

Johansson, A./Helbing, D./Al-Abideen, H. Z./Al-Bosta, S., „From Crowd Dynamics to Crowd Safety: A Video-Based Analysis", in: *Advances in Complex Systems* 11, 4 (2008), S. 497-527.

Ders./Helbing, D./Shukla, P. S., „Specification of the Social Force Pedestrian Model by Evolutionary Adjustment to Video Tracking Data", in: Advances in Complex Systems 10 (2007), S. 271-288.

Johansson, A./ Yu, W., „Modeling Crowd Turbulence by Many-Particle Simulations", in: *Physical Review E* 76 (2007), 046105.

Moussaïd, M./Helbing, D./Garnier, S./Johansson, A./Combe, M./Theraulaz, G., „Experimental Study of the Behavioural Mechanisms Underlying Self-Organization in Human Crowds, in: *Proceedings of the Royal Society*, B 276 (2009), 2755-2762 [doi: 10.1098/rspb.2009.0405].

http://www.trafficforum.ethz.ch/crowdturbulence/

HOLGER KARL

STRUKTUR AUS ZUFALL: ENTSTEHUNG VON ABHÄNGIGKEITEN IN TELEKOMMUNIKATIONSSYSTEMEN

Zusammenfassung

Der Verkehr in Telekommunikationssystemen ist in wesentlichen Aspekten durch die zufälligen und unabhängigen Handlungsweisen einzelner Benutzer geprägt. Dennoch ergibt sich aus solchem unabhängigem Zufall in oft überraschender Weise Struktur, die auch über größere Skalen (insbesondere Zeitskalen) erhalten bleiben kann. Dieser Artikel beschreibt als Beispiel hierfür ein bekanntes Phänomen aus dem World Wide Web: Die Art und Weise, wie Seitengrößen auf einem Webserver augenscheinlich zufällig gemischt sind, reicht bereits aus, um selbst unter zufälligen Zugriffen eine komplexe, über mehrere Zeitskalen hinweg stabile Struktur der Netzauslastung zu erzeugen. Dem Benutzer drängt sich dadurch der Anschein eines komplexen Automatismus auf.

Einleitung

Der Begriff des Automatismus ist eng mit der Idee der Strukturbildung verknüpft. Werden Strukturen – im Raum, in der Zeit – beobachtet, die sich augenfällig von Zufall unterscheiden, so ist man geneigt, nach einer Ursache zu suchen. Ist eine solche Ursache nicht in einem expliziten, zielgerichteten Handeln zu finden, so steht die Frage nach einer automatischen Bildung dieser Struktur im Raum; der strukturbildende Automatismus mag dabei explizit oder implizit, intentional oder als Nebeneffekt entstanden sein.

Dieser Artikel stellt ein Beispiel für einen nicht beabsichtigen, sich nur implizit bildenden Automatismus vor, der zu einer augenfälligen und in ihrer technischen Konsequenz relevanten Strukturbildung führt: Die Charakteristik von World-Wide-Web-Verkehr im Internet.

Zufall in Telekommunikationssystemen – World Wide Web als Beispiel

Die grundlegende Struktur des World Wide Web ist inzwischen auch dem Laien in Grundzügen vertraut. Nutzer dieses Systems bedienen sich eines Rechners, eines mobilen Gerätes (z. B. Mobiltelefon) oder einer ähnlichen Vorrichtung, um auf sogenannte „Webseiten" zuzugreifen. Dabei wird die Anfrage nach einer Webseite von einem Webbrowser an einen Webserver übermittelt und von diesem mit der gewünschten Webseite beantwortet. Die eigentliche Übermittlung erfolgt durch das Internet, an das Webserver und Webbrowser angeschlossen sind.

Diese Grundstruktur ist, auf den ersten Blick, der des konventionellen Telefonnetzes sehr ähnlich – Abbildung 1 vermittelt einen Überblick. Auch im Telefonnetz stehen Kommunikationspartner durch Vermittlung eines Netzes miteinander in Kontakt, und Daten werden zwischen diesen Partnern übertragen. Demnach könnte man erwarten, dass die wesentlichen Eigenschaften dieser beiden Systeme zumindest in Grundzügen vergleichbar sind.

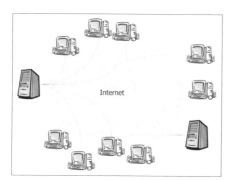
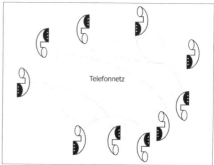

1 – Struktur der Kommunikationsbeziehungen in Internet und Telefonnetz

Ein augenfälliger Unterschied ist, dass bei einem Telefonsystem (in aller Regel) zwei Partner in direkter Kommunikationsbeziehung stehen, während im World Wide Web ein Webserver häufig viele unterschiedliche Browser, d. h. Nutzer, bedient, viele davon auch zeitgleich. Tatsächlich ist dies jedoch für die Charakteristik des Verkehrs, der durch diese beiden unterschiedlichen Systeme in ein Kommunikationsnetz injiziert wird, nur von geringem Belang – es ist leicht, sich den Webserver in diesem Kontext als eine Sammlung von einzelnen Geräten vorzustellen, die jeweils separat mit dem zugehörigen Webbrowser kommunizieren. Sicherlich wird dadurch der eingespeiste Verkehr stärker lokalisiert sein; über größere Distanzen und über eine größere Anzahl von Webservern sollte sich dieser Effekt jedoch ausmitteln und keinen allzu großen Beitrag zu einer möglichen Struktur mehr leisten. Dies ist tatsächlich der Fall.

Dennoch ist in diesen Strukturen noch reichlich Platz für Zufall oder, genauer gesagt, für eine zufällige Modellierung von Effekten und Aspekten, die möglicherweise zwar deterministisch sind, für die aber lediglich eine stochastische Beschreibung[1] zur Verfügung steht oder angemessen ist. Wesentliche Aspekte sind:

---

[1] Stochastik: Teilgebiet der Mathematik, das sich mit der Beschreibung und der Analyse von Zufall befasst. Wichtige Teilgebiete sind die Wahrscheinlichkeitsrechnung (mengentheoreti-

1. Welcher Teilnehmer möchte mit welchem anderen Teilnehmer kommunizieren?
Hier mag, wie im vorigen Abschnitt diskutiert, ein Unterschied zwischen Internet und Telefon liegen, der jedoch nicht von allzu großem Belang ist.
2. Wie groß ist die Menge der Teilnehmer, bzw. der Webserver und Webbrowser?
3. Zu welchem Zeitpunkt erfolgt ein Kommunikationsversuch? Alternativ: Wie viel Zeit vergeht zwischen dem Ende einer Kommunikation und dem Beginn der nächsten?
In der praktischen Modellierung ist die Zeit zwischen Kommunikationsvorgängen meist einfacher zu behandeln als die absoluten Zeitpunkte. Letztere spielen tatsächlich auch nur eine untergeordnete Rolle, wenn man quantitative Aspekte wie etwa „Auslastung" untersuchen möchte.

In der Tat kann man für die Größe bei Telefonnetz und Internet in erster Näherung zunächst ähnliche Annahmen treffen. Eine typische Beschreibung würde die *Zwischenkommunikationszeit* in beiden Fällen als eine stochastische Größe auffassen, hierzu eine Verteilungsfunktion bestimmen, und ebenfalls typischerweise eine Unabhängigkeitsannahme treffen – d. h., es gibt keine Struktur und keine Abhängigkeit unter aufeinander folgenden Zwischenkommunikationszeiten eines initiierenden Teilnehmers noch gibt es solche Abhängigkeiten unter den Teilnehmern. Diese Unabhängigkeitsannahmen sind aus der Beobachtung näherungsweise zu rechtfertigen, wenn auch nicht in allen Szenarien korrekt (beispielsweise führen bestimmte Ereignisse – Naturkatastrophen, Sportveranstaltungen u. Ä. – zu einem koordinierten Verhalten der Nutzer und zu einem korrelierten Anschwellen der Kommunikationshäufigkeit; man spricht hier von einem *flash crowd effect*). Verteilungsannahmen sollten aus empirischen Beobachtungen gewonnen werden; eine typische Vereinfachung ist es, für diese Zwischenankunftszeiten eine Exponentialverteilung anzunehmen. Dies ist grob in Einklang mit empirischen Befunden und vereinfacht die analytische Behandlung erheblich.

4. Wie lange dauert ein Kommunikationsvorgang? Bestehen Abhängigkeiten zwischen diesen Längen?
Abhängigkeiten zwischen Längen wird man auch hier aus der Intuition heraus zunächst verneinen (tatsächlich ist dies insbesondere für präzisere Webmodelle nicht ganz korrekt) und damit auch ein einfaches Modell erhalten. Entscheidend sind in der Tat die Verteilungsfunktionen der Länge eines Kommunikationsvorgangs. In beiden Fällen ist man dabei auf die Empirie angewiesen.

Für ein Telefongespräch ist die Dauer, ähnlich wie die Zeit zwischen Telefonaten, in sehr guter Näherung durch eine Exponentialverteilung beschrieben (Abbildung 2 veranschaulicht diese Verteilungsfunktion). Damit liegt beim Telefonsystem insgesamt eine einfache stochastische Struktur vor, wenn man

---

scher und axiomatischer Aufbau des Wahrscheinlichkeitsbegriffes) und die Statistik (die Beschreibung von Daten und das Ziehen von Schlüssen aus Daten). [Anm. d. Hg.]

insbesondere eine Verteilerstelle in der Mitte des Netzes betrachtet. Von einer großen, näherungsweise als unendlich groß auffassbaren Menge von Teilnehmern treffen „Dienstanfragen" (= die Anfrage nach Herstellung einer Verbindung) ein, die jeweils für sich exponential verteilt lange dauern und bei denen zwischen den einzelnen Anfragen eine ebenfalls exponential verteilt lange Zeit verstreicht. Alle relevanten Zufallsgrößen sind in diesem Modell unabhängig. Es handelt sich damit um das typische Beispiel eines sogenannten *Poisson-Prozesses*[2] als dem wohl einfachsten Fall eines nichttrivialen sto-chastischen Prozesses.

Bei Webbrowsing ist die Lage anders. Im Wesentlichen hängt die Dauer einer Übertragung von der Größe der angefragten Webseite ab; zusätzlich bestimmt die momentane Auslastung des Webservers diese Dauer. Die Statistik der Seitengröße ist dabei vergleichsweise einfach zu bestimmen: Man nehme einen Webserver und zähle alle darauf gespeicherten Seiten samt ihrer Größen auf. Unterstellt man gleich verteilten Zugriff auf die einzelnen Seiten (auch dies ist nicht ganz korrekt, typischerweise sind Popularitätsverteilung z. B. nach *Zipf's Law*[3] anzutreffen), so erhält man unmittelbar die empirische Verteilungsfunktion der einzelnen Seiten. Es stellt sich nun bei typischen Webservern heraus, dass diese Verteilungsfunktion der Größe – und damit im Wesentlichen auch die Länge der Kommunikation – bei Webverkehr eben nicht der Exponentialverteilung oder einer ähnlichen Verteilung gehorcht, sondern im Gegenteil einer sogenannten *Heavy-tail*-Verteilung[4], oft einer *Pareto*-Verteilung (Abbildung 2). Diese Verteilungen zeichnen sich durch ein ganz anderes Verhalten der Restverteilung aus: Während bei der Exponentialverteilung die Wahrscheinlichkeit, einen Wert „x" zu überschreiten, exponentiell schnell in „x" gegen 0 geht (daher der Name), geschieht dies bei *Heavy-tail*-Verteilungen nur polynomiell schnell – sehr große Werte kommen also mit einer deutlich größeren Wahrscheinlichkeit vor als dies bei einer Exponentialverteilung bei gleichem Mittelwert zu erwarten wäre.

---

[2] Der *Poisson-Prozess* ist ein stochastischer Prozess, der die Wahrscheinlichkeit beschreibt, in einem bestimmten Zeitintervall eine bestimmte Anzahl von Zufallsereignissen zu beobachten. Dieser Prozess formalisiert die Anschauung, dass Ereignisse durch eine sehr große Anzahl unabhängiger Quellen entstehen. Der *Poisson-Prozess* ist ein diskreter Prozess in stetiger (d. h. kontinuierlicher) Zeit. [Anm. d. Hg.]

[3] Das Zipfsche Gesetz ist ein Modell, mit dessen Hilfe man bei bestimmten Größen, die in eine Rangfolge gebracht werden, deren Wert aus ihrem Rang abschätzen kann. Häufige Verwendung findet das Gesetz in der Linguistik, speziell in der Korpuslinguistik und Quantitativen Linguistik, wo es zum Beispiel die Häufigkeit von Wörtern in einem Text zur Rangfolge in Beziehung setzt. [Anm. d. Hg.]

[4] In der Wahrscheinlichkeitstheorie ist eine *Heavy-tail*-Verteilung bzw. endlastige Verteilung eine Wahrscheinlichkeitsverteilung mit einer unendlichen Varianz. Anschaulich besagt der Begriff, dass auch sehr große Werte mit nicht vernachlässigbarer Wahrscheinlichkeit auftreten. [Anm. d. Hg.]

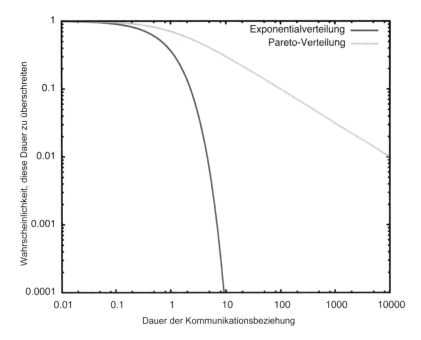

2 – Exponential- und Pareto-Verteilung als komplementäre Verteilungsfunktion in doppelt-logarithmischer Darstellung

Für den Vergleich von Telefon- und Webverkehr ist damit der entscheidende Unterschied gefunden: Es ist sehr viel wahrscheinlicher, dass eine Webübertragung eine (im Vergleich gesehen) sehr viel längere Zeit braucht als dies bei einem Telefongespräch der Fall wäre. Dieser Effekt liegt letztlich im Verhalten von Menschen beim Telefonieren oder beim Erstellen von Webseiten begründet; es ist dabei keine wesentliche Intention oder bewusstes, zielgesteuertes Verhalten erkennbar.

Aber führt dieses unterschiedliche Verhalten auch zu nennenswert unterschiedlichen Effekten, ergibt sich daraus eine wie auch immer geartete Struktur? Der folgende Abschnitt gibt darauf eine Antwort.

Struktur durch Überlagerung

Der vorherige Abschnitt hat sich auf das Verhalten eines einzelnen Teilnehmers beschränkt – wie lange wartet dieser zwischen Kommunikationsvorgängen, wie lange dauert ein einzelner solcher Vorgang? Wechselt man nun die Perspektive und nimmt den Standpunkt eines Webservers oder eines Vermittlungsknotens in einem Telefonnetz oder Internet ein, so ist individuelles Verhalten mehr oder minder ohne Belang. Relevant ist das Verhalten vieler Teilnehmer gleichzeitig, und damit die Frage, wie viele Teilnehmer zeitgleich aktiv sind. Dies entspricht der Anzahl gleichzeitig zu behandelnder Telefongespräche (und ist damit für Telefongesellschaften zur Auslegung der Netze relevant) oder entsprechend der Anzahl gleichzeitig stattfindender Webseiten-Übertragungen.

Zur Illustration zeigt Abbildung 3 einen solchen Auslastungsverlauf [*average load*] sowohl für das Telefonnetz als auch für das Internet. Die entsprechende Anzahl von Telefonaten bzw. Webseiten-Übertragungen entstammen dem oben beschriebenen Modell. Dabei wurde für diese Abbildung leicht über die Zeit aggregiert (32 Zeitpunkte wurden durch Mittelwertbildung zusammengefasst). Offenbar sind beide Systeme ähnlich parametriert, die mittlere Last liegt bei ca. 100; auf dieser Zeitskala ist bei beiden Systemen noch deutliche zufällige Streuung zu sehen.

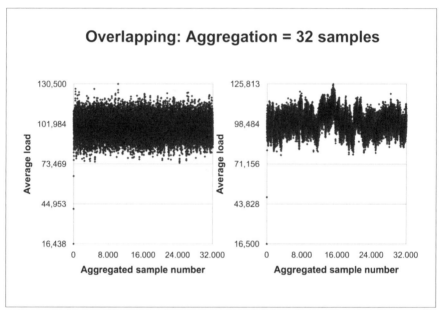

3 – Aggregierter Verkehr (Telefonnetz links, Internet rechts);
über 32 Zeiteinheiten geglättet

Welches Verhalten sollte sich nun bei einer stärkeren Mittelung über einen größeren Zeithorizont einstellen? Mitteln entspricht einer Glättung; Schwankungen werden entfernt, indem über größere Zeithorizonte beobachtet wird. In der Tat geschieht genau dies auch im Fall des Telefons; der linke Teil von Abbildung 4 zeigt dies als Beispiel – hier wurden über 256-mal längere Zeitintervalle geglättet. Der Internet-Fall verhält sich dagegen ganz anders (Abbildung 4 rechts): Selbst bei starker Glättung bleibt hier deutlich Struktur sichtbar, die über lange Zeiträume hinweg anhält und durch Glättung nicht (bzw. nur sehr langsam) verschwindet.

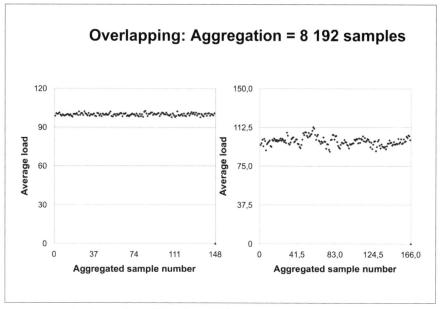

4 – Aggregierter Verkehr (Telefonnetz links, Internet rechts);
über 8192 Zeiteinheiten geglättet

Interpretation und Zusammenfassung

Damit ist das beabsichtigte Beispiel vollständig. Durch eine augenscheinlich minimale Veränderung eines Verhaltens bzw. einer Modellannahme ändern sich die Charakteristiken eines Gesamtsystems fundamental. Die Konsequenzen hieraus sind vielfältig: Sowohl für die Benutzer des World Wide Web, die sich mit einem unerwartetem Verhalten und mit stark schwankenden Wartezeiten konfrontiert sehen, die es in dieser Form beim Telefon natürlich nicht gibt, als auch für die Anbieter von Webservern und Telekommunikationssystemen, die Schwierigkeiten haben ihre Systeme korrekt auszulegen, weil das nichtexponentielle Modell deutlich schwerer zu analysieren und zudem kostenaufwendiger ist, weil die starke Schwankung trotz Glättung größere Puffer und eine höher ausgelegte Maximalkapazität verlangt.

Während diese Aspekte in den letzten Jahren fast durchweg geklärt werden konnten, ist der eigentliche Grund bisher noch weitgehend unklar: Warum unterscheiden sich die Statistiken von Webseiten in so erheblichem Maße von denen von Telefongesprächen? Diese Frage entzieht sich letztlich der technischen Beantwortung und ist nur durch Überlegungen zu Nutzungsmustern und Kommunikationsformen zu klären. Der genannte Effekt ist insofern Beispiel für einen *Automatismus*, der in technischen Parametern beschreibbar ist, dessen Zentrum aber außerhalb der Technik, in den Bottom-up-Aktivitäten der Nutzer, liegt. Hier könnte eine interdisziplinäre Kooperation zwischen der Informatik und den Kulturwissenschaften einen wertvollen Beitrag leisten.

TILMANN SUTTER

EMERGENZ SOZIALER SYSTEME UND DIE FRAGE DES NEUEN

Der größte Entwicklungspsychologe des letzten Jahrhunderts, Jean Piaget, bezeichnete die Frage: „Wie kommt man zu Neuem?" als die Kernfrage seines Lebens. Und in der Tat: Die Frage des Neuen ist eine der faszinierendsten Fragen, die man sich stellen kann. Viele von uns haben Erfahrung mit dem berühmten Gedankenblitz, der schlagartig die lang gesuchte Antwort bringt. Wie ist so etwas möglich? Könnte man so etwas kontrolliert befördern? Das wäre der goldene Schlüssel zum Erkenntnisfortschritt. Aber dazu müsste man wissen, wie Neues, z. B. neue Erkenntnis, entsteht.

Eine andere Erfahrung ist vielen Personen sicher auch geläufig: Sie werden z. B. längere Zeit ausdruckslos angesehen und erleben das als unangenehm. Daraus kann man auch einen Wettkampf machen: Wie lange hält man das Erleben der Unbestimmtheit aus? Die Situation ist unbestimmt, und es überkommt einen das unbezwingbare Verlangen nach Bestimmung. Man befindet sich gewissermaßen in der Lage einer Systembildung im Wartezustand: Es muss nur etwas anschließen, irgendetwas. Gerade unser negatives Erleben dieser Unbestimmtheit deutet darauf hin, dass Systembildungsprozesse eine Eigendynamik haben und dass wir unmittelbar von der Bildung sozialer Strukturen abhängen.

Ich hatte einmal einen Bekannten, der die unangenehme Angewohnheit hatte, mich anzurufen, um mir dann seelenruhig die weitere Führung des Gesprächs zu überlassen, ganz so, als ob ich ihn angerufen hätte und etwas von ihm wollte. Das Telefon klingelte, ich nahm ab, er nannte seinen Namen und dann blieb es still. Das kann man als eine spielerisch einsetzbare Verwirrstrategie des Gesprächspartners verstehen. Das kann man auch als grobe Unhöflichkeit, ja sogar als Zumutung erleben. Denn lasse ich mich darauf ein, so ist zwar potenziell ein gemeinsamer Handlungsraum eröffnet. Dieser Handlungsraum bleibt jedoch durch die Symmetrie der wechselseitigen Unbestimmtheit leer, und er kann nur durch eine Asymmetrisierung, durch irgendeinen Anschluss gefüllt werden. Auch hier eine Art Systembildungsprozess im Wartezustand. Und auch hier: Was immer geschieht, es führt *nolens volens* zum Aufbau von Strukturen. Jede Äußerung, jedes Ereignis etabliert Beschränkungen und ist folgenreich für alles, was künftig anschließt.

Mit diesen Beobachtungen sind wir schon mitten im Thema „Emergenz sozialer Systeme und die Frage des Neuen". Ich behandle dieses Thema aus der Sicht der soziologischen Systemtheorie. Die Systemtheorie, um das vorwegzuschicken, begreift Systembildungsprozesse (und damit auch Prozesse der Entstehung von Neuem) vor allem unter *zwei Aspekten*: dem *Problem der doppel-*

ten Kontingenz und dem *Verhältnis von Operation und Struktur*. Damit ist im Grunde nichts anderes gemeint als jene Prozesse der Auflösung von Unbestimmtheit, die mit den einführenden Beispielen kurz illustriert wurden. Zwei Personen treten in Kontakt zueinander, und zu Anfang ist alles oder doch vieles unbestimmt. Das Problem der doppelten Kontingenz, das ist das Faszinierende, löst sich stets selbst auf: Solange das nicht geschieht, wenn wechselseitige Bestimmungen ausbleiben, erleben wir das häufig als unangenehm, als unhöflich, als Zumutung usw. Das Problem löst sich auf, weil jede Operation, d. h. jeder Anschluss system- und strukturbildend wirkt. Systeme bilden sich durch systeminterne Operationen und grenzen sich dadurch von ihrer Umwelt ab: Deshalb nennt die Systemtheorie ihren erkenntnistheoretischen Standort „*operativen Konstruktivismus*"[1], verschweigt mit diesem Begriff allerdings, dass systemintern aneinander anschließende Operationen immer auch *Strukturen* bilden – mehr hierzu weiter unten.

Ich nehme im Folgenden nicht nur die Position der soziologischen Systemtheorie, sondern auch die Perspektive einer soziologischen *Konstitutionstheorie* ein. Die Emergenz sozialer Systeme wie überhaupt die Bildungsprozesse sinnhafter Strukturen sind eng mit dem *Begriff der Konstitution* verknüpft. Dieser Begriff, so wie er nachfolgend verwendet wird, hat den Vorzug als theoriestrategische Grundlage nichts als eine *bestimmte Problemstellung* ins Feld zu führen: Wie ist die Entstehung von Neuem möglich und wie lässt sie sich rekonstruieren? Mit Konstitutionstheorie ist ein bestimmter *Theorietypus* gemeint, nämlich eine Theorie, die sich um diese grundlegende Frage dreht und nach Mitteln zu ihrer Beantwortung sucht. Damit ist aber in keiner Weise vorentschieden, wie dieser Frage mit Erfolg beizukommen ist, also etwa mit handlungs- oder systemtheoretischen Mitteln.[2] Ich werde deshalb die Frage der Emergenz sozialer Systeme nicht allein aus systemtheoretischer Sicht erörtern, sondern auch konstitutionstheoretische Alternativen diskutieren.

Ich will zunächst das Problem der Emergenz sozialer Systeme aus systemtheoretischer Sicht in Auseinandersetzung mit handlungstheoretischen Alternativen betrachten. Diese Alternativen sehen Sozialität als durch menschliches Handeln erzeugt an, so wie es auch unserem Alltagsverstand plausibel erscheint. Die Systemtheorie sieht dagegen eine selbstreferenzielle, in sich abgeschlossene Bildung von sozialen Systemen, die sich selbst erzeugen (1). Im zweiten Teil meines Beitrags werde ich dann methodologische Konsequenzen aus der Debatte um die Bildung von Systemen ziehen. Ich frage: Wie und mit welchen Vorgaben kann man Prozesse der Bildung sozialer Systeme rekonstruieren? Ich bin der Auffassung, dass man in der interdisziplinären Diskussion vor allem mit methodologischen Überlegungen eine gute Chance hat,

---

[1] Vgl. z. B. Niklas Luhmann, *Die Realität der Massenmedien*, 2. erw. Aufl., Opladen, 1996, S. 17 f.

[2] Vgl. Tilmann Sutter, *Interaktionistischer Konstruktivismus. Zur Systemtheorie der Sozialisation*, Wiesbaden, 2009, S. 30 ff.

zu gemeinsamen Bezugsproblemen zu gelangen, an denen man arbeiten kann. Meine These ist, dass der große methodologische Vorzug der Systemtheorie darin liegt, Systembildungsprozesse mit sehr wenigen, d. h. nur den allernötigsten Vorgaben untersuchen zu können. Die konkrete Methode, mit der dies bewerkstelligt werden kann, ist die Objektive Hermeneutik nach Ulrich Oevermann, die im Kontext einer soziologischen Konstitutionstheorie steht (2). Im abschließenden dritten Teil komme ich auf das Problem des Neuen zurück, und will dies auf ein aktuelles Thema beziehen: Die Frage nach dem Neuen neuer Medien. Dieser letzte Schritt soll hier nur kurz zu illustrativen Zwecken ausgeführt werden (3).

1. Emergenz sozialer Systeme

Die soziologische Systemtheorie macht den Prozess der Bildung sozialer Systeme am *Problem der doppelten Kontingenz* fest. Dieses entsteht immer dann, wenn zwei oder mehr personale Systeme zueinander in Beziehung treten. Der Begriff der „Entstehung" ist im vorliegenden Zusammenhang missverständlich, weil er eine Vorher-Nachher-Abfolge suggeriert. Tatsächlich aber muss von einer Gleichzeitigkeit von Sozialität und doppelter Kontingenz ausgegangen werden: Wenn unter Beteiligung von zwei oder mehr psychischen Systemen kommuniziert wird, geschieht dies unter Bedingungen der doppelten Kontingenz, die als Problem nicht erst entsteht, sondern konstitutiv für diesen Vorgang ist.

Ich habe eingangs versucht, genau dieses Problem mit ein paar Beispielen zu veranschaulichen. Um nun allgemein den Systembildungsprozess unter Bedingungen der doppelten Kontingenz zu verdeutlichen, kann man an einer zunächst weitgehend unbestimmten Situation ansetzen: Zwei Fremde treffen zusammen, wobei nicht mehr als der Umstand gegeben ist, dass sie sich wechselseitig in ihrem Verhalten bestimmen lassen wollen. Und dass sie grundlegend auf diese Bestimmung angewiesen sind, eben dies haben die genannten Beispiele gezeigt. Doppelte Kontingenz meint, dass auf beiden Seiten vieles unbestimmt und vieles möglich ist. Bereits die erste versuchsweise Bestimmung des eigenen Verhaltens (mittels eines Blicks, einer Geste, einer Begrüßung, aber auch des Versuchs der Kontaktvermeidung) bringt eine Kontingenz reduzierende Abfolge von Handlungen in Gang. *Doppelte Kontingenz stellt ein sich selbst lösendes Problem dar, und dieser Selbstlösungsprozess führt zur Bildung sozialer Systeme und zur Bestimmung des Verhaltens psychischer Systeme.*[3] In dieser Weise wird nun gewissermaßen die Möglichkeit von Systembildungsprozessen sowie der *Emergenz sozialer Ordnung* ‚von unten' konzipiert. Die Situation wird als offen beschrieben, und es wird gefragt, wie Be-

---

[3] Vgl. Niklas Luhmann, *Soziale Systeme. Grundriß einer allgemeinen Theorie*, Frankfurt/M., 1984, S. 166 ff.

stimmungen und Konditionierungen sozialer Prozesse etabliert werden. Diese Prozesse werden als Abfolge von Kommunikationen begriffen, die an etwas Bestehendes anschließen und neue Elemente und neue Anschlussmöglichkeiten schaffen.

Soziale Systeme emergieren, indem im Kontakt zweier oder mehr wechselseitig undurchschaubarer psychischer Systeme Anschlussmöglichkeiten zugleich eröffnet und begrenzt werden. Dabei bilden Personen füreinander eine uneinholbare Umwelt: Personen werden als *black boxes*, als wechselseitig undurchschaubare schwarze Kästen konzipiert. In sozialen Beziehungen herrscht Intransparenz auf beiden Seiten. Die Frage ist dann, wie psychische und soziale Systeme mit dieser Intransparenz umgehen. Die Antwort kennen wir schon: durch Etablierung und Auflösung des Problems der doppelten Kontingenz. Im Prozess der Kommunikation bzw. in selbstreferenziellen Handlungsabfolgen werden Selbstfestlegungen erzeugt, und zwar unabhängig davon, was die beteiligten Subjekte verstehen oder nicht verstehen. Die Kommunikation versteht selbst und macht sich selbst anschlussfähig.

Verdeutlichen wir das Gemeinte mit einem Beispiel: Nehmen wir an, Herr Müller steht vor einem Schaufenster und ich nähere mich von hinten und grüße ihn. Nehmen wir weiter an, Herr Müller erwidert den Gruß nicht. Ich muss nun überlegen, woran das liegen mag: Hat er mich nicht registriert? Will er mich nicht grüßen? Es könnte auch sein, Herr Müller war in Gedanken, reagiert deshalb verzögert und erwidert den Gruß erst, als ich schon an ihm vorüber gelaufen bin. Was immer Herr Müller oder ich dabei denken mögen: Jede dieser Möglichkeiten weist den Anschlusshandlungen eine andere Bedeutung zu. Reagiert Herr Müller erst, als ich schon vorbei gelaufen bin, mag er dies als Unhöflichkeit meinerseits auffassen. Das könnte Anlass geben, die Situation zu reparieren und zu retten, was noch zu retten ist. Ob in dem anderen Fall Herr Müller meinen Gruß nicht registriert hat oder nicht zurückgrüßen wollte, hat Auswirkungen auf weitere künftige Kontakte zwischen uns: Es bleibt eine Unsicherheit. Das bedeutet: Handlungen stehen in einem sozialen Ordnungsgefüge, das sie unabhängig von ihren intendierten Bestimmungen strukturiert. *Handlungen werden sozial konstituiert*.[4] Damit haben wir Systembildungsprozesse aus konstitutionstheoretischer Sicht gewissermaßen „von oben" im Blick. Mehr dazu weiter unten.

Kehren wir nun zunächst zum Aspekt der Emergenz zurück. *Man kann sagen, dass Prozesse der Systembildung emergenztheoretisch „von unten" betrachtet werden, also als offene Form des Problems der doppelten Kontingenz.* Man fokussiert auf die Unbestimmtheit der Situation und auf die Prozesse, aus denen Systemgrenzen und Strukturen hervorgehen. Hier greift eine wichtige Grundlage der Systemtheorie, nämlich Systembildung durch systemintern aneinander anschließende Operationen. Systeme bilden sich, indem Operationen

---

[4] Vgl. Wolfgang Ludwig Schneider, *Die Beobachtung von Kommunikation. Zur kommunikativen Konstruktion sozialen Handelns*, Opladen, 1994.

– im Falle von sozialen Systemen: Kommunikationen – aneinander anschließen. Dies ist ein Prozess der Selbsterzeugung von Systemen, wofür der Begriff der Autopoiese benutzt wird[5]: Soziale Systeme sind autopoietische, ihre Elemente selbst erzeugende Systeme. Das führt zu der dem Alltagsverständnis widersprechenden Behauptung, dass nur Kommunikationen kommunizieren können. Menschen dagegen können nicht kommunizieren, nur denken und wahrnehmen. Kommunikationen werden deshalb auch nicht von Menschen produziert, sie erzeugen sich selbst. Das ist die spezifische, revolutionäre Sicht der Systemtheorie im Konzert soziologischer Ansätze: Soziale Systeme sind operational geschlossene Systeme, und sie können mit ihren Operationen niemals über ihre Systemgrenzen hinausreichen. Sie erreichen die menschlichen Gedanken nicht direkt, sie können Menschen nicht direkt steuern oder beeinflussen, nur indirekt irritieren. Es gibt also, anders als in vielen Handlungstheorien, keine Produktion von Kommunikation durch Menschen und keine direkte Beeinflussung von Menschen durch Kommunikation.

Den genannten Sachverhalt kann man sich am augenscheinlichsten im *Bereich der frühkindlichen Sozialisation* vor Augen führen, weil man dort ohne die Annahme der selbstreferenziellen Eigenständigkeit von Kommunikation nicht auskommt. In (vor allem frühen) sozialisatorischen Interaktionen werden Nachwachsende in die Struktur des Handelns einsozialisiert, und sie sind dabei auf möglichst vollständige Explikationen angewiesen. Ein gutes Beispiel hierfür sind die von Jerome S. Bruner (1987) in verschiedenen Bereichen sozialer Entwicklung empirisch untersuchten Interaktionsformate: Dies sind konstant wiederkehrende sequenzielle Strukturierungen bestimmter Handlungsabläufe (z. B. Geben-Nehmen-Spiele), die schrittweise konventionalisiert werden. Besonders augenfällig ist die kommunikative Organisation des Benennens im Kontext des gemeinsamen Buchlesens von Mutter und Kind, das in vier Äußerungstypen gegliedert ist[6]: Aufruf, Frage, Bezeichnung, Rückmeldung; z. B.: „Schau, was ist das? Das ist ein X. Ja." Dieses „Buch-Lese-Format" führt den Nachwachsenden auf pointierte Weise die kooperative Erzeugung der Struktur einer sozialen Handlung vor, und zwar auch unter der Minimalbedingung, dass das Kind sich nur mit seiner Aufmerksamkeit beteiligt und im Übrigen passiv bleibt. Ziehen wir Aufruf und Frage zusammen, haben wir eine dreizügige Handlungssequenz vor uns, die „drei Leistungen miteinander verbindet: (1) die *kooperative Realisierung einer sozialen Handlung*, (2) die *kommunikative Reproduktion der ihr zugrundeliegenden Erwartungsstrukturen* und (3) die *Koordination der Sinnzuweisungen* der involvierten Akteure."[7]

Hier wird deutlich, wie die Mutter unabhängig von den etwaigen Motiven und Intentionen des kleinen Kindes einen regelgeleiteten, mit einer konventio-

---
[5] Vgl. Luhmann (1984), *Soziale Systeme*, S. 297.
[6] Vgl. Jerome S. Bruner, *Wie das Kind sprechen lernt*, Bern (u. a.), 1987, S. 64 ff.
[7] Schneider (1994), *Die Beobachtung von Kommunikation*, S. 191. [Herv. i. O.]

nalisierten Bedeutung versehenen sozialen Handlungszusammenhang etabliert. Unabhängig von den aktiven Beiträgen des Kindes wird so eine Sequenz regelgeleiteter Handlungen durchlaufen. Freilich können wir, wenn die Mutter ihre Äußerungssequenz mit einem „Ja" beschließt, das ein wechselseitiges Verständnis stellvertretend für das Kind zum Ausdruck bringt, nicht von der Herstellung intersubjektiver Verständigung auf der Ebene von Bewusstsein (sozialer Kognition) ausgehen. So aber könnte die oben genannte Leistung (3) (Koordination der Sinnzuweisungen der involvierten Akteure) missverstanden werden. Deshalb muss der kognitive und der kommunikative Sinn von „Verstehen" ausdifferenziert werden: Was immer der subjektive Gehalt des Verstehens der Beteiligten sein mag, es vollzieht sich parallel hierzu ein eigenständiges, nicht auf die Verstehensleistungen der Subjekte reduzierbares kommunikatives Verstehen. Gerade im Bereich der frühkindlichen Sozialisation sieht man, dass und wie sich die Kommunikation unabhängig von subjektiven Voraussetzungen machen kann, ja von Fall zu Fall sogar machen muss. Die Systemtheorie geht dementsprechend von einer operativen Geschlossenheit von sozialen und psychischen Systemen aus.

Gehen wir nun zur *konstitutionstheoretischen Perspektive* über, die den Bildungsprozess von sozialen Systemen gewissermaßen von oben, von den existierenden Vorgaben her betrachtet. Halten wir zunächst fest, dass kommunikative Systeme nicht nur operational geschlossen, sondern ebenso grundlegend offen sind, und zwar auf der Ebene der Strukturen. Systeme operieren nicht beliebig, sondern in einem je strukturell begrenzten Möglichkeitsraum. Zudem sind Systeme auf Außenweltkontakte angewiesen, die auf der Ebene der Strukturen liegen. Außenweltkontakte bestehen aber grundlegend *nicht* in direkten Eingriffen in andere Systemoperationen oder in Übertragungen. Halten wir weiterhin fest, dass es keine Situation völliger Unbestimmtheit, also keine Situation reiner doppelter Kontingenz gibt. *Der Begriff der Konstitution stellt das Problem doppelter Kontingenz unter Systemvorgaben: Elemente sind Elemente eines Systems, dem sie zugeordnet sind und in dem sie relationiert werden.*[8] Konstitutionstheoretisch stellt sich deshalb das Problem der doppelten Kontingenz neben der offenen Form immer auch in einer strukturierten Form: Strukturen schränken die Relationierbarkeit der Elemente in einem System ein. Situationen reiner, völlig offener Kontingenz, in denen alles unbestimmt und alles möglich ist, sind empirisch nicht aufzufinden: Jeder Systembildungs-

---

[8] In diesem Zusammenhang erweckt Luhmann (1984), *Soziale Systeme*, S. 43, den missverständlichen Eindruck, er optiere einseitig für die Konstitutionstheorie: „Theoretisch scheint umstritten zu sein, ob die Einheit eines Elements als Emergenz ‚von unten' oder durch Konstitution ‚von oben' zu erklären sei. Wir optieren entschieden für die zuletzt genannte Auffassung. Elemente sind Elemente nur für Systeme, die sie als Einheit verwenden, und sie sind es nur durch diese Systeme. Das ist mit dem Konzept der Autopoiesis formuliert." Dies betrifft nur den Aspekt der Zuordnung von Elementen, nicht den der Systementstehung durch doppelte Kontingenz.

prozess läuft unter Vorgaben an und schafft Konditionierungen, die in der weiteren Geschichte der Systembildung festgehalten werden.

> Somit verschieben, überlagern und ergänzen sich zwei verschiedene Fassungen des Problems der doppelten Kontingenz: eine kurzschlüssige, die nur Unbestimmtheit referiert, und eine strukturierte, die mit Konditionierungen und mit limitierten Alternativen rechnet und auf Systemvorgaben angewiesen ist.[9]

Diese Verklammerung von Struktur und Prozess, von Konstitution und Emergenz ist immer nur rückblickend zu dechiffrieren, d. h. Momente des Neuen sind immer nur in Relation zum Erwartbaren zu rekonstruieren. Wir stehen damit bereits vor dem Übergang zu methodologischen Überlegungen.

Vorab aber will ich eine *handlungstheoretische Alternative* vorstellen, die den Systembildungsprozess nicht in der Verklammerung von Emergenz und Konstitution sieht, *sondern Emergenz und Konstitution gegeneinander ausspielt*.[10] Aus der Sicht eines handlungstheoretisch begründeten methodologischen Individualismus verbindet Hartmut Esser (2000; 2002) die Kritik zweier systemtheoretischer Annahmen: Die soziologische Systemtheorie sehe erstens soziale Systeme abgekoppelt von leibhaftigen, handelnden Menschen und sei in diesem Sinne ganz auf makrosoziologische Zusammenhänge gerichtet. Damit wird einmal mehr die vielfach ins Feld geführte systemtheoretische Austreibung der Menschen aus dem Gegenstandsbereich der Soziologie beklagt.[11] Zweitens müsse schon deshalb die soziologische Systemtheorie eine Erklärung mit dem Konzept einer *Emergenz von unten* ausschließen. Autopoietische Selbsterzeugung und Selbstreproduktion sozialer, kommunikativer Systeme kämen ohne erklärungsrelevante Beteiligung handelnder Menschen aus. Es fehle die Möglichkeit einer Verbindung von Mikro- und Makroebenen. Statt dessen setze die Systemtheorie auf die Eigenständigkeit und Irreduzibilität des Sozialen und damit verbunden einer Konstitution sozialer Ordnung von oben. Wenn das Ganze mehr als die Summe seiner Teile sei, dann stelle sich die Frage, wie dieses Neue entsteht. In dieser Frage schließe nun eine Makrosoziolo-

---

[9] Ebd., S. 184.
[10] Vgl. hierzu auch Tilmann Sutter, „Emergenz und Konstitution, Kommunikation und soziales Handeln: Leistungsbeziehungen zwischen Essers methodologischem Individualismus und Luhmanns soziologischer Systemtheorie", in: Rainer Greshoff/Uwe Schimank (Hg.), *Integrative Sozialtheorie? Esser – Luhmann – Weber*, Wiesbaden, 2006, S. 63-86.
[11] Die Systemtheorie hat – bei allem Getöse um „das Subjekt", das angeblich aufgelöst wurde – die empirischen Subjekte und die relevanten empirischen Forschungstraditionen keinesfalls verabschiedet. Dies könnte nur mit einer Auseinandersetzung mit diesen Forschungsbereichen geleistet werden, die jedoch nicht geleistet wurde. Dies ist einigermaßen unverständlich angesichts des behaupteten Stellenwerts der Frage nach „dem Menschen" in der Soziologie. Es geht hier um eine Neuerfindung der Sozialisationstheorie aus Sicht der Systemtheorie. Viel aussichtsreicher ist die Frage, ob der operative Konstruktivismus auf dem Weg zu einer Sozialisationstheorie eine Kontaktaufnahme der Systemtheorie zu etablierten und bewährten subjekt- und sozialisationstheoretischen Forschungstraditionen möglich und sinnvoll macht: dafür gibt es durchaus ernst zu nehmende und ausbaufähige Anhaltspunkte. Vgl. hierzu Sutter (2009), *Interaktionistischer Konstruktivismus*.

gie selbstreferenzieller sozialer Systeme die Effekte individueller Prozesse auf der Mikroebene sowie externe Randbedingungen systematisch aus.

Esser richtet also die Frage der Emergenz, der Entstehung von Neuem gegen einen Kollektivismus in der Soziologie: Der Kollektivismus meint, Soziales nur aus Sozialem erklären zu können. Der Linie von Durkheim über Parsons zu Luhmann liegt Esser zufolge die These „von der explanatorischen Emergenz bzw. von der Irreduzibilität des Sozialen"[12] zugrunde. Die Theorie des operativen Konstruktivismus, auf die die These der Irreduzibilität des Sozialen rekurriert, haben wir bereits erörtert, die von einem getrennten, überschneidungsfreien Prozessieren psychischer und sozialer Systeme ausgeht. Gegen die Annahme, dass Soziales nur sozial konstituiert werden kann, hält Esser ein vertiefendes Erklärungsmodell, auf das ich hier nicht detailliert eingehen will.[13] Es fokussiert auf Akteure, die in gegebenen Situationen handeln. Eine erklärende soziologische Handlungstheorie muss auf die subjektiven Definitionen der Situationen achten. In Prozessen der Transformation erzeugen die Effekte der individuellen Handlungen neue kollektive Situationen. An dieser Stelle kommt nun der Aspekt der Emergenz in den Blick: Das Soziale ist anderes und mehr als bloß eine psychologistisch konzipierte Folge individueller Handlungen und insofern ein emergentes Phänomen. Das Soziale ist aber auch anderes und mehr als ein eigendynamisches Geschehen, es lässt sich in individuelle Handlungseffekte übersetzen.

Aus der Perspektive Essers[14] kann die Systemtheorie dem methodologischen Individualismus einverleibt werden. Dieser setzt eine Emergenz von unten an, die von Formen der Vergesellschaftung durch handelnde Menschen ausgeht. Diese Einverleibung stützt sich auf eine Beobachtung von Esser und anderen Kritikern der Systemtheorie, dass diese schließlich und endlich doch – und sei es implizit und uneingestanden – mit Subjekten bzw. Menschen in der Gesellschaft rechnen muss. Immerhin beziehen sich Kommunikationen in vielfacher Weise (etwa in Prozessen der Inklusion, siehe dazu weiter unten) auf psychische Systeme. Diesen vermeintlichen Selbstwiderspruch kann man der soziologischen Systemtheorie nur dann unterstellen, wenn man meint, ihr gehe es *nur* um Kommunikation und *nur* um deren operative Geschlossenheit. Ganz im Gegenteil rechnet jedoch die Systemtheorie grundlegend mit der konstitutiven, wechselseitigen Abhängigkeit von Kommunikation und Bewusstsein, d. h. jede Form der Kommunikationsanalyse hat diese Abhängigkeit zu berücksichtigen. Diese Abhängigkeit wird auf der Ebene der Strukturen thematisch, *es gilt eben beides:* operative Geschlossenheit und strukturelle Offenheit. Diese Offenheit wird als *strukturelle Kopplung*, als eine bestimmte Art von Intersystembeziehungen beschrieben. Eine basale Form der strukturellen

---

[12] Hartmut Esser, *Soziologie. Spezielle Grundlagen Band 2: Die Konstruktion der Gesellschaft*, Frankfurt/M., New York, 2000, S. 6.

[13] Vgl. dazu Sutter (2006), Emergenz und Konstitution.

[14] Hartmut Esser, „Wo steht die Soziologie?", in: *Soziologie. Forum der Deutschen Gesellschaft für Soziologie*, 4 (2002), S. 20-32: 30 f.

Kopplung besteht zwischen Kommunikation und Bewusstsein: Beide Arten von Systemen operieren selbstreferenziell geschlossen, machen sich dabei aber im Aufbau ihrer Strukturen voneinander abhängig. Kommunikation und Bewusstsein sind mit anderen Worten auf wechselseitige Irritationen und Störungen angewiesen.[15]

Es gibt drei Arten struktureller Kopplungen, neben Inklusion sind noch Integration und Sozialisation zu nennen.[16] Um dieses Beziehungsgeflecht verständlich zu machen, muss zunächst darauf verwiesen werden, dass die Systemtheorie ihre Beschreibungen immer ausgehend von bestimmten Systemreferenzen anfertigt. So meint *Inklusion* die strukturelle Kopplung zwischen sozialen und psychischen Systemen – und zwar von den sozialen Systemen aus gesehen. Soziale, mit Kommunikationen operierende Systeme inkludieren psychische Systeme, indem sie diese als kommunikativ adressierbare Personen beobachten und behandeln.[17] Inklusion ist ein rein kommunikativer Prozess, in dessen Operationen die kommunikativ adressierten psychischen Systeme nicht eingreifen können.

Dagegen wird die strukturelle Kopplung zwischen sozialen und psychischen Systemen durch *Sozialisation* von psychischen Systemen aus beschrieben.[18] Sozialisation bedeutet, dass Subjekte die Teilnahme an Kommunikation zum Aufbau ihrer Strukturen nutzen. Wiederum gilt: Die kommunikativen Prozesse können in die Operationen der psychischen Systeme nicht eingreifen. Mit dem Begriff der *Integration* bezeichnet die Systemtheorie ausschließlich strukturelle Kopplungen zwischen sozialen, kommunikativen Systemen.[19] Es geht also nicht um eine Verbindung von Teilen (z. B. Menschen) zu einem Ganzen (der Gesellschaft), sondern um Beziehungen zwischen operational geschlossenen, dabei aber intern strukturierten sozialen Systemen. Integration liegt vor, wenn soziale Systeme sich in wechselseitigen Leistungsbeziehungen mit Komplexität versorgen.[20] Dabei handelt es sich (im Unterschied zu Beziehungen zwischen sozialen und psychischen Systemen) um Verbindungen zwischen gleichartigen, eben sozialen Systemen, die aus den gleichen Elementen, nämlich Kommunikationen bestehen. Integration findet auf einer grundle-

---

[15] Vgl. Niklas Luhmann, „Die Autopoiesis des Bewußtseins", in: Alois Hahn/Volker Kapp (Hg.), *Selbstthematisierung und Selbstzeugnis: Bekenntnis und Geständnis*, Frankfurt/M., 1987, S. 25-94.
[16] Vgl. Tilmann Sutter, „Anschlußkommunikation und die kommunikative Verarbeitung von Medienangeboten. Ein Aufriß im Rahmen einer konstruktivistischen Theorie der Mediensozialisation", in: Norbert Groeben/Bettina Hurrelmann (Hg.), *Lesekompetenz. Bedingungen, Dimensionen, Funktionen*, München, 2002, S. 80-105.
[17] Vgl. Niklas Luhmann, *Die Gesellschaft der Gesellschaft*, 2 Bände, Frankfurt/M., 1997, S. 618 ff.
[18] Vgl. ders., *Gesellschaftsstruktur und Semantik. Studien zur Wissenssoziologie der modernen Gesellschaft*, Band 3, Frankfurt/M., 1989, S. 162 f.
[19] Vgl. ders. (1997), *Die Gesellschaft der Gesellschaft*, S. 598 ff.
[20] Vgl. Alfons Bora, *Differenzierung und Inklusion. Partizipative Öffentlichkeit im Rechtssystem moderner Gesellschaften*, Baden-Baden, 1999, S. 58 ff.

genden Ebene ständig statt, insofern der gleiche kommunikative Vorgang (eventuell sogar gleichzeitig) in unterschiedlichen Teilsystemen registriert und weiterverarbeitet werden kann (dies sind sogenannte Mehrsystemereignisse): „Die Vorlage des Haushaltsplans im Parlament kann ein Ereignis im politischen System, im Rechtssystem, im System der Massenmedien und im Wirtschaftssystem sein."[21] In dieser Weise etablieren sich vielfältige wechselseitige Leistungsbeziehungen. Es handelt sich dabei nicht um Sozial-, sondern um Systemintegration.

Hartmut Esser hält im kritischen Vergleich seiner Handlungstheorie und der Systemtheorie Luhmanns die *Emergenz von unten* (für handlungstheoretische Erklärungen) und die *Konstitution von oben* (für systemtheoretische Analysen sozialer Ordnung) gegeneinander. Er meint, die Systemtheorie scheitere am Problem der Emergenz und sei auf konstitutive Vorgaben der Systembildung fokussiert. Soziales werde aus Sozialem erklärt und müsse daher immer vorgegeben werden. Dagegen kann die Systemtheorie, wie wir gesehen haben, Prozesse der Bildung sozialer Systeme über *das Problem der doppelten Kontingenz sowohl konstitutionstheoretisch von oben als auch emergenztheoretisch von unten* formulieren.

Ich würde lediglich Essers *methodologischen Absichten* folgen: In der Tat kommt es darauf an, den Prozess der Systembildung unter möglichst wenig Vorgaben anlaufen zu lassen. Gerade darauf aber ist die Systemtheorie m. E. mit dem sich selbst lösenden Problem der doppelten Kontingenz abgestellt. Damit kommen wir zur Methodologie: Wie können wir diesen theoretischen Vorzug in empirischen Forschungen umsetzen?

2. Methodologie rekonstruktiver Methoden

Im Folgenden will ich einen strikt rekonstruktionslogisch angelegten Vorschlag unterbreiten, wie man das geschilderte Problem der prozessualen Entstehung und Bildung sozialer, kommunikativer Systeme zur Grundlage methodologischer und methodischer Klärungen machen kann. Dabei will ich die erörterten systemtheoretischen Grundlagen mit einer soziologischen, strukturrekonstruktiven Methode verbinden: der Objektiven Hermeneutik von Ulrich Oevermann. Es geht um eine methodisch kontrollierte, mit möglichst wenigen Vorgaben operierende Rekonstruktion sozialer Prozesse und Strukturen. Als Bezugsproblem bietet sich auch hier die doppelte Kontingenz an: Strukturrekonstruktion im Bezugsrahmen des operativen Konstruktivismus setzt an den Systembildungsprozessen an, die mit der Entstehung und Auflösung des Problems der doppelten Kontingenz beschrieben werden.

Die Objektive Hermeneutik, so lautet meine zentrale methodologische und methodische These, ist geradezu ausgerichtet auf genau dieses Problem der

---

[21] Luhmann (1997), *Die Gesellschaft der Gesellschaft*, S. 605.

Kontingenzbewältigung im Verhältnis von Operation und Struktur. Ich werde hier nicht auf verbreitete Vorbehalte eingehen, Systemtheorie und Objektive Hermeneutik seien von vornherein aufgrund disparater sozialtheoretischer Grundlagen unverträglich. Der entscheidende Punkt ist, dass die Objektive Hermeneutik als Methode weitgehend ohne jenen sozialtheoretischen Hintergrund auskommt, der aufgrund eines harten Determinismus tatsächlich kaum mit Systemtheorie kompatibel ist. Dies vorausgesetzt kann die Objektive Hermeneutik als eine vorzügliche Methode für systemtheoretisch-strukturrekonstruktive Fallanalysen beschrieben werden. Dieses methodologische Problemfeld habe ich vor gut zehn Jahren mit dem Arbeitstitel einer „Konstruktivistischen Hermeneutik" versehen.[22]

Rekonstruktive Methoden in der Soziologie sind mit der Bildung sinnhafter subjektiver und sozialer Strukturen befasst. Paradigmenübergreifend kann Sinn als methodologischer Grundbegriff angesetzt werden, der sowohl Prozessen der Gegenstandskonstitution als auch dem methodischen Zugriff auf sozialwissenschaftliche Gegenstände zugrunde liegt. Die Systemtheorie verweist auf Sinn als Medium der koevolutiven Bildung psychischer und sozialer Strukturen. Dabei wird Sinn als Medium konstitutionslogisch vorgeordnet: „Es ist überhaupt verfehlt, für Sinn einen ‚Träger' zu suchen. Sinn trägt sich selbst, indem er seine eigene Reproduktion selbstreferenziell ermöglicht. Und erst die Formen dieser Reproduktion differenzieren psychische und soziale Strukturen."[23] Psychische und soziale Systeme bilden sich in einer hoch komplexen Umwelt aus, deren Komplexität systemintern reduziert werden muss. Als Bezugsproblem der Konstitution sinnhafter Systeme fungiert nicht länger – wie im traditionellen Verständnis – das Verhältnis handelnder Menschen in Beziehung zu einer (mehr oder weniger) widerständigen Außenwelt. Die systeminterne Strukturbildung kann nicht einfach auf äußere Bedingungen zurückgeführt werden, sondern muss aus den Operationen des sich bildenden Systems heraus erfolgen. Der operative Konstruktivismus stellt deshalb konsequent auf das Verhältnis von Operation und Struktur um. Und er gibt dabei nur Sinn als ein Medium der Koevolution psychischer und sozialer Systeme vor.

Sinn ist jene Form, welche die überschießende Komplexität der Welt für psychische und soziale Systeme reduziert und anschlussfähig macht. Wir konzentrieren uns im Folgenden wiederum auf soziale Systeme. Die Systemtheorie setzt einen sehr allgemeinen Sinnbegriff an: Mit Sinn wird die Relation von Potenzialität, also der Gesamtheit der Verweisungs- und Anschlussmöglichkeiten, und Aktualität, also der tatsächlich vollzogenen Selektionen, bezeichnet. Aus der Komplexität von Welt, gefasst als die Gesamtheit möglicher Anschlüsse, werden bestimmte Anschlüsse in Prozessen sequenziell verlau-

---

[22] Vgl. Tilmann Sutter (Hg.), *Beobachtung verstehen, Verstehen beobachten. Perspektiven einer konstruktivistischen Hermeneutik*, Opladen, 1997.
[23] Luhmann (1984), *Soziale Systeme*, S. 141.

fender Selektionen realisiert. Soziale Systeme vollziehen ihre eigene Autopoiesis in der Form von Sinn. Dabei beschränkt jede Kommunikation

> dadurch, daß sie Bestimmtes sagt, den Bereich der Anschlußmöglichkeiten, hält aber zugleich dadurch, daß sie dies in der Form von Sinn tut, ein weites Spektrum möglicher Anschlußkommunikation offen. [...] Die Autopoiesis sozialer Systeme ist nichts weiter als dieser ständige Prozeß des Reduzierens und Öffnens von Anschlußmöglichkeiten.[24]

Diese Bestimmung sinnhafter Gegenstände rückt zwei Desiderate rekonstruktiver Methoden in den Mittelpunkt: Das rekonstruktive Verfahren läuft erstens prozesslogisch, d. h. es werden die Entstehungs- und Bildungsprozesse sinnhafter Gegenstände nachgezeichnet. Notwendig ist dazu zweitens die weitestgehende Minimierung von Vorgaben, d. h. Regeln und Strukturen werden nicht vorgegeben, sondern in den analysierten Fällen sichtbar gemacht.

Das *Bezugsproblem des Verhältnisses von Operation und Struktur* im Systembildungsprozess kann an eine zentrale Grundlage rekonstruktiver Methoden angebunden werden, die vor allem die Objektive Hermeneutik in den Mittelpunkt stellt: die *Sequenzialität sinnhafter Prozesse*. In der Bestimmung von „Sinn" als ein Grundbegriff soziologischer Analyse liegt eine bedeutsame Gemeinsamkeit von Systemtheorie und Objektiver Hermeneutik. Die Relation von Potenzialität und Aktualität fasst die Objektive Hermeneutik als Sequenzialität sinnhafter Prozesse: Handlungen sind in einen strukturierten Raum von Bedeutungsmöglichkeiten eingelassen, aus dem in einer Abfolge von Selektionen bestimmte Bedeutungen realisiert werden. Das Sinngeschehen wird auch hier als ununterbrochener Prozess der Begrenzung und Öffnung von Anschlussmöglichkeiten begriffen.

Im Vergleich zur Systemtheorie legt die Methode der Objektiven Hermeneutik jedoch einen gehaltvolleren Sinnbegriff zugrunde: Das Verhältnis von Aktualität und Potenzialität wird nicht nur mit den Merkmalen der *Sequenzialität*, sondern auch der *Regelhaftigkeit* und der *Textförmigkeit* sozialer Wirklichkeit spezifiziert.[25] Die Annahme der *Regelhaftigkeit* geht davon aus, dass sinnhafte Prozesse durch Regeln organisiert sind.[26] Zwar schließen sich hier viele Debatten um die Gültigkeit allgemeiner und spezifischer Regeln an, aber methodisch geht es um die Rekonstruktion von Regeln in der Analyse konkreter Fälle. Die Regelhaftigkeit darf mit anderen Worten nicht dem Verhältnis von Operation und Struktur vorgeordnet werden: Regeln gelten nur, soweit sie sich an konkreten Fällen zeigen lassen. Regeln beziehen sich auf die Struktu-

---

[24] Ders., „Wie ist Bewußtsein an Kommunikation beteiligt?" in: Hans Ulrich Gumbrecht/K. Ludwig Pfeiffer (Hg.), *Materialität der Kommunikation*, Frankfurt/M., 1988, S. 884-905: 888.
[25] Vgl. Ulrich Oevermann, „Kontroversen über sinnverstehende Soziologie. Einige wiederkehrende Probleme und Mißverständnisse in der Rezeption der ‚Objektiven Hermeneutik'", in: Stefan Aufenanger/Margit Lenssen (Hg.), *Handlung und Sinnstruktur. Bedeutung und Anwendung der objektiven Hermeneutik*, München, 1986, S. 19-83.
[26] Vgl. ebd.

riertheit von Systemen, die im Prozess ihrer Entstehung Restriktionen möglicher Verweisungen etablieren, wodurch Komplexität reduziert wird. Die Annahme der Regelhaftigkeit soll keine bereits etablierte Struktur den aneinander anschließenden Operationen vorgeben. Vielmehr verweist sie darauf, dass der Ablauf von Operationen immer auch strukturbildend ist, eben als Verhältnis von möglichen und realisierten Anschlüssen. Die Annahme der *Textförmigkeit* geht davon aus, dass soziale Wirklichkeit stets textförmig verfasst ist. Diese Annahme der Textförmigkeit sozialer Wirklichkeit behauptet *methodologisch* die Kommunizierbarkeit sowohl des methodisch zugänglichen Gegenstandsbereichs als auch des methodischen Zugangs selbst: Sequenzialität, Regelhaftigkeit und Textförmigkeit sind die Merkmale objektiver Sinnstrukturen, die allein – im Unterschied etwa zu subjektivem Erleben – der Rekonstruktion zugänglich sind.

Fassen wir zusammen: Rekonstruktionslogisch gingen die bisherigen Überlegungen von sinnhaften Systembildungsprozessen aus, die unter dem zentralen Bezugsproblem des Verhältnisses von Operation und Struktur analysiert werden können. Die Objektive Hermeneutik nimmt diesen allgemeinen Rahmen der Sequenzialität des Sinngeschehens auf und spezifiziert ihn mit den Annahmen der Regelgeleitetheit und der Textförmigkeit sozialer Wirklichkeit. Fragt man nun, wie mit dem Verhältnis von Operation und Struktur methodisch konkret umgegangen werden kann, so können zwei weitere zentrale Bausteine der Systemtheorie und der Objektiven Hermeneutik verbunden werden: Das Problem der doppelten Kontingenz, wie es systemtheoretisch dem Bildungsprozess sozialer Systeme zugrunde liegt, und der Bewältigung dieses Problems durch das *Verfahren der Sequenzanalyse*, wie es die Objektive Hermeneutik verfolgt.

Die These, die ich im Folgenden erläutern will, besagt, dass die Objektive Hermeneutik geradezu auf die Bewältigung des Problems der Kontingenz im Verhältnis von Operation und Struktur ausgerichtet ist.

Rufen wir uns die wesentlichen Aspekte des Problems der doppelten Kontingenz nochmals kurz in Erinnerung: Das Problem der doppelten Kontingenz entsteht immer dann, wenn zwei oder mehr personale Systeme zueinander in Beziehung treten. Doppelte Kontingenz führt als ein sich selbst lösendes Problem zur Bildung sozialer Systeme. Damit ist zum einen, ‚von unten' gesehen, die Möglichkeit von System- und Strukturbildung und der Emergenz sozialer Ordnung gegeben. Zum anderen kommen hierbei, ‚von oben' gesehen, Konditionierungen ins Spiel, die das Problem der doppelten Kontingenz unter Systemvorgaben stellen. Wir haben diese beiden emergenz- und konstitutionstheoretisch beschreibbaren Zirkel vor uns, die im Problem der doppelten Kontingenz verbunden werden.

Das methodische Vorgehen, das aus dieser Perspektive folgt, ist eines der strukturrekonstruktiven Kontingenzbewältigung. Ein besonderes Problem systemtheoretisch-strukturrekonstruktiver Kontingenzbewältigung stellt der *Anfang* dar, weil hier sowohl im Systembildungsprozess als auch im rekonstruktiven Vorgehen vor allem die *offene Form von Kontingenz* in den Blick kommt. Jedoch stellt sich weder objekttheoretisch noch methodisch das Problem eines absoluten Anfangs, weil wir immer nur Ausschnitte eines sinnhaften Geschehens vor Augen haben, die im Fluss sinnstrukturierter Prozesse stehen. Auch im Falle sogenannter Initialstellen haben wir es mit Anschluss-Selektionen in einem vorlaufend gebildeten Kontext von Bedeutungsmöglichkeiten zu tun. Freilich stellt die Initialstelle besondere rekonstruktive Anforderungen, weil die vorlaufende Eröffnung von Anschlussmöglichkeiten, aus denen sie selegiert, nicht protokolliert vorliegt. Hier ist es deshalb schwieriger und aufwendiger, den Bedeutungsgehalt der Selektion zu erschließen. Durch die *Einklammerung von Vorwissen* und spezifischen Kontextinformationen versetzt sich der Interpret in eine Situation doppelter Kontingenz, die wie in der Anlaufphase der Systembildung die *Unbestimmtheit der offenen Form doppelter Kontingenz* in den Vordergrund rückt: Die Minimierung von Vorgaben weitet den Raum von Bedeutungsmöglichkeiten aus.

Die Objektive Hermeneutik ist sicherlich diejenige Methode, die sich im konkreten Vorgehen am entschiedensten auf die offene Form der doppelten Kontingenz einlässt. Damit verschärft sich das Problem der Herstellung der strukturierten Form der doppelten Kontingenz, also der Rekonstruktion von Systemvorgaben. Dieses Problem löst die Objektive Hermeneutik mit dem *Verfahren der Sequenzanalyse.* Sequenzanalysen zeichnen sowohl die mögliche Vergangenheit als auch die mögliche Zukunft einer protokollierten Äußerung/Handlung nach: An was kann die Äußerung/Handlung sinnvollerweise anschließen, welche möglichen sinnvollen Anschlüsse an diese Äußerung/Handlung gibt es? Vor allem die Initialstelle wird als Fall eines sinnvollen selektiven Anschlusses an einen vorab gebildeten, *dem Interpreten aber unbekannten* Kontext von Bedeutungsmöglichkeiten rekonstruiert. Dazu müssen mögliche Kontexte konstruiert und die Bedingungen expliziert werden, unter denen die Initialstelle einen sinnvollen Anschluss an diese Kontexte bildet. So wird einerseits die Ebene der Emergenz von Möglichkeiten der Systembildung (Konstruktion von Kontexten und Anschlussmöglichkeiten) und andererseits jene der Konstitution, also der bestehenden konditionierenden Systemvorgaben (die Beziehung zwischen den möglichen Kontexten und der Initialstelle als realisierter Selektion), rekonstruiert. Man versucht, den Prozess der Systembildung im Schnelldurchlauf zu wiederholen, indem man fortlaufend die jeweils vorliegenden Anschlussmöglichkeiten expliziert, in dieser Weise einen Horizont von Normalitätserwartungen aufbaut und diese im weiteren Verlauf der vertexteten Sequenz mit den jeweils realisierten Anschlüssen vergleicht. Die gefundenen Geltungsbedingungen werden zu Strukturhypothesen verdichtet, die als bestätig- und widerlegbare Erwartungen für die Rekonstruktionen der Geltungsbedingungen weiterer Textausschnitte fungieren. Die Strukturhypothesen werden zu einer Fallstrukturhypothese gebündelt, die mit weiteren Fallanalysen bestätigt, modifiziert oder widerlegt werden können. Hierbei wird ein kontrastives Verfahren angewendet: Man sucht gezielt nach

Textabschnitten, die der gefundenen Fallstrukturhypothese zu widersprechen scheinen. Sollten sich im Zuge weiterer kontrastiver Fallanalysen keine Veränderungen mehr ergeben, kann die Untersuchung abgeschlossen werden.

3. Die Frage des Neuen – am Beispiel neuer Medien

Ich kann hier aus Platzgründen nicht die genaue Vorgehensweise dieser Methode demonstrieren.[27] Vielmehr will ich abschließend im geschilderten methodologischen Bezugsrahmen auf die Frage des Neuen zu sprechen kommen. Eine methodische kontrollierte Kontingenzbewältigung im Verhältnis von Operation und Struktur ist auf eine Minimierung von Vorgaben und damit auf die Frage des Neuen abgestellt. Neues kann nicht entdeckt werden, wenn man Bekanntes überprüft und testet. Deshalb begibt sich die Objektive Hermeneutik in die Situation *künstlich erzeugten Nichtwissens*. Die Gefahr, die damit umgangen werden soll, ist die *Subsumtion*: Man subsumiert Gegenstände in bereits gefassten Vorurteilen oder bereits gebildeten Kategorien. Dagegen versucht die explorierende *Rekonstruktion*, die zu untersuchenden Fälle selbst zum Sprechen zu bringen. Das ist schwer, und es fällt uns deswegen notorisch schwer, weil wir die unausrottbare Tendenz haben, Neues in Kategorien von Bekanntem und Vertrautem zu deuten. Dieser Gefahr entgeht man nur, wenn man bereit ist, Vorwissen und Vorurteile in Klammern zu setzen.

Dieses Problem stellt sich der Mediensoziologie derzeit unter anderem als Frage, was eigentlich das *Neue neuer Medien* sein soll.[28] Im Gegensatz zur einseitigen Massenkommunikation eröffnet das Internet vielfältige Rückmelde- und Beteiligungsmöglichkeiten. Diese neuen Möglichkeiten werden in der Soziologie oftmals mit dem Begriff der „Interaktivität" bezeichnet.[29] Nachdem die Massenkommunikation – vor allem von der soziologischen Systemtheorie – als interaktionsfreie Form der Medienkommunikation beschrieben wurde, gelten neue Medien ganz im Gegensatz dazu als „interaktiv". Das Internet soll

---

[27] Vgl. hierzu Barbara Braun/Michael Charlton/Waltraud Orlik/Silvia Schneider/Tilmann Sutter, „Die Sozialisation des Erzählens", in: Tilmann Sutter/Michael Charlton (Hg.), *Soziale Kognition und Sinnstruktur*, Oldenburg, 1994, S. 113-171; Ulrich Oevermann, „Zur Sache. Die Bedeutung von Adornos methodologischem Selbstverständnis für die Begründung einer materialen soziologischen Strukturanalyse", in: Ludwig von Friedeburg/Jürgen Habermas (Hg.), *Adorno-Konferenz 1983*, Frankfurt/M., 1983, S. 234-289; Andreas Wernet, *Einführung in die Interpretationstechnik der Objektiven Hermeneutik. Reihe Qualitative Sozialforschung*, Band 11, Opladen, 2000.

[28] Vgl. Tilmann Sutter, „,Interaktivität' neuer Medien – Illusion und Wirklichkeit aus der Sicht einer soziologischen Kommunikationsanalyse", in: Herbert Willems (Hg.), *Weltweite Welten. Internet-Figurationen aus wissenssoziologischer Perspektive*, Wiesbaden, 2008, S. 57-73.

[29] Zum Überblick: Christoph Neuberger, „Interaktivität, Interaktion, Internet", in: *Publizistik* 52, 1 (2007), S. 33-50; Oliver Quiring/Wolfgang Schweiger, „Interaktivität – ten years after. Bestandsaufnahme und Analyserahmen", in: *Medien und Kommunikationswissenschaft* 54, 1 (2006), S. 5-24; Horst Rörig, *Die Mär vom Mehr. Strategien der Interaktivität. Begriff, Geschichte, Funktionsmuster*, Berlin, 2006.

die Menschen über Zeit und Raum hinweg zusammenrücken lassen, es soll die Bildung neuer Formen virtueller Gemeinschaften ermöglichen. Das Internet provoziert vielfältige anthropomorphisierende, geradezu romantische Deutungen und Erwartungen, und das ist durchaus verständlich. Wenn Menschen mit etwas Neuem konfrontiert werden, das mit den hergebrachten Kategorien des Wissens und der Verarbeitung von Erfahrungen nicht oder nur teilweise bewältigt werden kann, halten sie sich erst einmal an das Nächstliegende: sich selbst. Deshalb werden angesichts des Neuen anthropomorphisierende, handlungslogische und subjektivistische Deutungen immer wieder machtvoll aktiviert.

Solche Deutungen werden seit einigen Jahren angesichts des neuen Mediums Computer entwickelt: der PC als Interaktionspartner[30], die Netzkommunikation als Raum der Gemeinschaftsbildung[31], die Welt als vernetztes *„global village"*. Nach der Entzauberung des Mythos „Künstliche Intelligenz" entsteht ein neuer Mythos „Künstliche Kommunikation".[32] Dieser Mythos macht das Fremdartige der neuen, computergestützten Kommunikationsform durch anthropomorphe Deutungen vertraut. „,Interaktivität'", so schreibt Sybille Krämer,

> ist in diesem Zusammenhang zum Schlüsselbegriff avanciert, welcher eröffnen könnte, worin das Neue der medialen Nutzung des Computers besteht. Die Frage ist nur, wer interagiert hier mit wem? Die Mythologisierung dieses Konzeptes projiziert, daß, was ,Interaktivität' bedeutet, zu gewinnen sei am Vorbild einer wechselseitigen Bezugnahme von Personen. Diese personifizierende Perspektive sei der Mythos von der ,Künstlichen Kommunikation' genannt.[33]

Eine starke Variante dieser Personifizierung zielt auf die Mensch-Maschine-Beziehung ab und begreift Computer als Interaktionspartner.[34] Eine schwächere Variante „Künstlicher Kommunikation" zielt auf die Interaktion zwischen Menschen mit den Mitteln von Computern. Hierbei wird der Unterschied zwischen direkten Interaktionen, an denen sich gegenseitig als anwesend wahrnehmende Personen beteiligen, und medial vermittelten Kommunikationen möglichst klein gehalten, etwa der Unterschied zwischen einem mündlichen Gespräch und dem Chat. Die sozialwissenschaftliche Medienforschung versucht dann, um bei diesem Beispiel zu bleiben, die Eigentümlichkeiten der Chat-Kommunikation, also des Dialogs mittels Texteingaben, in Kategorien mündlicher Kommunikation zu rekonstruieren. Das Neue wird in Kategorien

---

[30] Vgl. Sherry Turkle, *The Second Self. Computers and the Human Spirit*, New York, 1984.
[31] Vgl. Manuel Castells, *Die Internet-Galaxie. Internet, Wirtschaft und Gesellschaft*, Wiesbaden, 2005, S. 138 ff.
[32] Vgl. Sybille Krämer, „Vom Mythos ,Künstliche Intelligenz' zum Mythos ,Künstliche Kommunikation' oder: Ist eine nicht-anthropomorphe Beschreibung von Internet-Interaktionen möglich?", in: Stefan Münker/Alexander Roesler (Hg.), *Mythos Internet*, Frankfurt/M., 1997, S. 83-107.
[33] Ebd., S. 87.
[34] Vgl. Hans Geser, „Der PC als Interaktionspartner", in: *Zeitschrift für Soziologie* 18, 3 (1989), S. 230-243.

des Vertrauten gedeutet, es kann noch nicht auf Distanz gebracht und reflektiert werden. Die Frage, die sich hier anschließt, lautet, wie Interaktivität so von den vertrauten Personen- und Interaktionsbindungen abgelöst werden kann, dass mit ihr das Neue neuer Medien auch erfasst werden kann.

Personen- und Interaktionsbindungen der Analyse und damit das Modell mündlicher Dialoge liegen – wie gesagt – vor allem bei der Untersuchung von sogenannten Chats nahe. Chats sind neue, computergestützte Formen schriftlich geführter Gespräche.[35] Hierbei wird zunächst eher die Nähe zu sozialen Interaktionen sichtbar, insofern Chats sich aus der Anonymität der Schriftkommunikation einerseits und der synchronen Interaktivität und der Präsenz der Kommunikationspartner andererseits zusammensetzen, die für soziale Interaktionen charakteristisch sind. Zugleich bedingt jedoch die schriftliche Textförmigkeit der Kommunikation eine unüberbrückbare Differenz zu mündlichen Gesprächen. Die Nutzer von Computern interagieren nicht mit Personen, sondern mit Texten bzw. symbolischen Repräsentationen. Personen werden zu symbolischen Repräsentationen. Es geht nicht um Beziehungen zwischen konkreten Personen, die sich als Personen wahrnehmen und identifizieren, sondern um Intertextualität, um Beziehungen zwischen Texten, die nicht mehr wie bei Büchern massenmedial verbreitet werden. Schriftlich geführte Gespräche können sozialen Interaktionen hinsichtlich der Synchronizität der Beiträge nahekommen, aber stets macht sich die technologische Ermöglichung und Übertragung der Kommunikation bemerkbar.[36] Während etwa das Telefon über die direkte akustische Übertragung eine geordnete Zug-um-Zug-Kommunikation mit jeweils wechselnden Sprecherrollen und sequenziell aufeinander Bezug nehmenden Äußerungen erzwingt, ist dies bei der schriftlichen Eingabe von Kommunikationsbeiträgen nicht der Fall. Selbst wenn schriftliche Eingaben in Instant-Messaging-Systemen direkt auf den Bildschirmen der Adressaten erscheinen, ist die gleichzeitige Rezeption der Kommunikation nicht gesichert: Die Adressaten können z. B. mit der Abfassung eigener Beiträge beschäftigt sein. Was also im mündlichen Gespräch (auch per Telefon) zur unverständlichen Kakophonie führt, ist hier der Normalfall: die gleichzeitige Produktion von Äußerungen. Damit aber ergibt sich die Sequenzialität des Geschehens nicht wie im mündlich geführten Gespräch gleichsam wie von selbst, sondern muss von den Beteiligten jeweils selbst hergestellt werden.

Im Chat, der dem Austausch ganzer Äußerungsblöcke dient, ist diese Sequenzialität noch mehr auseinandergezogen und für die Beteiligten intranspa-

---

[35] Vgl. Michael Beißwenger, „Das interaktive Lesespiel. Chat-Kommunikation als mediale Inszenierung", in: ders. (Hg.), *Chat-Kommunikation. Sprache, Interaktion und Sozialität in synchroner computervermittelter Kommunikation – Perspektiven auf ein interdisziplinäres Forschungsfeld*, Stuttgart, 2001, S. 79-138.
[36] Vgl. ders., „Interaktionsmanagement in Chat und Diskurs. Technologiebedingte Besonderheiten bei der Aushandlung und Realisierung kommunikativer Züge in Chat-Umgebungen", in: ders./Angelika Storrer (Hg.), *Chat-Kommunikation in Beruf, Bildung und Medien: Konzepte – Werkzeuge – Anwendungsfelder*, Stuttgart, 2005, S. 63-87: 82 ff.

rent. Nach Michael Beißwenger laufen dabei fünf Phasen hintereinander ab[37]: Produktion, Publikation, Darstellung, Rezeption und Reaktion. In diesem Auseinanderziehen von Mitteilungshandeln und Rezeptions- bzw. Verstehensprozessen sowie Anschlusskommunikationen kommt die Kommunikationstechnologie nachdrücklich zum Vorschein, indem Kontingenz und Intransparenz der Kommunikation gesteigert werden. Es können sich für mehrere an einem Chat beteiligte Personen unterschiedliche Abläufe ergeben, etwa wenn größere Beiträge verfasst werden, das schriftlich geführte Gespräch aber derweil weiterläuft und die Beteiligten an unterschiedlichen Stellen anschließen.[38] Damit, und das ist von großer Bedeutung, verändert sich der Text individuell für jeden der Beteiligten.

Natürlich gibt es verschiedene Formen des Chats, denen verschiedene technologisch eröffnete Möglichkeiten zugrunde liegen. Ich will dieses Beispiel an dieser Stelle nicht weiter ausdifferenzieren und vertiefen. Es ging mir nur darum zu verdeutlichen, dass und in welcher Weise hier die Frage des Neuen – konkret: des Neuen neuer Medien – methodologisch zum Problem wird. Aus der Sicht der bisherigen Erörterungen können wir solch einem Problem emergenz- und konstitutionstheoretisch begegnen. Wir beobachten das Problem der doppelten Kontingenz, wie es sich unter den gegeben Systemvorgaben neuer medialer Kommunikationsräume stellt und löst. Wir sehen nicht Menschen miteinander sprechen, sondern Kommunikationen, die neue medial eröffnete Möglichkeiten realisieren, die Adressen bilden, die mit neuen Intransparenzen umgehen, die Kontingenzen steigern und auf womöglich neue Art und Weise auflösen. Es geht nicht nur um Probleme der sequenziellen Ordnung kommunikativer Abläufe und des Auseinanderziehens von Mitteilungs- und Verstehensprozessen, sondern auch der Anonymität der Adressaten. Die Beteiligten an Internetkommunikationen können sich oftmals nicht sicher sein, um welche Adressaten es sich handelt. Die Internetkommunikation verwischt die „Grenzen zwischen verschiedenen Kategorien von Adressen. Adressen von Personen und Adressen von Computern unterscheiden sich im Internet nicht."[39] So können Computer „für die Nutzer zur Zurechnungsadresse für Kommunikationen werden."[40] Auf diese geänderten Formen und Möglichkeiten der Adressierung müssen sich die Kommunikationen ebenso wie die Kommunikationsanalysen einstellen.

Am besten, wir vergessen versuchsweise die behauptete Interaktivität neuer Medien und setzen eingewöhnte Vorstellungen und Begriffe in Klammern.

---

[37] Vgl. ebd., S. 83.
[38] Vgl. ebd., S. 75.
[39] Rudolf Stichweh, „Adresse und Lokalisierung in einem globalen Kommunikationssystem", in: Stefan Andriopoulos/Gabriele Schabacher/Eckard Schumacher (Hg.), *Die Adresse des Mediums*, Köln, 2001, S. 25-33: 31.
[40] Holger Braun-Thürmann, „Agenten im Cyberspace: Soziologische Theorieperspektiven auf die Interaktionen virtueller Kreaturen", in: Udo Thiedeke (Hg.), *Soziologie des Cyberspace. Medien, Strukturen und Semantiken*, Wiesbaden, 2004, S. 70-96: 89.

Das ist keine Erfolgsgarantie, steigert aber die Chance, Neues zu entdecken. Für die Beschäftigung mit Automatismen wäre also das mein methodologischer Ratschlag: Reduktion der Vorgaben auf das Minimum, das unbedingt notwendig ist, um Prozesse der Systembildung anlaufen zu lassen.

Literatur

Beißwenger, Michael, „Das interaktive Lesespiel. Chat-Kommunikation als mediale Inszenierung", in: ders. (Hg.), *Chat-Kommunikation. Sprache, Interaktion und Sozialität in synchroner computervermittelter Kommunikation − Perspektiven auf ein interdisziplinäres Forschungsfeld*, Stuttgart, 2001, S. 79-138.
Ders., „Interaktionsmanagement in Chat und Diskurs. Technologiebedingte Besonderheiten bei der Aushandlung und Realisierung kommunikativer Züge in Chat-Umgebungen", in: ders./Angelika Storrer (Hg.), *Chat-Kommunikation in Beruf, Bildung und Medien: Konzepte – Werkzeuge – Anwendungsfelder*, Stuttgart, 2005, S. 63-87.
Bora, Alfons, *Differenzierung und Inklusion. Partizipative Öffentlichkeit im Rechtssystem moderner Gesellschaften*, Baden-Baden, 1999.
Braun, Barbara/Charlton, Michael/Orlik, Waltraud/Schneider, Silvia/Sutter, Tilmann, „Die Sozialisation des Erzählens", in: Tilmann Sutter/Michael Charlton (Hg.), *Soziale Kognition und Sinnstruktur*, Oldenburg, 1994, S. 113-171.
Braun-Thürmann, Holger, „Agenten im Cyberspace: Soziologische Theorieperspektiven auf die Interaktionen virtueller Kreaturen", in: Udo Thiedeke (Hg.), *Soziologie des Cyberspace. Medien, Strukturen und Semantiken*, Wiesbaden, 2004, S. 70-96.
Bruner, Jerome S., *Wie das Kind sprechen lernt*, Bern (u. a.), 1987.
Castells, Manuel, *Die Internet-Galaxie. Internet, Wirtschaft und Gesellschaft*, Wiesbaden, 2005.
Esser, Hartmut, *Soziologie. Spezielle Grundlagen Band 2: Die Konstruktion der Gesellschaft*, Frankfurt/M., New York, 2000.
Ders., „Wo steht die Soziologie?", in: *Soziologie. Forum der Deutschen Gesellschaft für Soziologie*, 4 (2002), S. 20-32.
Geser, Hans, „Der PC als Interaktionspartner", in: Zeitschrift für Soziologie 18, 3 (1989), S. 230-243.
Krämer, Sybille, „Vom Mythos ‚Künstliche Intelligenz' zum Mythos ‚Künstliche Kommunikation' oder: Ist eine nicht-anthropomorphe Beschreibung von Internet-Interaktionen möglich?", in: Stefan Münker/Alexander Roesler (Hg.), *Mythos Internet*, Frankfurt/M., 1997, S. 83-107.
Luhmann, Niklas, *Soziale Systeme. Grundriß einer allgemeinen Theorie*, Frankfurt/M., 1984.
Ders., „Die Autopoiesis des Bewußtseins", in: Alois Hahn/Volker Kapp (Hg.), Selbstthematisierung und Selbstzeugnis: Bekenntnis und Geständnis, Frankfurt/M., 1987, S. 25-94.
Ders., „Wie ist Bewußtsein an Kommunikation beteiligt?" in: Hans Ulrich Gumbrecht/K. Ludwig Pfeiffer (Hg.), *Materialität der Kommunikation*, Frankfurt/M., 1988, S. 884-905.

Ders., *Gesellschaftsstruktur und Semantik. Studien zur Wissenssoziologie der modernen Gesellschaft*, Band 3, Frankfurt/M., 1989.
Ders., *Die Realität der Massenmedien*, 2. erw. Aufl., Opladen, 1996. [1995]
Ders., *Die Gesellschaft der Gesellschaft*, 2 Bände, Frankfurt/M., 1997.
Neuberger, Christoph, „Interaktivität, Interaktion, Internet", in: *Publizistik* 52, 1 (2007), S. 33-50.
Oevermann, Ulrich, „Zur Sache. Die Bedeutung von Adornos methodologischem Selbstverständnis für die Begründung einer materialen soziologischen Strukturanalyse", in: Ludwig von Friedeburg/Jürgen Habermas (Hg.), *Adorno-Konferenz 1983*, Frankfurt/M., 1983, S. 234-289.
Ders., „Kontroversen über sinnverstehende Soziologie. Einige wiederkehrende Probleme und Mißverständnisse in der Rezeption der ‚Objektiven Hermeneutik'", in: Stefan Aufenanger/Margit Lenssen (Hg.), *Handlung und Sinnstruktur. Bedeutung und Anwendung der objektiven Hermeneutik*, München, 1986, S. 19-83.
Quiring, Oliver/Schweiger, Wolfgang, „Interaktivität – ten years after. Bestandsaufnahme und Analyserahmen", in: *Medien und Kommunikationswissenschaft* 54, 1 (2006), S. 5-24.
Rörig, Horst, *Die Mär vom Mehr. Strategien der Interaktivität. Begriff, Geschichte, Funktionsmuster*, Berlin, 2006.
Schneider, Wolfgang Ludwig, *Die Beobachtung von Kommunikation. Zur kommunikativen Konstruktion sozialen Handelns*, Opladen, 1994.
Stichweh, Rudolf, „Adresse und Lokalisierung in einem globalen Kommunikationssystem", in: Stefan Andriopoulos/Gabriele Schabacher/Eckard Schumacher (Hg.), *Die Adresse des Mediums*, Köln, 2001, S. 25-33.
Sutter, Tilmann (Hg.), *Beobachtung verstehen, Verstehen beobachten. Perspektiven einer konstruktivistischen Hermeneutik*, Opladen, 1997.
Ders., „Anschlußkommunikation und die kommunikative Verarbeitung von Medienangeboten. Ein Aufriß im Rahmen einer konstruktivistischen Theorie der Mediensozialisation", in: Norbert Groeben/Bettina Hurrelmann (Hg.), *Lesekompetenz. Bedingungen, Dimensionen, Funktionen*, München, 2002, S. 80-105.
Ders., „Emergenz und Konstitution, Kommunikation und soziales Handeln: Leistungsbeziehungen zwischen Essers methodologischem Individualismus und Luhmanns soziologischer Systemtheorie", in: Rainer Greshoff/Uwe Schimank (Hg.), *Integrative Sozialtheorie? Esser – Luhmann – Weber*, Wiesbaden, 2006, S. 63-86.
Ders., „‚Interaktivität' neuer Medien – Illusion und Wirklichkeit aus der Sicht einer soziologischen Kommunikationsanalyse", in: Herbert Willems (Hg.), *Weltweite Welten. Internet-Figurationen aus wissenssoziologischer Perspektive*, Wiesbaden, 2008, S. 57-73.
Ders., *Interaktionistischer Konstruktivismus. Zur Systemtheorie der Sozialisation*, Wiesbaden, 2009.
Turkle, Sherry, *The Second Self. Computers and the Human Spirit*, New York, 1984.
Wernet, Andreas, *Einführung in die Interpretationstechnik der Objektiven Hermeneutik. Reihe Qualitative Sozialforschung*, Band 11, Opladen, 2000.

THESENBAUKASTEN ZU EIGENSCHAFTEN, FUNKTIONSWEISEN UND FUNKTIONEN VON AUTOMATISMEN. TEIL 2

These 5: Automatismen werfen das Problem der Beobachterin[1] auf. Hiermit sind weitreichende epistemologische Fragen verbunden.

Sobald man sich mit Automatismen beschäftigt, entsteht ein epistemologisches Problem: Von welchem Ort aus sind Automatismen überhaupt zu beobachten? Welchen Ort nimmt ein, wer über Automatismen spricht? Und welche Aussagen über Automatismen sind auf welche Art durch den Ort der Anschauung bedingt?

Das Problem lässt sich gut am Emblem des Graduiertenkollegs selbst illustrieren. Der Blick von oben auf die Spuren einer Schafherde im Schnee zeigt uns eine Struktur, die komplex, irregulär und irgendwie chaotisch erscheint. Dieses Bild symbolisiert einen Ausdruck von Automatismen; konkret den Weg der Schafe, die gewiss keiner Top-down-Verkehrsregelung folgen und dennoch haben eine Struktur entstehen lassen. Etwas genauer lässt sich sagen, dass die Struktur aus dem Einzelverhalten der Schafe emergiert, ohne dass es hierfür einen Plan gab. Darum sind wir in der Anschauung verblüfft. Doch was hat dieses Bild möglich gemacht?

Klar ist zunächst, dass das Bild *nur* von oben – in der Draufsicht – entsteht. Und damit aus einer Perspektive, *die keines der beteiligten Schafe aus eigener Kraft einnehmen kann.* Beobachterinnen- und Beteiligtenperspektive fallen auseinander. In der Rezeption der Draufsicht, die kein Schaf besitzt, und die darum keine Verbindung mit den Produzentinnen des Musters hat, machen wir uns diese Differenz zwischen Produktion und Rezeption, zwischen unten und oben nicht klar; wir nehmen die Perspektive für die Sache selbst – was die Differenz annulliert.

So scheint es – zweitens – keineswegs Zufall zu sein, dass es sich um einen Blick *von oben* handelt. Wichtiger als ein Verweis auf die Geschichte des Blickes und der Medientechnologien ist die Apotheose, die wir – trainiert in der quasi-göttlichen Draufsicht – ‚mitmachen' und die uns, wie die Trennung der Perspektiven, zunächst unbewusst ist.

Gerade die Wissenschaft ist mit dem Ideal einer ‚objektiven' oder zumindest objektivierenden Sicht eng verbunden. Kehrt in diesem Anspruch auf Objektivität, wie verdeckt auch immer, der Blick ‚von oben' mit seinen Machtim-

---

[1] Ich benutze durchgängig die weibliche Form, meine damit aber natürlich auch die männliche Form.

plikationen wieder? Die Beschäftigung mit Automatismen benutzt die Mittel der Theorie, um letztlich eine *Entautomatisierung* zumindest in der Anschauung der Probleme zu erreichen. Waltet im selbstverständlichen Blick von oben nun ein neuerlicher Automatismus, nun der Wissenschaft, der ‚Objektivierung'?

Es scheint, als müssten wir uns durch eine zweite bewusste Entautomatisierung die Bedingungen der Entstehung der Draufsicht in Erinnerung rufen, um das epistemologische Problem von Automatismen einzukreisen. Wie ist die Verbindung zu beschreiben, die uns zuallererst ermöglicht, an solche Draufsicht anzuschließen, und sie nicht als „Bild unter Bildern" einebnet? Wenn wir annehmen, dass Automatismen genau dasjenige sind, was uns gerne entwischt, z. B. zur Reduktion von Komplexität im Alltag, spiegelt das Emblem diese Problematik also beinahe deduzierbar wider.

Der skizzierte Blick von oben wurde vielerorts als ein bestimmter, bemächtigender und männlich konnotierter analysiert und kritisiert, und es wurden Alternativen vorgeschlagen.[2] Im Anschluss daran ließe sich fragen, wo unsere Körper sind, wenn wir die Draufsicht genießen. Für das Thema der Automatismen jedoch ergiebiger scheint mir die Frage, welche Automatismen in der Automatismenforschung selbst operieren und wie der Weg zu einer kritischen Automatismenforschung gestaltet werden kann. Kritisch heißt dann, dass diese Problematik in der Forschung reflektiert wird und Eingang in den Diskurs findet, ihn begleitet und wenn nötig auch korrigiert. Der Gegenstand, der sich so in einer kritischen Automatismenforschung doppelt stellt, betrifft den Ort der Aussage, den Ort der Beobachtung und deshalb auch die Aussage selbst, die nur je von einem Ort gemacht werden kann.

Wir bleiben beim Emblem des Graduiertenkollegs, das entautomatisiert wird: Uns interessiert die Struktur, die entstanden ist. Die erste Frage lautet also: Für wen sieht sie derart aus? Nur eine Beobachterin in einer imaginierten Position – aus der Luft – sieht sie. Diese Position ist produziert durch unterschiedliche Technologien, Apparaturen, kulturelle Annahmen und ein daraufhin strukturiertes Deutungsmuster. Die Genese der Technologien zu untersuchen, ist gewiss ein produktiver Strang im Entautomatisieren.

Aber es reicht für den Moment bei der Betrachterin zu bleiben. Der Automatismus der Betrachterin besteht nicht darin, dass es eine Struktur gibt, die nur von oben erkennbar ist und die von der Betrachterin automatisch eingenommen wird, sondern in der Annahme, dass diese Struktur einen geklärten Status als Objekt der Anschauung besitzt. Es ist zu unterscheiden zwischen einem Automatismus der Wahrnehmung, der immer erfolgt, um überhaupt etwas zu sehen (vgl. Gestaltpsychologie) und dem *Automatismus des Verbindens*. Der Automatismus des Verbindens verläuft jenseits der Wahrnehmung

---

[2] Donna Haraway, „Situated Knowledges: The Science Question in Feminism and the Privilege of Partial Perspective", in: *Feminist Studies* 14, 3 (Herbst 1988), S. 575-600.

und betrifft die Ordnungen, die eine Verbindung zwischen den Schafen und der Draufsicht ermöglichen.

In der Draufsicht erst kommt die Frage der Entstehung der Struktur auf und muss deshalb auch als eine Frage der Draufsicht behandelt werden. Denn das Objekt der Anschauung sind weder die Schafe in ihren je vollzogenen Bahnen, noch die Bahnen der Schafe. Die Struktur, die im Bild scheinbar emergiert, ist nicht vermittelbar über einen nachträglich oder vorträglich (re-)konstruierten Plan.

Die Draufsicht jedoch transportiert in einem ihrer Codes die totale Erfassung, einen Blick, der alles wahrnimmt. Die Logik ist die der Karte, die als Herrschaftsblick einerseits reduziert – alles was ‚unten' ist reduziert oder gleich annulliert (z. B. indigene Ortschaften auf Karten der spanischen Erobererinnen) – und andererseits ein neues Ganzes präsentiert, dessen Reduktion in der Form/im Format liegt und nur indirekt wieder analysierbar ist. Das Bild der Schafe folgt dieser doppelten Bewegung.

„The form in science is the artifactual-social rhetoric of crafting the world into effective objects", schreibt Haraway in Anschluss an Hayden White.[3] In der Betrachtung der Draufsicht generieren wir Objekte, deren Vertrautheit als Form Validität suggeriert, die dabei aber je gelöst sind aus ihrem Kontext und in einen neuen Kontext – den der Wissenschaft – gestellt werden. Es wird repräsentiert und gleichzeitig die Repräsentation annulliert. Automatismen transzendieren eingängige Narrative, und gleichzeitig mobilisieren sie sie. Die Struktur der Schafsherde im Schnee und der neue Blick vom Mond zur Erde sind verwandte Instanzen.

Zurück zu Haraway. Sie bleibt bei einer schlichten Erkenntniskritik nicht stehen, sondern schlägt in ihrer Schrift die Alternative einer ‚*embodied objectivity*' vor:

> The moral is simple: only partial perspective promises objective vision. This is an objective vision that initiates, rather than closes off, the problem of responsibility for the generativity of all visual practices. Partial perspective can be held accountable for both its promising and its destructive monsters. All western cultural narratives about objectivity are allegories of the ideologies of the relations of what we call mind and body, of distance and responsibility, embedded in the science question in feminism. Feminist objectivity is about limited location and situated knowledge, not about transcendence and splitting of subject and object.[4]

Die Forderung wäre eine Rückbindung der Aussage an die Situiertheit der Aussagenden, durchaus aber in Distanz zum Relativismus, denn der „is the perfect mirror twin of totalization in the ideologies of objectivity."[5] Der Gewinn wäre ein Wissen, das weniger entlang von Herrschaftsachsen organisiert

---

[3] In einer veränderten Fassung mit demselben Titel erschienen in: Mario Biagioli (Hg.), *The Science Studies Reader*, New York (u. a.), 1999, S. 173-188: 173.
[4] Haraway (1988), Situated Knowledges, S. 583.
[5] Ebd., S. 584.

ist, sowie das Verschwinden der „unmarked category", aus deren Leerstelle der dominante Blick sich speist.

Es geht um eine Wiedereinsetzung des Subjekts nach seiner Dekonstruktion. Was „the boys in the human sciences" mit dem (verkürzten) Ruf nach dem Tod des Subjekts bewirkten, ist nicht genug. Vielmehr bedarf es eines Subjekts der Aussage; dies kann jedoch nur als non-isomorph [in nicht einheitlicher Gestalt] und multidimensional konzeptualisiert sein. Es ist immer unvollendet und partial. Jede andere Bestimmung (so Haraway) folge bereits einer fetischisierten Fassung des Subjekts.

Die „unmarked category" ist, und hiermit zurück zu den Automatismen, ein Automatismus unkritischer Wissenschaft, der sich beständig speist aus einer früh erfolgten Spaltung in Körper und Geist, Subjekt und Objekt, und somit Produkt einer langen Geschichte von Wissenschaft und Philosophie ist. Eine Beschäftigung mit diesem Automatismus würde eine Aufarbeitung dieser Geschichte implizieren, sowie einen Versuch, die materiellen Bedingungen ihrer Genese zu greifen. Dies würde zu einer Res(t)ituierung der Aussagenden in einen nun reflektierten Kontext führen. Konstruktivistisch ließe sich von dort anschließen an die Multiplizität und systematische Unvollendetheit des Subjekts.

Und dann – ganz im Ernst – wären Schafe nicht mehr nur Produzentinnen einer ihnen unbekannten Struktur, sondern wir ebenso Produzentinnen einer uns unbekannten Schafherde. Der Automatismus des Verbindens wäre unterbrochen und eine Vermittlung der Perspektiven entstände an seiner Stelle.

Oliver Leistert

These 6: Von Automatismen kann man nur dann sprechen, wenn keine äußeren Zwänge vorliegen. Automatismen brauchen mögliche Alternativen.

Gehen wir noch einmal vom Bild der Schafherde aus, das sich auch auf dem Titel des vorliegenden Bandes findet.[6] Auf dem Bild ist zu sehen, wie sich unzählige Einzelaktionen verschiedener Schafe in die Schneedecke eingeschrieben haben. Da keine übergeordnete, steuernde Instanz zu erkennen ist, würde man an Stelle des visuell ansprechenden Musters eher eine arbiträre, in der Kumulation schließlich durchschnittliche Verteilung der Spuren erwarten. Stattdessen offenbart sich aus der Vogelperspektive eine fremdartige, unerwartete Struktur, die aus ungeplanten, nicht gesteuerten Prozessen entstanden ist. Diese im Schnee manifestierte Struktur reizt den Betrachter, sie ist visuell evident, ihr Sinn aber offenbart sich nicht. Die Faszination des Fotos speist sich also aus dem unerwarteten Auftreten und der Unerklärlichkeit des abgebildeten Musters.

---

[6] Siehe hierzu Hartmut Winkler, „Spuren, Bahnen ... Drei heterogene Modelle im Hintergrund der Frage nach den Automatismen" im vorliegenden Band.

So ist das Foto der Schafherde im Schnee aus mehreren Gründen geeignet, einen Automatismus zu versinnbildlichen: Wie in der Einleitung zu lesen ist, scheinen Automatismen „vor allem dort zum Tragen zu kommen, wo verschiedene Akteure ohne zentrale Lenkung voneinander unabhängig handeln."[7] Außerdem lässt schon das bloße Vorhandensein einer Struktur darauf schließen, dass es bei den Schafen zu einer gewissen Selbstkalibrierung und Selbstadjustierung gekommen ist, denn die Einschreibung des Musters erfolgte durch die Kumulation verschiedener Einzelspuren. Hinzu kommt, dass das Ergebnis nicht vorhersehbar oder aus den Umständen erklärbar ist, es ist emergent. Schließlich ist im Fall der Schafe noch davon auszugehen, dass sich die Struktur „im Rücken [hier wäre natürlich zutreffender: unter den Bäuchen] der Beteiligten" gebildet hat – so wie es das Forschungskonzept des Graduiertenkollegs *Automatismen* formuliert.[8] Einige Zeilen weiter im gleichen Text werden Automatismen wie folgt definiert: „Sie [die Automatismen] verdanken sich nicht dem Willen eines planvoll handelnden Subjekts, der sich in ihnen manifestiert, sondern sind Bestandteil eines wirkmächtigen Arrangements von Dingen, Zeichen und Subjekten."[9]

Dies ist entscheidend, denn könnte man die Intention eines „planvoll handelnden Subjekts" ausmachen, würde man kaum von Automatismen sprechen. Denkbar wäre, dass es zum Beispiel einen Hütehund gab, der die Schafe zusammengehalten und in bestimmte Richtungen gelenkt hat. Bedingung für den Automatismus wie für das Interesse an der Struktur ist demnach, dass der Hütehund fehlt.

Das Foto der Schafherde im Schnee zeigt aber auch, dass diese sich auf einem freien Feld bewegt. Die Schafe hatten daher prinzipiell viele Möglichkeiten, um Muster zu bilden – oder eben keine Muster zu bilden. Um auch diese Bedingung klarer zu machen, soll der Schafherde ein Foto des Fotografen Bryce Duffy (Abbildung 1) gegenübergestellt werden.

Beide Fotos weisen Gemeinsamkeiten auf, auch das Foto Duffys zeigt eine winterliche Aufnahme aus der Vogelperspektive. Zu sehen ist allerdings kein Feld, sondern der Parkplatz eines kleinen Yachthafens, auf dem verschiedene Autos Spuren im Schnee hinterlassen haben. Das von den Autos gebildete Muster ist zwar ebenfalls visuell ansprechend, aber dennoch gibt es Unterschiede zu dem von der Schafherde gebildeten Muster.

Der bedeutendste Unterschied ist, dass es auf dem Parkplatz Hindernisse gibt, etwa in Form von Strommasten oder anderen Autos; außerdem gibt es nur eine Einfahrt/Ausfahrt. Hinzu kommt, dass die Autos zwar ebenso wie die Schafe individuell (*bottom up*) gesteuert sind, allerdings sind sie in ihrer Beweglichkeit und in ihrem Wendekreis den Schafen deutlich unterlegen. Der

---

[7] Siehe hierzu die Einleitung im vorliegenden Band.
[8] Forschungsprogramm des Graduiertenkollegs *Automatismen*, online unter: http://www.uni-paderborn.de/instituteeinrichtungen/gk-automatismen/forschungskonzept/, zuletzt aufgerufen am 28.08.2009.
[9] Ebd.

1 – Snow Tracks (Foto: Bryce Duffy)

größere Wendekreis, die Hindernisse, denen es auszuweichen gilt, und der einzige Zugang/Ausgang zum bzw. vom Gelände repräsentieren Sachzwänge, denen die Schafe nicht ausgesetzt waren. Das Muster kumulierter Spuren[10] auf dem Parkplatz verdeutlicht zwar ebenfalls eine Struktur, jedoch ist diese unter Zwängen entstanden. Die Beschränkungen des Geländes und der beweglichen Objekte selbst verhindern, dass sich ein wesentlich anderes Muster überhaupt hätte bilden können. Zwar verfügen die Menschen, die die Autos steuern, über subjektive Spielräume, aber alle Autos können nur durch ein Tor einfahren, und sie müssen über diesen Weg das Gelände wieder verlassen. So ist es vorhersehbar und kaum verwunderlich, dass sich die Autospuren an einer Stelle konzentrieren und dort aus dem Bild herauslaufen – wie könnte es anders sein? Die fehlenden Alternativen erklären aber auch, warum das Foto des Parkplatzes – obwohl vielleicht auf ähnliche Weise ästhetisch ansprechend – nicht die gleiche Faszination ausübt wie das Foto der Schafherde: Das Foto des Parkplatzes gibt dem Betrachter weit weniger Rätsel auf. Die zu erkennende Struktur erschließt sich unmittelbar in ihrer Entstehung, sie ist erklärbar und wird vorhersagbar. Wenn es nächstes Jahr wieder schneit, dann würde sich erneut das gleiche Muster bilden. Die Ursache hierfür ist jedoch nicht eine Habitualisierung oder eine Konventionalisierung, es handelt sich um eine bloße Anpassung an dieselben Sachzwänge. Damit ist jedoch der Aspekt der

---

[10] Nicht zu den kumulierten Spuren zählen dann zum Beispiel die Fußspuren am unteren linken Bildrand. Solche Einzelläufer gibt es auch auf dem Bild der Schafherde im Schnee.

Emergenz ausgeschlossen, denn hauptsächliches „Kennzeichen emergenter Prozesse ist, dass sie Unerwartetes, Neues hervorbringen."[11]

Auch Mladen Dolar weist in seinem Beitrag im vorliegenden Band darauf hin, dass das im Automatismus steckende *automaton* in seiner ursprünglichen Bedeutung frei ist von kausalen Sachzwängen.[12] Dies würde bedeuten, dass Automatismen abzugrenzen sind von Anpassungen; liegen äußere Gründe oder Sachzwänge vor, würde man von einer Anpassung und nicht von einem Automatismus sprechen. Mit anderen Worten: Ein Automatismus kann *so* sein, hätte aber auch *ganz anders* sein können.[13]

Kompliziert wird es allerdings in Fällen, wo es mehrere Möglichkeiten der Anpassung gibt. Diese Option ist auf einem völlig anderen Terrain, nämlich innerhalb der *Evolutionstheorie* diskutiert worden. Die Evolutionstheorie hat sich mit dem Problem der Anpassung ausführlich beschäftigt, stellt doch die Anpassung eines Lebewesens an das Ökosystem das entscheidende Moment dar:

> An adaptation is any feature of an organism that has evolved through genetic response to a specific ecological agent of natural selection. [...] Adaptation is central to Darwin's argument for evolution because it explains the matches between feature and environment without invoking purposeful design or special creation. It also provides the vital argument for how new species arise.[14]

Auf dieser ersten Stufe geht es der Evolutionstheorie um die beste Lösung eines Problems durch Anpassung. Der Superlativ scheint jedoch zu implizieren, dass es nur *eine* „beste Lösung" geben kann, dass es gleichwertige alternative Möglichkeiten also nicht gibt. (Wenn dies so wäre, würden sich evolutionäre Prozesse von Automatismen klar unterscheiden). Tatsächlich aber schließt die Evolutionstheorie alternative Möglichkeiten keineswegs aus. Denn obwohl eindrucksvolle Phänomene wie die der *convergent* und *parallel adaptation*[15] in die Richtung einer „besten Lösung" deuten, kommt man von dem Gedanken, eine erfolgte Anpassung in der Evolution sei in jedem Fall perfekt, immer mehr ab:

---

[11] Forschungsprogramm des Graduiertenkollegs *Automatismen*, online unter: http://www.uni-paderborn.de/instituteeinrichtungen/gk-automatismen/forschungskonzept/, zuletzt aufgerufen am 28.08.2009.

[12] Mladen Dolar, „Automatismen der Wiederholung: Aristoteles, Kierkegaard und Lacan", im vorliegenden Band.

[13] Dies entspricht dann der Bestimmung von Kontingenz. Vielen Dank an Hannelore Bublitz für diesen Hinweis.

[14] Joseph Travis/David N. Reznick, „Adaptation", in: Michael Ruse/Joseph Travis (Hg.), *Evolution. The First Four Billion Years*, Cambridge, MA, London, 2009, S. 105-123: 107.

[15] „Some of the most striking patterns of adaptation involve convergent or parallel adaptation. Convergent adaptation occurs when the same adaptation is found in unrelated organisms; parallel adaptation occurs when related organisms display the same adaptation through independent origins. In both cases adaptations reflect repeatable matches of organism to environment." Ebd., S. 109.

> The marvelous matches of organism to environment offer a strong temptation to conclude that adaptation is perfect. [...] But the scientist must take this question as a testable idea. [...] Natural selection does not design an organism or its features; it merely filters existing variation. The end product of Darwinian evolution is always as good as possible, but here *possible* is defined as the best of available options, which are determined in turn by genetic variation that is available and what the constraints on that variation might be. Put another way, adaptation is a contingent process; it constructs the best possible solution contingent on the raw material provided by mutation.[16]

Das Zitat verdeutlicht, dass man nicht wissen kann, ob es sich bei einer Anpassung in der Evolution tatsächlich um die beste Möglichkeit handelt. Auf diese Weise nähern sich evolutionäre Prozesse und Automatismen wieder an: Denn die Anpassung eines Lebewesens an Konkurrenten, Feinde, Krankheiten, klimatische und geografische Bedingungen sowie sonstige Gegebenheiten des Ökosystems ist zwar zunächst so, wie sie jetzt ist, aber dennoch könnte sie vielleicht ganz anders sein und ein genauso gutes oder vielleicht sogar noch besseres Ergebnis liefern.

Ein anderes Problem bei der Abgrenzung von Anpassungen zu Automatismen ist, dass in vielen Fällen die Sachzwänge nicht so deutlich erkennbar sind wie die Strommasten auf dem Parkplatz. Ein ähnliches Problem stellt sich in der Forschung nach emergenten Prozessen: Vielleicht ist ein Prozess nur deshalb überraschend und unerklärlich, weil die ihm zugrunde liegenden Regeln und Sachzwänge noch nicht erkannt wurden. Die Emergenz-Forschung hat auf das Problem reagiert, indem sie eine starke Emergenz-These einer schwachen Emergenz-These gegenübergestellt.[17]

Nach den hier skizzierten Überlegungen lohnt sich daher ein erneuter Blick auf den bereits zitieren Satz aus dem Forschungskonzept des Graduiertenkollegs *Automatismen*: „Sie [die Automatismen] verdanken sich nicht dem Willen eines planvoll handelnden Subjekts, der sich in ihnen manifestiert, sondern sind Bestandteil eines wirkmächtigen Arrangements von Dingen, Zeichen und Subjekten."[18]

Die bisherigen Ausführungen sollten zeigen, dass die Grenzziehung zwischen dem „planvoll handelnden Subjekt" einerseits und dem „wirkmächtigen Arrangement von Dingen, Zeichen und Subjekten" nicht streng genug ist. Das Arrangement von Dingen etwa kann so determinierend und wirkmächtig sein, dass es die Rolle eines planvoll handelnden Dritten einnimmt. In solch einem Fall jedoch ersetzen die Dinge und Sachzwänge ein planvoll handelndes Subjekt als bestimmende Instanz. Per Definition sollten Automatismen jedoch von

---

[16] Ebd., S. 114. [Herv. i. O.]
[17] Florian Muhle geht in seinem Beitrag auf diese Unterscheidung genauer ein. Siehe hierzu im Folgenden die These 10 „*Die Auseinandersetzung mit Emergenz-Konzepten kann wesentlich dazu beitragen, den Begriff der Automatismen zu schärfen*" im vorliegenden Band.
[18] Forschungsprogramm des Graduiertenkollegs *Automatismen*, online unter: http://www.uni-paderborn.de/instituteeinrichtungen/gk-automatismen/forschungskonzept/, zuletzt aufgerufen am 28.08.2009.

einer determinierenden Instanz frei sein, denn sie sind als Bottom-up-Prozesse in gewisser Weise anarchistisch: Keiner bestimmt und keiner weiß, wo es lang geht. Dies ist auf der einen Seite vielleicht gefährlich, führt auf der anderen Seite aber zu unerwarteten und unerklärlichen Ergebnissen. Es ist unter anderem diese Unerklärlichkeit, die Automatismen so faszinierend – und zugleich bedrohlich – macht.[19] Zeigen sich bei einem Prozess also ökonomische Zwänge, kausale Zusammenhänge, bestimmende Instanzen oder eine treibende Kraft, so ist fraglich, ob es sich dann noch um einen Automatismus handeln kann.

Roman Marek

These 7: Automatische Prozesse können nicht mit Automatismen gleichgesetzt werden, denn auch im Bereich des Unbewussten gibt es Zwänge, die unter Umständen determinierend wirken.

Zweifelsfrei können automatische Prozesse in Automatismen resultieren, etwa wenn unbewusste Vorgänge überraschende und aus dem Vorangegangenen nicht vollständig erklärbare Ergebnisse hervorbringen. Damit es sich jedoch um einen Automatismus handelt, dürfen keine äußeren Faktoren wie etwa ein planvoll handelndes Subjekt oder sonstige zwingende Umstände determinierend sein. Neben diesen äußeren Zwängen muss jedoch auch noch die Möglichkeit vorhandener innerer Zwänge problematisiert werden. Die Frage nach inneren Zwängen ist jedoch noch problematischer zu beantworten als die Frage nach äußeren Zwängen; sie wird in kaum einem Fall abschließend zu klären sein. Doch das bloße Aufkommen dieser Frage deutet bereits darauf hin, dass automatische Prozesse nicht einfach mit Automatismen gleichgesetzt werden können.

Weshalb aber ist die Frage nach inneren Zwängen so schwierig zu klären? Wie in der Einleitung bereits beschrieben wurde, scheinen Automatismen „vor allem dort zum Tragen zu kommen, wo verschiedene Akteure ohne zentrale Lenkung voneinander unabhängig handeln."[20] Diese Definition führt hier zu einem Problem, denn die „verschiedenen Akteure" – soweit vorhanden – sind nicht sofort als solche erkennbar, schließlich spielen sich die automatischen Prozesse unbewusst innerhalb eines Individuums ab. Zwar könnte man sich auch das Individuum als ein verteiltes System vorstellen, dies brächte dann aber mit sich, dass ein Großteil des menschlichen Verhaltens unergründlich schiene, da sich das Individuum als *black box* präsentierte.

Der Vorstellung einer *black box* stehen allerdings andere Erklärungsansätze gegenüber, die entscheidende Hinweise auf mögliche Determinationen, auf eventuell bestehende innere Zwänge bieten: So untersuchen etwa die Neuro-

---

[19] Siehe hierzu im Folgenden die These 11 *„Automatismen wirken bedrohlich – und faszinierend"* von Christina L. Steinmann im vorliegenden Band.
[20] Siehe hierzu die Einleitung im vorliegenden Band.

wissenschaften, wie genetische Faktoren die Struktur des Gehirns und seine kognitiven Fähigkeiten beeinflussen[21], die Verhaltensbiologie beschreibt die genetisch determinierte Anlage von unbewusst ablaufenden Prozessen (z. B. Reflexe, Instinkte, die Steuerung von Körperfunktionen und Verhaltensweisen wie etwa die Konditionierung[22]) und die sozial-kognitive Lerntheorie versucht, „menschliches Verhalten unter der Annahme einer ständigen Wechselwirkung zwischen kognitiven Determinanten, Verhaltensdeterminanten und Umweltdeterminanten zu erklären."[23] Hinzu kommt außerdem die psychoanalytische Sichtweise, die auf Freuds These des psychologischen Determinismus[24] aufbaut:

> Der psychologische Determinismus ist die Annahme, dass alle Reaktionen (Symptome) auf geistiger Ebene oder auf Verhaltensebene durch früher gemachte Erfahrungen determiniert sind. Freud glaubte, dass Symptome nicht willkürlich auftreten. Vielmehr sollten Symptome in sinnvoller Weise mit den entscheidenden Lebensereignissen zusammenhängen. [...] Nach Freud kann das Verhalten durch Triebe motiviert sein, die einer Person nicht bewusst sind.[25]

Folgt man diesem Erklärungsansatz, so sind alle Gedanken und Handlungen – und seien sie noch so unbewusst, nebensächlich und (scheinbar) zufällig – eine notwendige Folge bestimmter Ursachen. Als Resultat könnten sämtliche psychologischen Phänomene in der Postdiktion erklärt werden, sie erschienen „wohlmotiviert bzw. durch dem Bewußtsein unbekannte Motive determiniert"[26] – jede psychische Äußerung hätte ihren Sinn.[27]

Auch in der Definition automatischer Prozesse finden sich Hinweise auf determinierende Faktoren:

> Als Kennzeichen automatischer Prozesse gelten, 1. dass sie rasch ablaufen; 2. dass sie nicht die zur Erledigung anderer Aufgaben verfügbare Kapazität reduzieren, d. h. dass sie keine Aufmerksamkeit beanspruchen (Belastungs-[load-]-Kriterium); 3. dass sie unvermeidbar sind, d. h. dass sie immer ausgelöst werden, wenn ein geeigneter Stimulus erscheint, selbst wenn dieser Stimulus außerhalb

---

[21] Matthias Kaschube/Fred Wolf/Theo Geisel/Siegrid Löwel, „Genetic Influence on Quantitative Features of Neocortical Architecture", in: *Journal of Neuroscience* 22 (2002), S. 7206-7217.
[22] Vgl. W. David Pierce/Carl. D. Cheney, *Behavior Analysis and Learning*, Mahwah, NJ, 2004, S. 401.
[23] Albert Bandura, *Sozial-kognitive Lerntheorie*, Stuttgart, 1979, S. 10.
[24] Vgl. Sigmund Freud, *Zur Pschopathologie des Alltagslebens (Über Vergessen, Versprechen, Vergreifen, Aberglaube und Irrtum)*, Berlin, 1917, besonders ab S. 197. [1901] Für ein weiteres Beispiel: Alfred Adler, „Drei Psycho-Analysen von Zahleneinfällen und obsedierenden Zahlen", in: ders., *Persönlichkeit und neurotische Entwicklung: Frühe Schriften (1904-1912)*. Band 1 der Alfred Adler Studienausgabe, hg. v. Almuth Bruder-Bezzel, Göttingen, 2007, S. 41-47. [1905]
[25] Richard J. Gerrig/Philip G. Zimbardo, *Psychologie*, München, 2008. S. 517.
[26] Robert Waelder, „Über psychischen Determinismus und die Möglichkeit der Voraussage im Seelenleben", in: *Psyche* 20, 1 (1966), S. 5-28: 24.
[27] Vgl. hierzu Achim Stephan, *Sinn als Bedeutung. Bedeutungstheoretische Untersuchungen zur Psychoanalyse Sigmund Freuds*, Berlin, New York, 1989.

des Bereichs der Aufmerksamkeit liegt (Unvermeidbarkeits-/Intentionalitätskriterium); und 4. dass sie dem Bewusstsein nicht zugänglich sind.[28]
Die größte Gemeinsamkeit zum Konzept des Automatismus stellt der vierte Punkt der Definition dar: Beide Prozesse verlaufen unterhalb der Schwelle des Bewusstseins. Diese Eigenschaft ist jedoch nur *ein* Charakteristikum von Automatismen, keine hinreichende Definition. Eine weitere wichtige Voraussetzung für das Vorhandensein eines Automatismus war, dass es sich um einen nicht geplanten Prozess handelt, der sich gleichsam hinter dem Rücken der Beteiligten manifestiert. Nur weil im Falle der automatischen Prozesse die (eventuell) planende und steuernde Instanz dem Bewusstsein nicht zugänglich ist, heißt dies nicht, dass sie nicht existiert. So fällt an der Definition automatischer Prozesse auf, dass es eine große Nähe zum Begriff der Anpassung gibt. Diese Nähe wird besonders deutlich in den ersten beiden Punkten. Bei diesen Punkten geht es um die Ersparnis von Aufwand: Eine Aufgabe soll möglichst schnell mit einem möglichst geringen Einsatz von Kapazitäten erledigt werden – zur Erleichterung von Handlungsvollzügen und der Freisetzung zivilisatorischer Kräfte.[29] Damit aber beschäftigt sich die Forschung zu automatischen Prozessen zwar mit den Themen der Gewöhnung und der Entlastung des Bewusstseins (Zwei-Prozess-Theorien[30]), sie deckt jedoch keine ungeplanten Strukturen oder gar Emergenz auf.[31] Denn das Entstehen von Emergenz erscheint eher unwahrscheinlich, schließlich gibt es kausale Zusammenhänge und determinierende Faktoren, die die Prozesse in eine ganz bestimmte Richtung lenken, nämlich in die Richtung der Arbeits- und Zeitersparnis. So wird das Ökonomische hier deshalb zu einer Anpassung, weil die Prozesse sich an Faktoren wie Zeitersparnis, Arbeitsaufwand, und Kraftersparnis *ausrichten*. Ebenfalls gegen ungeplante Strukturen und Ergebnisse spricht die in der Definition unter drittens geforderte klare Input-Output-Relation. Mit anderen Worten besagt diese, dass bei einem bestimmten Reiz immer die gleiche Reaktion erfolgt wie bei einem technischen Automaten mit einem vorgefertigten Programm. Besonders das Unvermeidbarkeitskriterium – das übrigens auch beim Instinkt, Reflex und der Konditionierung gegeben ist – verweist deutlich auf das Konzept des technischen Automaten, nicht jedoch auf Automatismen. Die automatischen Prozesse könnten folglich also eher als kleine verinnerlichte Automaten verstanden werden.
So gestaltet sich die Suche nach automatischen Prozessen, die tatsächlich einen Automatismus repräsentieren, als äußerst schwierig. Es scheint, als kön-

---

[28] Jochen Müsseler/Wolfgang Prinz, *Allgemeine Psychologie*, Heidelberg (u. a.), 2002, S. 159.
[29] Vielen Dank an Hannelore Bublitz für diesen Hinweis.
[30] Bei den Zwei-Prozess-Theorien stehen die automatischen den bewusst kontrollierten Prozessen gegenüber.
[31] Gerd Bohner/Ulrich Ansorge/Ingrid Scharlau, „Entwurf für einen Schwerpunkt ‚Bewusste und unbewusste Verarbeitung' an der Abteilung für Psychologie der Universität Bielefeld", online unter: http://www.uni-bielefeld.de/psychologie/ae/Ae01/forschung/antrag.html?_xsl=/templates/print.xsl, zuletzt aufgerufen am 28.08.2009.

ne man kaum ausschließen, dass dem Verhalten einer Person letztlich determinierende innere Zwänge zugrunde liegen, seien diese nun genetischer, psychologischer oder ökonomischer Natur. Die besondere Schwierigkeit ist, dass die inneren Zwänge unterhalb der Schwelle des Bewusstseins wirken, daher sind sie sogar für das Individuum selbst nicht fassbar. Wie aber sollen unter diesen Voraussetzungen determinierende Faktoren und kausale Zusammenhänge ausgeschlossen werden? Ein Möglichkeit bestände in der Identifikation von Alternativen, denn das Vorhandensein alternativer Ergebnisse könnte bereits auf einen Automatismus hindeuten. In vielen Fällen aber wird man gar nicht mit Sicherheit sagen können, ob es sich überhaupt um einen Automatismus handelt und worin dieser genau bestehen soll. In der Konsequenz bedeutet dies, dass die in der Individualpsychologie thematisierten automatischen Prozesse trotz ihres unbewussten Charakters nicht mit Automatismen gleichgesetzt werden können. An Stelle einer Gleichsetzung bietet sich eine differenziertere Betrachtung an, denn die automatischen Prozessen zugrunde liegenden Mechanismen können unterschiedlichster Art und unter Umständen determinierend sein.

Roman Marek

These 8: Es gibt eine spezifische Opazität des Handelns, und Handlungen haben unintendierte Folgen. Beides ist relevant für ein Verständnis der Automatismen.

Innerhalb der soziologischen Handlungstheorie sind diejenigen Ansätze dominant, die Handeln als intentionales Handeln begreifen und nach den mehr oder minder rationalen Motiven der Handelnden fragen. „Ein menschliches Wesen zu sein," schreibt Giddens, „heißt, ein zweckgerichtet Handelnder zu sein, der sowohl Gründe für seine Handlungen hat als auch fähig ist, diese Gründe auf Befragung hin diskursiv darzulegen (oder auch: sie zu verbergen)."[32]

Sofort allerdings schränkt er ein: „Aber mit solchen Begriffen wie ‚Zweck', bzw. ‚Intention', ‚Grund', ‚Motiv' und so fort muß vorsichtig umgegangen werden."[33]

Denn abweichend von diesem Mainstream gab es immer auch Ansätze, die betont haben, dass Handeln weder an Rationalität noch an Verstehen gebunden ist. Zumindest ein Teil der Handlungen sind für die Handelnden wie für den Beobachter auf spezifische Weise undurchsichtig, *opak*.

Für die Analyse der Automatismen ist dies wichtig, weil sie von vornherein nicht ins Terrain intentionaler Handlungen fallen. Automatismen mögen bestimmte Funktionen erfüllen, in jedem Fall aber sind sie Handlungen, die auf

---

[32] Anthony Giddens, *Die Konstitution der Gesellschaft. Grundzüge einer Theorie der Strukturierung*, Frankfurt/M., New York, 1995, S. 53. [Engl. OA 1984.]
[33] Ebd.

spezifische Weise undurchsichtig sind. Was also kann der Automatismenbegriff von der soziologischen Handlungstheorie lernen?

Giddens setzt an, indem er zunächst zwischen Gründen und Motivation der Handelnden unterscheidet. „Während kompetente Akteure die Absichten ihres Handelns und dessen Gründe fast immer diskursiv darlegen können, trifft dies für ihre Motive nicht notwendig zu. Unbewußte Motivation ist ein bedeutendes Charakteristikum menschlichen Verhaltens".[34]

Und ebenso scheint es ihm nötig, zwischen diskursivem und praktischem Bewusstsein zu trennen. „Zwischen dem diskursiven und dem praktischen Bewusstsein gibt es keine [feste] Schranke; es gibt nur den Unterschied zwischen dem, was gesagt werden kann, und dem, was charakteristischer Weise schlicht getan wird."[35]

Damit werden Handlung und Intention auf den größtmöglichen Abstand gebracht. Handeln wird zentriert auf das, was faktisch geschieht:

> [Wir müssen] die Frage, was ein Handelnder „tut", von derjenigen trennen, was „beabsichtigt" wird, bzw. von den intentionalen Aspekten dessen, was getan wird. *Handeln bezieht sich auf das Tun.* Das Licht anmachen war etwas, was der Handelnde getan hat, und den Dieb aufzuschrecken war gleichfalls etwas, was der Handelnde tat. Es war unbeabsichtigt, wenn der Handelnde nicht wußte, daß der Dieb da war […]. Nicht-intentionale Taten können konzeptionell von nicht-intendierten Folgen von Taten getrennt werden.[36]

Auf dieser Basis entwickelt Giddens ein Handlungsmodell, das die Einzelhandlung einbettet in einen Kontext, der auf der linken Seite ‚Handlungsbedingungen' und auf der rechten ‚Handlungsfolgen' mitberücksichtigt:[37]

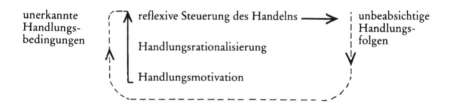

Hiermit will Giddens hervorheben, dass der Handelnde sich zwischen Handlungsbedingungen und beobachteten Handlungsfolgen immer neu orientiert; im Schema insgesamt will er einen Zyklus ‚reflexiver Steuerung' fassen.[38]

---

[34] Ebd., S. 57.
[35] Ebd. [Erg. H. W.]
[36] Ebd., S. 61. [Erg. u. Herv. H. W.]
[37] Ebd., S. 56, Skizze ebd.
[38] „Handeln ist ein kontinuierlicher Prozeß, ein Strom, in dem die reflexive Steuerung, die ein Individuum vornimmt, fundamental für die Kontrolle des Körpers ist, die Handelnde während ihres Alltagslebens gewöhnlich ausüben. Ich bin der Urheber vieler Dinge, die ich nicht zu

Im hier verfolgten Zusammenhang aber ist etwas anderes wichtig: Spektakulär nämlich ist, dass Giddens von ‚*unerkannten*‘ Handlungsbedingungen und ‚*unbeabsichtigten*‘ Handlungsfolgen spricht. Dass es daneben sicher auch erkannte Bedingungen und beabsichtigte Folgen gäbe, würde er sicherlich zugestehen; auch hier aber liegt das Gewicht auf der Tatsache, dass der Handelnde weder die Bedingungen noch die Folgen seines Handelns vollständig im Griff hat. Handeln ist auch in dieser Hinsicht und auf dieser neuen Stufe *opak*.

Für die Automatismen bedeutet dies, dass sie weniger exotisch als bis dahin erscheinen. Sind Handlungsbedingungen und Handlungsfolgen dem Handelnden ohnehin weitgehend entzogen, so würden sich die Automatismen von anderen Handlungen nur darin unterscheiden, dass auch die eigentliche Handlung sich nicht im hellen Licht des Bewusstseins vollzieht.

Dass Handeln nicht intendierte Folgen hat, ist vom Prometheus-Mythos bis zum ‚Zauberlehrling' in den unterschiedlichsten Kontexten thematisiert worden. Esser ist ein zweiter Soziologe, der ‚unintendierte Folgen absichtsvollen Handelns' explizit diskutiert.[39] Ausgehend von der Beobachtung Paretos, dass es neben logisch-verständlichen auch „nicht-logische Handlungen" gibt, stößt er auf das Problem, dass diese zunächst nur für den externen Beobachter ‚nicht-logisch' sind, während die Handelnden ihren Handlungen durchaus Sinn zuschreiben würden.[40] Giddens hatte das Problem zu lösen versucht, indem er vorschlug zwischen diskursivierbaren Gründen und objektiven (?) Motivationen zu unterscheiden.

Hier deutet sich das ernste Problem an, dass beide Perspektiven durchaus auseinanderfallen; und weiter das Problem, aus welcher Perspektive die Theorie Handeln beschreibt. Ernst scheint dies gerade im Fall der Automatismen, wenn diese aus der Position der Beteiligten offensichtlich nicht wahrnehmbar sind.

Und Esser weitet die Perspektive auf, und zwar zunächst auf die Ökonomie:

> Die Denkfigur der unintendierten Folgen absichtsvollen Handelns [...] setzt an den Wirkungen, an den externen Effekten des sozialen Handelns also, an. Sie gibt es in zwei, gelegentlich als einander ausschließend betrachteten Varianten. Die eine – die freundlichere – ist am nachhaltigsten mit der von Adam Smith (1723-1790) formulierten Idee einer *invisible hand* eingeführt worden, die auf wundersame Weise die egoistisch-rationalen Handlungen der einzelnen so koordiniere, daß die Wohlfahrt aller gefördert, ja sogar garantiert werde.[41]

Und weiter:

---

tun beabsichtige und vielleicht nicht hervorbringen möchte, die ich aber nichtsdestotrotz *tue*." (Ebd., S. 60. [Herv. i. O.])

[39] Hartmut Esser, *Soziologie. Allgemeine Grundlagen*, Frankfurt/M., New York, 1996, S. 23 ff. [1993]

[40] Seine Antwort, „[k]urz: Man muß die handelnden Personen, ihre Situation, ihre Beweggründe und ihre Abhängigkeiten erst einmal in ihrem subjektiven Sinn verstehen, wenn man soziale Vorgänge erklären will", allerdings löst das Problem meines Erachtens nicht (ebd., S. 23).

[41] Ebd., S. 23 f.

Ein Spezialfall dieser Grundidee ist die von der ungeplanten Entstehung von Institutionen. [...] Ethnologen und Anthropologen sind noch am ehesten auf derartige Institutionen gestoßen: Verwandtschaftsregeln, religiöse Riten, scheinbar irrationale Tauschzeremonien aufwendigster Art usw., die sich auf den ersten Blick als sinnlos und irrational darboten, aber bei näherer Betrachtung sich als außerordentlich bedeutsame Elemente der jeweiligen Sozialorganisation herausstellten.[42]

Man sollte noch hinzufügen, daß diese ungeplanten funktionalen gesamtgesellschaftlichen Wirkungen auch ohne das Wissen der Akteure hierüber eintreten. Manche glauben sogar, daß das Wissen um sie ihren funktionalen Zauber geradezu zerstöre. [...] Die Entdeckung, daß eine Vielzahl von sozialen Phänomenen und Institutionen – wie das Geld, das Recht, Städte und Gemeinden, die Arbeitsteilung und der Staat – ungeplant und in kleinen Schritten aus dem jeweils nur sehr kurzsichtig orientierten Handeln von Personen evolutionär entstanden ist, und gerade deshalb, weil es nicht als Endergebnis bereits von irgend jemandem geplant war, seine wundersame Funktionalität aufweist, gehört zu einer der weitreichendsten Erkenntnisse – keineswegs der Soziologie alleine.[43]

Völlig unvermutet also kommt das Argument bei den ‚ungeplanten Prozessen' – und das heißt: den Automatismen – an. Die Ausweitung der Perspektive aber rentiert sich noch in anderer Hinsicht. So ist vor allem die Bewertung eine völlig andere als bei Giddens; hatte dieser die unintendierten Handlungsfolgen zwar als unvermeidlich, im Prinzip aber eher bedrohlich gesehen, zeigt Esser, dass sie *produktiv* sind, insofern sie Neues – neue Strukturen und gesellschaftliche Errungenschaften – hervorbringen. In der *invisible hand* ist das Argument vorgeformt: *Zwar* sind die einzelnen Handelnden blind, *aber* ihr kumulierter Effekt ist Strukturbildung.

Die dritte Neuerung besteht exakt in dieser Aufmerksamkeit für die Aggregation und den Maßstabssprung, der zwischen dem handelnden Einzelnen und dem Effekt auf das Ganze liegt. Beide Thesen, die der ‚blinden' Strukturentstehung und die Vorstellung, dass es Quantitäten sind, die den Entwicklungssprung auslösen, werden üblicherweise unter dem Begriff der *Emergenz* diskutiert.

Hartmut Winkler

These 9: Automatismen sind Technik und haben einen privilegierten Bezug auf Technologie.

Geht es um Automatismen und *Technik*, denkt man zuerst an den Automaten. Diesen hat insbesondere die Kybernetik in den Mittelpunkt ihres Interesses gestellt; simpel und anschaulich zunächst den Fliehkraftregler, als Beispiel für eine selbsttätige Steuerung, die die Drehzahl einer Dampfmaschine unabhängig von Außeneinflüssen oder dem Eingriff von Menschen konstant hält und

---
[42] Ebd.
[43] Ebd.

modellhaft klar macht, wie man sich ‚negatives Feedback' in einem Regelkreis vorstellen kann. Oder dann − zentral − den Computer, den man als ‚Automaten' betrachtete, weil er, einmal programmiert, die Programme selbsttätig ausführt. (Im Hintergrund dessen steht eine lange Reihe weiterer Maschinen, die von den künstlichen Menschen des 18. Jahrhunderts bis hin zu den Automaten der modernen Massenfertigung reicht). Die Kybernetik schickte sich an, solche Maschinenerfahrungen auf immer neue Gegenstände, von biologischen Vorgängen bis hin zu Soziologie und Pädagogik, zu projizieren.

Der Begriff der Automatismen ist von dieser Tradition sicher geprägt. Automatismen wurden, gerade weil man sie in der Sphäre des Lebendigen, des Sozialen beobachtete, als mechanisch oder maschinenähnlich betrachtet. Landauers Rhetorik von ‚tot' und ‚lebendig'[44] spiegelt dies wider; gleichzeitig aber, und dies ist wichtig, auch den *Vorbehalt*, den Zweifel, ob der Begriff zur „Machterweiterung des Toten" nicht beiträgt, bzw. ob „das willkürlich arbeitende und daher unzuverlässig funktionierende Großhirnlebewesen" auf einen „stur reagierenden Reflexautomaten chemisch-physikalischer Zwangsläufigkeit"[45] tatsächlich reduziert werden kann. Der Begriff der Automatismen hat ohne Zweifel ein problematisches mechanistisches Erbe.

Ist also ein Bezug auf Technik möglich, der nicht in die Falle des mechanistisch-kybernetischen Höhenrauschs geht? Die Techniksoziologie hat bestimmte Modelle entwickelt, die, wenn auch auf einigermaßen abstrakter Ebene, zum Verständnis der Automatismen beitragen können. Im Zentrum steht die Vorstellung, dass auch die Technik selbst in den Kategorien der Mechanik nicht angemessen modelliert werden kann; jeder Theorie der Technik muss es um die Prozesse gehen, die sich *zwischen* Technik und Menschenwelt anspinnen.[46] Und zudem wird der Technikbegriff von der Hardware zunehmend gelöst und auch auf *Praktiken* − vom Schreinern bis zum Tanz − hin erweitert. Unter den vielen Techniksoziologien, die es gibt, werde ich hier nur Degele herausgreifen, die eine zusammenfassende Darstellung versucht.[47]

Der erste Gedanke, der hier wichtig ist, zielt auf die Wirkung ab, die Technik aufs Soziale ausübt. Auch wenn man die groben Modelle des Technikdeterminismus vermeidet, ist doch klar, dass Technik Einfluss auf den menschlichen Handlungsraum nimmt. Zunächst, insofern Technik ihre eigene Nutzung präformiert und bestimmte *Nutzungsanweisungen* enthält[48], und

---

[44] Karl Landauer, „Automatismen, Zwangsneurose und Paranoia", in: *Internationale Zeitschrift für Psychoanalyse*, 13 (1927), S. 10-17: 18.
[45] Ebd.
[46] Für die Technik*soziologie* wäre dies nicht verblüffend, weil es die Soziologie immer mit der Sphäre der Menschen zu tun hat; die Behauptung aber geht dahin, dass *jede* Techniktheorie auf diese Weise vorgehen muss.
[47] Nina Degele, *Einführung in die Techniksoziologie*, München, 2002.
[48] „Welche versteckten Nutzungsanweisungen geben IngenieurInnen, ManagerInnen und PolitikerInnen technischen Produkten wie Computerprogrammen, Waschmaschinen und Flugzeugen mit auf den Weg?" (Ebd., S. 7.)

weitergehend, insofern selbst unintendierte Technikfolgen sich materiell in den Handlungsraum einschreiben und diesem eine Form geben.⁴⁹

Bereits 1961 analysierte Schelsky die „Technik als Sachzwang"⁵⁰; seine These ist, dass einzelne Techniken bestimmte Zwänge ausüben und dass die Technik auf der Ebene der Gesamtgesellschaft Funktionen im gesellschaftlichen Machtgefüge übernimmt. In dem Maß, wie die unmittelbare Ausübung von Herrschaft in der Moderne zurücktritt, wandert diese in die Technik ein, um von dort aus – quasi unsichtbar – zu regieren. „„Der Staat"", zitiert Degele Schelsky,

„ist ein universaler technischer Körper geworden und beweist seine staatliche Effizienz nicht zuletzt in der Perfektionierung der technischen Möglichkeiten der Gesellschaft" [...]. Er degeneriert zum Vollzugsorgan technischer [...] Imperative und erscheint als *herrschaftslose Herrschaft*": „Die Verwandlung der Demokratie in den technischen Staat bedarf keiner Revolution im sozialen oder politischen Sinne, keiner Verfassungsänderung, keiner ideologischen Bekehrung. Es bedarf nur der steigenden Anwendung wissenschaftlicher Techniken aller Art, und der technische Staat entsteht im alten Gehäuse." Im technischen Staat ist Technik also ein politisches Machtmittel geworden.⁵¹

Die Sachzwangthese wirft ein Licht auch auf die Automatismen. So ist zunächst klar, dass auch Automatismen eine formierende Wirkung ausüben; was automatisiert ist, erscheint *vorgebahnt* und hat die Macht, Handlungen wie ein *strange attractor* in die gebahnten Wege zu leiten. Ebenso wäre denkbar, dass Automatismen in einem System ‚herrschaftsloser Herrschaft' Funktion übernehmen. Und dies umso mehr, wenn es um einen Übergang von sichtbarer zu unsichtbarer Herrschaftsausübung geht, operieren Automatismen doch *per definitionem* im weniger beleuchteten Raum.

Das zweite Motiv bei Degele ist fast noch interessanter. Komplementär zur Wirkung der Technik nämlich fragt sie, was der Technik selbst ihre Form gibt, wie soziale Prozesse sich in Technik einschreiben – „Do artifacts have politics?"⁵² Bei Marcuse findet sie den Gedanken, „dass Herrschaft schon in die Konstruktion von Technik eingeht. Sie [die neomarxistische Kritik Marcuses] postuliert aber auch, dass sich die Herrschaft nicht nur ‚vermittels der Technologie, sondern auch *als* Technologie' verewigt und erweitert."⁵³
Degele schreibt weiter:

---

⁴⁹ Unintendierte Technikfolgen sind eine Variante der unintendierten Handlungsfolgen, die oben zu diskutieren waren.
⁵⁰ Helmut Schelsky, „Der Mensch in der wissenschaftlichen Zivilisation", in: ders., *Auf der Suche nach Wirklichkeit*, Düsseldorf, 1965. [1961]; siehe auch Degele (2002), *Einführung*, S. 28 ff.
⁵¹ Ebd., S. 30. [Herv. H. W.]
⁵² Titel eines Aufsatzes von Langdon Winner: „Do Artifacts Have Politics?", in: ders., *The Whale and the Reactor: A Search for Limits in an Age of High Technology*, Chicago, Ill., 1986, S. 19-39. [1980]
⁵³ Degele (2002), *Einführung*, S. 35.

Technik ist auch und vor allem eine Lebensform: „We do not *use* technolgies as much as *live* them" [...]. Technik schafft Ordnung im Sozialen. Bewußt oder unbewußt, überlegt oder ungeplant wählen Gesellschaften Strukturen für ihre Technologien, die beeinflussen, wie Menschen zur Arbeit gehen, wie sie kommunizieren, reisen, konsumieren, und zwar über eine lange Zeit. Da einmal getroffene Entscheidungen dazu tendieren, fest in der materiellen Ausstattung in ökonomischen Investitionen und sozialen Umgangsweisen fixiert zu werden, verschwindet die ursprüngliche Flexibilität für alle praktischen Zwecke, wenn politische Entscheidungen [...] gefallen [sind] und die anstehenden Maßnahmen eingeleitet wurden.[54]

Der Einschreibung in Technik also liegt eine *Wahl* zugrunde, unabhängig davon, ob diese mit oder ohne Bewusstsein vollzogen wurde. Allerdings: Einmal in Technik eingeschrieben, erscheint diese Wahl stabilisiert. Die Alternativen, die ursprünglich zur Verfügung standen, werden unwahrscheinlich, ‚die ursprüngliche Flexibilität verschwindet'. „,Technisierung'", schreibt Degele mit Joerges,

„[ist] ein Spezialfall der *Formalisierung von Handlungsstrukturen*, weil hier Komplexe maschineller Operationen gemäß einem relativ geschlossenen, formalisierten Regelsystem rigide und auf einige Dauer festgelegt sind" [...]. Handeln wird damit berechen-, prognostizier- und steigerbar. Joerges spricht in diesem Zusammenhang von einer „Übertragung eines Handlungskomplexes an Geräte" [...] bzw. der „Externalisierung sozialer Normen an realtechnische Strukturen" [...] vor allem durch Prozesse der Ritualisierung. Noch weiter gefasst sind Maschinen „Dekontextiereinrichtungen" [...], die die Materialisierung eines bestimmten Handlungsablaufs von den normativen und symbolischen Handlungsorientierungen ablösen.[55]

Latour sagt: „Technolgy is society made durable"[56], Technik, Hardware also, scheint geeignet, als „Härter"[57] sozialer Verhältnisse zu fungieren. Nicht erst der Verweis auf die Ritualisierung aber macht deutlich, dass all dies vielleicht nicht ausschließlich für materielle Maschinen gilt. Die Einschreibung in Hardware und die Stabilisierung konventionalisierter Praktiken erscheinen fast äquivalent; als zwei Möglichkeiten, *Handlungsstrukturen zu formalisieren*. Und wenn im Abschnitt zum Schema gesagt wird, dass Automatismen sich im Verlauf der Wiederholung *verhärten/reifizieren*, so werden die Automatismen ebenfalls in die Nähe der Dinge gerückt.

Das dritte Motiv schließlich ist noch einmal das des *Verbergens*. Waren bereits die erwähnten Nutzungsanweisungen in Technik ‚versteckt', und war auch die ‚herrschaftslose Herrschaft' auf ein möglichst geräuschloses Funktionieren angewiesen, so zeigt Degele, dass Technik grundsätzlich die Pointe hat,

---

[54] Ebd., S. 38 (Degele zitiert Langdon Winner). [Erg. H. W.]
[55] Ebd., S. 120. [Herv. H. W.]
[56] Bruno Latour, „Technology is Society Made Durable", in: John Law (Hg.), *A Sociology of Monsters: Essays on Power, Technology and Domination*, London, New York, 1991, S. 103-131.
[57] Ebd., S. 130.

ihren Gehalt zu verbergen: „Dabei findet ein *blackboxing* [...] statt, d. h. die gemeinschaftliche Produktion von AkteurIn und Artefakt wird unsichtbar gemacht, oder hier: verselbstverständlicht."⁵⁸

Blackbox *und* – schreckliches Wort – Verselbstverständlichung. Was könnte selbstverständlicher und opaker sein als die Automatismen? Im Durchgang dürfte deutlich geworden sein, warum es möglich ist, auch die Automatismen unter die gesellschaftlichen *Technologien* zu rechnen, auch wenn diese zunächst Praxen sind, und nicht dinghaft-materiell reifiziert. Das Begriffsraster, mit dem Techniktheorie vorgeht, scheint an Hardware nicht zwingend gebunden; und je mehr eine *funktionale* Sicht Platz greift, desto austauschbarer scheinen Praktiken und Hardware zu sein.

Und umgekehrt erscheint in gewissem Sinne nun jede Technik, jede Maschine als ‚Automat'. Ein Automat, der sein Programm abarbeitet, und – zumindest auf einer seiner Seiten – menschliche Ziele transzendiert und menschliche Eingriffe hinter sich lässt. Wenn ein Automat durch ‚Selbsttätigkeit' gekennzeichnet ist, so setzt dies exakt auf der Latourschen Intuition auf, die Maschinenwelt insgesamt als eine Sammlung von ‚Agenten', als selbsttätig, zu fassen. Die Aktor-Netzwerk-Theorie schreibt der Technik *Handlungsfähigkeit* zu; auch dies verbindet die Technik und die Automatismen.

Hartmut Winkler

These 10: Die Auseinandersetzung mit Emergenz-Konzepten kann wesentlich dazu beitragen, den Begriff der Automatismen zu schärfen.

Automatismen, sagt die Einleitung zum vorliegenden Band, sind definiert als Abläufe, die sich einer bewussten Kontrolle entziehen und ‚im Rücken der Beteiligten' neue Strukturen hervorbringen. Diese Bestimmung provoziert eine Verknüpfung von Automatismen mit dem auf John Stuart Mill zurückgehenden Konzept der Emergenz; befasst sich dieses doch ganz zentral mit der Entstehung neuartiger Eigenschaften, „die aus der bloßen Addition der Einzelwirkungen nicht voraussagbar sind"⁵⁹. Die aus Automatismen hervorgebrachten Strukturen lassen sich diesem Verständnis nach als emergente, den einzelnen Beteiligten in ihrer Entstehung nicht zugängliche Phänomene begreifen.

Ein genauer Blick auf unterschiedliche Verwendungsweisen des Emergenz-Begriffs zeigt jedoch, dass mitunter ganz und gar nicht klar ist, was die Rede von der Emergenz tatsächlich meint.⁶⁰ Zunächst lässt bereits die Verwendung des Begriffs in verschiedenen Wissenschaften wie Philosophie, Informatik und Soziologie vermuten, dass die Vertreterinnen und Vertreter der jeweiligen

---

⁵⁸ Ebd., S. 132 f.
⁵⁹ Bettina Heintz, „Emergenz und Reduktion. Neue Perspektiven auf das Mikro-Makro-Problem", in: *Kölner Zeitschrift für Soziologie und Sozialpsychologie* 56, 1 (2004), S. 1-31: 6.
⁶⁰ Dies gilt sicherlich auch entsprechend für andere, im Rahmen des Kollegs wichtige Konzepte wie Schemabildung oder Stereotypie.

Disziplinen möglicherweise nicht das Gleiche meinen und zudem verschiedene Probleme vor Augen haben, wenn sie von Emergenz sprechen. Und tatsächlich wird Emergenz bspw. in der Philosophie des Geistes verwendet, um der Frage nach dem Zusammenhang von geistigen und körperlichen Prozessen näher zu kommen, während in der Soziologie Emergenz vor allem im Kontext des Mikro-Makro-Problems, also der Frage, in welcher Weise individuelle Akteure und gesellschaftliche Strukturen miteinander verknüpft sind, Verwendung findet und die Informatik sich bspw. mit dem Thema beschäftigt, wenn es um die Implementierung sogenannter ‚intelligenter technischer Systeme' geht. Daneben bleibt aber auch innerhalb der Disziplinen umstritten, was unter Emergenz verstanden werden soll. Auf diesen Punkt möchte ich im Folgenden detaillierter eingehen, da hieran besonders deutlich wird, dass differente Emergenz-Konzepte auf konkurrierenden und teils gegensätzlichen methodologischen Annahmen beruhen, was weitreichende Konsequenzen sowohl bezüglich möglicher Gegenstandsbereiche der Forschung als auch methodischer Zugänge nach sich zieht.

Meine Vermutung geht nun dahin, dass die Auseinandersetzungen um den Emergenz-Begriff auch für die Schärfung dessen, was unter Automatismen *genau* verstanden werden soll, fruchtbar gemacht werden können. Anhand der in verschiedenen Disziplinen diskutierten Differenzlinie zwischen *starken* und *schwachen* Emergenz-Konzepten soll dies verdeutlicht werden. Als Beispiel dient die Soziologie.

Das auch in der These zum ‚Handeln'[61] angesprochene *Modell der soziologischen Erklärung* (*MSE*), welches vor allem von Hartmut Esser entwickelt wurde, ist in den letzten Jahren Gegenstand unterschiedlicher Debatten und Theorievergleiche innerhalb der Soziologie.[62] Ein zentraler Diskussionspunkt hierbei ist die Emergenz. So vertritt Esser, dessen Konzept auf dem *methodologischen Individualismus* aufsetzt, eine schwache Variante der Emergenz. Im Rahmen des MSE wird zwar davon ausgegangen, dass intendierte Handlungen von Individuen auf der kollektiven Ebene unintendierte Folgen nach sich ziehen können und damit der Bereich des Sozialen auch eine eigenständige Realität darstellt, die etwas anderes ist als bloß die Summe der Handlungen von Individuen. Gleichwohl hält Esser an dem Anspruch einer kausal-logischen Erklärung kollektiver Phänomene fest, die in der Aggregation individueller Handlungen zu suchen sei. Das heißt in Essers Worten, das *MSE* ist „explanativ ehrgeizig und sucht – gerade dann, wenn sich eine reduzierende Erklärung als sperrig erweist – möglichst jede Chance zur reduzierenden Auflö-

---

[61] Vgl. hierzu im Thesenbaukasten 2 die „These 8: Opazität des Handelns" von Hartmut Winkler im vorliegenden Band.
[62] Vgl. u.a. die Beiträge in Rainer Greshoff/Uwe Schimank (Hg.), *Integrative Sozialtheorie – Esser – Luhmann – Weber*, Wiesbaden, 2006 sowie Gert Albert, „Keines für alle! Die moderat holistische Alternative zu Hartmut Essers Modell der soziologischen Erklärung", in: *KZfSS Kölner Zeitschrift für Soziologie und Sozialpsychologie* 59, 2 (2007), S. 340-349.

sung von Emergenzen"⁶³. Emergent erscheinende Phänomene werden in dieser Perspektive folglich vor allem als Frage der „jeweils vorhandenen theoretischen Möglichkeiten und des empirischen Wissens"⁶⁴ betrachtet. Das heißt, so Esser weiter, „was heute als (stark) emergent gilt, kann es schon morgen nicht mehr sein"⁶⁵. Emergente Phänomene gibt es also nur, solange sie *noch* nicht erklärbar sind. Aufgabe der wissenschaftlichen Erklärung ist es, diesen Zustand zu verändern und auf den ersten Blick paradox und nichtlogisch erscheinende Sachverhalte so zu erklären, dass sie logisch werden, um so „Licht in die black box der Gesellschaft"⁶⁶ zu bringen. Hierzu erfolgt eine „Aggregation der individuellen Handlungen zu dem kollektiven Explanandum über *Transformationsregeln*"⁶⁷. Neue, emergent erscheinende Phänomene werden also vermittels der Transformationsregeln (doch wieder) kausal auf individuelle Handlungen zurückgeführt, wodurch das MSE auch den Anspruch einer Prognostizierbarkeit sozialer Phänomene aufrechterhält.⁶⁸

Demgegenüber beharren Vertreterinnen und Vertreter einer starken Emergenz-These darauf, dass emergente Eigenschaften zwar durch Mikroprozesse verursacht sein können, aber nie aus ihnen ableitbar sind.⁶⁹ Eine solche Position, der beispielsweise auch Niklas Luhmann zuneigt, kann unter Rekurs auf Karin Knorr-Cetina als *methodologischer Situationalismus* bezeichnet werden.⁷⁰ „Emergenz ist demnach nicht einfach Akkumulation von Komplexität, sondern Unterbrechung und Neubeginn des Aufbaus von Komplexität."⁷¹ Im Fokus dieser Perspektive steht nicht das individuelle Handeln, sondern die *soziale Beziehung*. Der Blick richtet sich also weniger auf das *act*, als vielmehr auf das *inter-act*.⁷² In dem Moment, in dem Personen inter-agieren, verlieren sie aufgrund der *doppelten Kontingenz* der Situation die Kontrolle über den Verlauf der Inter-aktion. Wer schon mal unwillentlich und/oder aufgrund von ‚Missverständnissen' in einen Streit geraten ist und hinterher festgestellt hat „ich weiß eigentlich gar nicht mehr warum wir uns gestritten haben, aber irgendwie kam eines zum anderen", sollte diesen Gedankengang gut nachvollziehen können. In einem solchen Sinne stellen für Vertreterinnen und Vertreter des methodologischen Situationalismus Strukturbildungen in Inter-aktionen eine *Realität sui generis* dar, die nicht auf das Handeln bzw. die Intentionen der Akteure reduzierbar ist. Hieraus folgt notwendig, dass sich als emer-

---

⁶³ Hartmut Esser, „Eines für alle(s)", in: *KZfSS Kölner Zeitschrift für Soziologie und Sozialpsychologie* 58, 2 (2006), S. 352-363: 356.
⁶⁴ Ebd.
⁶⁵ Ebd.
⁶⁶ Esser (1996), *Soziologie*, S. 91.
⁶⁷ Ebd., S. 97.
⁶⁸ Ebd., S. 91.
⁶⁹ Heintz (2004), Emergenz und Reduktion, S. 19.
⁷⁰ Ebd., S. 3.
⁷¹ Niklas Luhmann, *Soziale Systeme. Grundriß einer allgemeinen Theorie*, 1. Aufl. [Nachdr.], Frankfurt/M., 2008, S. 44. [1984]
⁷² Heintz (2004), Emergenz und Reduktion, S. 3.

gent beschriebene Phänomene auch nicht kausal-logisch erklären, sondern höchstens rückblickend rekonstruktiv nachvollziehen lassen.[73] Sie sind nie auf einzelne Instanzen zurechenbar, sondern immer auf deren Zusammenwirken – vor dem Hintergrund doppelter Kontingenz als Problem der Verhaltensabstimmung.[74] Diesem Verständnis nach ist die Beschreibung emergenter Phänomene also kein Problem unzureichenden wissenschaftlichen Wissens, sondern Nachvollzug prinzipiell nicht vorhersagbarer Entstehung neuer Strukturen auf der Ebene des Sozialen.

Anhand dieses knappen Abrisses über konkurrierende Emergenz-Konzepte wird bereits ersichtlich, in welchem Spannungsfeld auch der Automatismen-Begriff angesiedelt ist. So stünde eine dem MSE nahestehende Automatismen-Forschung wohl auf den Füßen einer eher quantitativ orientierten kausalnomologischen Vorgehensweise, während eine der starken Emergenz-These zugeneigte Forschung demgegenüber voraussichtlich qualitativ orientierte rekonstruktive Forschungsmethoden präferierte. Die hier (nur rudimentär) dargelegten Unterschiede in den zugrunde liegenden Basistheorien machen dies deutlich und zeigen die Grenzen und Möglichkeiten der begrifflichen Übertragung an. Ob sich die differenten Sichtweisen dabei zwangsläufig ausschließen und nur eine Betrachtungsweise infrage kommt, um das Automatismenkonzept zu schärfen, muss freilich Gegenstand der Debatte sein.

Florian Muhle

These 11: Automatismen wirken bedrohlich – und faszinierend.

Automatismen können bedrohlich erscheinen und zugleich faszinieren sie auch. Dieser affektive Hintergrund sollte auch bei einer theoretischen Erfassung von Automatismen mit reflektiert werden.

Wenn sich Automatismen bewusster Kontrolle entziehen, aus unbestimmten diffus verteilten Systemen hervortreten und sich scheinbar frei entwickeln, so bedeutet dies für das Subjekt, dass es Einfluss verliert. „Automatismen sind unhintergehbar"[75], unterwerfen somit oftmals auch den persönlichen Willen und können mit Wünschen und Bestrebungen unvereinbar sein. Im Falle psychisch negativer Automatismen wirken sich diese mitunter sogar dramatisch pathologisch aus. Der Wiederholungszwang wäre hier ein Beispiel; die Angst vor einer unbeherrschbar handelnden Masse oder einem unberechenbaren Verlauf wären weitere.

---

[73] Tilmann Sutter, „Emergenz und Konstitution, Kommunikation und soziales Handeln: Leistungsbeziehungen zwischen Essers methodologischem Individualismus und Luhmanns soziologischer Systemtheorie", in: Greshof/Schimank (2006), *Integrative Sozialtheorie?*, S. 63-86: 71.
[74] Luhmann (2008), Soziale Syteme, S. 151.
[75] Forschungsprogramm des Graduiertenkollegs *Automatismen*, online unter: http://www.uni-paderborn.de/instituteeinrichtungen/gk-automatismen/forschungskonzept/, zuletzt aufgerufen am 26.10.2009.

Dieses Unbehagen gegenüber einem unkontrollierbar Automatischen bestimmt Sigmund Freud auch auf kollektiver Ebene. So sei die kulturelle Entwicklung und Formierung insgesamt solch „ein eigenartiger Prozeß, der über die Menschheit abläuft"[76]. Freud ist hier doppeldeutig lesbar. Zum einen lässt sich das Zitat als Hinweis auf Zeitverhältnisse verstehen: Kollektive Automatismen übersteigen meist die Lebensphase eines Menschen, sie laufen zeitlich über die Subjekte hinaus. Sie haben eine Tradition und wirken in der Zukunft weiter. Gesellschaftliche Anweisungen wie Normen und Konventionen oder die *longue durée* kulturellen Brauchtums strecken sich über lange Zeitrahmen. Zum anderen verdeutlicht Freud auch das Zusammenspiel von Machtstrukturen und Automatismen, die über Köpfe Einzelner hinweg verlaufen. Das Subjekt hat keinen oder nur eingeschränkten Einfluss auf Natur und Evolution, das Weltgeschehen oder globale Austauschprozesse. Traditionen können so machtvoll und tief in die Psyche eingebrannt, so fest in Körper eingeschrieben sein, dass sie völlig unbewusst automatisch funktionieren. Solch ein Eingriff, die Formierung der Subjekte, des eigenen Ich, assoziiert etwas Unheimliches und Zerstörerisches, die Bewusstmachung offenbart einen schmerzhaften Prozess.[77]

John Bargh, vom psychologischen Institut der Yale University, spricht von einer „unerträglichen Automatik des Seins"[78]. Mythen subliminaler Steuerung nähren sich aus Urängsten vor Kontrollverlust und vor manipulativer Erzeugung von Automatismen.[79]

Und auf dem gleichen Hintergrund entsteht das Streben nach Kontrolle. Vielleicht ist der Drang hin zu Erklärungsmodellen, Vorhersagbarkeit und das Vertrauen in Programmierbarkeit Ausdruck des Wunsches, keinem Geschehen ausgeliefert zu sein und bedrohlich erscheinende, mitunter emergente, Automatismen verständlich zu machen. André Leroi-Gourhan definiert diesen Trieb Kontrolle zu gewinnen aus archäologischer Sicht als einen „über Jahrhunderte verfolgte(n) Traum"[80] der Menschheit. Dieser sei das Streben „nach einer Unterwerfung der Rhythmen"[81] des Daseins mit dem Ziel der Stillstel-

---

[76] Sigmund Freud, *Das Unbehagen in der Kultur*, Frankfurt/M., 2007, S. 62. [1930]
[77] Vgl. hierzu Friedrich Nietzsche, *Zur Genealogie der Moral*, Ditzingen, 1988. [1887] sowie Michel Foucault, *Überwachen und Strafen. Die Geburt des Gefängnisses*, Frankfurt/M., 1989. [Frz. OA 1975.]
[78] Hania Luczak, „Das Unbewusste. Die Kraft die uns bremst und treibt", in: *GEO* 12 (2004), S. 165. Vgl. John A. Bargh/Tanya L. Chartrand, „The Unbearable Automaticity of Being", in: *American Psychologist*, 54 (1999), S. 462- 479.
[79] Ein Beispiel ist die Mär von „Trink Coke"-Einblendungen in Kinofilmen, die angeblich den Coca Cola-Verkauf anregten. Die gesellschaftsreflektierende Fernsehserie „The Simpsons" greift die Geschichte unterschwelliger Botschaften auf, als Lisa Simpson in einem Musikvideo Werbung in Form von codierten Rekrutierungsbefehlen der US Navy entdeckt, die unbewusste Automatismen bei den Zuschauern auslöst. (Vgl.: The Simpsons: „New Kids on the Blecch". 14. Folge der 12. Staffel, Erstausstrahlung USA, Februar 2001.)
[80] André Leroi-Gourhan, *Hand und Wort. Die Evolution von Technik, Sprache und Kunst*, Frankfurt/M., 1980, S. 355. [Frz. OA 1964.] [Erg. C. L. S.]
[81] Ebd., S. 354.

lung, einem Kontrollgewinn über alle Prozesse im Innen und Außen: über Körperregungen, Lebenszyklen, Raum und Zeit – sozusagen eine vollkommene Herrschaft über Automatismen.

Doch nicht nur in ihrer schematisierten Fortdauer wirken Automatismen bedrohlich. Eine Erhaltung von Normen oder unbewusstem Wissen durch ständige transgenerationale Wiederaufführung ist keineswegs immer gesichert. Automatismen können, völlig unvermutet, auch etwas Neues hervorbringen und sie können ebenso Altes löschen. Ein gutes Beispiel hierfür sind mediale Übertragungs- und Speicherprozesse. Ein Automatismus von Verlust und Neugenerierung scheint das symbolische Universum zu durchziehen – und eine sichere Verwahrung zu bedrohen. Zeichen verdichten sich, bilden sich aus oder um, verändern sich durch die Fortdauer ihrer Nutzung. In der oralen Kultur ging, was nicht durch ständige Wiederholung weitergegeben wurde, unwiederbringlich aus den Wissensbeständen verloren. Bei der schriftlichen Reproduktion von Bibeltexten in mittelalterlichen Klöstern summierten sich Fehler. Auch technisch erzeugte Kopien schützen, wie eben jede mediale Weitergabe, nicht vor unwiederbringlichen Verlusten.

Um dieses evident zu veranschaulichen, habe ich ein medienästhetisches Experiment gemacht. Mit einem gängigen Bürokopierer fertige ich von einem Buchdeckel eine Kopie an, und von dieser Kopie eine nächste Kopie und so weiter.

Folgende Abbildung zeigt Auszüge aus diesem Kopierverlauf. Antrieb war die Neugier, praktisch zu erfassen, was mit einer Information passiert, die reproduziert und – vergleichbar mit dem Stille-Post-Prinzip der Weiterreichung von Station zu Station –, ‚stetig genutzt' wird.

Das vorliegende Ergebnis zeigt, dass von Kopie zu Kopie das Bild immer schwächer wird, bis es schließlich, unkenntlich zerstreut, völlig verschwindet. Die Ausgangsinformation, hier der Text des Titels, ist nach über 300 Kopierschritten nicht mehr entzifferbar, nicht einmal mehr zu erahnen. Nach der 440-sten Kopie ist das Blatt weiß. Das Motiv ist wegkopiert, die Übertragung hat es gelöscht.[82] Aus dem Kopierexperiment ist herauszulesen, dass auch hier, wie bei jeder Überlieferung, das originale ‚Ereignis' aus dem ursprünglichen Kontext hinauswandert. Der Prozess der Kontextentbindung ist ein Automatismus, dem jede mediale Tradierung unterworfen ist. Dieser visualisiert sich hier metaphorisch durch das Austreten des Bildes aus dem DIN-A4-Rahmen. Fortlaufend bewegt sich das kopierte Buchcover auf den Papierrand zu und über ihn hinweg. Das Motiv löst sich nicht nur in Rauschen auf, sondern entzieht sich auch dem primären Umfeld, der ursprünglichen Verflechtung, dem ihn anfänglich umgebenen Bezugsrahmen. Die kopierten Seiten machen den Verlauf von Speichern und Übertragen sichtbar und problematisierbar. Ein

---

[82] Der Kopiervorgang ist hierbei nicht beeinflusst worden. Auf dem gleichen Kopiergerät wurde mit dem gleichen Papier jede Kopie der Kopie und so weiter angefertigt. Alle Einstellungen blieben während des Prozesses unverändert.

Wiederholungsprozess, die Reproduktion einer Information, hat diese zum Verschwinden von der sichtbaren Oberfläche gebracht. Am Ende ist die Seite weiß. Hier visualisiert sich ein Verschwinden der Ursprungsinformation: Dieses kann entweder als gänzlicher Verlust oder als eine Einschreibung in tiefere Schichten, als ein „Vergessen hinein in die Struktur"[83] geschehen. Übertragungsprozesse schlagen sich auf jeden Fall in den zirkulierenden Objekten nieder, sie prägen und formen diese. Das weiße Blatt ist Resultat eines Prozesses, dessen Ursprung sich fortlaufend mehr verschleiert. Automatismen lassen sich schwer auf ihre Entstehung zurückführen und erscheinen auch somit befremdlich und möglicherweise beängstigend.

Die Kopierreihe lässt sich allerdings in zwei Richtungen lesen. Wird sie probeweise rückwärts betrachtet, zeigt sich, wie sich ein leeres Blatt füllt. Neues formt sich, etwas entsteht. Auch wenn die materielle Anordnung des Experiments diese Schlüsse nur als Gedankenspiel erlaubt, so lässt sich doch, auf das kopierte Buch bezogen, abstrahierend sagen: Wissen bildet sich aus. Somit werden auch neue Chancen eröffnet. Der Philosoph Alfred North Whitehead konstatierte 1911: „Die Zivilisation schreitet voran, indem sie die Zahl der Operationen vergrößert, die wir tun können, ohne an sie zu denken."[84] Fortschritt entsteht demnach dadurch, dass Subjekte Handlungen unbewussten Automatismen ‚überlassen' können. „Diese Automatismen halten uns den Kopf frei für die wichtigen Dinge – in den kurzen Momenten der Aufmerksamkeit, wenn Überraschendes passiert, für das unser Gehirn keine fertigen Programme findet."[85] Ohne automatisierte Abläufe wie Sprachnutzung, Bewegung, räumliche Orientierung, ohne stereotype Situationen würden wir vor Überforderung schlichtweg wahnsinnig. Automatismen sind auch „hilfreicher Diener"[86]. Unbewusst ablaufende Programme steuern uns, schiffen uns sicher durch den Alltag und schenken uns Träume. Diese Lenkung, die zunächst „so erschreckend klingt, entpuppt sich als segensreicher Schutzmechanismus"[87].

Automatismen produzieren auch Sicherheiten und bedeuten Gewissheit. Sie vermitteln Leichtigkeit, nehmen den Subjekten Last ab. Sie geben ihnen die Möglichkeit, auf Basales, auf Routinen zu vertrauen. Im persönlichen Bereich sowie im kulturellen Umfeld in Form von Konventionen oder Schemata.

Zudem können sie eben wirklich Neues und Unerwartetes hervorbringen. Selbstorganisiert entwickeln sich Prozesse aus einem Arrangement beispielsweise unterschiedlichster Subjekthintergründe, Techniken oder Orte, deren Funktionieren begeistert.

Automatismen faszinieren uns (wobei die Faszination selbst schon von Subjekten als automatisch ablaufende Reaktion erfahren wird). Seien es Bilder

---

[83] Hartmut Winkler, *Diskursökonomie. Versuch über die innere Ökonomie der Medien*, Frankfurt/M., 2004, S. 124.
[84] Luczak (1999), Das Unbewusste, S. 166.
[85] Ebd., S. 155.
[86] Ebd., S. 165.
[87] Ebd., S. 145.

davon, wie das Foto der in diesem Sammelband besprochenen Schafherde, oder die hier gezeigte Kopierreihe – oder sei es beispielsweise das pure Staunen darüber, dass Wissen und Akte unbewusst über Generationen ‚automatisch' vermittelt werden können. Automatismen, Prozesse die ungeplant und von selbst verlaufen, beeindrucken.

Und bei aller theoretischen Aufarbeitung des Automatismen-Begriffs sollte etwas von diesem Zauber beibehalten werden, sollten wir uns ab und an schlicht faszinieren lassen.

Christina L. Steinmann

Literatur

Adler, Alfred, „Drei Psycho-Analysen von Zahleneinfällen und obsedierenden Zahlen", in: ders., *Persönlichkeit und neurotische Entwicklung: Frühe Schriften (1904-1912)*. Band 1 der Alfred Adler Studienausgabe, hg. v. Almuth Bruder-Bezzel, Göttingen, 2007, S. 41-47. [1905]

Albert, Gert, „Keines für alle! Die moderat holistische Alternative zu Hartmut Essers Modell der soziologischen Erklärung", in: *KZfSS Kölner Zeitschrift für Soziologie und Sozialpsychologie* 59, 2 (2007), S. 340-349.

Bandura, Albert, *Sozial-kognitive Lerntheorie*, Stuttgart, 1979.

Biagioli, Mario (Hg.), *The Science Studies Reader*, New York (u. a.), 1999.

Bohner, Gerd/Ansorge, Ulrich/Scharlau, Ingrid, „Entwurf für einen Schwerpunkt ‚Bewusste und unbewusste Verarbeitung' an der Abteilung für Psychologie der Universität Bielefeld", online unter: http://www.uni-bielefeld.de/psychologie/ae/Ae01/forschung/antrag.html?__xsl=/templates/print.xsl., zuletzt aufgerufen am 28.08.2009.

Degele, Nina, *Einführung in die Techniksoziologie*, München, 2002.

Esser, Hartmut, *Soziologie. Allgemeine Grundlagen*, Frankfurt/M., New York, 1996. [1993]

Ders., „Eines für alle(s)", in: *KZfSS Kölner Zeitschrift für Soziologie und Sozialpsychologie* 58, 2 (2006), S. 352-363.

Freud, Sigmund, *Zur Pschopathologie des Alltagslebens (Über Vergessen, Versprechen, Vergreifen, Aberglaube und Irrtum)*, Berlin, 1917. [1901]

Ders., *Das Unbehagen in der Kultur*, Frankfurt/M., 2007. [1930]

Foucault, Michel, *Überwachen und Strafen. Die Geburt des Gefängnisses*, Frankfurt/M., 1989. [Frz. OA 1975.]

Gerrig, Richard J./Zimbardo, Philip G., *Psychologie*, München, 2008.

Giddens, Anthony, *Die Konstitution der Gesellschaft. Grundzüge einer Theorie der Strukturierung*. Frankfurt/M., New York, 1995. [Engl. OA 1984.]

Greshoff, Rainer/Schimank,Uwe (Hg.), *Integrative Sozialtheorie – Esser – Luhmann – Weber*, Wiesbaden, 2006.

Haraway, Donna, „Situated Knowledges: The Science Question in Feminism and the Privilege of Partial Perspective", in: *Feminist Studies* 14, 3 (Herbst 1988), S. 575-600.

Heintz, Bettina, „Emergenz und Reduktion. Neue Perspektiven auf das Mikro-Makro-Problem", in: *KZfSS Kölner Zeitschrift für Soziologie und Sozialpsychologie* 56, 1 (2004), S. 1-31.

Kaschube, Matthias/Wolf, Fred/Geisel, Theo/Löwel, Siegrid, „Genetic Influence on Quantitative Features of Neocortical Architecture", in: *Journal of Neuroscience* 22 (2002), S. 7206-7217.

Landauer, Karl, „Automatismen, Zwangsneurose und Paranoia", in: *Internationale Zeitschrift für Psychoanalyse*, 13 (1927), S. 10-17.

Latour, Bruno, „Technology is Society Made Durable", in: John Law (Hg.), *A Sociology of Monsters: Essays on Power, Technology and Domination*, London, New York, 1991, S. 103-131.

Leroi-Gourhan, André, *Hand und Wort. Die Evolution von Technik, Sprache und Kunst*, Frankfurt/M., 1980. [Frz. OA 1964.]

Luczak, Hania, „Das Unbewusste. Die Kraft die uns bremst und treibt", in: *GEO* 12 (2004), S. 165.

Luhmann, Niklas, *Soziale Systeme. Grundriß einer allgemeinen Theorie*, 1. Aufl. [Nachdr.], Frankfurt/M., 2008. [1984]

Müsseler, Jochen/Prinz, Wolfgang, *Allgemeine Psychologie*, Heidelberg (u. a.), 2002.

Nietzsche, Friedrich, *Zur Genealogie der Moral*, Ditzingen, 1988. [1887]

Pierce, W. David/Cheney, Carl. D., *Behavior Analysis and Learning*, Mahwah, NJ, 2004.

Stephan, Achim, *Sinn als Bedeutung. Bedeutungstheoretische Untersuchungen zur Psychoanalyse Sigmund Freuds*, Berlin, New York, 1989.

Sutter, Tilmann, „Emergenz und Konstitution, Kommunikation und soziales Handeln: Leistungsbeziehungen zwischen Essers methodologischem Individualismus und Luhmanns soziologischer Systemtheorie", in: Rainer Greshoff/Uwe Schimank (Hg.), *Integrative Sozialtheorie – Esser – Luhmann – Weber*, Wiesbaden, 2006, S. 63-86.

Travis, Joseph/Reznick, David N., „Adaptation", in: Michael Ruse/Joseph Travis (Hg.), *Evolution. The First Four Billion Years*, Cambridge, MA, London, 2009, S. 105-123.

Waelder, Robert, „Über psychischen Determinismus und die Möglichkeit der Voraussage im Seelenleben", in: *Psyche* 20, 1 (1966), S. 5-28.

Winkler, Hartmut, *Diskursökonomie. Versuch über die innere Ökonomie der Medien*, Frankfurt/M., 2004.

Winner, Langdon, „Do Artifacts Have Politics?", in: ders., *The Whale and the Reactor: A Search for Limits in an Age of High Technology*, Chicago, Ill., 1986, S. 19-39. [1980]

Wiederholung, Strukturbildung

MLADEN DOLAR

AUTOMATISMEN DER WIEDERHOLUNG: ARISTOTELES, KIERKEGAARD UND LACAN

Übersetzung aus dem Englischen
von Roman Marek

Ich gebe gerne zu: Der Titel meines Beitrags klingt ziemlich abschreckend und Furcht einflößend. So bin ich angesichts der bevorstehenden Aufgabe, ein offenkundig schwieriges Thema mit bekanntermaßen schwierigen Autoren zu behandeln und dem Bewusstsein, dass ich dem Gegenstand möglicherweise nicht gerecht werden kann, schon ganz in Ehrfurcht erstarrt. Zudem bin ich mir bewusst, dass ich dem Problem weder auf den Grund gehen noch befriedigende Antworten geben kann. Ich werde mich jedoch bemühen, die Fragestellung auf eine möglichst verständliche Art und Weise zu erörtern, wenn ich sie auch nicht vollständig beantworten kann.

Ich beginne mit dem Schluss, mit Jacques Lacan. Im Jahr 1964 hielt Lacan sein *Seminar XI*, das seit seiner Veröffentlichung fast ein Jahrzehnt später zu seinem wohl bekanntesten und am meisten gelesenen Text wurde. Zu diesem Zeitpunkt, also im Jahr 1964, hatte der damals 63-jährige Lacan bereits eine beeindruckende Laufbahn hinter sich: Eine sich über mehr als drei Jahrzehnte erstreckende Tätigkeit als praktizierender Psychoanalytiker, bei der er sich Tag für Tag bei einer Unmenge von Patienten intensiv mit den Irrungen und Wirrungen analytischer Praxis auseinandersetzte. Hinzu kommt sein langer Weg als Autor und Theoretiker, denn Lacan hatte zu diesem Zeitpunkt bereits den Großteil der Texte geschrieben, die zwei Jahre später, im Jahr 1966, den Hauptteil seiner *Écrits* – sein *opus magnum* – ausmachen werden; darüber hinaus noch seine beachtliche Karriere in der Lehre, denn Lacan hielt bereits seit zehn Jahren wöchentlich sein Seminar. Und dieses Seminar war zu diesem Zeitpunkt bereits nicht nur unter Psychoanalytikern, sondern auch für eine große Zahl französischer Intellektueller und Philosophen in den Mittelpunkt theoretischer Erörterung gerückt. Außerdem muss noch Lacans Erfahrung mit den Wechselfällen psychoanalytischer Institutionen erwähnt werden, schließlich verursachte er selber zwei Spaltungen und wurde zweimal von den offiziellen psychoanalytischen Organisationen ausgeschlossen. Als Folge eines solchen Ausschlusses, der wohl eher einer Exkommunikation gleich kam, fand sein *Seminar XI* unter höchst außergewöhnlichen Umständen statt: Lacan wurde von den französischen und internationalen psychoanalytischen Institutionen nicht nur ausgeschlossen, sondern es wurde ihm auch die Gastfreundschaft der

Klinik, des Hôpital de Sainte-Anne, in der er vorher das Seminar hielt, vorenthalten. Aufgrund seiner wachsenden Berühmtheit und Bekanntheit löste dies öffentliche Empörung aus, seine Freunde und Anhänger eilten zu Hilfe, und es dauerte nicht lange, bis ihm ein neuer Platz angeboten wurde, um das Seminar fortzusetzen. Wie es der Zufall will, war dieser Ort einer der renommiertesten Plätze der französischen Wissenschaft, nämlich die École normale supérieure. Der prominente neue Veranstaltungsort des Seminars brachte eine erweiterte und erheblich größere Zuhörerschaft mit sich. Der Skandal stellte Lacan ins Rampenlicht und erzeugte ein enormes öffentliches Interesse an dem neuen Helden mit der Aura eines ausgestoßenen Meisters. So drängte sich förmlich die Gelegenheit auf, in einer zusammenhängenden Präsentation Lacans Grundideen der Psychoanalyse zusammenzufassen. Es war nur folgerichtig, dass das Seminar schließlich den Titel *Die vier Grundbegriffe der Psychoanalyse* erhielt. Schon der Titel verspricht Grundsätzliches, nämlich, die Komplexität und Verästelung psychoanalytischer Erkenntnisse und Praxen auf nur vier Begriffe zu reduzieren, auf die Lacan seine Thesen stützen wollte. Diese vier allseits bekannten Grundbegriffe sind: das Unbewusste, die Wiederholung, die Übertragung und der Trieb.

Hier also fängt unsere Geschichte an: Warum ist die Wiederholung einer der Grundbegriffe der Psychoanalyse? Was bringt das mit sich, wie ist das zu verstehen? Was kann uns dies sagen über die Beschaffenheit der Psyche, um die es in der Psychoanalyse ja immer geht? – Die Wahl dieser vier Grundbegriffe mag in gewisser Hinsicht überraschend erscheinen; ich kann an dieser Stelle jedoch nicht auf die dahinter liegenden Gründe eingehen. Ins Auge springt aber, das möchte ich hervorheben, dass der Begriff des Wunsches fehlt. Der Wunsch war ein Schlüsselbegriff sowohl für den frühen Freud (er verfasste *Die Traumdeutung*, um seine These vom Traum als *Wunscherfüllung* zu verteidigen) als auch für den frühen Lacan (zum Beispiel trug eines seiner ersten Seminare aus dem Jahr 1958/59 den Titel *Das Begehren und seine Deutung*[1]). An späterer Stelle werden wir noch auf einige Gründe für diese Abwesenheit stoßen, denn sie steht im Zusammenhang mit dem Begriff der Wiederholung.

Indem Lacan die Wiederholung als einen der Grundbegriffe der Psychoanalyse einführte, folgte er in gewisser Weise dem Vorbild seines Lehrers, Gaëtan Gatian de Clérambault, von dem er sagte, er sei sein einziger Lehrmeister auf dem Gebiet der Psychiatrie gewesen. Clérambault hatte bereits den Versuch unternommen, seine grundsätzlichen Erkenntnisse über die Funktionsweise der Psyche an dem Begriff des *automatisme mental* festzumachen, der sich für ihn als der kleinste Mechanismus darstellte, von dem aus sich die Komplexität des psychischen Lebens erschließen lässt. Über allem steht natürlich das Beispiel Freuds selbst, der mit zunehmendem Interesse den Mechanismus der Wiederholung – *den Wiederholungszwang* –, seinen rätselhaften Charakter,

---

[1] A. d. Ü.: Im französischen Original: „Le désir et son interprétation".

die Ausprägung seiner Zwanghaftigkeit und seine komplizierte Beziehung zum Unbewussten untersucht hat. Freud führte dieses Thema 1914 in seinem Aufsatz „Erinnern, Wiederholen und Durcharbeiten" ein, und wir alle kennen das merkwürdige und eher spektakuläre Schicksal, das dieser elementare Begriff in *Jenseits des Lustprinzips* aus dem Jahr 1920 spielen sollte: Dort scheint er ein völlig neues Licht auf die Grundlagen der Psychoanalyse zu werfen, ja, er stößt diese Grundlagen sogar beinahe um – daher auch die in den meisten seiner darauf folgenden Arbeiten deutlich werdende Obsession, falls man dieses Wort gebrauchen darf, vom *Todestrieb*. An dieser Stelle können wir festhalten, dass die Wiederholung in Freuds wie auch Lacans Arbeiten erst relativ spät auftaucht. Für beide wurde die Wiederholung nur allmählich zu einem Schlüsselbegriff, einem elementaren Konzept, was aber dann auch bei beiden eine Veränderung der konzeptionellen Grundlagen erforderlich machte. Außerdem sollten wir festhalten, dass die Wiederholung in enger Beziehung zu einem weiteren der vier Grundbegriffe steht: nämlich zum *Trieb*.

Als Lacan in der vierten Sitzung seines *Seminar XI* (am 5. Februar 1964, drei Wochen nach Beginn des Seminars) den Begriff der Wiederholung einführte, berief er sich zunächst kurz auf Freud, bezog sich dann aber schnell auf die denkbar ehrwürdigste philosophische Quelle, nämlich auf Aristoteles' *Physik*. „Philosophus dixit", wie man im Mittelalter zu sagen pflegte, und Lacans regelmäßige und zahlreiche Bezugnahme auf Aristoteles bewahrt noch etwas von dieser respektvollen Atmosphäre mittelalterlicher Ehrfurcht.[2]

Lassen Sie mich die entscheidende Stelle zitieren, an der Lacan den Begriff der Wiederholung einführt (in der nächsten Sitzung „*Tyche* und *Automaton*") – ich werde später noch ausführlicher auf diese Passage eingehen:

> Zunächst: *Tyche*. Ich habe Ihnen [...] gesagt, daß ich das Wort dem Vokabular von Aristoteles entnommen habe, als ich nach seiner Erforschung der Ursache fragte. Wir übersetzten: *die Begegnung mit dem Realen*. Das Reale ist jenseits des *Automaton*, der Wiederkehr, des Wiedererscheinens, des Insistierens der Zeichen, auf die wir durch das Lustprinzip verpflichtet sind. Das Reale liegt stets hinter dem *Automaton*. Ihm gilt Freuds Sorge, seine ganze Forschung hindurch.[3]

In dem Augenblick, in dem Wiederholung einsetzt, kommt es zu einer Verdoppelung; die Wiederholung verdoppelt sich gewissermaßen selbst, sie teilt sich. Es gibt also zwei Arten von Wiederholung, dies trifft es aber nicht ganz; vielleicht kann man es besser so ausdrücken: Was sich wiederholt ist der Bruch oder die Trennung, ein Spalt, der sich bei der Wiederholung auftut, und die beiden Teile können nicht getrennt werden, sie lassen sich nicht auseinan-

---

[2] Für Lacans Bezugnahmen zu Aristoteles vgl. Pierre-Christophe Cathelineau, *Lacan, lecteur d'Aristote*, Paris, 1998. (Eine Arbeit, deren Forschungsleiter niemand anderes war als Pierre Aubenque, eine der größten Autoritäten in Bezug auf Aristoteles.)

[3] Jacques Lacan, *Das Seminar von Jacques Lacan. Buch XI (1964). Die vier Grundbegriffe der Psychoanalyse*, 4. Aufl., übersetzt und hg. v. Norbert Haas, Weinheim, Berlin, 1996, S. 60. [1964]

derziehen in zwei getrennte Bereiche oder Gebiete. Wiederholung erleben bedeutet immer auch das Erfahren einer abermaligen Spaltung in der Wiederholung, ein Nichtübereinstimmen mit dem ursprünglichen Selbst, einer ständigen Metamorphose hin zu etwas Anderem. Selbst die alltäglichste Erfahrung von Wiederholung lässt häufig ihren enigmatischen Charakter erkennen, ihre irritierenden und beunruhigenden verborgenen Eigenschaften, denn in der Wiederholung findet man niemals ganz dasselbe wieder, es gibt immer einen Spalt zwischen dem (Wieder-)Hergestellten. („Répéter, ce n'est pas retrouver la même chose", sagt Lacan – wiederholen heißt nicht, dasselbe wiederzufinden.) Das Vokabular zum Beschreiben dieser Duplizität der Wiederholung entstammt Aristoteles' *Physik*. Zwei Begriffe werden dort nebeneinander gestellt und miteinander verglichen: *tyche* und *automaton*. Es gibt eine Tradition, die die Begriffe *automaton* mit Zufall (oder Spontaneität, etwas, das von selbst geschieht) und *tyche* (das lateinische Wort ist *fortuna*, Glück oder Unglück, *eutychia* und *dystychia*) mit Schicksalsfügung übersetzt.[4] Beide Begriffe werden von der Notwendigkeit, der kausalen Verknüpfung abgesetzt. Denn was notwendig ist, ist durch eine Ursache determiniert, und der Bereich von Zufall, Schicksalsfügung, Glück und Koinzidenz unterliegt dieser ursächlichen Determination nicht und gehört einer anderen Ursächlichkeit an, die erst am Rande der normalen Ursächlichkeit in Erscheinung tritt. Allgemeiner ausgedrückt hat Wiederholung eine ‚automatische' Seite – etwas, das blind getrieben ist von einem ‚mehr vom Selben', das unaufhaltsam zum selben Ort zurückkehrt. Und dann gibt es noch eine scheinbar gegensätzliche Seite der Wiederholung, diese hängt zusammen mit Zufall, Glück, dem Unvorhersehbaren und dem Eintreffen von etwas, auf das man nicht abgezielt hat. In dem einen Teil geht es um das, was man erwartet hat, in dem anderen um das, womit man niemals gerechnet hätte.

Dies ist eine sehr freie Interpretation von Aristoteles, der im *Zweiten Buch der Physik* die Begriffe *tyche* und *automaton* verwendet, um etwas zu fassen, das sich der Ursächlichkeit entzieht. So lautet auch der erste Aspekt, den Lacan in Bezug auf die beiden Begriffe betont:

> Es geht vor allem um zwei Begriffe, die Aristoteles in diesem Buch [dem *Zweiten Buch der Physik*, R. M.] immer wieder aufgreift, und die seiner Theorie einen absoluten Widerstand entgegensetzen, obwohl Aristoteles' Theorie die elaborierteste Theorie ist, die es je zur Funktion der Ursache gegeben hat.[5]

---

[4] In der Übersetzung gibt es einige Unsicherheiten, und die Übersetzer benutzen verschiedene Begriffe. In Latein wurden *tyche* und *automaton* standardmäßig mit *fortuna* und *casus* übersetzt, im Französischen mit *la fortune* und *le hasard*; die alte deutsche Version von Karl Prantl (1854) benutzt *der Zufall* und *das grundlos von Selbst eintretende* (!). Ross schlägt *luck* und *chance* vor, außerdem zusätzlich *random* für *automaton*. – Ich selbst halte mich hier an die kroatische Übersetzung von Tomislav Ladan, die die Entsprechungen in verschiedenen Sprachen angibt.

[5] Lacan (1996), *Das Seminar von Jacques Lacan*, S. 58.

Einer der entscheidenden Punkte, die den Ruhm der Philosophie des Aristoteles über Jahrhunderte und Jahrtausende bewirkt haben, ist in der Tat seine Theorie der Ursächlichkeit, das bekannte Vier-Ursachen-Schema – *causa formalis*, die Formursache; *causa materialis*, die Materialursache; *causa efficiens*, die Wirkursache; und *causa finalis*, die Zweckursache (die, wie schon der Name sagt, Bezug nimmt auf Zweckmäßigkeit und den *Zweck*). Über diesen Lehrsatz haben sich schon unzählige Generationen von Philosophiestudenten den Kopf zerbrochen. Doch genau hier liegt die Schlüsselstelle, der erste Knackpunkt: Sowohl *tyche* als auch *automaton* sind Überreste der Ursächlichkeit, sie erscheinen in den Bruchstellen der Notwendigkeit, die vier Ursachen erfassen sie nicht, denn beide fallen in die verschwommenen Bereiche von Schicksalsfügung und Zufall. Zusammen mit *tyche* und *automaton* gerät auch die Wiederholung in den Bereich außerhalb normaler Ursächlichkeit (und der Vorhersagbarkeit kausaler Verknüpfungen) und stattdessen in einen Bereich, in dem die Ursachen abgleiten, ins Schlittern kommen. Lacan, der bekanntermaßen ein besonderes Talent für einen dichten, schwer verständlichen und höchst schwierigen Stil hatte, besaß auf der anderen Seite aber auch die Gabe, kurze und griffige Slogans zu entwerfen, so, als wolle er die Undurchsichtigkeit seiner Schreibweise ausgleichen. Einer dieser berühmten Slogans lautet: „Il n'y a de cause que de ce qui cloche" – „Ursache ist nur, wo es hapert"[6], oder wo es schief läuft, wo es nicht klappt. Es gibt hier eine Abweichung von der Ursächlichkeit, es gibt Erscheinungen, die keinen genauen und definierbaren Ursachen zugeschrieben werden können, wenn man das Vier-Ursachen-Schema von Aristoteles zugrunde legt. Die Ursache steht also im Gegensatz zu Gesetzmäßigkeit, Vorhersagbarkeit, Berechenbarkeit und Regelmäßigkeit. Das Problem der Ursache stellt sich aber nur beim Bruch der Regel, beim Bruch mit der üblichen Ursächlichkeit. Und dies führt uns unmittelbar zum Kern der Psychoanalyse: Die Frage nach der Ursächlichkeit von etwas, wo die normale Ursächlichkeit ins Schlingern gerät oder gar fehlt. In der Tat ist die Fehlleistung, die *Freudsche Fehlleistung*, um dem Klischee Genüge zu tun, eine der ersten Manifestationen des Unbewussten, so unverfänglich sie auch scheinen mag. Sie fordert eine andere Art von Ursächlichkeit, eine Ursächlichkeit, die weder auf die Absichten der Person zurückzuführen ist noch auf die Ursächlichkeit der Natur.

Bevor wir weitergehen, möchte ich noch kurz auf ein anderes bedeutendes Werk hinweisen, das sich ebenfalls mit Fragen der Wiederholung beschäftigt: Mit Deleuzes *Differenz und Wiederholung* (es erschien im Frühjahr 1968 und man könnte es als höchst bemerkenswertes Gegenstück zum Mai '68 sehen). Gleich auf der ersten Seite, direkt nach dem Vorwort, beginnt Deleuze mit einer Feststellung, die etwas sehr Ähnliches aussagt: „Die Wiederholung ist

---

[6] Ebd., S. 28.

nicht die Allgemeinheit."[7] Was aber heißt das? Die Wiederholung, die Deleuze meint, basiert nicht auf der Ähnlichkeit von dem, was wiederholt wird. Diese Ähnlichkeit könnte als Grundlage der Generalisierung dienen. Wissenschaft, zum Beispiel, ist nur als Wissenschaft über das Allgemeine denkbar, das heißt als Wissenschaft über das, was sich regelmäßig wiederholt und grundsätzlich auf Ähnlichkeit und der Möglichkeit systematischer Übertragung basiert. In einem wissenschaftlichen Experiment wird das herausdestilliert, was allgemein wiederholt werden kann, alles andere, etwa zufällige Umstände, wird systematisch ausgeschlossen. In diesem Anspruch auf Allgemeingültigkeit ist Wissenschaft auf Wiederholbarkeit gegründet. Aber Deleuze interessiert sich nicht für diese Art der Wiederholung; er zielt auf das Einzigartige ab, auf das, was nicht ersetzt werden kann – und nicht auf das Gesetz, das nichts ist als die Eingabemaske der Variabilität. „Wenn die Wiederholung möglich ist, so gehört sie eher zur Ordnung des Wunders als der des Gesetzes."[8] Etwas wird ungeachtet des Gesetzes, es außer Acht lassend, dagegen verstoßend, wiederholt. „Die Wiederholung ist in jeder Hinsicht Regelverstoß."[9] Daraus folgt, dass das, was wiederholt wird, keine angebbare Identität hat. Wir können es nicht auf bestimmbare Eigenschaften zurückführen, und wir können seine Wiederholung nicht kontrollieren wie in einem wissenschaftlichen Experiment. (Außerdem fällt es weder unter die Ordnung natürlicher Ge-setzmäßigkeiten noch unter die kultureller Gesetzmäßigkeiten – es lassen sich weder Moral noch Gedächtnis oder Gewohnheit zuordnen.) – Ich führe Deleuzes Sichtweise hier nur an, um zu zeigen, dass er bereits auf den ersten Seiten seines großartigen Buchs das Problem der Wiederholung auf eine Art und Weise behandelt, die Lacans Sichtweise ein paar Jahre früher beinahe entspricht. Die Wiederholung tritt also an gegen Gesetz, Regelhaftigkeit und Ursächlichkeit, und so stellt sich das Problem, dass es unmöglich wird, die Identität des Wiederholten zu bestimmen. Diese erscheint an einer Störstelle, am Bruch der kausalen Verknüpfung.

Zurück zu Aristoteles. Im *Zweiten Buch der Physik* verwendet Aristoteles viel Zeit auf das Beschreiben und Erörtern seiner Theorie der Ursächlichkeit, um sowohl kulturelle als auch natürliche Phänomene zu erklären (und Aristoteles führt zahlreiche Beispiele aus beiden Gebieten an). Dann, in den Abschnitten vier, fünf und sechs, wendet er sich *tyche* und *automaton* zu – ‚Zufall' und ‚Schicksalsfügung' –, deren Status unbestimmt ist und schwer eingegrenzt werden kann. Handelt es sich bei ihnen um eine bloße Ergänzung der Ursächlichkeit, der notwendigen kausalen Verknüpfung? Ein belangloses (wenn auch amüsantes), in sich keineswegs schlüssiges Detail? Ein bloße Ergänzung zum Lauf der Notwendigkeit, ‚durch Zufall' hinzugekommen? Oder

---

[7] Gilles Deleuze, *Differenz und Wiederholung*, aus dem Französischen von Joseph Vogl, München, 1992, S. 15. [1968]
[8] Ebd., S. 17.
[9] Ebd.

haben sie weitreichende Folgen, bedrohen sie gar die grundlegenden Prinzipien selbst? Hebeln sie die Kausalität durch Kontingenz aus? Können sie in das eingängige Vier-Ursachen-Schema integriert werden, oder bilden sie einen eigenen Definitionsbereich? Gibt es eine andere Art von Ursächlichkeit, der etwas zugeschrieben werden kann, das keine wirkliche Ursache zu haben scheint? Eine Art entgleiste Ursächlichkeit?[10]

Aristoteles geht kurz auf die ersten griechischen Philosophen, seine Vorgänger, ein und was sie zu dieser schwierigen Frage zu sagen hatten. Reichlich schematisch prüft er zwei gegensätzliche Theorien, nur um sie anschließend beide zu verwerfen. – Ich muss daran erinnern, dass Aristoteles' Text hier und überhaupt weit davon entfernt ist, klar zu sein. Er benötigt eine ausführliche Exegese, und es gibt unzählige Generationen von Gelehrten, die im Lauf der Zeit eine schier unübersehbare Menge an Kommentaren über jede Zeile verfasst haben, die Aristoteles jemals geschrieben hat (ganz zu schweigen von der Frage, ob er überhaupt der Verfasser dieser Zeilen war). Ich werde hier keine wissenschaftliche Exegese vornehmen – eine seit jeher recht entmutigende Vorstellung –, sondern nur einige für unsere Zwecke nützliche Hinweise geben. – Die erste Theorie besagt, dass *tyche* und *automaton* nicht wirklich existieren, oder zumindest nicht in wirklich nennenswertem Maße.

> Andrerseits aber waren sie auch nicht der Meinung, daß „Fügung" zu denjenigen (Anfangsgründen) gehöre, wie „Liebe und Streit" oder „Vernunft" oder „Feuer" oder anderes dergleichen. Es ist also unverständlich (beides), sowohl wenn sie annahmen, es gebe so etwas (wie Fügung) überhaupt nicht, als auch, wenn sie es zwar annahmen, aber die Behandlung davon übergingen.[11]

Die ersten Naturphilosophen, die Gründerväter der Philosophie, begründeten die Philosophie angeblich in der heroischen Absicht, die Natur des Universums auf erste Grundprinzipien zurückzuführen, in einer gemeinsamen *arché*, einem Urgrund, und der Zufall gehörte nicht dazu oder spielte anscheinend keine größere Rolle. Außerdem kann man hier auf etwas andere Art und Weise die naturalistische Linie vertreten, dass jedes Ereignis, egal wie klein

---

[10] Man könnte schematisch einen begrifflichen Gegensatz zwischen *Zufälligkeit* und *Kontingenz* aufbauen – ein Gegensatz, der aus einer viel späteren Zeit stammt und für Aristoteles nicht relevant ist, für ihn konnte sie nur in weiter Ferne erscheinen. Die Zufälligkeit ist der Gegenspieler von Notwendigkeit und Wesentlichkeit, nicht als etwas, das diesen widerspricht, sondern als etwas, das die Erfüllung der Notwendigkeit ermöglicht. Sie bilden ein Begriffspaar, bis zu Kant, dieser wird ein paar tausend Jahre später *substantia et accidens* auf seine Kategorientafel setzen. Der Zufall stellt Notwendigkeit nicht in Frage, aber er verleiht ihrer Realisierung zufällige Komponenten. Die wahre Ursache eines Hauses ist dessen Erbauer, um dieses Beispiel zu nehmen, aber die spezifische Farbe oder Oberfläche des Hauses sind zufällig. Kontingenz, auf der anderen Seite, stellt die Notwendigkeit grundsätzlich in Frage, diese wird nicht nur in ihrer Realisierung von der Kontingenz zu Fall gebracht, sondern als Leitsatz selbst. Dies wäre der Fall bei einem wahnsinnigen Häuserbauer, um Aristoteles' Beispiel noch etwas zu erweitern.

[11] *Aristoteles' Physik. Bücher I (α) bis IV (Δ)*, übersetzt und mit einer Einleitung und mit Anmerkungen hg. v. Hans Günter Zekl, Hamburg, 1987, S. 71 (196 a, 18-20).

oder unwichtig, eine bestimmte Ursache haben muss (Zufall wäre demzufolge nichts anderes als ein anderer Begriff für Unwissenheit). Auf der anderen Seite gibt es die (Demokrit zugeordnete) Theorie, die „die himmlische Sphäre und die ganze Welt der Spontaneität (*automaton*)" zuschreibt. Sie sagt, dass der Wirbel durch Zufall entstanden sei, d. h., dass die Bewegung die Stoffe getrennt und in ihrer gegenwärtigen Ordnung alles was existiert angeordnet hat.[12] Sie glaubt, der Zufall „sei eine Ursache, nur eine der menschlichen Vernunft undurchschaubare, da sie ja etwas Göttliches sei und ins Übernatürliche weise"[13]. Das Problem dabei wäre nicht etwa, ob der Zufall hier von Bedeutung ist und in welchem Maße, sondern, weitaus dramatischer, dass sich nämlich alles dem Zufall verdankt, ein göttlicher und unergründlicher Anfangsgrund. Aristoteles erläutert dann kurz die Absurdität dieser Anschauung. Diese zwei Positionen, die beide den frühen Atomisten zugesprochen werden, können in der gemeinsamen radikalen Sichtweise, dass es den Zufall nicht gibt und dass es für alles im Universum eine Ursache gibt, außer für das Universum selbst, denn dieses verdankt sich dem Zufall, zusammengebracht werden. Nachdem der initiale Zufall seinen Dienst getan hatte, verlief alles weitere streng determiniert.

Und noch eine Randbemerkung: Wenn diese Sichtweise tatsächlich Demokrit zuzuschreiben ist[14], dann gab ihm sein Nachfolger Epikur anderthalb Jahrhunderte später im Rahmen seiner Theorie des *Clinamen* eine neue Wendung, nämlich die Neigung der Atome, ihre minimale Abweichung von ihrem Kurs, ihr Ausrutscher, wenn man so will. Die minimale Abweichung der Atome vom senkrechten Kurs, dieses grundlose Schlittern, ist es, das die Entstehung des Universums ausgelöst hat; alle bestehenden Dinge verdanken ihre Existenz diesem Fehltritt, diesem Ausrutscher. Ich denke, „Ausrutscher" wäre die beste Übersetzung für *clinamen*. (Sollen wir jetzt sagen, dass das Universum wegen einer Fehlleistung – einer Freudschen Fehlleistung – der Atome entstanden ist? Sie vergaßen ihre Mission nur für den winzigen Bruchteil einer Sekunde lang, ein sorgloser Moment der Unbekümmertheit, eine vorübergehende Vergesslichkeit, die Freud *Fehlleistung* nennen wird? Ein *Daneben*, eine *Fehlhandlung*?) Dieser Ausrutscher geschah völlig grundlos, hinter ihm steckt nichts, oder besser gesagt: ein Fast-nichts. Diesen feinen Unterschied spreche ich jetzt hier an, denn Lacan beendet seine Sitzung, indem er Demokrit in Erinnerung ruft und das *clinamen* mit *tyche* in einen Zusammenhang stellt.

> Wenn die Entwicklung sich ganz und gar dem Vorfall, dem Anstoß der *Tyche* verdankt, so in dem Maße, wie uns die *Tyche* auf eben den Punkt hinlenkt, wo

---

[12] Vgl. ebd., S. 73, 196 a, 24-28.
[13] Ebd., S. 73, 196 b, 5-7. Bei Aristoteles sind diese Leute allerdings andere als die in 196 a, 24-28 erwähnten. [A. d. Ü.]
[14] Hermann Diels/Walther Kranz (Hg.), *Die Fragmente der Vorsokratiker II*, Berlin, 1935, fr. 29, 21-6.

die vorsokratische Philosophie die Welt selbst zu motivieren suchte. Diese brauchte irgendwo ein *Clinamen*. Demokrit – der versuchte, dieses Clinamen zu bezeichnen, sich damit bereits als Gegner einer reinen Negativitätsfunktion für die Einführung des Denkens setzend – sagt nicht das μηδέν [*Meden*, nichts] ist das *Wesentliche* […], es ist ein δέν [*Den*], was im Griechischen ein Kunstwort ist. Er sagt nicht έν [*Hen*, eines], um nicht vom όν [*On*, Seiendes] zu sprechen, was aber sagte er? – er sagte, antwortend auf die Frage, die heute unsere Frage war, die des Idealismus – *Nichts vielleicht? nicht – vielleicht nichts, aber nicht nichts.*[15]

Lacan ist hier vielleicht etwas voreilig, denn er vermischt die Frage nach dem *clinamen*, also Epikurs Weiterentwicklung von Demokrits Idee, mit Demokrits altgriechischer Wortschöpfung des δέν (*den*), ein seltsames Gebilde, das der Alternative zwischen Seiendem und Nichtseiendem entkommt: Weder ist es, noch ist es nicht, es gibt dem Negativen eine Existenz, dem Nichts eine Beschaffenheit, ohne jedoch etwas zu sein, das man identifizieren oder begreifen könnte. Diels übersetzt dieses eigenartige Wort mit „das Ichts (Das Nichts existiert ebenso sehr als das Ichts"[16]). (Interessanterweise wurde der deutsche Neologismus „das Ichts" unabhängig außerdem noch von Meister Eckhart eingeführt). Barbara Cassin, eine ausgezeichnete französische Spezialistin für antike Philosophie, schlägt in ihrer Kommentierung dieses Problems als französische Übersetzung von *den* das Kunstwort *ien* vor, nicht *rien*, also *nichts*, aber *ien*, genau *nicht nichts*, so wie Lacan es sagt.[17] Noch dichter als hier konnte die Philosophie, und dies bereits in ihren Anfängen, wohl kaum an das herankommen, was Lacan *Objet a* nennen wird – *Objekt a*, das er als seinen entscheidenden Beitrag zur Psychoanalyse, seine größte theoretische Erfindung sah.[18]

In Lacans Zitat haben wir alles in wenigen Worten zusammengefasst: das *den* des Demokrit, dieses Nicht-nichts, wird in Verbindung gebracht mit Aristoteles' *tyche*, einem der Schlüsselbegriffe der Wiederholung. Vereinfacht kann man sagen, dass das *den* genau das ist, worum es bei der Wiederholung geht: Dieses Objekt, das wiederholt wird, ohne dass es eine bestimmbare Konsequenz oder Identität hätte, das sich einer Ursache aus dem Bereich der ent-

---

[15] Lacan (1996), *Das Seminar von Jacques Lacan*, S. 69 f.
[16] Diels/Kranz (1935), *Die Fragmente der Vorsokratiker II*, fr. 156, S. 174. In die gleiche Richtung geht die von W. I. Matson vorgeschlagene englische Übersetzung durch den Neologismus *hing*, im Gegensatz zu *thing*. „Hing exists no more than nothing" und „Hing is no more real than nothing". W. I. Matson, „Democritus, Fragment 156", *The Classical Quarterly*, 13 (1963), S. 26-29. – In der neuen Übersetzung von Robin Waterfield heißt es: „There is no more reason for thing to exist than for no-thing to exist." Robin Waterfeld: *The First Philosophers*, Oxford, 2000, S. 174.
[17] Vgl. Barbara Cassin, „Pour une sécheresse logique", in: Yannick Haenel/François Meyronnis (Hg.), *Ligne de risque*, Paris, 2005, S. 38-47: 46.
[18] Stellt dies seinen Hauptbeitrag zur Philosophie dar? Jedenfalls nicht in Lacans Augen, denn in einer Diskussion mit französischen Philosophiestudenten sagte er ausdrücklich: „Genau dieses Objekt nämlich fehlt der Philosophie um sich selbst richtig zu positionieren, das heißt, zu erkennen, daß sie bedeutungslos ist." Jacques Lacan, *Autres écrits*, Paris, 2001, S. 207.

gleisten Ursächlichkeit verdankt, dem man aber keinen eigenen ontologischen Status gewähren kann, ein einer Bruchstelle entstammendes Gebilde, ohne eindeutige Art des Seins, aber eben auch nicht Nichts.

Lassen Sie mich an dieser Stelle daran erinnern – und ich werde diese Bemerkung nicht weiter kommentieren –, dass sich der junge Karl Marx im Jahr 1841 in seiner Dissertation mit dem Titel *Differenz der demokritischen und epikureischen Naturphilosophie* ausführlich mit der Frage des *clinamen* auseinandergesetzt hat. Dies wurde bisher zwar kaum in einen begrifflichen Zusammenhang mit seinem späteren philosophischen Werdegang gebracht, aber man könnte hierin auch eine Art Parabel sehen: Das *clinamen*, ein Ausrutscher am Anfang einer nach-hegelschen Epoche, eine kleine Neigung, ein Fehltritt, ein Abweichen vom Blickfeld etablierter philosophischer Traditionen, von der *großen Erzählung*, die sich von Aristoteles bis Hegel erstreckt, ein *den*, das eine neue Ära einleitete nach dem Ende der Philosophie.[19] (Und man sollte nicht vergessen, dass Marx auch ein paar großartige Seiten zur Wiederholung geschrieben hat.)

Jetzt aber noch einmal zurück zu Aristoteles, der keine dieser beiden extremen Positionen unterstützt, weder diejenige, die den Zufall insgesamt ablehnt oder ihm höchstens eine irrelevante Rolle zugesteht, noch die andere, die den Zufall als den Ursprung von allem sieht. *Per negationem*, im Umkehrschluss, führt dies aber zu der vorsichtigen Behauptung, dass es einen bestimmten Bereich geben muss, dem *tyche* und *automaton* zugeordnet werden können, ohne dass die Grundprinzipien oder die Theorie der Kausalität generell in Frage gestellt werden müssen. Aristoteles probiert, die beiden Begriffe *tyche* und *automaton* voneinander abzugrenzen, denn diese liegen im Griechischen in ihrer Bedeutung sehr nah beieinander und decken sich zum großen Teil sogar. Um es kurz zu fassen: *tyche* ordnet er den Wesen zu, die über Vernunft und Absicht verfügen, *automaton* reserviert er hingegen für Dinge, Tiere und Kinder (man fragt sich, wo hier eigentlich die Frauen geblieben sind). *Tyche* ist ein Sonderfall des *automatons*, das, was vernünftigen Menschen passiert, während *automaton* in der reinen Natur vorkommt. Hier sind seine Beispiele:

> Wegen der Rückerstattung des Geldes wäre wohl einer (zum Markt) hingegangen, zur Zeit als der Schuldner selbst gerade seine Außenstände einzog, – wenn er dies gewußt hätte! Nun aber ging er nicht deswegen hin, sondern es ergab sich für ihn eben so, gleichzeitig zu gehen und dies wegen des Geldeinzugs zu tun.

---

[19] Ich möchte noch auf einen bemerkenswerten und grundlegenden Bezug zu Samuel Becketts Arbeiten hinweisen. Beckett selbst schlug als Schlüssel zum Verständnis seines gesamten Werkes ein Diktum des Demokrit vor: „Nothing is more real than nothing" – eine freie Wiedergabe der Demokrit-Stelle „B 156". Samuel Beckett, *Disjecta. Miscellaneous Writings and a Dramatic Fragment*, hg. v. Ruby Cohn, London, 1983, S. 113. Er gebrauchte es sowohl in seinem frühen Roman *Murphy* (1934-37) (S. 246) als auch in *Malone Dies* (1951, deutsch: *Malone stirbt*) (*Trilogy*, S. 193). *Den*, das „Nicht-nichts", das „unnullable least" bezeichnet genau das, worum es in Becketts unerbittlichen Streben nach Reduktion und Beharrlichkeit geht.

Dabei gilt zusätzlich: Weder „in vielen Fällen" ging er zu diesem Platz noch „aus Notwendigkeit"' (d.i. immer). Nun gehört das Endergebnis, der Erhalt (des Geldes), zwar nicht zu den in ihm liegenden Ursachen, aber doch zu den vorsätzlichen und denen auf Grund planender Vernunft; und man sagt in diesem Fall eben, er sei *zufällig* hingegangen.[20]

Also ging der Mann mit Absicht, aber ohne die Absicht, das Geld zu bekommen, dorthin (und man wundert sich über diese altertümliche Praxis, Beiträge für eine Party einzusammeln, das ist leicht verwunderlich – und gingen sie herum, um Geld zu sammeln für Platos *Symposium*?); und dennoch bekam er durch Zufall das, wonach er gar nicht gesucht hatte. *Tyche*, das Glück erscheint hier als Beigabe, als Nebenprodukt, als der Bonus einer (intentionalen) Handlung. Sie ist der nicht intendierte Überschuss, der Mehrertrag einer anderen beabsichtigten Handlung, ein glücklicher Zufall, wie eine umgekehrte *Fehlleistung*, bei der man nicht aus Unglück seine verborgenen Intentionen preisgibt, sondern aus einer glücklichen Fügung heraus mehr erreicht als man eigentlich wollte. Aber es gibt auch das Unglück, das genauso leicht eintreten kann, dann aber die nicht intendierte Nebenwirkung der Katastrophe auslöst – dies ist ein ‚klitzekleiner' Unterschied. Auf diese Weise aber gerät das Schicksal, *tyche,* als Mehrertrag in den Bereich der Intention und Reflexion, denn die Vorbedingung für sein Auftreten ist das Vorhandensein von Verstand, moralischem Handeln und bewusster Wahl. Man hätte sich für etwas entscheiden können, entschied sich aber für etwas anderes, und das, wofür man sich hätte entscheiden können, trat trotzdem ein. Es handelt sich hier um eine zufällige Ursache, allerdings nicht im Sinne einer echten Ursache, auch wenn es sich hier um das Gegenteil der Regel handelt. „Auch die Behauptung, etwas *Widervernünftiges* sei doch diese Fügung, ist richtig: Der vernünftige Schluss bezieht sich auf Dinge, die immer so sind oder doch in der Mehrzahl der Fälle, die Fügung dagegen findet statt unter dem, was dem zuwider geschieht".[21] Also gibt es ein Hin und Her, es ist eine Art der Ursache und wieder nicht, es ist das Gegenteil der Regel, ohne aber eine andere Art von Regel aufzustellen.

Automaton, das Spontane, ist von beiden der umfassendere Begriff, denn *tyche* entspringt zwar ebenfalls der Spontanität, jedoch nur für diejenigen, die zu moralischen Handlungen befähigt sind.[22] „Alles, was nicht handeln kann, kann auch nicht etwas aus Fügung tun. Deswegen tut nichts Unbelebtes, kein Tier und auch kein kleines Kind etwas aus Fügung, weil sie alle freien Willen zur

---

[20] *Aristoteles' Physik* (1987), S. 75 f., 196 b, 33-197 a. [Herv. i. O.] Und noch ein anderes Beispiel von Aristoteles: Ein Mann gräbt ein Loch, um einen Baum zu pflanzen und entdeckt durch Zufall einen Schatz. *Metaphysik*, 1025 a.
[21] *Aristoteles' Physik* (1987), S. 77, 197 a, 18-21. [Herv. i. O.]
[22] „Die beiden unterscheiden sich aber von einander dadurch, daß das grundlos von selbst Eintretende der weitere Begriff ist, denn alles zufällige ist ein grundlos von selbst Eintretendes, aber nicht alles grundlos von selbst Eintretende ist ein Zufälliges." *Aristoteles' Werke. Griechisch und Deutsch und mit sacherklärenden Anmerkungen. Erster Band: Acht Bücher Physik*, hg. v. Dr. Carl Prantl, Leipzig, 1854, 197 a, S. 81.

Entscheidung nämlich nicht haben; auch ‚Glückhaben' oder ‚Pechhaben' trifft auf sie nicht zu."[23] Hier ein paar von Aristoteles' Beispielen:

> Wir sagen z. B. „das Pferd kam zufällig heraus", denn, obwohl es durch sein Kommen einem Unglück entging, kam es nicht in der Absicht, diesem Unglück zu entgehen. Oder: der Schemel fiel ‚von selbst um', denn obwohl er, als er fiel, auf eigenen Füßen stand, um als Sitz zu dienen, fiel er nicht deshalb um![24]

Das Pferd hat also möglicherweise sein Leben gerettet, indem es einen bestimmten Weg gewählt hat, dies jedoch war nicht seine ursprüngliche Intention; ein Schemel könnte ohne jeden Grund umfallen, einfach so, und ein fallender Stein könnte jemanden erschlagen. Es gibt also Störungen in der natürlichen Kausalität, es gibt im Bereich der Natur das *grundlos von selbst Eintretende*, so die deutsche Übersetzung von *automaton* durch Carl Prantl aus dem Jahr 1854. Der Unterschied ist, dass es im Fall von *tyche* eine Verbindung zu einer inneren Ursache (einer Intention) gibt, während die Ursache beim *automaton* nur äußerlich ist, sie ist einer *causa finalis*, einer inneren Absicht beraubt. Das Ergebnis dieser Überlegungen ist schließlich, dass *tyche* und *automaton* dem Verstand und der Natur entspringen, wobei sie das rein zufällig tun.

> Nun, da nichts, was zufällig ist, dem an und für sich Geltenden vorgeordnet ist, ist es klar, dass keine zufällige Ursache der eigentlichen vorgeordnet sein kann. *Zufall und Schicksalsfügung sind also der Vernunft und der Natur nachgeordnet.* Und dennoch: Auch wenn es zuträfe, dass die Himmel sich dem Zufall verdanken, wird es dennoch zutreffen, dass Vernunft und Natur die vorgängigen Ursachen von Allem und nebenbei auch vieler Dinge in diesem Ganzen wären.[25]

Es ist, als würde man die Büchse der Pandora öffnen und wieder schließen wollen, als würde man den Geist aus der Flasche lassen und anschließend versuchen, ihn wieder hineinzupressen. Doch was auch immer für *tyche* und *automaton* gilt, sie sind Derivate, zweitrangig, und sie können das Primäre nicht in Frage stellen. Es gibt einen separaten Bereich, dieser stört zwar in seiner Unbestimmtheit, aber letzten Endes, wenn es hart auf hart kommt, hat dieser Bereich keinen Einfluss auf Verstand und Natur, er stellt Anfangsgründe und Kausalität nicht in Frage.

Lacan nimmt Aristoteles' Erörterung aus dem *Zweiten Buch der Physik* mit der einfachen Behauptung auf, dass das, was Aristoteles als *tyche* und *automaton* beschreibt, über dessen Vier-Ursachen-Schema hinausgehe. Die beiden Begriffe können nicht in Aristoteles' Schema fallen, das für Lacan ja „die elaboriertste Theorie ist, die es je zur Funktion der Ursache gegeben hat". Die beiden Begriffe sind daher reif für eine neue Verwendung, sie können zur Erklärung von etwas beitragen, das in der Wiederholung passiert, von etwas, das

---

[23] *Aristoteles' Physik* (1987), S. 79 f., 197 b, 6-9.
[24] Ebd., S. 81, 179 b, 15-18.
[25] Ebd., S. 83, 198 a, 8-13. [Herv. i. O.]

mit der Entgleisung der Kausalität zu tun hat, nicht mit ihrem reibungslosen Funktionieren. Das reibungslose Funktionieren kann zwar Verstand und Natur erklären, mit den beiden verschiedenen Ausprägungen natürlicher und intentionaler Ursächlichkeit –, was aber in der Wiederholung passiert, läuft beidem zuwider. Und dies ist es, was die eigentliche Domäne der Psychoanalyse ausmacht: Phänomene, die nicht auf Absichten zurückzuführen sind, also auf eine *causa finalis*, eine *Zweckursache*, auf bewusste Intentionen, gleichzeitig aber genauso wenig auf die Kausalität der Natur, auf natürliche Prozesse jenseits bewusster Kontrolle, auf das Somatische. Weder Bewusstsein noch die Natur; weder der Verstand noch der Körper. Kurz: Was die Psychoanalyse interessiert, ist immer etwas, das ‚zufällig' passiert, durch ‚Koinzidenz', was dann aber gleichzeitig immer wieder auftaucht, sich wiederholt, dies jedoch ohne eine neue Kausalität zu formen, bei gleichzeitiger Irreduzibilität auf sowohl natürliche als auch bewusste Ursächlichkeiten. Es gibt eine Logik, aber keinen Inhalt. Hinter allem steckt zudem noch ein Paradox: Freud hat ausdrücklich darauf bestanden, dass alle psychischen Faktoren strikt determiniert sind, der kleinste Ausrutscher und der unbedeutendste Zufall sind determiniert, obwohl sie in ihrer Determination dem Anschein nach einer Ursächlichkeit folgen, die weder bewusst noch natürlich ist, und die dieser Trennung entkommt, jedoch ohne dabei einen neuen eigenen Definitionsbereich zu begründen.

Von hier aus können wir Aristoteles' Begriffen eine etwas andere Wendung geben. Doch so einfach man sagen kann, warum Lacan diese Begriffe benutzt hat, so schwer ist es zu verstehen, warum er sie so verwendet hat. Gehen wir noch einmal zurück zum ursprünglichen Zitat:

> Zunächst: *Tyche*. Ich habe Ihnen […] gesagt, daß ich das Wort dem Vokabular von Aristoteles entnommen habe, als ich nach seiner Erforschung der Ursache fragte. Wir übersetzten: *die Begegnung mit dem Realen*. Das Reale ist jenseits des *Automaton*, der Wiederkehr, des Wiedererscheinens, des Insistierens der Zeichen, auf die wir durch das Lustprinzip verpflichtet sind. Das Reale liegt stets hinter dem *Automaton*. Ihm gilt Freuds Sorge, seine ganze Forschung hindurch.[26]

Zwei Arten von Wiederholung werden hier voneinander abgegrenzt: *Automaton* gehört zum Symbolischen, zum Bereich der Zeichen (*L'empire des signes*, das *Reich der Zeichen* wie Barthes es formulieren wird), mit ihrer Insistenz, Iterabilität und Iteration; *tyche* hingegen gehört zum Realen, zur Begebenheit, der zufälligen Begebenheit, dem Unvorhersehbaren – und da es Zufall und Koinzidenz repräsentiert, scheint es am entgegengesetzten Ende des Automatismus zu stehen. Wir sehen, dass Lacans Verwendung des Begriffs *tyche* Aristoteles' Verständnis, und dem Verständnis dessen, was traditionell als Glück oder Unglück bezeichnet wird, weitgehend entspricht: Hier geht es um eine Begebenheit jenseits der Intention. In seiner Verwendung des Begriffes *automaton* nimmt Lacan sich jedoch große Freiheiten, hier weicht er vom

---

[26] Lacan (1996), *Das Seminar von Jacques Lacan*, S. 60.

Aristotelischen Verständnis ab: *Automaton* gehört bei Lacan nicht zu Natur und Spontanität, sondern zu unserer zweiten Natur, zu unserer Eingebundenheit in das symbolische System, das unsere soziale Natur bestimmt und hinter unserem Rücken unsere Handlungen und Einsichten formt.[27] Es gehört weder zum Bewusstsein noch zur Natur, sondern zu etwas, das in einem Kreislauf der Wiederholung blind ‚von selbst' angetrieben wird. So behält es vom ursprünglichen Begriff des *automaton* das ‚von selbst'[28], und eine Bedeutungskomponente, die eher in den Bereich des Zufalls als in den der Zweckmäßigkeit fällt (Arbitrarität, wie de Saussure es ausdrücken würde). Außerdem ist das *automaton* weder bewusst noch natürlich, es repräsentiert aufgrund seiner zufälligen Natur eine eigene Art von Notwendigkeit.

Die symbolische Wiederholung kann auf zwei Ebenen erfasst werden: Erstens ist sie ein direkter, wesentlicher Bestandteil des Zeichens, denn ein Zeichen kann nur als Zeichen funktionieren, wenn es wiederholbar ist. Iterativität ist sein essenzieller Wesenszug, denn eine einmalige Begebenheit ist schließlich kein Zeichen. Zweitens treten Zeichen immer wieder auf, sie kommen auf bestimmten Wegen wieder zurück, denn sie werden angetrieben von dem, was Freud das Lustprinzip nannte. Sie müssen zurückkommen, um mehr vom Selben zu bieten, um zurück zur Stelle der Befriedigung zu führen. Am einfachsten nehmen wir direkt das Beispiel Lacans: Kinder wollen immer wieder dieselbe Geschichte hören, unendlich oft, und immer in der gleichen Weise.

> Sehen Sie nur, wie diese [die Wiederholung, R. M.] in den ersten Bewegungen des Kindes, im Moment, wo das Kind sich als menschliches Wesen formt, als Forderung auftaucht, die Erzählung möge sich immer gleich bleiben, das Erzählte ritualisiert werden, das heißt textuell identisch bleiben.[29]

Folglich ist das *automaton* als Domäne des Symbolischen beherrscht durch das Lustprinzip. Doch innerhalb dieses symbolischen Mechanismus', der durch seine eigene ‚Spontanität' angetrieben wird, gibt es noch eine andere Art der Wiederholung, die in den Bereich der zufälligen Begebenheit fällt und über eine andere Dimension stolpert, nämlich die des Realen. Wenn die symbolische Wiederholung des *automaton* unter das Lustprinzip fällt, dann würde diese andere Wiederholung den Bereich berühren, den Freud als „jenseits des Lustprinzips" bezeichnete.

Freud hatte anfänglich behauptet, dass das Lustprinzip das psychische Leben regiert. Die Psyche wolle sich ‚spontan' Lust verschaffen, dies sei ihr inhärenter ‚Automatismus'. Den grundlegenden Konflikt identifizierte er als

---

[27] An dieser Stelle sei daran erinnert, dass Lukrez, der große römische Nachfolger von Demokrit und Epikur, in *De rerum natura* eine Parallele gezogen hat zwischen Atomen und Buchstaben: Atome sah er als die Buchstaben des Universums.

[28] Vielleicht außerdem noch das Verständnis von *maten* als „umsonst" („in vain") oder „Unsinn" („nonsense"), wie Cathelineau feststellt – eine falsche etymologische Herleitung von – ματον, die Aristoteles selbst verwendet. Vgl. Cathelineau (1998), *Lacan*, S. 303.

[29] Lacan (1996), *Das Seminar von Jacques Lacan*, S. 67.

denjenigen zwischen dem Lustprinzip auf der einen und dem Realitätsprinzip auf der anderen Seite. Das, was der nach Lust strebenden Psyche entgegengesetzt wurde, war die harte Realität, an die sich diese anzupassen hatte. Hier musste die Psyche Strategien entwickeln, um sich durch einen Kompromiss mit der feindlichen Realität dennoch Lust zu verschaffen.[30] Daraus folgte, dass alle Leiden des psychischen Lebens letztlich auf den Dauerkonflikt zwischen diesen beiden Prinzipien zurückgeführt werden konnten. Trotzdem verwarf Freud die Idee nach und nach als simplizistisch und gelangte zu der Einsicht, dass beide Prinzipien nicht wirklich in einem unlösbaren Konflikt standen. Vielmehr stellte es sich nun so dar, dass das Realitätsprinzip eine regulierende Schutzvorrichtung des Lustprinzips ist, die sicherstellt, dass das Luststreben unter den harten Bedingungen der Realität tatsächlich realisiert werden kann. Vielleicht stellen diese beiden Prinzipien ja auch nur zwei gegensätzliche Seiten desselben Komplexes dar, vielleicht können sie unter einem Begriff zusammengebracht werden, dem des Lust-und Realitätsprinzips. Doch wenn das psychische Leben letztlich auf einem Konflikt beruht, einem ständigen Zwist, dann sollten die beiden Parteien besser anders gefasst werden. Dies ist der Punkt, den Freud mit *Jenseits des Lustprinzips* (1920) erreicht hat, denn das, was jenseits des Lustprinzips ist, ist gleichzeitig auch jenseits des Realitätsprinzips. Etwas taucht im psychischen Leben immer wieder auf, es wiederholt sich allen Widrigkeiten zum Trotz, niemals hört es auf, die Homöostase zu stören, nach der doch Lust- und Realitätsprinzip in ihrer Zusammenarbeit und Kompromissbereitschaft streben, und dieses Etwas strebt weder nach Lust noch passt es sich der Realität an. (Und das ist es, was Gaëtan Gatian de Clérambault Ende der 1920er Jahre als *automatisme mental* bezeichnet hat.[31]) Freud verband damit die Vorstellung vom wiederkehrenden Trauma – das sich wiederholende traumatische Ereignis gehörte weder der Realität an noch war es lustvoll, sogar alles andere als dies –, und er ersetzte die alte Dualität mit einer neuen, mit der Dualität zwischen Eros und Thanatos, zwischen Lebenstrieben und Todestrieben, eine Dualität, die einen Großteil seiner späteren Bemühungen ausmachen sollte (vgl. besonders *Das Unbehagen in der Kultur*, 1929). Ich werde nicht weiter auf die Problematik dieser Sichtweise und die neuen Fragen, die sie aufwirft, eingehen. – Ich kann nur hinzufügen, dass dies der Grund ist, warum sich Lacan in seinem Kapitel über die Wiederholung sehr intensiv mit dem berühmten Traum aus der *Traumdeutung* auseinandersetzt, mit dem Traum „Vater, siehst Du denn nicht, daß ich verbrenne?", der ziemlich dramatisch das Thema des Traumas und seiner Wiederholung aufnimmt.

---

[30] Vgl. Sigmund Freud, „Formulierungen über die zwei Prinzipien des psychischen Geschehens", in: *Gesammelte Werke*, Band 8, Wien, 1911, S. 230-238.
[31] A. d. Ü.: Gaëtan Gatian de Clérambault, *L'Automatisme mental*, Paris, 1992. [1927] Vgl. dazu Uwe Henrik Peters (Hg.), „Automatismus mentalis", in: *Lexikon Psychiatrie, Psychotherapie, Medizinische Psychologie*, München, 2007, S. 60.

Ich möchte einen anderen Gedanken verfolgen, einen weniger düsteren, um zu illustrieren, worum es in Lacans Passage geht, nämlich die komische Wiederholung. Die Wiederholung ist eines der großen Mittel der Komödie, und Bergson wundert sich in seinem berühmten und bewundernswerten Essay über das Lachen lange darüber, wie etwas so Einfaches so effektiv und rätselhaft zugleich sein kann.[32] Einige der berühmtesten Verse Molières, etwa diejenigen, die schon zu französischen Sprichwörtern geworden sind, verdanken ihre Berühmtheit ihrer Wiederholung in bestimmten Stücken. „*Que diable allait-il faire dans cette galère?*" – „Was, zum Teufel, hatte er auf jener Galeere zu suchen?"[33] (Sinngemäß: Wie ist er da nur hineingeraten?) wird nicht weniger als sieben Mal in *Les fourberies de Scapin* (*Scapins Schelmenstreiche* (II/7) wiederholt.[34] „*Sans dot*" – „Ohne Mitgift" wird vier Mal von Harpagon wiederholt in *L'Avare* (*Der Geizige*) (I/5). „*Et Tartuffe? Le pauvre homme!*" – „Und Tartuffe? Der arme Mann!" wird vier Mal wiederholt in *Tartuffe* (I/4) etc. In allen diesen Fällen wird mit jeder erneuten Wiederholung derselbe Vers immer witziger, ein Schneeball-Effekt, gerade so, als würde sich um den Vers herum ein Schneeball bilden, der mit jeder Wiederholung wächst. Hier noch ein etwas aktuelleres Beispiel: In der sehr beliebten britischen Fernsehserie *'allo 'allo*, die von 1982 bis 1992 produziert wurde, gibt es eine Person, die in jeder Episode irgendwann auftritt und immer exakt den selben Satz sagt: „Listen very carefully, I shall say this only once!" – „Hören Sie gut zu! Ich werde dies nur einmal sagen!" – ein Satz, der zwangsläufig zu einem Sprichwort wurde. Natürlich ist dieser Satz noch besonders lustig, weil seine punktgenaue Wiederholung den Inhalt sofort *ad absurdum* führt, nämlich die Aussage, dass der Satz nicht wiederholt und nur einmal gesagt werden wird. Selbstverständlich wissen wir, das in der nächsten Folge wieder das Gleiche passieren wird, wir wissen schon beim Auftritt der Frau ganz genau, was sie sagen wird, und sie wird es auch sagen – doch obwohl wir nicht überrascht sein können, so sind wir es doch jedes Mal; unversehens gefesselt, können wir dem Lachen nicht widerstehen, in seiner ganzen Blödsinnigkeit und unendlichen Wiederholung ist es nicht aufzuhalten, unfehlbar kriegt es uns zu packen mit dem einfachsten und niedrigsten aller Mittel. Hierin liegt vielleicht die Quintessenz der Wiederholung: Das absolut präzise Auftreten trotz gleichzeitiger Unvorhersagbarkeit, dieser Moment der Überraschung – man wird überrascht durch das hundertprozentig Erwartete.

---

[32] Hier verweise ich auf die maßgebende Theoretisierung dieses Sachverhaltes in Alenka Zupančič, *The Odd One In*, Cambridge, MA, 2008. – Bergson nimmt das einfachste Beispiel auf, das Pascal vorgeschlagen hat: Warum wirken zwei gleiche Gesichter, die Seite an Seite platziert werden, komisch, während ein einzelnes überhaupt nicht komisch wirkt?

[33] A. d. Ü.: Vgl. Georg Büchmann, *Geflügelte Worte: Der Citatenschatz Des Deutschen Volkes*, Berlin, 1880, S. 207.

[34] Molière war einer der besten Plagiatoren aller Zeit, in seiner Kunst nur übertroffen von Shakespeare. Der berühmte Vers und seine Wiederholung stammen aus *Le pédant joué* von Cyrano de Bergerac.

Es scheint, als würde das Wiederholte mit jeder Wiederholung lustiger werden, als wenn ihm in seiner absoluten Gleichförmigkeit ein unsichtbarer Zusatz hinzugefügt werden würde. Wiederholung als ein kumulativer Effekt, als sammele die Abwesenheit von Bedeutung neue Bedeutung an. Etwas wiederholt sich grundlos und allen Widrigkeiten zum Trotz, keine neuen Informationen werden hinzugefügt, und doch resultiert die Wiederholung in Neuartigkeit und Überraschung. Diese Neuartigkeit kann dann ihrerseits als Ausgangspunkt für den Mechanismus der Inversion benutzt werden, wenn Wiederholung mit verändertem Vorzeichen stattfindet. Molière benutzt dies häufig, wenn derselbe Dialog zuerst zwischen den Herren gesprochen wird und dann zwischen den Dienern (und umgekehrt), oder eine Person sagt etwas und derselbe Satz wird dann vom Gesprächspartner gegen diese Person benutzt, der Gesprächspartner dreht also den Spieß um, und der Vers fällt seinem Schöpfer gewissermaßen in den Rücken. Die Inversion, die versetzte oder umgekehrte Wiederholung könnte man als ‚Selbstreflexion' der Neuartigkeit begreifen, eine Selbstreflexion, die dem Mechanismus der Wiederholung inhärent ist. Sie benutzt diese Neuartigkeit, um eine neue Situation zu schaffen, während der komische Effekt vollständig auf dem beruht, was wiederholt wird, was beharrt und was durch alle verschiedenen Sphären hindurch gleich bleibt.

Wenn das *automaton* in den Bereich des Symbolischen gehört und die Tendenz besitzt, das Lustvolle zu wiederholen, die *tyche* aber dem Bereich des Zufalls angehört, demjenigen der zufälligen Begegnung mit dem Realen, dann ist der springende Punkt, dass man hier nicht von zwei verschiedenen Arten der Wiederholung sprechen kann, die zwei verschiedenen Ebenen zuzuordnen wären, denn sie existieren nur zusammen und sind miteinander verwoben. Einfacher ausgedrückt: *tyche* ist die Lücke des *automaton*. In der winzigen Lücke zwischen dem einen Auftreten und dem nächsten wird ein Stück des Realen produziert. Denn in jeder Wiederholung taucht etwas auf, und sei es noch so minimal, das der Symbolisierung entkommt, nämlich das zufällige und unvorhergesehene Objekt, das *den*, das eine bloße Wiederholung des exakt Gleichen verhindert, so dass das sich Wiederholende zwar gleich, nicht aber dasselbe ist – obwohl wir keinen Unterschied sehen würden zum Vorherigen, etwa durch irgendwelche bestimmten Merkmale oder Unterscheidungen. Es gibt ein unvorhergesehenes Stückchen des Realen, das in der Lücke ‚wohnt', das durch eben diese Lücke geschaffen wird, und dieses nicht wahrnehmbare Stückchen ist das Material, das die Komödie optimal ausnutzt. Sie benutzt es als Überschuss, als Beigabe aus dem Nichts, aus der Spaltung der Wiederholung, aus dem bloßen Dazwischen, der Lücke, die niemals nur eine Lücke ist.

Die Neuartigkeit, die die Wiederholung enthält, bringt uns zur zweiten großen philosophischen Quelle, die Lacan benutzt, nämlich Kierkegaards kleinem Buch über die Wiederholung (*Gentagelse*, 1843, deutsch: *Die Wiederholung*). Kierkegaard starb im November 1855 und Freud wurde im Mai 1856 geboren. Wenn man an Platos Theorie der μετεμψύχωσις – *metempsýchōsis*, der See-

lenwanderung, glauben mag, dann könnte man sich vorstellen, dass Kierkegaards gequälte Seele sechs Monate lang nach einer neuen Inkarnation, einer Wiederholung suchte, die sie dann schließlich in diesem ‚gottlosen Juden' fand, indem er murmelte: ‚Und nun zu etwas völlig Anderem' (um noch einen anderen berühmt-berüchtigten, komischen Satz von Monty Python zu zitieren, ein Satz der auch durch seine Wiederholung berühmt wurde – und ein Satz, der den Kern der Wiederholung wiedergibt: dasselbe, aber völlig anders). Lacan schlägt seinem Publikum vor, den Text erneut zu lesen, er sei „mit leichter Hand geschrieben, voll Ironie, wie von Mozart in seiner donjuanesken Art"[35]. Um Kierkegaards Annäherung an den Begriff der Wiederholung besser zu verstehen, sollten wir kurz zurückgehen zu Freuds Text „Erinnern, Wiederholen und Durcharbeiten" (1914), in dem er sich zum ersten Mal in seinem Leben mit dem Begriff der Wiederholung auseinandersetzt.

Erinnern und *Wiederholen* stellen für Freud zwei verschiedene Beziehungen zur Vergangenheit dar. Während das Erinnern uns ermöglicht, vergangenen Ereignissen ihren bestimmten Platz zuzuweisen, um so eine gewisse Distanz zu ihnen zu erzeugen, zwingt uns die Wiederholung dazu, diese Ereignisse zu wiederholen, eben weil wir sie nicht erinnern können. Sie bezieht sich etwas aus der Vergangenheit, die uns quält und dazu treibt, sie auszuagieren (*Agieren*, sagt Freud), es nachzuspielen, es wieder in Szene setzen. In der Wiederholung können wir keine klare Demarkationslinie ziehen zwischen der Vergangenheit und der Gegenwart, diese Linie verschwimmt, und dann schleicht sich die Vergangenheit in die Gegenwart ein. Indem wir wiederholen, werden wir zum *Durcharbeiten* gebracht, dies ist der letzte Begriff aus dem Titel. Durcharbeiten bedeutet, dass wir verändert werden und sozusagen auch unsere Vergangenheit verändern, so dass wir uns letztendlich erinnern und sie integrieren können. In der Wiederholung sind wir nicht die Handelnden, wir werden getrieben, aber durch den Prozess des Durcharbeitens können wir endlich die Stellung des Handelnden einnehmen. Einige Elemente der Vergangenheit waren traumatisch und wurden daher unterdrückt. Das bedeutet, sie konnten nicht in die Erinnerung integriert werden. Diese Verdrängung aber, diese Verbannung der Erinnerung führt zum Zwang zur Wiederholung.[36] Doch wenn wir diese verdrängten Stücke erinnern würden, dann würden sie aufhören, uns zu verfolgen, wir würden nicht mehr von ihnen beherrscht sein, und wir würden uns befreien von Unterdrückung und Zensur. Die Wiedereingliederung in die Galerie der Erinnerungen würde uns von der traumatischen Vergangenheit befreien: „[S]o dürfen wir sagen, der Analysierte *erinnere*

---

[35] Lacan (1996), *Das Seminar von Jacques Lacan*, S. 67.
[36] „Zum Beispiel: Der Analysierte erzählt nicht, er erinnere sich, daß er trotzig und ungläubig gegen die Autorität der Eltern gewesen sei, sondern er benimmt sich in solcher Weise gegen den Arzt." Sigmund Freud: „Erinnern, Wiederholen und Durcharbeiten", in: ders., *Gesammelte Werke. Zehnter Band. Werke aus den Jahren 1913-1917*, London, 1949, S. 125-129: 129. [1914] Dieses Beispiel verknüpft die Wiederholung schon mit der Übertragung als Art der Wiederholung.

überhaupt nichts von dem Vergessenen und Verdrängten, sondern er *agiere* es. Er reproduziert es nicht als Erinnerung, sondern als Tat, er *wiederholt* es, ohne natürlich zu wissen, daß er es wiederholt."[37] Folglich entsteht die Wiederholung aus einem Loch in der Erinnerung, und das Ziel der Psychotherapie ist es, dieses Loch zu füllen, damit man nicht länger wiederholen muss. Die Wiederholung fällt genau mit dem Begriff des Unbewussten zusammen: Wir wiederholen, so lange wir uns der Vergangenheit nicht bewusst sind, so lange wir nicht erinnern können, so lange wir verdrängen.[38] Das fehlende Stück, die verdrängte Vorstellung oder der verdrängte Signifikant ist die Quelle der Wiederholung. Wenn wir eine vollständige Erinnerung hätten, dann wären wir nicht zur Wiederholung gezwungen; wir wiederholen nur, weil uns das Unbewusste dazu anstiftet. In der Wiederholung sind wir keine Handelnden, sondern wir werden von einer unbewussten Kraft getrieben, vom Fehlen der Erinnerung. Wenn wir aber das Fehlende finden, dann werden wir selbst wieder unseres Glückes Schmied. So ist es das Ziel der Psychoanalyse, das Unbewusste zu eliminieren, die fehlende Verknüpfung wiederzufinden und die Wiederholung abzustellen. Erinnern wird zur Heilung von der Wiederholung.

Bei Kierkegaard ist es genau umgekehrt. Gleich auf der ersten Seite seines Buches steht folgende Aussage:

> Wiederholen und Erinnerung sind die gleiche Bewegung, nur in entgegengesetzter Richtung; denn wessen man sich erinnert, das ist gewesen, wird rücklings wiederholt; wohingegen die eigentliche Wiederholung sich der Sache vorlings erinnert. Daher macht die Wiederholung, falls sie möglich ist, den Menschen glücklich, indessen die Erinnerung ihn unglücklich macht, unter der Voraussetzung nämlich, daß er sich Zeit nimmt zu leben und nicht schnurstracks in seiner Geburtsstunde einen Vorwand zu finden trachtet, sich aus dem Leben wieder davon zu stehlen, z. B. weil er etwas vergessen habe.[39]

Wiederholung und Erinnerung sind also prinzipiell gleich, nur blicken sie in gegensätzliche Richtungen: Die Erinnerung schaut zurück, Wiederholung schaut voraus. Es scheint, dass es die Verbindung zur Vergangenheit ist, die die Wiederholung ausmacht, denn man kann nur von Wiederholung sprechen, wenn die Vergangenheit immer wieder zum Vorschein kommt, wenn ein vergangener Moment immer wieder auftaucht. Kierkegaard aber bezieht die Wiederholung entgegen dem allgemeinen Verständnis auf die Zukunft, für ihn stellt sie etwas her, das es vorher nicht gab. Die Wiederholung sei kein Mechanismus der Vergangenheit, der uns bestimmt, sondern sie eröffnet uns die Zukunft (sie „kann ihre Poesie nicht aus der Vergangenheit schöpfen, sondern nur aus der Zukunft"[40], wie Marx es ausdrückt in einem anderen berühmten

---

[37] Ebd. [Herv. i. O.]
[38] „Je größer der Widerstand ist, desto ausgiebiger wird das Erinnern durch das Agieren (Wiederholen) ersetzt sein." Ebd., S. 130.
[39] Sören Kierkegaard, „Die Wiederholung", in: ders., *Gesammelte Werke. 5. und 6. Abteilung*, Düsseldorf, 1967, S. 1-97: 3. [1843]
[40] Karl Marx, *Der achtzehnte Brumaire des Louis Bonaparte*, Frankfurt/M., 2007, S. 12. [1852]

Text, der sich mit der Wiederholung in der Geschichte beschäftigt). Und es gibt ausdrücklich den Moment der Freude: Die Wiederholung macht uns glücklich, Erinnerung bringt Traurigkeit, dies steht im direkten Gegensatz zu Freud, der die Wiederholung als das Opfer der unglücklichen Reproduktion einer nicht integrierten Vergangenheit sieht und die Erinnerung als einen Weg der Heilung. Wenn wir etwas bei der Geburt vergessen haben – und es scheint, dass genau dies das Unbewusste ist: ein fataler Mangel genau bei der Geburt eines jeden Subjekts –, dann können wir uns unser ganzes Leben lang unglücklich abmühen, es zu erinnern, das fehlende Stück zu erlangen; aber dies ist eine wunderbare Ausrede, um dem Leben zu entkommen, es zu verschwenden bei dem vergeblichen Versuch, etwas unwiederbringlich Verlorenes wiederzuerlangen. Erinnerung bedeutet immer Melancholie, sie bedauert das Verlorene und versucht umsonst, es wiederzuerlangen, dabei zwangsläufig scheiternd.[41] Die Wiederholung hingegen steht auf der Seite des Lebens („Wer die Wiederholung gewählt, er lebt."[42]) Wiederholung ist Heilung, und Erinnerung verlängert nur die Krankheit.

Diese Gegenüberstellung ist für Kierkegaard von höchster Bedeutung: Er nimmt sich nichts Geringeres als eine harsche Kritik an der antiken Philosophie vor, die von Sokrates verkörpert wird. Insbesondere zielt er auf die sokratisch-platonische Theorie der *anámnēsis*, der Wiedererinnerung, ab, also genau auf die Theorie, für die Wissen im Grunde genommen auf einer lückenlosen Erinnerung fundiert: Wir erwerben durch Wiedererinnerung Wissen, und Lernen bedeutet etwas zu integrieren, das immer schon da war, etwa die Sphäre der *ewigen Ideen*. Dies war der paradigmatische sokratische Weg zu Wissen. Aber Wiederholung ist etwas anderes:

> [W]as sich wiederholt, ist gewesen, sonst könnte es sich nicht wiederholen; aber eben dies, das es gewesen ist, macht die Wiederholung zu dem Neuen. Wenn die Griechen sagten, daß alles Erkennen ein sich Erinnern ist, so sagten sie: das ganze Dasein, welches da ist, ist da gewesen; wenn man sagt, das das Leben eine Wiederholung ist, so sagt man: das Dasein, welches da gewesen ist, tritt jetzt ins Dasein.[43]

So hängt die Wiederholung vom Werden ab: Sie reproduziert nicht einfach die Vergangenheit, sie verleiht der Vergangenheit Werden. Das, was gewesen ist, wird nur jetzt, es ist rückwirkend verändert, die Auswirkung der Vergangenheit entscheidet sich erst bei gegenwärtiger Wiederholung. Und Werden geht über die Notwendigkeit hinaus („Kein Werden ist notwendig"[44], so sagt Kierkegaard in *Philosophische Brocken*), es entkommt dem engen Netz von Kau-

---

[41] „Die Erinnerung hat den großen Vorteil, daß sie mit dem Verlieren anfängt, daher ist sie sicherer, denn sie hat nichts zu verlieren." Kierkegaard (1967), Die Wiederholung, S. 9. Dies ist die Melancholie-Krankheit der Erinnerung: Den Verlust um des Verlustes Willen und seiner Sicherheit wegen zu lieben.
[42] Ebd., S. 5.
[43] Ebd., S. 22.
[44] Ebd., S. 71.

salitäten – nicht durch einen glücklichen Zufall oder durch die Suche nach Neuheit, sondern in einer bloßen Wiederholung seiner selbst. Wenn es eine Chance auf Veränderung gibt, dann durch das Streben nach Neuheit – aber durch Wiederholung. Der herkömmliche Appetit auf Neuheit und Einzigartigkeit ist hingegen eher Gift für die Veränderung, er hält Dinge davon ab, sich zu verändern. Dies ist die Umkehrung des alten französischen Sprichwortes „*Plus que ça change, plus c'est la même chose*" („Je mehr sich die Dinge ändern, desto mehr bleiben sie gleich"); denn eigentlich müsste es heißen „*Plus que c'est la même chose, plus ça change*" („Je mehr alles gleich bleibt, desto mehr verändert es sich").

In Kierkegaards radikaler Kritik der antiken wie auch der gegenwärtigen Philosophie (d. h. an Hegel) gibt es einen metaphysischen Schub. Einfach ausgedrückt bezieht sich Erinnern auf die Immanenz, es geht nur immanent aus dem hervor, was war. (Und dies ist die Stelle, an der nach Kierkegaard die Hegelsche Philosophie, sein direkter Gegenspieler, immer noch auf das alte Verständnis von Erinnerung hereinfällt: Sie trägt nur etwas in die Zukunft, das immanent schon da war, „die Wiederholung hingegen ist und bleibt eine Transzendenz."[45]) Wiederholung ist der Begriff für das Transzendieren dessen, was schon da war, eben indem das Risiko eingegangen wird, das bereits Dagewesene wieder aufzuführen. Erinnerung bietet Schutz, Wiederholung stellt ein Wagnis dar („Es gehört Mut dazu, die Wiederholung zu wollen"[46]), es benötigt nicht nur Erkenntnis, sondern auch einen gewissen Handlungsbedarf.[47]

Lacan hat dieses Buch und seine paradoxe Argumentation geliebt. Er kam immer wieder darauf zurück, und immer mit der gleichen Überlegung. Schon in *Seminar II* (1955) können wir Folgendes lesen: „[D]er Mensch findet seine Bahn nicht mehr auf dem Wege der Wiedererinnerung, sondern auf dem der Wiederholung. Eben das bringt Kierkegaard auf den Weg unserer Freudschen Institutionen, in einem Büchlein, das sich *Die Wiederholung* nennt."[48]

> Freud unterscheidet zwei völlig verschiedene Strukturierungen der menschlichen Erfahrung – diejenige, die ich mit Kierkegaard als *antik* bezeichnen würde, die der Wiedererinnerung, die eine Einstimmung, eine Harmonie zwischen dem Menschen und der Welt seiner Objekte voraussetzt, die bewirkt, daß er sie wiedererkennt, weil er sie in gewisser Hinsicht immer schon kennt – und im Gegensatz dazu die Eroberung, die Strukturierung der Welt in einer Anstrengung der Arbeit, auf dem Wege der Wiederholung.[49]

---

[45] Ebd., S. 59.
[46] Ebd., S. 4.
[47] Hier entzweit sich Deleuze von Kierkegaard, der sonst für ihn der große Entdecker der Wiederholung ist, der Initiator der Linie Kierkegaard – Nietzsche – Freud. Denn für Deleuze bedeutet Wiederholung Produktion und Werden, aber als reine Immanenz.
[48] Jacques Lacan, *Das Seminar von Jacques Lacan. Buch II (1954-1955). Das Ich in der Theorie Freuds und in der Technik der Psychoanalyse*, übersetzt von Hans-Joachim Metzger, hg. v. Norbert Haas, Freiburg im Breisgau, 1980, S. 116. [1955]
[49] Ebd., S. 131 f.

Und in den *Écrits* schreibt Lacan:

> Auf diese Weise situiert Freud sich von Anfang an in der Kierkegaardschen Opposition, die den Begriff der Existenz betrifft, sofern sie in der Erinnerung oder in der Wiederholung gründet. Wenn Kierkegaard in bewunderungswerter Weise in ihr die Differenz der antiken und modernen Konzeption des Menschen unterscheidet, dann wird offenbar, daß Freud der letzteren ihren entscheidenden Schritt abfordert.[50]

Also wird Kierkegaard völlig überraschend zum Verbündeten Freuds, zu einem Befürworter der Psychoanalyse *avant la lettre*, und zu einem Mann, dessen Seele nicht umsonst zu Freud gewandert ist. Denn an diesem bestimmten Punkt, bei der Gegenüberstellung von Erinnerung und Wiederholung, war er sogar Freud voraus. Bei der Psychoanalyse geht es eben nicht darum, die Vergangenheit wieder lebendig werden zu lassen und verbannte Erinnerungen und zensierte Kapitel wieder zu integrieren, sondern es geht um die Befähigung, die Vergangenheit zu verändern und sie zum Werden zu zwingen. Die Psychoanalyse unterstützt das große Paradoxon, das Kierkegaard vorantreiben wollte: Nämlich dass der Weg zu Veränderung und Freiheit, um dieses höchst belastete Wort zu gebrauchen, über die Wiederholung führt.[51]

Noch ein essenzieller Punkt bei Kierkegaard: Was wird eigentlich wiederholt? Kierkegaards Aufsatz ist stellenweise sehr komisch, besonders wenn er seinen Versuch beschreibt, die Wiederholung zu inszenieren. Er kehrt nach Berlin zurück, einen Ort, an dem er schon einmal gewesen ist (um Schellings berühmte Vorträge zur *Offenbarung* aus dem Jahr 1841 zu hören), ein bekannter Ort voller glücklicher Erinnerungen, und er versucht, an den gleichen Plätzen erneut dieselben Erfahrungen zu machen. Allerdings funktioniert sein Vorhaben nicht, die Wiederholung scheitert unerbittlich und enttäuscht seine Erwartungen. „[I]ch hatte entdeckt, daß die Wiederholung gar nicht vorhanden war, und dessen hatte ich mich vergewissert, indem ich dies auf alle nur mög-

---

[50] Jacques Lacan, *Schriften 1*, hg. v. Norbert Haas, Freiburg im Breisgau, 1973, S. 45. [1966]

[51] Freud und Kierkegaard haben keinen gemeinsamen Nenner, Freud erwähnt Kierkegaard nicht ein einziges Mal (umgekehrt natürlich auch nicht), aber seltsamerweise haben sie einen Punkt gemeinsam: beide bewunderten Nestroy. Johann Nepomuk Nestroy, ein Komödienschreiber des 19. Jahrhunderts, heutzutage weitestgehend vergessen, außer in Österreich, wo er ab und zu noch aufgeführt wird. Kierkegaard beschreibt uns in „Wiederholung" (S. 155) wie er sich freute zu hören, dass eine Posse von Nestroy (*Der Talisman*) im Königstädter Theater in Berlin aufgeführt werden sollte (das Stück stammt aus demselben Jahr, 1843), und Freud zitierte ihn oft, fast ein ganzes Jahrhundert später. Ich möchte hier nur ein Zitat von ihm aufgreifen aus einem seiner Stücke (*Der Zerrissene*), das Freud in „Die endliche und die unendliche Analyse" (1937) verwendet. Es ist ein Satz, der das ganze Stück über wiederholt wird, und der so jedes Mal witziger wird, dank des Schneeball-Effekts der Wiederholung. Der Satz wird von einem Diener wiederholt, als universelle Antwort auf jede nur erdenkliche Problemstellung: „*Im Laufe der Begebenheiten wird alles klar werden.*" Man kann dies auch als ein Motto der Wiederholung auffassen, im Geiste eines erwartungsfrohen Vertrauens in ihren rätselhaften Mechanismus und seine Befähigung, Dinge durch die Schubkraft seiner Beharrlichkeit ins Reine zu bringen.

liche Weise wiederholt bekam."⁵² „Das einzige, das sich wiederholte, war die Unmöglichkeit einer Wiederholung."⁵³ Man könnte es nicht präziser fassen: Die Unmöglichkeit der Wiederholung wiederholt sich selbst. So ist das, was wiederholt wird, nicht mit sich selbst identisch. Dies aber bedeutet nicht, dass es keine Wiederholung gibt, denn selbst in der beharrlichen Erfahrung einer Unmöglichkeit der Wiederholung gibt es einen Teil, der beharrt, auch wenn dieser nicht fassbar ist. Das Scheitern der Wiederholung, zu wiederholen bleibt immer noch Wiederholung. Dies ist der schmale Grat, den die Wiederholung überqueren muss: von der gescheiterten Wiederholung zur geglückten Wiederholung sozusagen. Dies ist auch der Grat, den wir nach Kierkegaard überqueren sollen (falls man den Mut zur Wiederholung besitzt), und so will es auch Nietzsche mit seiner Idee der ewigen Wiederkunft, so will es auch Freud, wenn er verlangt, seine Idee des Todestriebes nicht als etwas Negatives zu sehen, sondern gewissermaßen als positive Vorbedingung. Dies ist auch, worauf Lacan abzielt, wenn er sagt, dass die Wiederholung in den Bereich der Begegnung mit dem Realen fällt.

Also steht die Wiederholung im Mittelpunkt eines Paradoxons. Sie verbindet Notwendigkeit mit Zufall – dies wollte Lacan mit seiner Bezugnahme auf Aristoteles zeigen. Sie verbindet aber auch die Vergangenheit mit der Zukunft und die Gleichheit mit der Differenz. Die Wiederholung betrifft den Kern unseres Seins, sie versklavt uns und bringt uns gleichzeitig die kleine Bruchstelle, die die Freiheit des Individuums erst ermöglicht.

Literatur

Aristoteles' Werke. Griechisch und Deutsch und mit sacherklärenden Anmerkungen. Erster Band: Acht Bücher Physik, hg. v. Dr. Carl Prantl, Leipzig, 1854.
Aristoteles' Physik. Bücher I (α) bis IV (Δ), übersetzt und mit einer Einleitung und mit Anmerkungen hg. v. Hans Günter Zekl, Hamburg, 1987.
Beckett, Samuel, *Disjecta. Miscellaneous Writings and a Dramatic Fragment*, hg. v. Ruby Cohn, London, 1983.
Büchmann, Georg, *Geflügelte Worte: Der Citatenschatz Des Deutschen Volkes*, Berlin, 1880.
Cassin, Barbara, „Pour une sécheresse logique", in: Yannick Haenel/François Meyronnis (Hg.), *Ligne de risque*, Paris, 2005.
Cathelineau, Pierre-Christophe, *Lacan, lecteur d'Aristote*, Paris, 1998.
Clérambault, Gaëtan Gatian de, *L'Automatisme mental*, Paris, 1992. [1927]
Deleuze, Gilles, *Differenz und Wiederholung*, aus dem Französischen von Joseph Vogl, München, 1992. [1968]

---

[52] Kierkegaard (1967), Die Wiederholung, S. 45.
[53] Kierkegaard (1967), Die Wiederholung, S. 44.

Diels, Hermann/Kranz, Walther (Hg.), *Die Fragmente der Vorsokratiker II*, Berlin, 1935.
Freud, Sigmund, „Formulierungen über die zwei Prinzipien des psychischen Geschehens", in: *Gesammelte Werke*, Band 8, Wien, 1911, S. 230-238
Ders.; „Erinnern, Wiederholen und Durcharbeiten", in: ders., *Gesammelte Werke. Zehnter Band. Werke aus den Jahren 1913-1917*, London, 1949, S. 125-129. [1914]
Kierkegaard, Sören, „Die Wiederholung", in: ders., *Gesammelte Werke. 5. und 6. Abteilung*, Düsseldorf, 1967, S. 1-97. [1843]
Lacan, Jacques, *Schriften 1*, hg. v. Norbert Haas, Freiburg im Breisgau, 1973. [1966]
Ders., *Das Seminar von Jacques Lacan. Buch II (1954-1955). Das Ich in der Theorie Freuds und in der Technik der Psychoanalyse*, übersetzt von Hans-Joachim Metzger, hg. v. Norbert Haas, Olten, Freiburg im Breisgau, 1980. [1955]
Ders., *Das Seminar von Jacques Lacan. Buch XI (1964). Die vier Grundbegriffe der Psychoanalyse*, 4. Aufl., übersetzt und hg. v. Norbert Haas, Weinheim, Berlin, 1996. [1964]
Ders., *Autres écrits*, Paris, 2001.
Marx, Karl, *Der achtzehnte Brumaire des Louis Bonaparte*, Frankfurt/M., 2007. [1852]
Matson, W. I., „Democritus, Fragment 156", *The Classical Quarterly*, 13 (1963), S. 26-29.
Peters, Uwe Henrik (Hg.), „Automatismus mentalis", in: *Lexikon Psychiatrie, Psychotherapie, Medizinische Psychologie*, München, 2007, S. 60.
Waterfeld, Robin, *The First Philosophers*, Oxford, 2000.
Zupančič, Alenka, *The Odd One In*, Cambridge, MA, 2008.

HANNELORE BUBLITZ

TÄUSCHEND NATÜRLICH.
ZUR DYNAMIK GESELLSCHAFTLICHER AUTOMATISMEN, IHRER EREIGNISHAFTIGKEIT UND STRUKTURBILDENDEN KRAFT

Einleitung

Ich werde in meinem Beitrag einige theoretische Facetten des Themas ‚Automatismen' aus soziologischer Sicht umreißen und dabei insbesondere auf deren Dynamik, ihre Ereignishaftigkeit und strukturbildende Kraft eingehen. Dies will ich zunächst an einem anschaulichen Beispiel demonstrieren, das der (post-)modernen Architektur entnommen ist, aber über sie hinausweist:

1 – CCTV (China Central Television), Gebäude des chinesischen Staatsfernsehens, Peking (Entwurf: Rem Koolhaas/Ole Scheeren)

Wenn man sich den neuen Hauptsitz des chinesischen Staatsfernsehens CCTV in Peking ansieht, fällt auf: Neben der offenen Architektur geht es vor allem um die Statik, die sich hier gewissermaßen als ihr Gegenteil zeigt, nämlich als Dynamik eines Gerüsts, das den (Bau-)Körper wie ein engmaschiges Netz umhüllt, und darauf verweist, dass die technische Anordnung der einzelnen Bauteile und deren Statik immer auf die Dynamik des ganzen architektonischen Komplexes ausgerichtet sind. An der hier vorgestellten Architektur des chinesischen Staatsfernsehens wird gleichsam die Architektur moderner Gesellschaften sichtbar: Diagonal angeordnete Druck- und Zugstützen überziehen das Gebäude mit einem Netz von ‚Schnittmustern', die nicht beliebig und auch nicht ornamental sind, sondern auf komplexen strategischen Funktionen beruhen. Sie halten das ganze Bauwerk zusammen, geben ihm und den heterogenen Elementen aber gleichsam Spiel.

Nun ist die Statik nicht nur ein Teilgebiet der (Bau-)Physik, der Mechanik, sondern sie bildet auch eine soziologische Kategorie. Im Programm der Soziologie beziehen sich Statik und Dynamik als „institutionell verfestigter, ordnender, klassifizierender Wissenschaft"[1], wie es von Auguste Comte in seiner „Rede über den Geist des Positivismus"[2] gefordert wurde, auf das gesellschaftliche Problem von *Ordnung* und *Fortschritt*. Gegen diese unhistorische Dichotomie von Statik und Dynamik, die im positivistischen, nach dem historischen Vorbild der Naturwissenschaften als ‚soziale Physik' angelegten Zuschnitt der Soziologie auch als die von sozialer Integration und sozialem Wandel erscheint, wendet sich Theodor W. Adorno, wenn er sich gegen das dichotome Verhältnis von Statik und Dynamik richtet und auf die – im Stoffwechsel des Menschen mit der Natur angelegte – permanente Vermittlung statischer und dynamischer Momente im gesellschaftlichen Prozess abhebt. Erst recht gilt dies für moderne Gesellschaften, in denen Sozial- und Selbstverhältnisse dynamisch strukturiert sind und soziale Ordnung flexible Dynamiken sozialer Optimierung und optimaler Selbstentfaltung freisetzt.

Man könnte in Bezug auf „das Netz, das man zwischen diesen Elementen herstellen kann" geradezu von einer strategischen Vorrichtung im Sinne eines Dispositivs sprechen, das sich zunächst auf die Anordnung (Disposition) der Bauteile, den Apparat und die Konstruktion und erst in einer zweiten Verwendung auf die strategische Funktion einer „entschieden heterogenen Gesamtheit, bestehend aus Diskursen, Institutionen, architektonischen Einrichtungen, [...] Gesagtes ebenso wie Ungesagtes"[3] bezieht.

Ein Dispositiv ist also mehr als eine materielle Architektur: Indem es heterogene Elemente verbindet, bringt es Wirkungen hervor, die nicht vorhersehbar sind. Dies hat „nichts mit einer strategischen List irgendeines meta- oder transhistorischen Subjekts" zu tun, „das dies wahrgenommen oder gewollt hätte"[4]. Das Dispositiv bildet vielmehr selbst eine Struktur heterogener Elemente und ist gleichsam durch das Fehlen einer subjektiven Absicht definiert. Es ist

---

[1] Theodor W. Adorno, „Über Statik und Dynamik als soziologische Kategorien", in: Max Horkheimer/Theodor W. Adorno, *Sociologica II. Reden und Aufsätze. Frankfurter Beiträge zur Soziologie*, Band 10, Frankfurt/M., 1962, S. 223-240: 223.
[2] Auguste Comte, *Rede über den Geist des Positivismus*, Hamburg, 1956, S. 115.
[3] Michel Foucault, *Dits et Ecrits. Band III. 1976-1979*, Frankfurt/M., 2003, S. 391.
[4] Foucault (2003), *Dits et Ecrits*, S. 393 f.

bestimmt von einem strategischen Ziel, das sich nicht dem Willen eines individuellen Subjekts verdankt, sondern sich gewissermaßen im Rücken der Subjekte vollzieht. Eingeschrieben in ein Machtspiel, in „eine bestimmte Manipulation von Kräfteverhältnissen"[5], ist das Dispositiv, als Ort funktionaler Praktiken, überdeterminiert, „da jeder positive wie negative, gewollte oder ungewollte Effekt mit allen anderen in Resonanz oder in Widerspruch treten wird und nach einer Wiederaufnahme, einer Wiederanpassung heterogener Elemente verlangt, die hier und da entstehen"[6]. Zugleich unterliegt es Prozessen seiner „ständigen strategischen Ausfüllung"[7], indem es für diverse politische oder ökonomische Zwecke verwendet wird und dadurch unvorhersehbare Wirkungen hervorbringt. Diese sind allerdings immer an gewisse Einschränkungen durch die ‚epistemische Gewalt' diskursiver Repräsentationen, also an „eine oder mehrere Wissensgrenzen gebunden, die daraus hervorgehen, es aber genauso auch bedingen. *Das eben ist das Dispositiv: Strategien von Kräfteverhältnissen, die Arten von Wissen unterstützen und von diesen unterstützt werden*"[8].

Es gibt also eine Grenze des im Voraus Berechenbaren. Was nicht zwangsläufig geschieht, sondern kontingent, also unbestimmt – und daher auch anders möglich ist, entzieht sich der Kontrolle und Manipulierbarkeit. Aber gerade darauf baut die Moderne: Ihre Basis ist die schrankenlose Freisetzung und Realisierung des Möglichen, dessen institutionalisierter Effekt die Optimierung, und dessen Kehrseite die bodenlose Unsicherheit ist, weil die definitive Grenze fehlt. Das Selbstverständnis moderner Gesellschaften ist an die Integration des Kontingenten, immer auch anders Möglichen, ins Soziale und dessen Optimierung gebunden.[9]

Abläufe, die sich einer bewussten Kontrolle entziehen und quasi hinter dem Rücken der Beteiligten neue Strukturen hervorbringen, müssen so lange unvollständig bleiben als sie nur quasi-technische Abläufe und nicht den Menschen selbst ergreifen. Erst mit der Hereinnahme des Menschen in technische Produktionsvorgänge können diese zugleich als selbstregulierte *soziale* Prozesse der Automatisierung beschrieben werden, die im Vollzug immer wieder an die Menschen zurückgebunden und dabei umgeschrieben werden.

In der Kontrollgesellschaft sind die Kontrolltechnologien ‚demokratisiert', d. h., sie beruhen nicht auf purer Gewalt oder hierarchisch ausgeübter Unterwerfung, sondern auf (Selbst-)Führung, Selbstkontrolle und Vorgängen der Rekursion, die Neues, Unerwartetes gleichsam feedbackgesteuerten Kontroll-

---

[5] Ebd., S. 394.
[6] Ebd., S. 393.
[7] Ebd.
[8] Ebd., S. 395. [Herv. H. B.]; vgl. zum Dispositivbegriff auch Jürgen Link, „Dispositiv", in: Clemens Kammler/Rolf Parr/Ulrich Johannes Schneider (Hg.), *Foucault Handbuch. Leben – Werk – Wirkung*, Stuttgart, 2008, S. 237-242: 237 ff.
[9] Vgl. Michael Makropoulos, *Modernität und Kontingenz*, München, 1997 sowie ders., *Theorie der Massenkultur*, München, 2008.

kreisläufen unterwerfen. Diese Kontrollformen sind dem gesellschaftlichen Feld immanent, auf die Köpfe (Kommunikationssysteme, Informationsnetzwerke) und Körper (Sozialsysteme, kontrollierte Aktivitäten) der Bürger verteilt – ausgedehnt auf ein weitläufiges Netzwerk von Dispositiven und Apparaten. Nun erfassen die Techniken der Biomacht, die sich nicht mehr nur auf die Disziplinierung des Körpers, sondern die Regulierung des gesamten gesellschaftlichen Lebens richten, die ganze Gesellschaft. Körper und Bewusstsein sind vollständig vergesellschaftet; beide sind von permanenten Leistungskontrollen durchdrungen. Kontrolle findet, wie Deleuze im Anschluss an Foucault annimmt, über maschinische Systeme statt.[10]

Das Gerüst dieser Technologien ist nicht statisch, sondern dynamisch. Es geht darum, Durchlässigkeit und Kontrolle, Mobilität, individuelle Freizügigkeit und Sicherheit zu maximieren. Dabei werden zunehmend unsichtbare Grenzen des Berechen- und Kontrollierbaren errichtet: Die *smart borders,* die das Freizügigkeitsversprechen einer globalisierten Welt durch automatisierte Personenschleusen, effektive Mechanismen der Schließung und Selektion eindämmen und damit die Schere sozialer Ungleichheit zwischen denen, die scheinbar die ganze Welt bewohnen, und denen, die an einen lokalen Ort gekettet sind, unter Umständen weiter öffnen, gleichzeitig aber, das Gesamtgefüge betrachtend, sehr variable, temporäre Durchlässigkeiten produzieren. Da diese Durchlässigkeiten sich ständig verändern, versetzen sie das Subjekt in dauerhaften Stress und produzieren einen Zwang zur Flexibilität.[11]

Es geht in meinem Beitrag um Automatismen, die auf der Ebene der Gesellschaft und auf der Ebene der Produktion des Subjekts wie auch seiner Selbstorganisation wirksam sind. Das Feld, in dem ich mich bewege, ist das der *physischen Ausdehnung und Präsenz sozialkonstitutiver Regeln, ihrer Automatismen und deren – innerer – Dynamik.*

Der Begriff des ‚Automatismus' dient auf dieser Ebene zur Beschreibung – der Einheit und des inneren Zusammenhangs – disparater Vorgänge, die strukturbildende Kraft haben. Sie können in einer ersten Annäherung zum einen gleichsam als ‚technische' Vorgänge beschrieben werden, die, wie körperliche und psychische Haltungen, unbewusst und quasi selbstgesteuert funktionieren, in ihrer ‚inneren Ökonomie' aber rein technische Funktionsabläufe überschreiten; zum anderen fügen sich *Automatismen* zwar zu einem Regime hochwirksamer Logiken zusammen, ihre Wirkungen sind aber aufgrund der unüberschaubaren Pluralität der beteiligten Kräfte Zufallseffekte, also kontingent, keineswegs aber willkürlich. Sie sind nicht der Kontrolle handelnder Subjekte unterworfen; vielmehr produzieren sie einen Überschuss an Bedeutung, der

---

[10] Vgl. Gilles Deleuze, „Postskriptum über die Kontrollgesellschaften", in: *Unterhandlungen 1972-1990,* Frankfurt/M., 1993, S. 254-262; vgl. auch Michael Hardt/Antonio Negri, *Empire. Die neue Weltordnung,* Frankfurt/M., 2002, S. 37 ff.

[11] Diesen Hinweis auf die temporäre Durchlässigkeit und den Zwang zur subjektiven Flexibilität verdanke ich Oliver Leistert, der hierin die Rekonfiguration von Permissivität als systematisches Herrschaftselement sieht.

sich nicht auf die Intentionen handelnder Subjekte zurückführen lässt, sondern sich hinter ihrem Rücken vollzieht. Das bedeutet aber auch, dass Effekte entstehen, die sich in Rekursionen unerwartet verändern.

Im Zentrum der nachfolgenden Betrachtungen stehen zunächst elementare Ausdrucksformen und Techniken des Körpers (Mauss) und automatisierte Vorgänge der Verhaltenssteuerung (Habitus, Disziplin), die, und darin folge ich den Theoriemodellen von Pierre Bourdieu und Michel Foucault, nicht nur auf die *physische Ausdehnung und Präsenz eines ganzen Netzwerks sozialer Regeln* verweisen, sondern auch auf das darin eingebundene Verhältnis zur sozialen Welt, das – wie Bourdieu annimmt – auf Dauer in den Ausdrucksformen und im Verhältnis zum eigenen Körper festgehalten ist.

Die Frage ist, ob die Rückbindung sozialer Regeln an den Körper eher statisch, normierend, sanktionierend geschieht oder einer flexiblen Dynamik unterliegt, und inwiefern beides ineinander greift; also stellt sich auch hier die Frage nach der Vermittlung von Statik und Dynamik oder anders formuliert, nach fremd- oder selbstgesteuerten Automatismen.

Daran anschließend werde ich – gestützt auf den Diskursbegriff Foucaults – auf die Heterogenität und die Dynamik verteilter Automatismen und deren körperhafte Gestalt eingehen, um im Anschluss daran anzudeuten, wie im Kontext heterogener Diskursdynamiken und der durch sie initiierten Normalisierungs- und Optimierungsprozesse die soziale Emergenz eines Subjekts zu denken ist, das sich mithilfe von Selbsttechnologien dynamisch immer wieder neu konfiguriert.

I. Eine nicht-natürliche Gangart – „*die Technik(en) des Körpers*"

In seiner Beschreibung der verschieden(st)en Techniken des Körpers kreist der französische Ethnologe Marcel Mauss immer wieder um Einzelphänomene, die ihn zu der Auffassung veranlassen: „Jede Gesellschaft hat ihre eigenen Gewohnheiten"[12], die sich körperlich zeigen. „Die Stellung der Arme, der Hände während des Gehens, stellen eine *soziale Eigenheit* dar und sind nicht einfach ein Produkt irgendwelcher rein individueller, fast ausschließlich psychisch bedingter Handlungen und Mechanismen"[13]. Daraus zieht Mauss den Schluss: Es gibt „eine Erziehung zum Gehen"[14]. Dasselbe gilt für die „Stellung der Hand beim Essen", und – „was schließlich das Laufen betrifft", so beobachtet Mauss und macht dies in seiner „Anekdote über das *Marschieren*"[15] deutlich, dass es eine kulturspezifische Gangart – und erst recht eine Art zu marschieren gibt.

---

[12] Marcel Mauss, *Soziologie und Anthropologie*, Band 2, Frankfurt/M., 1975, S. 201.
[13] Ebd., S. 202. [Herv. H. B.]
[14] Ebd.
[15] Ebd., S. 201.

Mauss verwendet für diese sozialen Körpertechniken den Begriff des „habitus":

> Ich hatte [...] während vieler Jahre diese vage Vorstellung von der sozialen Natur des „habitus" [...]. Dieses Wort ist weitaus besser als „Gewohnheit", „das Bestehende", „das Erworbene" und die „Fähigkeit im Sinne von Aristoteles" [...]. Es bezeichnet nicht jene metaphysischen Gewohnheiten, jene mysteriöse „Erinnerung", [...]. Diese „Gewohnheiten" variieren nicht nur mit den Individuen und ihren Nachahmungen, sie variieren vor allem mit den Gesellschaften, den Erziehungsweisen, den Schicklichkeiten und den Moden, dem Prestige. Man hat darin *Techniken und das Werk der individuellen und kollektiven praktischen Vernunft* zu sehen, da, wo man gemeinhin nur die Seele und ihre Fähigkeiten der Wiederholung sieht.[16]

Hier geht es zunächst lediglich um kulturspezifische Körperhaltungen, die Art der Bewegung und Stellung einzelner Körperteile. Anders sieht es aus, wenn wir uns zwei machttheoretischen Anschlüssen zuwenden, die beide auf den Körper als Instrument einer automatisierten Mikrophysik der Macht gerichtet sind; hier handelt es sich um eine weitreichende Formierung und produktive Formung des Körpers.

II. Machttheoretische Anschlüsse

1. Ein körperbasierter Automat(ismus)?

Geht es bei Mauss um kulturelle Techniken und symbolische Praktiken als konstituierende Elemente der sozialen Welt, so führt der französische Soziologe Pierre Bourdieu radikal weiter, was Mauss bereits als ‚*habitus*' beschrieben hat, wenn er – auch im Anschluss an Aristoteles' Begriff der ‚*hexis*' – davon ausgeht, dass sich im Habitus die soziale Welt in die ‚Ordnung der Dinge' und die ‚Ordnung der Köpfe', also die Ordnung der physischen und der symbolischen Unterschiede, verdoppelt. Zum Zweiten ist es bei Bourdieu ein praktisches Wissen und damit eine Haltung zur Welt, die sich im Habitus kenntlich macht. Und schließlich nimmt Bourdieu – im Anschluss an den Philosophen Gottfried Wilhelm Leibniz (1646-1716) – an, dass der *Körper als Speicher und Automat* fungiert und „wir Menschen in Dreiviertel unserer Handlungen Automaten [und damit körperbezogene und -gesteuerte Wesen] sind"[17]. Dies impliziert, dass der Körper als eine Art Gedächtnisstütze funktioniert. Im Körper lagern sich komplexe Dispositionen ein, die sich in Gesten, körperlichen Posituren und Wörtern präsentieren und eine Welt vorgefertigter Gefühle und Erfahrungen sichtbar machen.[18] Bourdieu geht davon aus, dass die mensch-

---
[16] Ebd., S. 202. [Herv. H. B.]
[17] Pierre Bourdieu, *Die feinen Unterschiede*, 3. Aufl., Frankfurt/M., 1984, S. 740.
[18] Vgl. ebd., S. 739 f.; vgl. auch ders., *Entwurf einer Theorie der Praxis*, Frankfurt/M., 1979, S. 199 f.

liche Natur durch die Einverleibung der Kultur und die damit verbundene Konditionierung dadurch einer Art „Verdummung" unterworfen ist, dass das Verhalten bar aller Reflexion gesteuert wird. Damit wird der „wilde" Körper durch einen „habituierten", d. h. zeitlich strukturierten, zivilisierten Körper ersetzt und in eine „Logik des Aufschubs und des Umwegs, folglich des Kalküls" eingesetzt. Zugleich wird das Einverleibte zur dauerhaften *Disposition*, „jenseits des Bewusstseinsprozesses angesiedelt, also geschützt vor absichtlichen und überlegten Transformationen"[19].

Immer wieder betont Bourdieu, dass der Habitus „als Erzeugungs- und Strukturierungsprinzip von Praxisformen und Repräsentationen" wirkt, die „kollektiv abgestimmt sein können, ohne das Werk der planenden Tätigkeit eines ‚Dirigenten' zu sein", und „die objektiv wie Strategien organisiert sind, *ohne in irgendeiner Weise das Resultat einer wirklichen strategischen Absicht darzustellen*"[20]. Eingebunden in einen Regelkreis von Struktur und Praktiken ist der Habitus dasjenige Programm von Handlungsmustern, das zwar virtuell in der „generativen Grammatik der Handlungsmuster"[21] eingeschlossen, aber keineswegs als vorsätzliches Programm beschlossene Sache ist und gänzlich vorhersehbar wäre.[22]

Als System dauerhafter Dispositionen, Struktur ‚zweiter Ordnung', hervorgebracht von objektiven, sozialen Strukturen ‚erster Ordnung' und rekursiv auf diese zurückwirkend, wird der Habitus nicht nur zum „*praktischen Operator*", in den Wahrnehmungsschemata, Denk- und Sichtweisen, Prinzipien der Urteilens und Bewertens, der Klassifikation und Moral einer Gesellschaft und Klasse eingelagert sind, sondern er verweist auch auf die *Körperlichkeit sozialen Handelns*, die automatisierten Abläufen folgt. Einmal in den Habitus eingegangen, „funktionieren derart übernommene, inkorporierte Wahrnehmungs- und Klassifikationsschemata nach einer dem lebenden Organismus eigenen, d. h. nach einer *flexiblen, nicht mechanistischen Logik*", in die im Sinne eines

---

[19] Ebd.
[20] Ebd., S. 165.
[21] Ebd., S. 150.
[22] Bourdieu bezieht sich auf Noam Chomskys Begriff der „generativen Grammatik", wenn er vorschlägt, den Habitus „als ein System verinnerlichter Muster" zu definieren, die „es erlauben, alle typischen Gedanken, Wahrnehmungen und Handlungen einer Kultur zu erzeugen – und nur diese" (Pierre Bourdieu, *Theorie der symbolischen Formen*, Frankfurt/M., 1970, S. 143). Seine Überlegungen zum Habitus legen zwar nahe, dass der Habitus, auf Ausdrucksformen einer sozialen Klasse, sozialer Individuen oder auf die Denkschemata ganzer Kultur- oder Kunstepochen (wie etwa der der Scholastik und der gotischen Architektur) bezogen, ein je spezifisches „Zusammenspiel bereits im voraus assimilierter Grundmuster ist", die „eine Unzahl einzelner Schemata" (ebd.) hervorbringen, diese können aber nicht als vollends determinierter Ausdruck der allgemeinen Disposition betrachtet werden; vgl. zur Scholastik ausführlich ebd., S. 125 ff. sowie zum Verhältnis von Habitus, Struktur und Praxis: Bourdieu (1979), *Entwurf einer Theorie der Praxis*, S. 137 ff.

flexiblen praktischen Wissens „das Potential einer ars inveniendi, einer Erfindungskunst"[23] eingeschlossen ist.

Beim Habitus handelt es sich also um einen ‚Automatismus'. Dieser ist notwendig *körperbasiert*, und dies ist Basis für seine täuschend natürliche Wirkung. Er ist an der Herstellung eines Kultur- und Klassen-, auch Geschlechtskörpers beteiligt, insofern Klassifikationsprinzipien als Natur inkorporiert, und somit Kultur, Klasse, Sozialität und soziale Position ‚einverleibt' und damit zu Körperelementen werden. Aufgrund eines bestimmten Körperschemas wählt der Automatismus wiederum aus, was der Körper physiologisch aufnimmt, verdaut, assimiliert usw.

Bourdieu betont, dass der Habitus als Automatismus Haltungen und Handlungen des Subjekts abstellt auf Situationen, die denen seiner Einübung entsprechen. Auf diesem Hintergrund stellt sich die Frage: Handelt es sich beim Habitus um einen selbstgesteuerten Automatismus? Oder funktioniert das Schema der Habitualisierung im Sinne eines vorprogrammierten Automaten, der einem vorgegebenen Plan folgt, auf eine begrenzte Bandbreite von – technischen – Anwendungen festgelegt ist und eigentlich immer auf äußere Steuerung oder Kontrolle angewiesen ist? Handelt es sich um automatisierte Prozesse der unbewussten Reproduktion, Verkörperung und Hervorbringung sozialer Strukturen, die sich als kollektive Machtmechanismen dem individuellen Subjekt gegenüber verselbstständigen und sich gleichzeitig – gewissermaßen hinter dem Rücken des Subjekts – als Haltung/Disposition *im* Subjekt installieren, ohne von diesem kontrolliert werden zu können? Basiert der Habitus also auf bloßer Reproduktion des einmal Gelernten, zurückführbar auf ‚programmierte' Erziehungsmuster – und daher eher ein Mechanismus als ein Automatismus – oder funktioniert er als selbstgesteuerter Vorgang, der immer wieder Neues hervorbringt?

Bourdieu verweist auf beides: Zum einen bildet der Habitus ein Konglomerat aus reflexartig ankonditionierten, unbewusst funktionierenden Wahrnehmungs- und Handlungsschemata, die, wie Bourdieu annimmt, auf einem berechenbaren Kalkül beruhen und als Mechanismus erscheinen; andererseits betrachtet Bourdieu den Habitus in Analogie zur statistischen Berechnung von Wahrscheinlichkeiten. Er bringt ihn als halbformalisiertes Regelsystem ins Spiel, und begründet ihn als strukturbildenden Automatismus.

Auch die Verwandlung der Dinge in distinktive Symbole, in symbolisches Kapital, kann keineswegs lediglich als mechanischer Vorgang aufgefasst werden. Ihm haftet ein doppeltes Moment der Ver-Dinglichung an: Dem Bewusstsein entzogen, erscheint die historische Gewordenheit sozialer Ungleichheit nicht als sozial bedingte, sondern als quasi-natürliche. Und: Der Habitus verfestigt dies dadurch, dass er, durch soziale Strukturen produziert, diese in Erfahrungs- und Wahrnehmungsmuster umformt und seinerseits strukturbildend

---

[23] Beate Krais, „Habitus", in: Sina Farzin/Stefan Jordan (Hg.), *Lexikon Soziologie und Sozialtheorie. Hundert Grundbegriffe*, Stuttgart, 2008, S. 98-100: 99. [Herv. H. B.]

wirkt. Diese Reifizierung sozialer Verhältnisse teilt der Habitus mit dem Automatismus. Die freie Wahl wird hier ebenso wie der freie Wille außer Kraft gesetzt.

Halten wir fest: Während der Habitus in seiner Genese und Konstitution möglicherweise einem mimetischen und mechanischen Modell des Körpereinsatzes folgt, in dem sich ein (Kultur-, Klassen- und Geschlechter-)Programm realisiert und immer wieder reaktiviert, wird der Körpereinsatz selbst zum aktualisierten, selbstregulativen Automatismus, der der jeweiligen Situation angepasst ist. Er wird in seinen scheinbar unbedeutenden Gesten und Gebärden zum Signifika(n)t sozialer Unterschiede und Positionen. Damit bildet der Habitus zugleich ein automatisiertes, nicht bewusst kontrolliertes Medium sozialer Macht.

Als solches ist er zweifellos ein – selbst kontingentes – Schema zur *Begrenzung von Kontingenz*; gewissermaßen ein Operationsmodus eines geschlossenen Systems, das anschlussfähig ist, Anschlüsse produziert, dabei aber die Emergenz immer wieder von Neuem auf das Wahrscheinlich(st)e begrenzt bzw. ganz verhindert. Man könnte insofern auch vom sozialstrukturell bedingten ‚*Wiederholungszwang*' sprechen, einem kollektiven Mechanismus, der ein „System von Grenzen" (im Sinne von ‚das steht uns zu' oder ‚das ist nichts für uns') installiert und festigt, der immer unbewusst operiert und unkontrolliert zwanghaft funktioniert. Sein automatisiertes Funktionieren ist als Grammatik *im Subjekt* verankert, entzieht sich, wie diese, subjektiver Verfügbarkeit und Kontrolle; die inkorporierten Mechanismen, die zu Automatismen des Körpers werden, bilden, ähnlich wie übrigens die Disziplin(armacht), eine vom Subjekt nicht kontrollierbare Instanz im Subjekt. Dabei wird der *Körper* zum *Relais eines Automatismus*, der, von ihm unkontrolliert, Prozesse der Klassifizierung und Distinktion in Gang setzt.

Damit wären wir bei einem zweiten machttheoretischen Anschluss:

2. Einschluss des Körpers in die Mikrophysik automatisierter Verhaltensregulierungen

Betrachten wir als zweites Foucaults Konzept der ‚Disziplinen', die man ebenfalls als automatisierten Machtmechanismus ansehen kann. Neben dem Prinzip der Sichtbarkeit und der architektonischen Materialisierung von Kontrollstrategien, der räumlichen Anordnung und Verschachtelung hierarchisierter Formen der Überwachung sowie der Parzellierung des Raumes, der individuellen Zuweisung von Positionsstellen, der Skalierung und individuellen Differenzierung, geht es bei der Disziplin um die Ausweitung von Körpertechniken zu einer ganzen „‚Physik' oder eine[r] Anatomie der Macht"[24]. Es handelt sich

---

[24] Michel Foucault, *Überwachen und Strafen. Die Geburt des Gefängnisses*, Frankfurt/M., 1976, S. 277.

dabei um eine Technologie, die sich, von spezialisierten Institutionen eingesetzt, zum „Panoptismus" architektonischer Anordnungen und zur „Wachsamkeit der einander kreuzenden Beobachtungen"[25] verallgemeinert. In diese sind, wie Foucault annimmt, die Körper eingeschlossen, die im Detail bearbeitet werden.

> In der Disziplin wird der *tätige* Körper „infinitesimal" kontrolliert: Bewegungen, Gesten, Handlungen, Schnelligkeit; es geht dabei primär um Ökonomie und Effizienz der Bewegungen; und die Kontrolle „besteht in einer durchgängigen Zwangsausübung, die über die Vorgänge der Tätigkeit genauer wacht als über das Ergebnis und die Zeit, den Raum, die Bewegungen bis ins kleinste codiert".[26]

Die Disziplin bringt die – demografische – Vervielfältigung und Vielfältigkeit der zu kontrollierenden Menschen und die Vervielfachung der Produktionsapparate in Übereinstimmung. Der Mensch als Automat erhält hier eine unmittelbar ökonomische Konnotation: nutzbringender Einsatz des Körpers, nicht bloße Kulturtechnik und kulturelle Praktik. „Die Disziplin ist eine politische Anatomie des Details".[27] Aber sie überschreitet ihren ökonomischen Einsatz in den Fabriken, Spitälern, Schulen etc. und verselbstständigt sich zur zentralen Form der Vergesellschaftung einer bestimmten Gesellschaftsformation.[28]

Zentraler Mechanismus dieser Kontrolltechnologie, die „normend, normierend, normalisierend"[29] wirkt, ist die *Quantifizierung* von Kontrollmechanismen und ihr Umschlag in eine – automatisierte, das Subjekt in seinem Verhältnis zu sich selbst normierende – Struktur. Dabei werden die Individuen untereinander und im Hinblick auf die Gesamtregel (die sich als Mindestmaß, Durchschnitt oder optimaler Annäherungswert darstellen kann) differenziert. Die Fähigkeiten, das Niveau, die ‚Natur' der Individuen, sie werden in ein quantitatives Verhältnis zueinander gebracht, auf- bzw. absteigend sortiert und damit hierarchisiert. Hand in Hand damit gehen der Zwang zur Einhaltung einer Konformität und eine Grenzziehung zum Anormalen. Dem entsprechen auf der Ebene der Masse der Bevölkerung Technologien zur Kontrolle „zufälliger Ereignisse, die in einer lebendigen Masse vorkommen können"[30], mit dem Ziel, über die Homogenisierung, Angleichung und Normalisierung der Vielfalt von Menschenmassen Normalität und Sicherheit zu gewährleisten.

Hier zeigt sich: Die Gesellschaft konstituiert sich als Lösung eines technischen Problems, nämlich desjenigen, soziale Beziehungen von Individuen zu

---

[25] Ebd., S. 278 f.
[26] Hubert Treiber/Heinz Steinert, *Die Fabrikation des zuverlässigen Menschen. Über die ‚Wahlverwandtschaft' von Kloster und Fabrikdisziplin*, München, 1980, S. 79, [Herv. i. O.]; vgl. Foucault (1976), *Überwachen und Strafen*, S. 175.
[27] Ebd., S. 178.
[28] Vgl. Treiber/Steinert (1980), *Die Fabrikation des zuverlässigen Menschen*, S. 91; vgl. Foucault (1976), *Überwachen und Strafen*, S. 269 ff.
[29] Foucault (1976), *Überwachen und Strafen*, S. 276.
[30] Michel Foucault, „Leben machen und sterben lassen", in: *Lettre International* 20, (1993a), S. 62-65: 64.

regeln und die Ordnung einer menschlichen Vielfalt sicherzustellen. Deren Hauptelemente bilden in der bürgerlichen Gesellschaft nicht – mehr – die Gemeinschaft und das öffentliche Leben, sondern unter der Oberfläche der Austauschbeziehungen die individuellen Interessen von Marktteilnehmern. Der Kapitalismus ist als Kultur gekennzeichnet durch eine Form der Überwachung, die garantiert, dass die Macht überall ist.[31]

Beide Mechanismen, Disziplin und Habitus, unterwerfen den Körper in seinem gesamten Verhaltensrepertoire einem kalkulierten Zwang. Letztlich geht dieser vollkommen entindividualisierte Mechanismus, der wie eine sich selbst steuernde Maschine, wie ein Automat wirkt, auf Eingaben und Kontrollinstanzen zurück, die den disziplinierten wie den habituierten Körper Formen sozialer Kontrolle und institutionell geregelten Formen des Überwachens und Strafens unterwerfen.

Handelt es sich also auch hier um einen automatischen Vorgang und nicht um einen selbstgesteuerten Automatismus? Bourdieu spricht von „verborgenen *Mechanismen* der Macht"[32], die durch Vorgänge der Inkorporation, der Einverleibung und Verkörperung, verdecken, was als quasi-natürliche Disposition erst entsteht; Foucault spricht von *Technologien*, die, als quasi-technische Abläufe, auf Formung und Formierung der Produktion, der Zeichen und Diskurse, des Subjekts und seine Unterwerfung unter eine ‚Mikrophysik der Macht'[33] abstellen.

In der Tradition kritisch-marxistischer Theorie erscheint dies als *Verdinglichung*.

3. Heterogenität verteilter Automatismen und deren körperhafte Gestalt

Diskurstheoretisch ist eine solche Ver-Dinglichung als Effekt einer emergenten Praxis denkbar, die ihre eigenen Formen der Verkettung und Abfolge besitzt und körperhafte Gestalt annimmt, sich also materialisiert.

Diskurse bilden selbst Denkschemata und als solche dynamische Elemente einer heterogenen Streuung. Sie wirken, so betrachtet, selbst als Automatismen oder sollte ich hier besser sagen, Technologien, die Bestandteil eines wirkmächtigen Arrangements von Dingen, Zeichen und Subjekten sind und deren Funktionieren als „dynamische Wechselwirkung und Verschaltung divergenter Materialitäten beschrieben" werden kann, „unabhängig davon, ob es sich um sprachliche, handlungsförmige oder sachtechnische Phänomene han-

---

[31] Vgl. dazu Dieter Claessens/Karin Claessens, *Kapitalismus als Kultur. Entstehung und Grundlagen der bürgerlichen Gesellschaft*, Frankfurt/M., 1973 sowie ders./Daniel Tyredellis, *Konkrete Soziologie. Eine verständliche Einführung in soziologisches Denken*, Opladen, 1997.
[32] Pierre Bourdieu, *Verborgene Mechanismen der Macht*, Hamburg, 1992; bes. S. 49-81.
[33] Vgl. Michel Foucault, „Technologien des Selbst", in: Rux Martin/Luther H. Martin/William E. Paden/ Kenneth S. Rothwell/ Huck Gutman/Patrick H. Hutton (Hg.), *Technologien des Selbst*, Frankfurt/M., 1993b, S. 24-62.

delt"[34]. Sie entpuppen sich keineswegs als bloße Macht, „die aus Worten Welten schaffen kann", sondern stehen für die (Eigen-)Dynamik semantischer und kultureller Prozesse, die, auf materielle und institutionelle Anordnungen bezogen, „mit einem komplexen System von materiellen Institutionen verbunden sind und nicht losgelöst davon betrachtet werden können"[35].

Der „Materialismus des Unkörperlichen" verdankt seine Materialität nicht einer Verabsolutierung der Zeichen(zirkulation), sondern der Wirkmächtigkeit semantischer, diskursiver Prozesse, die an Materie gebunden und historisch situiert sind. Diskurse haben als „theorie-praktische Komplexe"[36] eine eigenständige Materialität, zum einen eine der Regelhaftigkeit des Sprechens, mit der sich zugleich auch Nicht-Sagbares, Verschwiegenes, Tabuisiertes konstituiert, zum anderen „eine leistungsfähige Praxis […], die Ergebnisse zeitigt und in der Gesellschaft etwas hervorbringt, dem es bestimmt ist, eine Wirkung zu haben, und das folglich einer Strategie gehorcht"[37].

Diskurse produzieren das, was sie sagen, sie haben die Macht, Dinge hervorzubringen, in Kraft zu setzen, sie aus der begrifflichen Substanz heraus zu fertigen. Damit bilden sie selbst auf quasi-physikalische Weise ein Ding oder treten an seine Stelle. Sind mit Diskursen also einerseits quasi-physikalische Dinge und quasi-technische Abläufe bezeichnet, die als kulturelles Unbewusstes möglicherweise ähnlich wie das psychische Unbewusste bei Freud im Sinne eines technischen Apparats funktionieren und daher im Sinne technischer Operationen zu beschreiben wären, so überschreiten sie zugleich die Ebene des Technischen und mit ihr die der bloß technischen Reproduzierbarkeit.

In der Verselbstständigung diskursiver Prozesse zeigt sich sowohl die strukturbildende Kraft als auch die Ereignishaftigkeit von Diskursen. Sie verweist auf die *Präsenz und Materialität des performativ und diskursiv Erzeugten*. Im Gegensatz zu bloßen Skripturen und Einschreibungen, die sich über Wiederholungen als Spur in das performativ Erzeugte eingravieren, behauptet sich das diskursiv Erzeugte in seiner Unumkehrbarkeit. Es kann nicht mehr ungeschehen gemacht werden.[38] Während der Begriff des Performativen im Regis-

---

[34] Andreas Lösch/Dominik Schrage/Dierk Spreen/Markus Stauff, *Technologien als Diskurse. Konstruktion von Wissen, Medien und Körpern*, Heidelberg, 2001, S. 16.
[35] Michel Foucault, *Archäologie des Wissens*, Frankfurt/M., 1973, S. 150.
[36] Hannelore Bublitz, *Diskurs*, Bielefeld, 2003, S. 15.
[37] Didier Eribon, *Foucault und seine Zeitgenossen*, Frankfurt/M., 1998, S. 248; vgl. auch Bublitz (2003), *Diskurs*, S. 20. Gegenstand der Diskursanalyse bildet daher ein komplexes Netzwerk von regelnden Instanzen, Praktiken, Ritualen und Institutionen (vgl. dazu Thomas Laugstien, „Diskursanalyse", in: Wolfgang Fritz Haug (Hg.), *Historisch-kritisches Wörterbuch des Marxismus*, Hamburg, 1996, S. 727-743; Andrea Bührmann/Werner Schneider, *Vom Diskurs zum Dispositiv. Eine Einführung in die Dispositivanalyse*, Bielefeld, 2008; Margret Jäger/Siegfried Jäger, *Gefährliche Erbschaften. Die schleichende Restauration rechten Denkens*, Berlin, 1999 sowie Siegfried Jäger, „Dispositiv", in: Marcus Kleiner (Hg.), *Michel Foucault. Eine Einführung in sein Denken*, Frankfurt/M., 2001, S. 72-89.
[38] Vgl. dazu Dieter Mersch, *Was sich zeigt. Materialität, Präsenz, Ereignis*, München, 2002a, S. 13 f.; sowie Judith Butler, *Körper von Gewicht. Die diskursiven Grenzen des Geschlechts*, Berlin, 1995, S. 35 f.

ter der Dekonstruktion Praktiken der De- und Rekontextualisierung von Marken (Markierungen, Zeichensetzungen) und damit die Singularität in der Wiederholung beschreibt, verbindet sich Performativität aber immer auch mit „Setzungen", die mit Materialitäten verbunden sind und im Gegensatz zur bloßen Skriptur, das Gewicht einer *unumstößlichen und irreversiblen Präsenz* haben.[39] Gegenüber der gewohnten Erfahrung markiert das Ereignis eine Einmaligkeit, die ihm das Gewicht einer unumstößlichen Präsenz und Materialität verleiht. Im Rücken seiner im Rahmen technischer Reproduktionsverfahren unendlich erscheinenden Wiederholbarkeit und damit verbundener Standardisierungen, setzt es irreversible Prozesse der De-Normalisierung und Normalisierung in Gang.[40]

Aufgrund ihrer Präsenz und Materialität, ihrer körperhaften Gestalt, nehmen diskursive Ereignisse im Rahmen von Konventionalisierungsvorgängen die Evidenz des – täuschend – Natürlichen an. Ein wichtiger Aspekt der Diskursdynamik oder des diskursiven Automatismus ist, wie bei Habitus und Disziplin, der der *Naturalisierung*. Der Eindruck des – täuschend – Natürlichen kommt aufgrund der „Selbst-Naturalisierung"[41] von Diskursen als wahrnehmbare körperhafte Form oder als Realität „sui generis", wie Durkheim sagen würde, zustande. Was Diskurseffekt ist, erscheint, da diskursive Macht immer verdeckt operiert, täuschend natürlich. Diskursiv produzierte soziale Wirklichkeit unterliegt aufgrund ihrer körperlichen Materialisierung einer Naturalisierung, wodurch sich, wie Butler annimmt, der Eindruck einer ‚täuschenden Natürlichkeit' einstellt.

Wie wir gesehen haben, liegt das Substrat soziologischer Tatbestände in überindividuellen Prozessen und Praktiken, die den Horizont individueller Verfügbarkeit überschreiten und als solche unhintergehbar sind. Diskurse können als ein solches ‚Substrat' aufgefasst werden, das heterogenen Produktions- und Konstitutionsbedingungen unterliegt und von dem angenommen werden kann, dass es auf der Verselbstständigung konstruktiver Prozesse und performativer subjektloser Operationen beruht.[42]

Dabei erschließt sich die Dynamik der Gesellschaft (als heterogene Streuung) aus der Regelmäßigkeit von Diskursen, mithin aus einer Diskursdynamik, die im Zusammenschluss heterogener Elemente den Eindruck der Homogenität und Kohärenz erweckt, aber Risse und Brüche enthält. An den Knoten-

---

[39] Vgl. Dieter Mersch, *Ereignis und Aura. Untersuchungen zu einer Ästhetik des Performativen*, Frankfurt/M., 2002b, S. 13.

[40] Im Grunde verbirgt sich in der performativen Reproduktion der Einbruch des Realen in das Symbolische, nämlich dessen, was sich nicht vorgegebenen Kategorien und Zeichen fügt und daher Sprachlosigkeit erzeugt oder zumindest erzeugen kann , vgl. Philip Sarasin, „"Mapping the body?' Körpergeschichte zwischen Konstruktivismus und ‚Erfahrung'", in: *Historische Anthropologie*, 1999, S. 437-451. Das heißt: Das Ereignis markiert in seiner Singularität Sinnbrüche, die von der Struktur nicht vorgesehene oder aus einer allgemeinen Regel ableitbare kontingente Prozesse generieren, die ihrerseits emergente Effekte produzieren.

[41] Judith Butler, *Das Unbehagen der Geschlechter*, Frankfurt/M., 1991, S. 60.

[42] Vgl. Bublitz (2003), *Diskurs*, S. 6 f.

punkten (inter-)diskursiver Kreuzungen, Verschiebungen und Transformationen konstituieren sich Dispositive als strategische Netzwerke, an deren Schnittstellen neue Strukturen entstehen. Hier bildet sich ein Feld der Homogenität, das „multidiskursiv konstituierte Ordnungskategorien"[43] als Normen etabliert[44]. Die Fiktion *einer* gesellschaftlichen Ordnung entsteht durch strukturelle Koppelung von Diskursen im Dispositiv, in dem sich ein feines Netz von Diskursen mit institutionellen Machtarchitekturen verschränkt. Die Frage ist: Wie kann man sich diese Fiktionsbildung vorstellen? Welche automatisierten Vorgänge werden hierbei in Anspruch genommen? Zunächst sei im Rekurs auf die eingangs gemachten Ausführungen zur ‚Architektur' nur angedeutet: In sich heterogene Elemente des Dispositivs verbinden sich auf vielfältige Weise miteinander, ohne in der Art ihrer Kombination festgelegt zu sein und ohne im homogenen Bild die Dynamik des Ganzen zu gefährden oder aufzugeben. Zu berücksichtigen ist zweifellos, dass es gewissermaßen „diskurstragende Kategorien", verstanden als „semantische Komplexe samt ihrer Praxisbezüge" gibt, die, „vergleichbar mit kreuzweise angeordneten Stahlteilen in Beton"[45], für die Architektur der Gesellschaft und den Eindruck ihrer sozialen Homogenität ausschlaggebend sind.[46] Der Eindruck einer Gesellschaftsordnung und ihrer Festigkeit wird, wie schon zu Beginn deutlich gemacht, gerade nicht durch die Starrheit, sondern durch die Beweglichkeit der Strukturen hervorgerufen.

4. Normalisierte Subjektivierung oder die Spiegelprothese als Dauerzustand

Schließlich verallgemeinert sich der – durchaus einem Regime hochwirksamer Logiken und Regeln folgende – Automatismus diskursiver und habitueller Schemata zum Regelmechanismus und Strukturprinzip postmoderner Gesellschaften, die das Subjekt mit seiner gesamten Trieb- und Wunschstruktur unter dem Aspekt selbstregulativer Kontrollmechanismen und flexibler Subjektdynamiken hervorbringen und vergesellschaften.[47]

---

[43] Annette Runte, *Biographische Operationen. Diskurse der Transsexualität*, München, 1996.
[44] Vgl. Hannelore Bublitz, „Differenz und Integration. Zur diskursanalytischen Rekonstruktion der Regelstrukturen sozialer Wirklichkeit", in: Reiner Keller/Andreas Hirseland/Werner Schneider/Willy Viehöver (Hg.), *Handbuch sozialwissenschaftliche Diskursanalyse, Band 1: Theorien und Methoden*, 2. aktualisierte und erweiterte Aufl., Opladen, 2006, S. 225-262: 230 f. und 243.
[45] Jürgen Link, *Versuch über den Normalismus. Wie Normalität produziert wird*, Opladen, 1997, S. 15.
[46] Margret und Siegfried Jäger haben dies am Beispiel der „Sprache des Dritten Reichs" beispielhaft gezeigt; vgl. Jäger/Jäger (1999), *Gefährliche Erbschaften*, S. 60 ff.; vgl. auch Hannelore Bublitz, *Foucaults Archäologie des kulturellen Unbewußten. Zum Wissensarchiv und Wissensbegehren moderner Gesellschaften*, Frankfurt/M., 1999, S. 283 ff.
[47] Vgl. Bublitz (2003), *Diskurs*; darin das Kapitel „Soziale Emergenz des Subjekts": S. 86 f.

Nicht nur wird die Gesellschaft von – anonymen – Marktmechanismen regiert, sondern auch die Führung ganzer Bevölkerungen folgt umfassenden Regulierungsmechanismen im Sinne des Foucaultschen Konzepts der Gouvernementalität.[48] Dabei kommt es zur Verlagerung sozialer Kontrolle ins Subjekt: Das Subjekt ist – als Spiegel-/(Kontroll-)Medium und selbstregulativer Dauerbeobachter seiner selbst – immer ausgerichtet am/im Blick der anderen.[49]

Die Frage ist, inwieweit derartige Prozesse mit dem Begriff der Selbstorganisation adäquat zu beschreiben sind und inwieweit Selbstführungspraktiken über (bio-)technisch und kybernetisch geregelte Formen der Selbststeuerung hinausgehen, was also Praktiken der Selbstthematisierung und -führung von kybernetischen, zirkulären und systemtheoretisch-autopoetischen Modellen der Selbstorganisation unterscheidet.

Zunächst einmal ist davon auszugehen, dass in postmodernen Gesellschaften zentral steuernde Instanzen sozialer Macht in ihrer Wirkung relativiert werden. Dem korrespondiert die Freisetzung selbstregulativer Mechanismen – individualisierter/vereinzelter – Subjekte und die Verlagerung der Mechanismen sozialer Kontrolle in das Individuum selbst. Hier geht es um Arrangements, die Fremd- in Selbstregulierung überführen, post-disziplinäre Formen der feedbackgeleiteten Selbststeuerung ausbilden und die Verantwortung für Anpassungsleistungen an Normalitätsstandards und Optimierungsstrategien dem Einzelnen überlassen.[50] ‚Selbst-Adjustierung'[51] erfolgt durch individuelle Verortung im Spektrum einer flexiblen Normalität bei gleichzeitig geforderter Optimierung des eigenen Selbst und seines Wohlbefindens. Individualisierung und Normalisierung (im Sinne einer Differenzierungs-, Vergleichs-, Adjustierungs- und Angleichungsstrategie verstanden) greifen ineinander. Subjektivierung erfolgt durch Normalisierung im Sinne eines permanenten medial gesteuerten Selbstexperiments. Dabei haben sich Selbstaufmerksamkeit, performati-

---

[48] Vgl. Michel Foucault, „Die Gouvernementalität", in: Ulrich Bröckling/Susanne Krasmann/Thomas Lemke (Hg.), *Gouvernementalität der Gegenwart. Studien zur Ökonomisierung des Sozialen,* Frankfurt/M., 2000, S. 41-67 sowie ders., *Geschichte der Gouvernementalität, Band I: Sicherheit, Territorium, Bevölkerung, Band II: Die Geburt der Biopolitik,* Frankfurt/M., 2004.

[49] Vgl. David Riesman/Reuel Denney/Nathan Glazer, *Die einsame Masse. Eine Untersuchung der Wandlungen des amerikanischen Charakters,* Hamburg, 1958; vgl. auch Ulrich Bröckling, „Das demokratisierte Panopticon. Subjektivierung und Kontrolle im 360°-Feedback", in: Axel Honneth/Martin Saar (Hg.), *Michel Foucault. Zwischenbilanz einer Rezeption. Frankfurt Foucault-Konferenz 2001,* Frankfurt/M., 2003, S. 77-93; vgl. Bublitz (2003), *Diskurs,* S. 86 f. und dies., *In der Zerstreuung organisiert. Paradoxien und Phantasmen der Massenkultur,* Bielefeld, 2005, S. 59 f. und 140 f.

[50] Vgl. Ulrich Bröckling, „Totale Mobilmachung. Menschenführung im Qualitäts- und Selbstmanagement", in: ders./Susanne Krasmann/Thomas Lemke (Hg.), *Studien zur Ökonomisierung des Sozialen,* Frankfurt/M., 2000, S. 131-167; ders. (2003), Das demokratisierte Panopticon; Ludwig Pongratz, „Freiwillige Selbstkontrolle. Schule zwischen Disziplinar- und Kontrollgesellschaft", in: Norbert Ricken/Marcus Rieger-Ladich (Hg.), *Michel Foucault: Pädagogische Lektüren,* Wiesbaden, 2004, S. 243-260.

[51] Link (1997), *Versuch über den Normalismus.*

ve Strategien der Selbstinszenierung und öffentliche Bekenntnisrituale zu Praktiken der Selbstführung entwickelt. Das Selbst wird zum Einsatzort einer Macht, die mit spezifischen (Disziplinar-, Normalisierungs- und Selbstführungs-)Strategien, eigens ausgebildeten Wissensapparaten, medialen (Kommunikations-)Dispositiven sowie auf die Gesamtheit der Bevölkerung gerichteten Techniken der Menschenführung Individualitäten formt und diese, kompatibel mit Normalitätsdynamiken, in Beschlag nimmt.

Im Fokus dieser Machtstrategien konfiguriert sich das Unbewusste des Subjekts als Grenzfläche, auf der sich verschiedene Technologien, Kommunikationsströme und Zirkulationsformen (der Warenzirkulation, der Zeichenzirkulation und der Zirkulation des Begehrens) ineinander verschränken. Gewährleistet wird die soziale Integration der Gesellschaft durch eine ‚Ausrichtung aller an allen', die im Spiegel gesellschaftlich wirksamer Medien stattfindet, also dadurch, dass jeder jeden und sich selbst beobachtet und kontrolliert, was voraussetzt, dass die psychischen Prozesse, ‚Apparaten' gleich, wie Radaranlagen immer auf Empfang, auf die Anderen ausgerichtet sind. Dadurch ändern sich die Koordinaten der Position, die Individualität sichert, ständig. Sie unterliegen in ihrer Anordnung dynamischen Konfigurationen potenziell offener Strukturen.

Insbesondere die Körperpraktiken wirken in diesem Kontext normalisierend. Sie gewährleisten, dass die Kontrollfunktionen nicht nur auf alle verteilt, sondern auch auf Dauer gestellt sind. Während in der Disziplinargesellschaft die Kontrolltechniken der Diszipl(inierung) wie auch die Regulierungstechnologien der Biomacht die Gesellschaft wie die Individuen und ihre Körper nicht in ihrer Totalität, sondern institutionell erfassten, vereinheitlichen die Normalisierungstechnologien nun, in der Kontrollgesellschaft, alle individuellen Momente des gesellschaftlichen Lebens.[52] Im *impression management* greifen Sozial- und Selbsttechnologien des Körpers ineinander: Leistungs- und Auslesekriterien werden nicht zuletzt am Eindruck, den man – auch körperlich – hinterlässt, festgemacht. „Individuelle Mobilmachung", die im „Zeichen einer umfassenden Ökonomisierung aller sozialen Beziehungen"[53] erfolgt, verknüpft sich über panoptische (Selbst-)Beobachtungsstrukturen mit bioästhetischen Selbstexperimenten und der ständigen Neukonfiguration des Subjekts.[54] Dabei ist das „Projekt der Subjektivierung", das in der fortdauernden und unabschließbaren Umsetzung von Feedbackschleifen in Praktiken der Selbstoptimierung besteht, einzig der Garant für die Teilhabe am „Kampf um die Marktführerschaft"[55], keineswegs garantiert es schon diese selbst. Die im Rahmen einer „unabschließbare(n) Dynamik der Selbstoptimierung"[56] erforderlichen

---

[52] Vgl. Michael Hardt/Antonio Negri (2002), *Empire*, S. 40.
[53] Bröckling (2003), Das demokratisierte Panopticon, S. 89.
[54] Vgl. dazu auch Hannelore Bublitz, *Im Beichtstuhl der Medien. Produktion des Selbst im öffentlichen Bekenntnis*, Bielefeld, 2010.
[55] Bröckling (2003), Das demokratisierte Panopticon, S. 91.
[56] Ebd., S. 86.

Adaptionsleistungen werden nun in eigener Regie vorgenommen und verantwortet. Anders als in der Disziplinargesellschaft und ihren Institutionen „werden hier die Autonomie des Individuums und die Spielräume seines Handelns nicht systematisch beschnitten, sondern erweitert und als Ressource nutzbar gemacht"[57]. Durch die Installation von Rückkoppelungsschleifen und – statistisch gemittelter – Fremdbeobachtung wird das einzelne Subjekt und sein Körper nicht nur zum informationsverarbeitenden System, sondern „der Spiegel, der dem Einzelnen vorgehalten wird, soll an Objektivität dadurch gewinnen, dass er verschiedene Spiegelbilder durch Übereinanderprojizieren zu einem Durchschnittsbild synthetisiert"[58]. Normalisierung wird zum umfassenden Mittel des Kontingenzmanagements, das die Subjekte und ihren Körper als Biomaterial, Marketingobjekt und numerische Chiffre (vgl. u. a. den Body-Mass-Index, die Norm des Körpergewichts usw.) einbezieht.

5. Schluss: Täuschend natürlich

Eine nicht-natürliche Gangart, für die Takt, Metrik und Abfolge zentral sind und die (bei Bourdieu) übergeht in die Künstlichkeit eines körperbasierten Automatismus, der gleichwohl nach einer dem lebenden Organismus eigenen, *flexiblen, nicht mechanistischen Logik* funktioniert, erweist sich als eine täuschend natürliche Gangart. Auch die körperhafte Gestalt diskursiver Automatismen nimmt täuschend natürliche Formen an. Das Technische verselbstständigt sich zum – scheinbar – Natürlichen, das einer (Eigen-)Dynamik unterliegt und damit unberechenbar bleibt. Zugleich wird sein Möglichkeitshorizont durch gesellschaftliche, normalisierende Steuerungs- und Sicherheitsdynamiken begrenzt, die mit Formen der Selbststeuerung verschränkt sind. Diese folgen zwar der Logik von Kontrolltechnologien, sie setzen aber, neben Optimierung im Sinne der Verwertungsökonomie, zugleich Individualität frei, die sich in rekursiven Schleifen immer wieder an Marktökonomien anschließt.

Literatur

Adorno, Theodor W., „Über Statik und Dynamik als soziologische Kategorien", in: Max Horkheimer/Theodor W. Adorno, *Sociologica II. Reden und Aufsätze. Frankfurter Beiträge zur Soziologie*, Band 10, Frankfurt/M., 1962, S. 223-240.

Bourdieu, Pierre, *Theorie der symbolischen Formen*, Frankfurt/M., 1970.

---

[57] Ulrich Bröckling, *Das unternehmerische Selbst. Soziologie einer Subjektivierungsform*, Frankfurt/M., 2007, S. 240.
[58] Bröckling (2003), Das demokratisierte Panopticon, S. 86.

Ders., *Entwurf einer Theorie der Praxis*, Frankfurt/M., 1979.
Ders., *Die feinen Unterschiede,* 3. Aufl., Frankfurt/M., 1984.
Ders., *Verborgene Mechanismen der Macht*, Hamburg, 1992.
Bröckling, Ulrich, „Totale Mobilmachung. Menschenführung im Qualitäts- und Selbstmanagement", in: ders./Susanne Krasmann/Thomas Lemke (Hg.), *Studien zur Ökonomisierung des Sozialen*, Frankfurt/M., 2000, S. 131-167.
Ders., „Das demokratisierte Panopticon. Subjektivierung und Kontrolle im 360°-Feedback", in: Axel Honneth/Martin Saar (Hg.), *Michel Foucault. Zwischenbilanz einer Rezeption. Frankfurt Foucault-Konferenz 2001*, Frankfurt/M., 2003, S. 77-93.
Ders., *Das unternehmerische Selbst. Soziologie einer Subjektivierungsform.* Frankfurt/M., 2007.
Bublitz, Hannelore, *Foucaults Archäologie des kulturellen Unbewußten. Zum Wissensarchiv und Wissensbegehren moderner Gesellschaften*, Frankfurt/M., 1999.
Dies., *Diskurs*, Bielefeld, 2003.
Dies., *In der Zerstreuung organisiert. Paradoxien und Phantasmen der Massenkultur*, Bielefeld, 2005.
Dies., „Differenz und Integration. Zur diskursanalytischen Rekonstruktion der Regelstrukturen sozialer Wirklichkeit", in: Reiner Keller/Andreas Hirseland/Werner Schneider/Willy Viehöver (Hg.), *Handbuch sozialwissenschaftliche Diskursanalyse, Band 1: Theorien und Methoden*, 2. aktualisierte und erweiterte Aufl., Opladen, 2006, S. 225-262.
Dies., *Im Beichtstuhl der Medien. Produktion des Selbst im öffentlichen Bekenntnis*, Bielefeld, 2010.
Bührmann, Andrea D./Schneider, Werner, *Vom Diskurs zum Dispositiv. Eine Einführung in die Dispositivanalyse*, Bielefeld, 2008.
Butler, Judith, *Das Unbehagen der Geschlechter*, Frankfurt/M., 1991.
Dies., *Körper von Gewicht. Die diskursiven Grenzen des Geschlechts*, Berlin, 1995.
Claessens, Dieter/Claessens, Karin, *Kapitalismus als Kultur. Entstehung und Grundlagen der bürgerlichen Gesellschaft*, Frankfurt/M., 1973.
Ders./Tyredellis, Daniel, *Konkrete Soziologie. Eine verständliche Einführung in soziologisches Denken*, Opladen, 1997.
Comte, Auguste, *Rede über den Geist des Positivismus*, Hamburg, 1956.
Deleuze, Gilles, „Postskriptum über die Kontrollgesellschaften", in: *Unterhandlungen 1972-1990*, Frankfurt/M., 1993, S. 254-262.
Eribon, Didier, *Foucault und seine Zeitgenossen*, Frankfurt/M., 1998.
Foucault, Michel, *Archäologie des Wissens*, Frankfurt/M., 1973.
Ders., *Überwachen und Strafen. Die Geburt des Gefängnisses*, Frankfurt/M., 1976.
Foucault, Michel, „Leben machen und sterben lassen", in: *Lettre International* 20, (1993a), S. 62-65.
Ders., „Technologien des Selbst", in: Rux Martin/Luther H. Martin/William E. Paden/ Kenneth S. Rothwell/ Huck Gutman/Patrick H. Hutton (Hg.), *Technologien des Selbst*, Frankfurt/M., 1993b, S. 24-62.
Ders., „Die Gouvernementalität", in: Ulrich Bröckling/Susanne Krasmann/Thomas Lemke (Hg.), *Gouvernementalität der Gegenwart. Studien zur Ökonomisierung des Sozialen,* Frankfurt/M., 2000, S. 41-67.
Ders., *Dits et Ecrits. Band III. 1976-1979*, Frankfurt/M., 2003.
Ders., *Geschichte der Gouvernementalität, Band I: Sicherheit, Territorium, Bevölkerung, Band II: Die Geburt der Biopolitik*, Frankfurt/M., 2004.
Hardt, Michael/Negri, Antonio, *Empire. Die neue Weltordnung*, Frankfurt/M., 2002.

Jäger, Margret/Jäger, Siegfried, *Gefährliche Erbschaften. Die schleichende Restauration rechten Denkens*, Berlin, 1999.

Jäger, Siegfried, „Dispositiv", in: Marcus Kleiner (Hg.), *Michel Foucault. Eine Einführung in sein Denken*, Frankfurt/M., 2001, S. 72-89.

Krais, Beate, „Habitus", in: Sina Farzin/Stefan Jordan (Hg.), *Lexikon Soziologie und Sozialtheorie. Hundert Grundbegriffe*, Stuttgart, 2008, S. 98-100.

Laugstien, Thomas, „Diskursanalyse", in: Wolfgang Fritz Haug (Hg.), *Historisch-kritisches Wörterbuch des Marxismus*, Hamburg, 1996, S. 727-743.

Link, Jürgen, *Versuch über den Normalismus. Wie Normalität produziert wird*, Opladen, 1997.

Ders., „Dispositiv", in: Clemens Kammler/Rolf Parr/Ulrich Johannes Schneider (Hg.), *Foucault Handbuch. Leben – Werk – Wirkung*, Stuttgart, 2008, S. 237-242.

Lösch, Andreas/Schrage, Dominik/Spreen, Dierk/Stauff, Markus, *Technologien als Diskurse. Konstruktion von Wissen, Medien und Körpern*, Heidelberg, 2001.

Makropoulos, Michael, *Modernität und Kontingenz*, München, 1997.

Ders., *Theorie der Massenkultur*, München, 2008.

Mauss, Marcel, *Soziologie und Anthropologie*, Band 2, Frankfurt/M., 1975.

Mersch, Dieter, *Was sich zeigt. Materialität, Präsenz, Ereignis*, München, 2002a.

Ders., *Ereignis und Aura. Untersuchungen zu einer Ästhetik des Performativen*, Frankfurt/M., 2002b.

Pongratz, Ludwig, „Freiwillige Selbstkontrolle. Schule zwischen Disziplinar- und Kontrollgesellschaft", in: Norbert Ricken/Marcus Rieger-Ladich (Hg.), *Michel Foucault: Pädagogische Lektüren*, Wiesbaden, 2004, S. 243-260.

Ricken, Norbert/Rieger-Ladich, Marcus (Hg.), *Michel Foucault: Pädagogische Lektüren*, Wiesbaden, 2004.

Riesman, David/Denney, Reuel/Glazer, Nathan, *Die einsame Masse. Eine Untersuchung der Wandlungen des amerikanischen Charakters*, Hamburg, 1958.

Runte, Annette, *Biographische Operationen. Diskurse der Transsexualität*, München, 1996.

Sarasin, Philip, „,Mapping the body?' Körpergeschichte zwischen Konstruktivismus und ,Erfahrung'", in: *Historische Anthropologie*, 1999, S. 437-451.

Treiber, Hubert/Steinert, Heinz, *Die Fabrikation des zuverlässigen Menschen. Über die ,Wahlverwandtschaft' von Kloster und Fabrikdisziplin*, München, 1980.

ULRIKE BERGERMANN

SPIEGELNEURONE UND TANZKARAOKE:
ECHO OBJECTS UND *NAPOLEON DYNAMITE*

Einmal mehr kommt aus den Naturwissenschaften das Angebot, die Entstehung von Kultur, Sprache und allem anderen als Ergebnis einer physiologischen, genauer neurophysiologischen Besonderheit zu verstehen: Die Spiegelneurone verdoppeln im Gehirn die Aktivitäten der Außenwelt. Die Aktivität der Spiegelneurone „spiegelt" die Tätigkeit eines Gegenüber oder auch eine eigene, noch nicht ausgeführte Tätigkeit.[1] In den letzten Jahren war viel davon die Rede, dass man die „zwei Kulturen" zusammenbringen müsse, um den aktuellen Herausforderungen gerecht zu werden, und die Hirnforschung hat sich explizit hierfür angeboten. Nun soll auch noch die Kultur aus der Physiologie, also der Biologie kommen. Einige Kulturwissenschaftlerinnen und Kulturwissenschaftler haben das Angebot begeistert aufgenommen, etwa unter dem Titel der „Echo Objects"; andere vermuten einen Take-over der deterministischen Disziplinen.[2] Slavoj Žižek erklärte dazu, dass der Forderung, den Graben zwischen den Kultur- und den Naturwissenschaften zu schließen, nicht gefolgt werden sollte: Es ginge vielmehr darum, den Graben richtig zu formulieren.[3]

Für eine solche Formulierung sind verschiedene Sprachen zu sprechen, naturwissenschaftliche, ihre populärwissenschaftliche Umschreibung, aber auch die der Kultur. Treffen könnten sie sich in Knotenpunkten wie ‚Unwillkürlichkeit', ‚Automatismen' oder ‚Wiederholung'. Das möchte ich ausprobieren: mit einer Beschreibung der entsprechenden neurowissenschaftlichen Thesen, ihrer kulturwissenschaftlichen Rezeption und einer filmischen Thematisierung

---

[1] Die Neurowissenschaftler Manfred Spitzer oder auch Vittorio Gallese möchten lieber von Simulationen statt von Spiegelungen sprechen – beide Begriffe sind für die Aktivität der Spiegelneurone mehr oder weniger zutreffend. Spitzer in seiner Sendung: *Gehirn und Geist*, BR, Juni 2007. Vgl. Annette Hartmann, „Mit dem Körper memorieren. Betrachtung des Körpergedächtnisses im Tanz aus neurowissenschaftlicher Perspektive", in: Johannes Birringer/Josephine Fenger (Hg.), *Tanz im Kopf. Dance and Cognition*, unter Mitarbeit von Sabine Kroß, Münster, Hamburg, 2006, S. 185-200: 193; vgl. Vittorio Gallese, „The Manifold Nature of Interpersonal Relations. The Quest for a Common Mechanism", in: *Philosophical Transactions of the Royal Society*, London, 358 (2003), S. 517-528: 521-523.

[2] Etwa mit Blick auf die Psychoanalyse Marie-Luise Angerers, die die Unberechenbarkeit, Unverfügbarkeit und andere psychoanalytische Kennzeichnungen des begehrenden Subjekts mit den teleologischen Erklärungsmustern verdrängt sieht (dies., *Vom Begehren nach dem Affekt*, Zürich, Berlin, 2007).

[3] Slavoj Žižek, *Parallaxe*, aus dem Englischen von Frank Born, Frankfurt/M., 2006, bes. S. 168-234.

von Selbsttätigkeit, Wiederholung und verschiedenen Spiegelungen – in einer Art von „Tanzkaraoke". Im Film *Napoleon Dynamite* (USA 2004) geht es um die Wiederholung von bekannten Tanzbewegungen – und um die Frage, wie ‚automatisch' oder ‚selbstgesteuert' diese Kulturtechniken sein können.

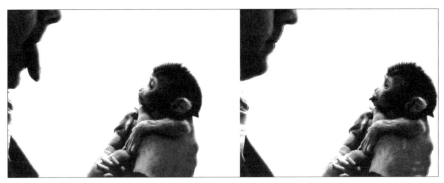

1 – Imitation beim neugeborenen Makaken[4]

1. Spiegelneurone

Jemand fordert Sie auf, das rechte Bein auszustrecken. Egal, ob Sie dies tun oder nicht, ob Sie mit dem Bein gezuckt oder nur daran gedacht haben: Die Neurowissenschaft weiß, auch ohne dass Sie mit dem Kopf in einem funktionellen Magnetresonanztomografen liegen, dass gerade eine bestimmte Aktion in Ihrem Gehirn stattgefunden hat. Bestimmte Zellen, genannt Neurone, in Ihrem prämotorischen Kortex sind nämlich aktiv, egal ob Sie eine Bewegung ausführen, die Bewegung sehen oder, z. B. angeregt durch akustische Reize, nur daran denken. Diese Koinzidenz von Aktivität und Potenzialität hat weitreichende Konsequenzen.

Spiegelneurone werden im Kleinkind aktiv, wenn es Mimik oder Laute nachahmt, Grimassen schneidet, aber auch dort, wo Gähnen oder Lachen ansteckend wirken – bis in Körperhaltungen hinein.[5] Die biologische Basis hierfür heißt seit der Entdeckung der entsprechenden Nervenzellen im Gehirn (1995) Spiegelneurone (mirror neurons). Die Idee ist schon alt. Der englische Naturwissenschaftler William Benjamin Carpenter schrieb bereits 1852, dass bestimmte „Aktionspotenziale" in Muskeln schon durch das Denken an Bewe-

---

[4] „A Newborn Macaque Imitates Tongue Protrusion: Evolution of Neonatal Imitation." (Liza Gross, „Evolution of Neonatal Imitation", in: *PLoS Biology* 4, 9, e311, 05.09.2006); Wikipedia betitelt das Bild: „neonatale Imitation".

[5] Vgl. Rüdiger Labahn, „Lernen durch Beobachten: Schlaganfallpatienten könnten von Videoverfahren profitieren", in: *Informationsdienst Wissenschaft*, 09.04.2003, innovations-report, online unter: http://www.innovations-report.de/html/berichte/medizin_gesundheit/bericht-177 06.html, zuletzt aufgerufen am 05.07.09.

gungen ausgelöst werden.⁶ Und auch die physiologische Existenz von Neuronen ist schon lange bekannt – bereits Freuds Theorie psychischer Bahnungen von 1895 unterschied in Wahrnehmungsneurone, die Erregungen ‚speicherten', und Gedächtnisneurone, die Erregungen ständig ‚durchließen' (wodurch sich in Wiederholungen eben das Gedächtnis bilde).⁷ Im Verlauf des 20. Jahrhunderts steht dann immer weniger das Gehirn als fixer Speicher im Mittelpunkt der Forschungen, sondern vielmehr seine Flexibilität, Wandelbarkeit, Lernfähigkeit – wofür die besonderen Neuronen, die Spiegelneurone genannt werden, genau einhundert Jahre nach Freuds Theorie der „Bahnungen" stehen.

Vittorio Gallese, Giacomo Rizzolatti und andere untersuchten in Parma seit dem Anfang der 1990er Jahre einen bestimmten Teil der Hirnrinde von Primaten, den prämotorischen Cortex (im sogenannten Areal F5c), der für die Planung und Ausführung zielorientierter Bewegungen gebraucht wird.⁸ Zufällig, heißt es, beobachteten die Forscher, dass Neuronen des Affen bereits in Erregung gerieten, wenn der Versuchsleiter Gegenstände in die Hand nahm, nicht der Affe selbst. Offensichtlich steuerte das motorische Zentrum nicht nur die Bewegungen, sondern war darüber hinaus in der Lage, Ziele und Absichten einer fremden Handlung vorauszusehen und zu deuten. In den folgenden Jahren erweiterten sich die Funktionsuntersuchungen der Neurone. Im Sommer 2002 zeichnete das Team von Giacomo Rizzolatti die „Aktionspotenziale" von Makaken auf, genauer: von 497 ihrer Neuronen, und dabei fanden sie, dass 63 Neurone sowohl bei der Handlung selbst als auch bei rein akustischer Wahrnehmung feuerten (sofern die Geräusche bedeutsam waren). Es gibt also nicht nur eine motorisch-visuelle Verbindung, sondern auch eine akustische mit dem Handeln, und das verweist auf die Nähe zur menschlichen Sprache.⁹ Bis-

---

⁶ Dieser „ideomotorische Effekt" wurde später auch „Carpenter-Effekt" genannt. Der englische Naturwissenschaftler William Benjamin Carpenter (1813-1885) beschrieb ihn zum ersten Mal 1852. M. N. Eagle und J. C. Wakefield haben darauf hingewiesen, dass diese Entdeckung der Spiegelneurone von den Vertretern der Gestalttheorie, insbesondere Wolfgang Köhler, schon in den 20er Jahren mit ihrer Isomorphie-Annahme vorweggenommen worden ist.

⁷ Vgl. Hartmut Winkler, „Spuren, Bahnen … Drei heterogene Modelle im Hintergrund der Frage nach den Automatismus" (im vorliegenden Band), der auf das Fehlen der Wiederholung in Freuds Spurbegriff verweist – anders im Begriff der Bahnung von 1895. (Freud: „Die Rettung liegt also darin, daß wir die dauernde Beeinflussung durch die Erregung einer Klasse von Neuronen zuschreiben, die Unveränderlichkeit dagegen, also die Frische für neue Erregungen einer anderen". Sigmund Freud, „Entwurf einer Psychologie", in: *Gesammelte Werke, Nachtragsband, Texte aus den Jahren 1885 bis 1938*, Frankfurt/M., 1987, S. 375-348: 391 f.)

⁸ Rizzolatti war 1995 der Entdecker der motorischen Spiegelneurone; Arbib und er erweiterten das dann zusammen auf die Sprache (vgl. Vittorio Gallese/Luciano Fadiga/Leonardo Fogassi/Giacomo Rizzolatti, „Action Recognition in Premotor Cortex", in: *Brain*, 119 (1996), S. 593-609). Die Entdeckung der *mirror neurons* bei Makaken führte zur *Mirror System Hypothesis* (MSH) über die Evolution der sprachunterstützenden Hirnregionen (vgl. Giacomo Rizzolatti/Michael A. Arbib, „Language within Our Grasp", in: *Trends in Neuroscience* 21, 5 (1998), S. 188-194.)

⁹ Vgl. Hans-Arthur Marsiske, „Lösen Erdnüsse das Rätsel der Sprache?", in: *Telepolis. Die Zeitschrift der Netzkultur*, 03.08.2002, online unter: http://www.heise.de/tp/r4/artikel/13/13031/1.html, zuletzt aufgerufen am 05.07.2009.

lang hatte man angenommen, diese Hirnregionen seien nur für die Ausführung von motorischen Tätigkeiten bestimmt, nicht für Wahrnehmung oder Kognition zuständig, entsprechend der Reihenfolge Wahrnehmung – Kognition – Bewegung.[10] Aber es gab keine andere Möglichkeit, als in diesem Bottom-up-Approach die Messwerte logisch zu deuten. F5-Neurone entladen sich bei Beobachtung *und* Handlung.

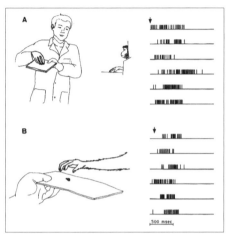

2 – Entladung der Spiegelneuronen F5; (A): beim Beobachten einer Greifbewegung, (B) bei der Greifbewegung des Affen

Bis heute gibt es Streit darum, ob sie das aufgrund von internen Repräsentationen tun, ob man von einem eher metaphorisch so bezeichneten „Wörterbuch der Akte" ausgehen muss, das sich durch Lernen und Erinnerung in die Hirnregionen eingespeichert hat, oder ob man sagen kann, dass es sich nicht nur um „vorsprachliches Verstehen", sondern überhaupt um uncodierte Prozesse handele. Außerdem lassen sich die Prozesse kaum ohne merkwürdige Sätze beschreiben wie die, dass von den Objekten eine *Aufforderung* (vgl. Abbildung 3) ausgehe (was selbst Neurowissenschaftler an Merleau-Ponty erinnert[11]).

Der Henkel einer Tasse bildet demzufolge eine *affordance*, etwas, was zum Handeln auffordert, was eine bestimmte Handlung suggeriert[12], was das Anfassen schon antizipiert.[13] Die Tasse fungiert beim Anfassen oder beim Zu-

---

[10] Giacomo Rizzolatti/Corrado Sinigaglia, *Empathie und Spiegelneurone. Die biologische Basis des Mitgefühls*, aus dem Italienischen von Friedrich Griese, Frankfurt/M., 2008. [Ital. OA 2006 in Mailand unter dem Titel *So quel que fai. Il cervello che agisce e i neuroni specchio* erschienen.]

[11] Ebd., S. 62 f.

[12] Ebd., S. 47, übernimmt den Begriff des Angebotscharakters, „affordance", von James J. Gibson.

[13] Zum Verhältnis von Vorhersage und Performanz vgl. besonders: Ricarda I. Schubotz, „Zum neurophysiologischen Zusammenhang von Bewegung und Vorhersage", in: Gabriele Brand-

schauen als „Pol eines virtuellen Aktes"[14]. Objekte sind Handlungshypothesen.[15]

3 – Tasse, Grafik von Daniel Pirch 2000

Die Forschung beschäftigte sich weiter mit Affen, unterschied in verschiedene Bereiche und Funktionen, neuronale Tätigkeiten beim Lutschen, Essen, Kommunizieren usw., aus ethischen Gründen allerdings lange nicht beim Menschen.[16] Erst durch nichtinvasive technologische Möglichkeiten hat sich das geändert. Seit den 1950er Jahren werden „transkraniale Magnetstimulationen", kurz TMS, dazu verwendet, MEPs, *motor invoked potentials*, in den Gliedmaßen zu messen.[17] Mit der „funktionellen Kernspintomografie" (fMRT) kann dies ohne Röntgenstrahlen dreidimensional exakt dargestellt werden, denn Bewegungen, Gedanken und Vorstellung steigern die Hirnaktivität und damit auch den visualisierbaren Stoffwechsel. In Kombination mit elektrischen Ableitungsverfahren wie dem EEG lassen sich Ort und Zeit der Aktivität von Spiegelneuronen genau bestimmen. In den letzten Jahren kommen auch Methoden des *Brain Imaging* hinzu, um Lokalisationen vorzunehmen.

Auch beim Menschen fanden nun die Forscher Giacomo Rizzolatti, Scott Grafton und Marco Iacoboni in unabhängigen Untersuchungen zwei Hirnregionen, die bei der Beobachtung von Bewegungen aktiviert werden: die obere linke Schläfenfurche und darüber das motorische Sprachzentrum (Broca-Zentrum), das dem prämotorischen Cortex bei Primaten entspricht. Die Entdeckung der menschlichen Spiegelneurone hat weitreichende Folgen: Nun wird mit

---

stetter/Sibylle Peters/Kai van Eikels (Hg.), *Prognosen über Bewegungen*, Berlin, 2009, S. 144-149.

[14] Rizzolatti/Sinigaglia (2008), *Empathie und Spiegelneurone*, S. 60.

[15] Ebd., S. 89. Objekte sind Pole virtueller Akte, der Raum ist das System der Relationen für die Akte, und beider Maß entspricht den Körperteilen.

[16] Seit Anfang des 20. Jahrhunderts werden die Funktionen von Gehirnregionen in der Regel in Tierversuchen untersucht. Nur selten ist die Rede von Neurochirurgen, die z. B. bei Operationen an Epileptikern ebenfalls Untersuchungen anstellen (bestimmte Kortexregionen elektrisch stimulieren usw.). Vgl. Danielle van Versendaal, „On Mirror Neurons or Why it is Okay to be a Couch Potato", in: *Articles* 4, (18.10.2007).

[17] Erst spät in Rizzolatti/Sinigaglia (2008), *Empathie und Spiegelneurone*, wird der neue Typ der „Echo-Spiegelneurone" eingeführt (S. 172), entdeckt von Luciano Fadiga und Kollegen.

ihrer Hilfe die Entstehung der Sprache erklärt, die Entstehung der menschlichen Kultur überhaupt, die Fähigkeit der menschlichen Empathie, die Einfühlung.[18]

Einer der prominentesten Hirnforscher, Michael A. Arbib, hat nicht nur das Standardwerk *The Handbook of Brain Theory and Neural Networks* (1995), sondern auch mit Mary B. Hesse ein Buch mit dem Titel *The Construction of Reality* geschrieben.[19] Beide versuchen hier mit verteilten Rollen, eine Einheitstheorie für die Erkenntnis durch das Prinzip der Schemabildung für die verschiedenen Disziplinen zu formulieren, also auch die Neuro- mit den Sozialwissenschaften zu versöhnen: Arbib bringt einen sogenannten individualistischen Ansatz ein und beschreibt die Prozesse in Menschen, Affen und Robotern zur Repräsentation von Welt; Hesse fragt nach sozialen Prozessen (eine perfekte gendertraditionelle Aufteilung), nach dem wissenschaftshistorischen Aushandeln von Wahrheiten, einem „holistic view" und nach dem Glauben an Gott.[20]

Was unter „Schema" zu verstehen ist, bleibt notwendigerweise vage – eine Beschreibungsform, eine „Repräsentationseinheit" von Welt (ohne dass dann wieder der Begriff „Repräsentationseinheit" bestimmt würde), oder ein System eines „mentalen Vokabulars".[21] Wir wissen nicht, was ein Schema ist, aber wir erfahren, warum es erfunden wurde: Es soll das Übersetzungsmodell sein, das zwischen Einheiten vermittelt, die verschiedenen natur- und kulturwissenschaftlichen Disziplinen angehören.[22] Es gelte, Analyseeinheiten zu finden, die zwischen „neuron and person" vermittelten.[23] Das sei dann ein „holistischer" Ansatz.[24] Holismus ist hier allerdings von vornherein Programm und ist nicht etwa das Ergebnis von Beobachtungen. Statt von Messungen auszugehen, die neue Kategorisierungen verlangen (wie bei den Spiegelneuronen), wird die Notwendigkeit einfach postuliert.[25]

In der Evolutionstheorie wie der Hirnforschung besteht eine starke Tendenz, bestehende soziale Ordnungen als evolutionär erfolgreich, also natürlich und sinnvoll zu beschreiben. Resonanz sei ein darwinistischer Überlebensvorteil gewesen, so etwa Joachim Bauer, *survival of the fittest* sei *survival of resonance*.[26] Das führt u. a. dazu, dass sämtliche Entwicklungen auch sozialer Art als naturgewollt dargestellt werden können – wenn eine Gesellschaft Alphatie-

---

[18] In verschiedenen Therapieformen finden diese Ergebnisse Anwendung (Videotherapie für Schlaganfallpatienten, Psychotherapien bis hin zum Autismus usw.). Labahn (2003), Lernen durch Beobachten.
[19] Michael A. Arbib/Mary B. Hesse, *The Construction of Reality*, 2. Aufl., Cambridge, 2002.
[20] Arbib/Hesse (2002), *The Construction of Reality*, S. x u. xii.
[21] Ebd., S. 13-15.
[22] Ebd., S. 42 u. 63.
[23] Ebd., S. 69.
[24] Ebd., S. 64 f.
[25] Vgl. dazu den letzten Satz: „The construction of reality is in our schemas." Ebd., S. 267.
[26] Joachim Bauer, *Warum ich fühle, was du fühlst. Intuitive Kommunikation und das Geheimnis der Spiegelneurone*, Hamburg, 2005, S. 169.

re ausbildet, dann hat sie dadurch wohl einen Überlebensvorteil.[27] Spiegelneurone provozieren auch Ermächtigungsphantasien aus einer scheinbar defensiven evolutionären Situation heraus.[28]

Wenn man Videos von Handlungen sieht, die man selbst nicht ausführen kann, sei es vom Eiskunstlauf oder vom Fliegen, sprechen die Neurone ebenfalls an.[29] Als Nebenprodukt fiel hier die Beobachtung ab, dass es auch eine geschlechtsbezogene Motivation für das Feuern gibt. Beim Capoeira gibt es nämlich Schritte, die sowohl von Männern als auch von Frauen getanzt werden: Als Tänzer im Test Videoaufnahmen sahen, wurden Neurone durch Bilder von Tänzern des eigenen Geschlechts stärker aktiviert. Rizzolatti und Sinigaglia (sowie vermutlich die zitierte Calvo-Merino) folgern daraus, dass motorische Übung stärker reize als visuelle Erfahrung – und kommen nicht auf die Idee, dass hier eine geschlechtliche Identifizierung zugrunde gelegt wird.[30] (Die im Übrigen dadurch genauso naturalisiert wird wie anderenorts die ‚Abneigung vor dem Fremden' usw.)[31]

---

[27] Ebd., S. 170. – Die Evolutionstheorie selbst wird außerdem ergänzt: Michael Arbib und andere datieren die Evolution der Spiegelneurone im gemeinsamen Vorfahren von Menschen und Affen vor mehr als zwanzig Millionen Jahren; differenziertere Spiegelneurone geben dem Vorfahren, den wir mit dem Schimpansen teilen, vor fünf bis sechs Millionen Jahren die Fähigkeit zur groben Nachahmung; vor zwei Millionen Jahren dann sei mit dem Homo habilis und seinen Neuronen die Grundlage einer mimischen Kultur entstanden, die zur Blüte kam mit dem Homo erectus vor eineinhalb Millionen Jahren bis dreihunderttausend Jahren. Der Homo sapiens entwickelte das weiter. Vgl. auch: Rizzolatti/Sinigaglia (2008), *Empathie und Spiegelneurone*, S. 164 f., die die Stadien mimetischer Fähigkeiten durch die letzten zwanzig Millionen Jahre der Primaten nachzeichnen.

[28] „Warum sich Planung und Antizipation im PMC [prä-motorischen Kortex] vereinen, ist noch nicht klar. ‚Aber vielleicht', sagt Ricarda I. Schubotz, ‚können wir uns in einer ständig wechselnden Umwelt nur dann orientieren, wenn wir uns in alles, was sich vorhersagbar bewegt, hineinversetzen – als seien wir selbst die Verursacher.'" Klaus Wilhelm, „Wie uns das Gehirn bewegt", in: *Max-Planck-Forschung*, 1 (2007), S. 32-36, online unter: http://www.mpg.de/bilderBerichteDokumente/multimedial/mpForschung/2007/heft/pdf14.pdf, zuletzt aufgerufen am 05.07.09.

[29] Rizzolatti/Sinigaglia (2008), *Empathie und Spiegelneurone*, S. 138.

[30] Ebd., S. 141 f.

[31] Mit der Rolle von Geschlecht in der Hirnforschung hat sich u. a. Sigrid Schmitz auseinandergesetzt: Hier werden etwa Studien, die belegen sollen, dass Frauen- und Männerhirne die beiden Hirnhälften unterschiedlich stark vernetzen, ebenso kritisch diskutiert wie die Interpretation anderer Untersuchungen mit Blick auf den Faktor Geschlecht, meist mit dem Ergebnis: Wo signifikante Unterschiede behauptet werden, ist bei größeren Stichproben nichts mehr zu finden. Vgl. Sigrid Schmitz, „Frauen und Männergehirne. Mythos oder Wirklichkeit?", in: Smilla Ebeling/dies. (Hg.), *Geschlechterforschung und Naturwissenschaften. Einführung in ein komplexes Wechselspiel*, Wiesbaden, 2006, S. 211-233. Allgemein kommentieren Gender and Technology Studies (auch über Frauen- und Männerhirne hinaus) die unhinterfragten Auffassungen von Objektivität, Evidenz sowie bestimmte Ideen von teleologischer Evolution und Natürlichkeit. Das wäre auch für die Neurowissenschaft weiterzudenken (wenn etwa die zentrale Rolle der Empathie immer wieder hervorgehoben wird, die doch als Frauendomäne gilt, wäre zu fragen, wieso die tonangebenden Wissenschaften mit dieser Erkenntnis noch nicht die Löhne von Pflegerinnen heraufgesetzt haben usw.).

Sogar Klaus Theweleit sieht jetzt durch die Hirnforschung nach dreißig Jahren bestätigt, was er 1977 in *Männerphantasien* geschrieben hatte: Nicht aus einer „Denksystematik", sondern aus „körperlichen Reflexen" entstünden „Speicherungen" wie z. B. die faschistischen Zurichtungen von Menschen. Da der Körper diese Zwänge speichern müsse, um sie in Denk- und Handlungsweisen umzusetzen, sieht er einen Anschluss an die Neurowissenschaften darin, dass sie ebenfalls den Geist austreiben wollten.[32]

Das Thema Kultur ist in der einschlägigen Literatur durchaus weit verbreitet, denn deren Beispiele handeln oft von Geigespielen, Klavierüben, Hochkultur, oft auch vom Theater.[33] Einer der Entdecker der Spiegelneurone, Giacomo Rizzolatti, hat mit dem Wissenschaftsphilosophen Corrado Sinigaglia in der Suhrkamp-Reihe „edition unseld", die uns die Brücken zu den Naturwissenschaften schlagen will, das Buch *Empathie und Spiegelneurone. Die biologische Basis des Mitgefühls* (2008) publiziert. Jegliches gesellschaftliche Handeln, so beginnt das Buch, beruht auf den Spiegelneuronen: Es gibt kein Ich ohne Wir.[34] (Wie Bernhard Waldenfels über den Tanz schrieb: „Kein Ibi ohne Alibi."[35]) Rizzolattis Buch beginnt mit dem Theater: Schauspieler und Zuschauer seien darin geeint, dass sie dieselben Emotionen und Handlungen er-

---

[32] Auch wenn Theweleit noch stärker die Rolle eines ‚Körperspeichers' als eines ‚Hirnspeichers' betont. Vgl. Claudia Hempel, „Der Körper als Speicher. Klaus Theweleit über Hirnforschung, das Unbewusste und die Realität", in: *Telepolis. Die Zeitschrift der Netzkultur*, 25.12.2007, online unter: http://www.heise.de/tp/r4/artikel/26/26844/1.html, zuletzt aufgerufen am 04.05.2009.

[33] „Peter Brook sagte vor einiger Zeit in einem Interview, die Neurowissenschaften hätten mit der Entdeckung der Spiegelneurone zu verstehen begonnen, was das Theater seit jeher gewußt habe. Für den großen britischen Bühnendichter und Regisseur wäre die Mühe des Schauspielers umsonst, verstünde er es nicht, über alle sprachlichen oder kulturellen Schranken hinweg die Laute und Bewegungen seines eigenen Körpers den Zuschauern mitzuteilen und diese dadurch zu Mitwirkenden eines Ereignisses zu machen, zu dessen Entstehung sie beitragen müssen. Auf dieser unmittelbaren Teilhabe beruhe die Realität und Rechtfertigung des Theaters, und für sie lieferten die Spiegelneurone mit ihrer Fähigkeit, sich zu aktivieren, wenn man eine Aktion ausführt oder andere sie ausführen sieht, die biologische Basis." Rizzolatti/Sinigaglia (2008), *Empathie und Spiegelneurone*, S. 11. Vgl. Žižek (2006), *Parallaxe*, S. 222. Barbara Maria Stafford illustrierte ihre Thesen mit bildender Kunst (dies., *Echo Objects. The Cognitive Work of Images*, Chicago, London, 2007), Manfred Spitzer schrieb ein Buch über „Musik im Kopf" (ders., *Musik im Kopf. Hören, Musizieren, Verstehen und Erleben im neuronalen Netzwerk*, 5. Aufl., Stuttgart, New York, 2005 [2002]); insgesamt tauchen viele Metaphern aus der Musik auf, etwa bei Rizzolatti, der die Handlungsketten als „so flüssig wie kinetische Melodien" beschreibt oder von der „Melodie der Handlung" spricht (was Harmonie nahelegt, ein angenehmes Abspulen, Rizzolatti/Sinigaglia (2008), *Empathie und Spiegelneurone*, S. 120 u. 113); auch der Begriff der „Resonanz" spielt eine große Rolle oder Vittorio Galleses „attunement" (ders., „Intentional Attunement. The Mirror Neural System and its Role in Interpersonal Relations", online unter: www.interdisciplines.org/mirrir/papers/1, 15.11.04, zuletzt aufgerufen am 18.11.08); beliebt sind auch Lernbeispiele etwa aus dem Geigenspiel, wo durch Beobachtung des Geigenmeisters gelernt wird (Rizzolatti/Sinigaglia (2008), *Empathie und Spiegelneurone*, S. 105 et passim).

[34] Ebd., S. 15.

[35] Bernhard Waldenfels, „SichBewegen", in: Gabriele Brandstetter/Christoph Wulf (Hg.), *Tanz als Anthropologie*, München, 2007, S. 14-30: 22.

lebten – das Theater entwerfe eine bestimmte Art von Teilhaberschaft. Mit dem Theater argumentierte bereits Antonio Damasio. Sein berühmtes Buch *Descartes' Irrtum* hatte 1994 argumentiert, Gefühl und Verstand ließen sich nicht trennen und hätten eine gemeinsame körperlich-evolutionäre Basis. 1999 fragte er in *The Feeling of What Happens/Ich fühle, also bin ich* nach der Entstehung des Bewusstseins (wiederum auf der Basis von Emotionen).[36] Und sein Buch beginnt: Schon seit jeher habe ihn der Moment fasziniert, in dem ein Künstler ins Licht auf die Bühne tritt, und nun werde ihm klar, dass das eine Metapher für das Bewusstsein sei, genauer: „für die Geburt des erkennenden Geistes"[37]. Wie aber erzeugt das Gehirn das Gefühl, dass es dieses Zusammenführen bewerkstelligt hat? Gibt es einen Film im Gehirn, einen Erzeuger und einen Beobachter dieses Films? Ohne konkreter auf die Messtatsache einzugehen, dass wir uns mit unserem Bewusstsein stets um ungefähr 500 Millisekunden verspäten[38], kommt Damasio zu dem Schluss: „Die beiden Fragen [nach Erzeuger und Beobachter des Films] sind so eng miteinander verwandt, dass dieses in jenem enthalten ist."[39]

Dieses ist in jenem enthalten: Eine Einfaltungsfigur aus der Neurobiologie, die kulturwissenschaftliche Lesbarkeit verspricht. *Tanzkaraoke*, also diejenige Tätigkeit, die wie beim Karaokesingen ein bestimmtes kulturelles Repertoire wiederaufführt, wird etwas zu tun haben mit Nachahmung, Einfühlung, mit der Frage nach dem Selbst-Sinn in der Karaoke (dem Nach-Singen, Nach-Tanzen), mit Eigenem und Fremdem und deren möglicher Verschränkung, mit Automatismen des Lernens und mit Aneignung und Identität.

---

[36] Antonio R. Damasio, *Ich fühle, also bin ich. Die Entschlüsselung des Bewusstseins*, übersetzt v. Hainer Kober, München, 2000. [Am. OA 1999 in New York unter dem Titel *The Feeling of What Happens. Body and Emotion in the Making of Consciousness* erschienen.]Verlagswerbung: „In ,Descartes' Irrtum'" [ders., *Descartes' Irrtum. Fühlen, Denken und das menschliche Gehirn*, 4. Aufl., übersetzt v. Hainer Kober, München, 2006 [1997] [am. OA 1994 in New York unter dem Titel *Descartes' Error: Emotion, Reason, and the Human Brain* erschienen] widerlegte Antonio R. Damasio die Theorie vom Dualismus von Gefühl und Verstand. Nun geht er einen Schritt weiter und entschlüsselt eines der letzten Geheimnisse der Psychologie: das Bewusstsein. Jenseits gängiger Theorien zeigt er, wie im Gehirn neuronale Signale zu Mustern verarbeitet und wie Vorstellungen gebildet werden und stellt die entscheidende Frage nach der Entstehung unseres Selbst-Sinns. Damasios These: Die Grundvoraussetzung für die Entwicklung eines Bewusstseins sind Emotionen und Gefühle." Der Neurologe erklärt, es gebe keine vom Gefühl unabhängige Ratio wie bei Descartes, sondern eine enge Verknüpfung von beiden im Gehirn; der Körper sei die Grundlage, die Matrix neuronaler Prozesse, die wir als Bewusstsein erleben (ebd., S. 17).
[37] Damasio (2000), *Ich fühle, also bin ich*, S. 13.
[38] Bauer (2005), *Warum ich fühle, was du fühlst*, S. 9.
[39] Damasio (2000), *Ich fühle, also bin ich*, S. 23.

2. Echo Objects. Rezeption der Neurowissenschaften in den Kulturwissenschaften

2007 erschien ein großformatiger Band von Barbara Maria Stafford, die sich selbst als „historian of images", als Bildhistorikerin beschreibt[40] und mit wichtigen Veröffentlichungen zur Rolle von Bildern und Kunst in der europäischen Wissenschaftsgeschichte seit der Frühen Neuzeit bekannt geworden ist.[41] Der Band *Echo Objects*[42] will nun nicht mehr Verhältnisse aus Bildern und Techniken in verschiedenen Disziplinen rekonstruieren, sondern selbst in diese Verhältnisse eingreifen, denn Objekte aus einer Disziplin sollen als „Echos" aus der anderen verstanden werden. Staffords Anliegen ist es, nachdem sie an ihrer Heimatuniversität Chicago die Veranstaltungen von Kolleginnen und Kollegen aus der Neurowissenschaft besucht hat, „the cognitive work of images" als Bindeglied zwischen diesen naturwissenschaftlichen und den kulturwissenschaftlichen Disziplinen zu schaffen. Ihre Argumente dafür, dass beide Fachkulturen es mit den gleichen Objekten zu tun hätten, sind nicht überzeugend.[43] „Echo objects", so scheint es, sind die Beweisstücke für diese gegenseitigen Entsprechungen in Natur und Kultur. Eine Seite der *two cultures* „echoes the other". Leider gibt es im Deutschen kein Verb für die Tätigkeit des Echos: Ein Objekt der einen Kultur ist ein Widerhall der anderen, der nur im Witz als eine Antwort erscheinen kann. Ein Echo ist ein Nachhall, der eigentlich, wenn auch abgeschwächt, eine identische Verdoppelung des Ausgangstons ist. Stafford interpretiert in ihrem Bildband zahlreiche Kunstwerke, als wären sie Illustrationen neurobiologischer Begriffe.[44] Umgekehrt fordert sie die Neurowissenschaftlerinnen und -wissenschaftler auf, anzuerkennen, dass Kultur auch eine

---

[40] Barbara Maria Stafford, *Kunstvolle Wissenschaft. Aufklärung, Unterhaltung und der Niedergang der visuellen Bildung*, übersetzt v. Anne Vonderstein, Amsterdam, Dresden, 1998, S. 206. [Am. OA 1994 in Cambridge, MA, unter dem Titel *Artful Science. Enlightenment Entertainment and the Eclipse of Visual Education* erschienen]; hier geht es u. a. um die Verdrängung von Kunst, Bildern usw. aus der Rationalitätsentwicklung im 18. Jahrhundert, bereits der englischsprachige Titel war ein Amalgam aus *art* und *science*.]

[41] Weitere Bücher: dies., *Visual Analogy: Consciousness as the Art of Connecting*, Cambridge, MA, 1999; dies., *Good Looking: Essays on the Virtue of Images*, Cambridge, MA, 1996; dies. *Body Criticism: Imaging the Unseen in Enlightenment Art and Medicine*, Cambridge, MA, 1991 und dies., *Voyage into Substance: Art, Science, Nature and the Illustrated Travel Account, 1760-1840*, Cambridge, MA, 1984.

[42] Stafford (2007), *Echo Objects*.

[43] Stafford meint, dass „Bilder" hier Erkenntnis leitend seien (unter Bildern versteht sie alles von der Höhlenmalerei, über Videostills, Embleme oder Installationsfotografie bis zur Magnetresonanztomografie, aber auch visuell identifizierbare *patterns*, innere, äußere, von den Gehirnvorgängen erstellte Darstellungen oder Gemälde, ohne Blick auf intermediale Übersetzungsvorgänge). Vgl. dazu ein Zitat aus der Verlagswerbung: „,At the center of all that colorful flux lies Barbara Stafford's acute critical intelligence, snuggled like a sniper in a jungle. Cognitive scientists, as well as those working in the arts and humanities, have much to learn from this unique and thought-provoking work.' Andy Clark, author of *Natural-Born Cyborgs: Minds, Technologies, and the Future of Human Intelligence*."

[44] Stafford (2007), *Echo Objects* S. 9 f., 12 u. 14 f. et passim.

bedeutende Rolle spielt, wird hier aber nicht genauer[45]: Das Echo bleibt einseitig. Man könnte auch behaupten, hier wolle sich ein unterlegener Diskurs dem gerade mächtigen, prestigeträchtigen andienen. Gesellschaftliche Definitionsmacht und *agenda setting* für aktuelle Debatten liegen jedenfalls eher bei der Hirnforschung als der Kunstgeschichte. Stafford selbst plädiert dafür, die *humanities* dadurch wieder gesellschaftlich relevant zu machen.[46] Die Entsprechungen zwischen Natur- und Kulturwissenschaft werden aber von der Autorin gestiftet; die Echos liegen nicht in den Objekten selbst. Statt auf Differenz wird hier auf Verschmelzung gesetzt (und von Antonio Damasio für ihre „Nahtlosigkeit" gelobt).[47]

Die Frage wäre: Wie kann es sein, dass wir Entsprechungen sehen? Liegen Analogien (das Echo) in der Natur der Sache? Aber welcher Sache? Einer gegebenen? Warum kann dann nicht jeder sie sehen? (Das sind Fragen seit Kant bis zu den *Science and Technology Studies*/der Wissenschaftsforschung.) Welche Sache wäre dermaßen naturgegeben (fragen sich reflexartig die Gender Studies)?

Nebenbei bemerkt, ist es in solch einer Anordnung auch undenkbar, dass sich etwas nicht entspricht, dass es Verhältnisse der Kritik gibt, dass es zum Beispiel auch gute oder schlechte Kunst gibt. Es passt immer alles.[48] Kunst ist das Echo kognitiver Strukturen, bildet sie also auch ab, so die These. Die Struktur des Gehirns bricht sich Bahn in den *patterns* der Kunstwerke. Sogar von „visuellen Universalien" ist die Rede (oder vom „human urge to imitate").[49] Das ist zutiefst ahistorisch, denn unser Bild vom Gehirn und gar der sogenannten Kognition ist offensichtlich größten historischen Verschiebungen unterworfen – und unterliegt in hohem Maße den medientechnischen Möglichkeiten der jeweiligen Zeit, die konstitutiv für das Verständnis und die Imagination von Hirntätigkeit sind. An die Stelle der Geschichte, der histori-

---

[45] Ebd., S. 212. – Mit Blick auf Film und Psychologie hat Robin Curtis das Phänomen der Empathie hier weiter untersucht, vgl. dies., „Expanded Empathy: Mirror Neurons and Einfühlung", in: Joseph D. Anderson/Barbara Fisher Anderson (Hg.), *Narration and Spectatorship in Moving Images: Perception, Imagination, Emotion*, Newcastle, 2007.

[46] Stafford (2007), *Echo Objects* S. 206.

[47] Verlagswerbung.

[48] In keinem Fall ist es denkbar oder angelegt, dass sich beide Bereiche widersprechen, in ein kritisierendes Verhältnis zueinander rücken. Damit ist es z. B. auch nicht möglich, zu sagen, ob ein Kunstwerk mehr oder weniger gelungen ist oder ob ein Theorem mehr oder weniger überzeugt; beide sind immer schon im Recht. Die eigene Position derjenigen, die Analogien stiftet, steht ganz und gar nicht zur Debatte. Und wenn es nicht um die einzelnen Felder ginge, sondern um Konzepte, die beiden eigen sind (wie ‚Selbstorganisation' oder ‚Musterbildung'), dann müssten sich Verhältnisse darstellen lassen, die wiederum Differenzen als produktiv herausstellen, sonst braucht man die Felder nicht mehr. Stellenweise, aber nicht systematisch, erscheinen an diesen Stellen in der Argumentation auch abstrakte Begriffe wie „Oszillation, Synchronizität" als Bindeglieder; wenn das nun grundlegende Strukturprinzipien beider *cultures* wären, müsste man vielleicht ein Buch über Oszillation und Synchronizität schreiben. – Vgl. dazu Ivar Hagendorn, „Einige Bemerkungen zu einer künftigen Neurokritik des Tanzes", in: Birringer/Fenger (2006), *Tanz im Kopf*, S. 233-240.

[49] Verlagswerbung.

schen Verflechtungen von Diskursen, Medientechniken usw., setzt sich hier die Autorin, die nun selbst für die Analogien einstehen muss. Stafford bezieht sich gerne auf die deutsche Romantik, die ebenfalls die Kulturen verbunden habe, macht aus deren differenziellen Teilen allerdings eine Verschmelzungsvision. Bedenklich ist darüber hinaus ihre Relativierung von sogenannter Fremdenfeindlichkeit, die ja in früheren Zeiten mal ihren evolutionsbiologischen Sinn gehabt habe. Hier zeigt sich überdeutlich der biopolitische Einsatz dieser Theorie.

Nun wäre es vergleichsweise uninteressant, eine einzelne Autorin zu kritisieren. Aber Stafford ist nicht irgendeine Autorin, und sie steht für eine diskursive Ballung. An die Stelle des Begehrens oder der Sexualität, so konstatierte Angerer[50], sei nun der Affekt getreten (und, so würde ich ergänzen, die Kognition).[51] Die Körper-Geist-Dichotomie, die Abgründigkeit von Sprache scheine mit dem Affekt überwindbar. Das Affektive in Neurobiologie, Gehirnforschung, aber auch Kunst- und Kulturtheorien suggeriere eine ungespaltene Beziehung von Ich und Welt. Zwar ist „Begehren" nun auch nicht gerade als historisches Element hier eingesetzt (und die Verbindungen von Theorie und Kunstbeispielen sind ebenfalls befragbar), aber es geht ja auch um eine Diskursgeschichte: Erklärte man sich den Menschen, das Wissen usw. zu bestimmten Zeiten über seinen Geist, sein Verhältnis zu Gott oder als mechanischen Körper, so veränderte sich das grundlegend mit den großen Diskursbegründern Freud und Marx, die das Subjekt nicht mehr Herr im Haus sein ließen, die von Träumen, Brüchen, Traumata oder den Gespenstern des Kapitalismus sprechen, in jedem Fall gegen die Berechenbarkeit etwa der Naturwissenschaften, die spätestens zur Mitte des Jahrhunderts (nach der Physik die Molekularbiologie, Genetik, Informatik) den Ton angaben. Was der Affekt für das Begehren ist, ist das Feuern der Spiegelneurone für die Kultur.

Man könnte meinen, es sei einfach: Kultur ist komplex, Naturwissenschaft mechanistisch. Hier hilft ein Blick in Slavoj Žižeks Lesart der Neurowissenschaften.

Kurz gesagt, liest Žižek die Texte der Neurowissenschaftler nicht von Konzepten wie „Begehren" usw. her, sondern ausgehend von Hegels Begriffen des Geistes, des Selbst und des Bewusstseins. Hier unterscheidet er verschiedene Ansätze und Autorinnen und Autoren, so dass nicht alle Neuroforscherinnen

---

[50] Angerer (2007), *Vom Begehren nach dem Affekt*.
[51] „Es sind nicht die Gene, die die Libido steuern, [...] es ist jener ich-fremde, affektive Zustand, der Angst, Glück, Aufregung und Erregung in Bilder transponiert, die die Realität übersetzen. Diese Übersetzungsdimension, die ein Aufmachen des Körpers durch die Sprache ermöglicht, ist in der Fassung einer affektiven Reaktion verlorengegangen." (Ebd., S. 123) Differenz und Repräsentation werden nun nach Angerers Analyse von den Affekttheorien kurzgeschlossen: „Freuds Begriff des Sexuellen als Trieb, der sich im Begriff des Begehrens von Lacan fortgeschrieben hat, ist heute durch die Evidenz von Neuronen, Genen und Hormonen ersetzt worden." (Ebd., S. 59.) „Anstatt die Naturalisierung von Affekten als neue Form der Normierung zu begreifen, [...] werden sie eingesetzt, um etwas zu schließen" (ebd., S. 37).

und -forscher als gleichermaßen kausal-linear, mechanistisch und deterministisch erscheinen. Vielmehr stellt Žižek sogar fest, dass von den verschiedenen reduktionistischen Weisen, den Menschen vom Hirn her zu denken, die reduktionistischste gleichzeitig die brauchbarste ist:

> Das Modell des menschlichen Geistes als (Daten verarbeitende) Rechenmaschine liefert uns eine rein formale symbolische Maschine; die biologische Hirnforschung konzentriert sich auf das ‚Stück Fleisch', das Organ, in welchem ‚das Denken ruht'; der evolutionäre Ansatz schließlich analysiert die Entstehung der menschlichen Intelligenz als Teil eines komplexen soziologischen Interaktionsprozesses des Menschen mit seiner Umwelt.[52]

„Die Menschen machen ihr eigenes Gehirn, aber sie wissen es nicht", so schrieb Catherine Malabou in Anspielung auf, ausgerechnet, Marx (*Die Menschen machen ihre eigene Geschichte, aber sie wissen es nicht*). Die somit konstatierte radikale Plastizität des menschlichen Gehirns (in Entwicklung, Modulation und Reparatur) erweist es als historisches Produkt, es entwickelt sich in Interaktion mit der Umwelt durch menschliche Praxis. (Diese Entwicklung ist nicht genetisch vorherbestimmt; Gene tun genau das Gegenteil.[53]) Das Gerücht, Hirnzellen stürben und würden nie nachgebildet, stimmt, folgt man Malabou, ebenfalls nicht. In jedem Fall ist jedes Gehirn ein Produkt der Interaktion mit der Umwelt.[54] Diese Plastizität ist eine quantitative Angelegenheit; je öfter sich eine Tätigkeit wiederholt, umso ausgeprägter werden die Hirnbereiche.

Autoren wie Damasio oder Dennett, auch Metzinger und andere hat Žižek häufig mit Blick auf psychoanalytische Kategorien kritisiert[55]: Wo blieben denn bei Daniel C. Dennett (*Freedom Evolves*[56]) unbewusste Inhalte oder so

---

[52] Žižek (2006), *Parallaxe*, S. 168.
[53] Ebd., S. 169.
[54] Lernen und Gedächtnis spielen bei der Verstärkung bzw. Aufhebung synaptischer Verbindungen eine Schlüsselrolle: Neuronen ‚merken sich' ihre Stimulationen, können sie aktiv strukturieren usw. Vulgärmaterialismus und Idealismus sind sich in der Ablehnung dieser Plastizität einig. Žižek schreibt: Es sei „eine merkwürdige Überzeugung, daß das Gehirn, anders als andere Organe, nicht wachse und sich erneuere, sondern daß seine Zellen einfach nach und nach absterben, die sich, obwohl inzwischen empirisch widerlegt, noch immer hartnäckig hält. Es wird dabei übersehen, daß unser Geist nicht nur die Welt reflektiert, sondern Teil des transformativen Austauschs mit der Welt ist, daß er die Möglichkeiten der Transformation ‚reflektiert', daß er die Welt durch mögliche ‚Entwürfe' sieht, daß die Transformation auch eine Selbsttransformation ist und daß dieser Austausch auch das Gehirn als biologischen ‚Sitz' des Geistes verändert." Ebd.
[55] Zur sogenannten „Philosophie des Geistes" und Fragen nach der Beobachtbarkeit von Bewusstsein vgl. die Diskussion von Damasios „Selbst" und „Proto-Selbst" (ebd., S. 171), von Dennetts „Bewusstsein" (ebd., S. 190 ff. u. 222) oder von Thomas Metzingers „Transparenz" (ebd., S. 178 ff.).
[56] Žižek, ebd., S. 222, bezieht sich auf Daniel C. Dennett, *Freedom Evolves*, New York (u. a.), 2003, S. 245: „Geistige Inhalte werden nicht dadurch bewusst, dass sie irgendeinen besonderen Raum im Gehirn betreten oder in irgendein priviligiertes und geheimnisvolles Medium transduziert werden, sondern dadurch, dass sie die Wettbewerbe um die Vorherrschaft gegen andere geistige Inhalte gewinnen".

etwas wie der Antagonismus zwischen Gedächtnis und Bewusstsein? Wo hat in der Neurowissenschaft die Phantasie Platz? Antonio Damasio erklärt die Homöostase (als Grundlage für geistige Prozesse) mit Freuds Lustprinzip, erklärt aber nicht, wie man damit „jenseits des Lustprinzips" kommt[57]; genauso wenig erklärt er den Rassismus, der darin besteht, Rassismus auf früher evolutionärer Stufe als angemessen zu erklären, während die Psychoanalyse davon ausgeht, dass Menschsein gerade heißt, von der Umwelt entkoppelt zu sein, hierin Freiheit auszuloten, und – erkennbar z. B. im Todestrieb – nicht utilitaristisch und nicht deterministisch zu sein.[58] Aber es gibt Ansätze in der Neurowissenschaft, die dann doch Žižeks Komplexitätsanforderungen genügen.

Ein Neurowissenschaftler – „jenseits der Bestsellerlisten", wie Žižek schreibt –, der Bewusstsein als relationales Phänomen beschrieben hat, ist John Taylor. Es gibt ihm zufolge ein Bewusstsein von der Gegenwart nur in der Vermischung gegenwärtiger Hirnaktivitäten mit gespeicherten Erfahrungen, denn es können nicht alle Eindrücke gleichzeitig an die Oberfläche treten, und ihr Filter hat einen Bezug zur Vergangenheit. Es entsteht ein „Wettbewerb der Neuro-Aktivitäten"; die Lücke zwischen diesem Wettbewerb und dem Auftauchen der Eindrücke im Bewusstsein kann nicht reflektiert werden.[59]

„Das Bewusstsein", rekonstruiert Žižek mit Tailor, „entsteht als Resultat eines einzigartigen Kurzschlusses zwischen Gegenwart (Input) und Vergangenheit (Arbeitsgedächtnis): Hier wird [...] unsere gegenwärtige Erfahrung selbst durch den Umweg über die Vergangenheit konstituiert."[60] Dabei beziehen sie sich aufeinander, sie durchdringen sich sogar: „Indem sich die gegenwärtige Erfahrung auf die Vergangenheit bezieht, bezieht sie sich auf sich selbst und wird, was sie ist."[61] Kurz: was uns unmittelbar vorkommt, verdankt sich keiner direkten Erfahrung, noch nicht einmal einer direkten Übersetzung[62], sondern einer „Autonomie der neuralen Selbstbezüglichkeit", und dieser „Kurzschluss der Selbstbezüglichkeit" erzeugt nicht nur Raum für Bewusstseinserfahrung, sondern auch für Freiheit.[63]

> Der Trick der Selbstbezüglichkeit liegt darin, dass gerade die eigene Dezentrierung – die Unmöglichkeit dessen, was Derrida neurale *différance* genannt hätte, also der minimale Umweg über Erinnerungsspuren aus der Vergangenheit – in den Mechanismus verwandelt wird, welcher die direkte, ‚rohe' Selbstbewusstheit möglich werden läßt.[64]

---

[57] Žižek (2006), *Parallaxe*, S. 206.
[58] Ebd., S. 207 u. 222 f.
[59] John G. Taylor, *The Race for Consciousness*, Cambridge, MA, 2001, dort S. 275, zitiert in Žižek (2006), *Parallaxe*, S. 174.
[60] Ebd., S. 174 f.
[61] Ebd.
[62] Ebd., S. 210.
[63] Ebd., S. 175.
[64] Ebd., S. 176.

Besonders fasziniert zeigen sich die Forscher davon, dass es sich hier um ein Verstehen ohne Sprache handele (wie beim Affen?).[65] Hervorgehoben wird die Unmittelbarkeit dieses Prozesses, eine gewisse Uncodiertheit, oder in Worten Rizzolattis: Verstehen geschehe ‚durch Automatik, nicht durch irgendetwas Theoretisches' (was für ein Gegensatz!).[66] Stellenweise drängt sich der Gedanke auf, dass die Bezeichnung „Spiegel" in mehrfacher Weise praktisch ist: Der Vorgang soll selbsttätig sein wie andere mit dem Licht verknüpfte Phänomene, ein neuer *pencil of nature*, mit dem sich die Phänomene selbst einschreiben wie das Licht der Fotoplatte. In der Folge würde dies möglicherweise bedeuten, dass Automatismen – auch kultureller Art bis hin zu Ritualen – also durch die Aktivität etwa der sogenannten kommunikativen Neurone oder der sogenannten ingestiven Neurone entstünden.[67]

Mir scheint, was hier gespiegelt wird, ist eine Vorannahme in den tatsächlichen Experimenten. Dass sich durch Wiederholung Dinge verfestigen, erscheint so banal, dass eine Messung, die das untermauert, fast überflüssig wirkt, zumal ohnehin von Wechselwirkungen zwischen Physiologie und Sozialverhalten ausgegangen werden muss. Daraus lernt man wenig über die tatsächlichen Vorgänge und mehr über die eigenen Vorannahmen.[68]

---

[65] Rizzolatti/Sinigaglia (2008), *Empathie und Spiegelneurone*, S. 132.
[66] Ebd., S. 136: „Der ‚Akt des Beobachters' ist ein potentieller Akt, hervorgerufen durch die Aktivität der SN, die imstande sind, die sensorische Information motorisch zu kodieren und so jene ‚Wechselseitigkeit' von Akten und Intentionen zu ermöglichen, die unserem unmittelbaren Erkennen der Bedeutung der Gesten der anderen zugrunde liegt. Das Verstehen der Intentionen anderer hat hier nichts ‚Theoretisches', sondern stützt sich auf die automatische Selektion jener Handlungsstrategien, die sich gemäß unserem motorischen Wissen am ehesten mit der jeweils beobachteten Situation vereinbaren lassen." Zur Unmittelbarkeit siehe auch: Bauer (2005), *Warum ich fühle, was du fühlst*, zum „Resonanzphänomen": S. 7 u. 10; zur Ansteckungsgefahr: S. 11, zu *joint attention* und *emotional contagion*: S. 12. „Der Vorgang der Spiegelung passiert simultan, unwillkürlich und ohne jedes Nachdenken. Von der wahrgenommenen Handlung wird eine interne neuronale Kopie hergestellt, so, als vollzöge der Beobachter die Handlung selbst. Ob er sie wirklich vollzieht, bleibt ihm freigestellt. Wogegen er sich aber gar nicht wehren kann, ist, dass seine in Resonanz versetzen Spiegelneurone das in ihnen gespeicherte Handlungsprogramm in seine innere Vorstellung heben. Was er beobachtet, wird auf der eigenen neurobiologischen Tastatur in Echtzeit nachgespielt." (Ebd., S. 26.)
[67] Rizzolatti/Sinigaglia (2008), *Empathie und Spiegelneurone*, S. 95.
[68] Bauer (2005), *Warum ich fühle, was du fühlst*, S. 170, fragt: „Kann es sein, dass *fitness* und *survival* nur Begleiterscheinungen des Bemühens um Spiegelung und Kommunikation sind? Das starke Alphatier, das sich beim Kampf um die besten Weibchen gegen alle Konkurrenten durchsetzen konnte, wäre – trotz aller Gene – nicht zu einem solchen Exemplar geworden, hätte es als Säugling nicht Förderung erfahren und als Jungtier nicht die Möglichkeit gehabt, seine kämpferischen Begabungen durch Lernen und Üben erst einmal zur Entfaltung zu bringen." Die Gesellschaft ist selbst schuld, wenn sie Alphatierchen produziert; es muss wohl ein Vorteil sein. „Das Bemühen um Passung, Spiegelung und Resonanz durchzieht die gesamte Biologie." Schon die DNA sei schließlich paarig (sic!). – Eine weitere skeptische Bemerkung am Rande: zum Schmerz. Die Wiederholung, z. B. eine rhythmische Strukturierung, unterstützt die Bildung von Bahnungen, und damit das Entstehen von Strukturen; warum das allerdings bevorzugt unter Schmerzen geschehen soll, ist ein Geheimnis der Forscher. So zitiert Hartmut Winkler die bekannte Nietzsche-Stelle, dass nur das im Gedächtnis bleibt, was nicht aufhört, weh zu tun (vgl. in diesem Band S. 48) Und auch die Beispiele von Arbib und Hesse

Thomas Metzinger ist ein weiterer der Autoren der „Philosophie des Bewusstseins", deren Schriften Žižek einiges abgewinnen kann, bevor Metzinger letztendlich von der Autonomie des Subjekts gegenüber Mutter Natur spricht, der Kontra zu geben sei: Es gebe kein Selbst, und das befreie einen von der weiblich konnotierten Biologie.[69] Žižeks Kapitel heißt „Die Schleife der Freiheit" und geht mit Metzinger davon aus, dass es in der Natur des Bewusstseins liege, die Kluft, die es von ‚der rohen Natur' trenne, zu verkennen: Das Selbst existiert nur, insofern es sich nicht als Modell sieht.[70]

Der Weg zum Tanz ist gar nicht weit, denn schon die neurowissenschaftlichen Autoren greifen, wie gesagt, gerne zu Beispielen aus dem Bereich der Kultur. Sie beschreiben ungern ihre Versuchsaufbauten, damit wir uns nicht im Hirn verkabelte, eingesperrte Affen vorstellen, und die Beispiele am Menschen sollen nicht so sehr nach Labor und OP klingen; zudem adelt der Kulturbezug den Gegenstand als ebenso hochstehend wie mit einer historischen Legende ausgestattet.

---

gehen ausschließlich in diese Richtung. Ich zitiere (ohne Gegenbeispiele wegzulassen): „[E]s schmerzt, an einen Stein zu treten oder in eine peinliche Situation zu geraten; wenn man sich schneidet, so blutet man; lässt man eine Tasse fallen, wird der Kaffee verschüttet, die Tasse kann kaputt gehen, und Liebe kann sich in Eifersucht verwandeln." (Wenn man bedenkt, dass die Affen in den Neuro-Laboren auch mit Belohnungen geködert werden, scheint sich hier das Menschliche als besonders schmerzempfindlich zu verstehen.) Vgl. Arbib/Hesse (2002), *The Construction of Reality*, S. 61 u. v. a.

[69] Žižek (2006), *Parallaxe*, S. 189, zitiert Thomas Metzinger, *Being No One. The Self-Model Theory of Subjectivity*, Cambridge, MA, 2004, S. 634: „Man kann, zumindest im Prinzip, aus seiner biologischen Geschichte erwachen. Man kann heranwachsen, seine eigenen Ziele definieren und Autonomie erlangen. Und man kann anfangen, Mutter Natur Kontra zu geben und ihr Selbstgespräch auf eine neue Stufe zu heben." Žižek kommentiert: „Auf dem Höhepunkt des naturalistischen Reduktionismus der menschlichen Subjektivität erleben wir also überraschenderweise eine triumphale Rückkehr des aufklärerischen Motivs des reifen, autonomen ... ja was denn? des Selbst sicher nicht ..." (ebd.).

[70] Ebd., S. 178, mit Bezug auf Metzinger (2004), *Being No One*, weiter: „‚Wirklichkeit' gibt es wie das ‚Selbst' nur, insofern es in ihrem Innersten eine ontologische Lücke, einen Riss gibt. Vielleicht sind wir nur insofern ‚frei', als wir dieses ‚epistemologische Hindernis' notwendig verkennen müssen"; Žižek nennt das den ‚unbewussten Akt der Freiheit', ebd., S. 225 f. Auch der Filter im Wahrnehmungsapparat ist unvermeidlich, in Zahlen ausgedrückt: die Wahrnehmungsorgane nehmen riesig viele Daten auf, aber das Bewusstsein nur 7 Bit pro Sekunde – hier muss Komplexität reduziert werden, so wie es auch die Abstraktionsmaschine namens Sprache praktiziert (vgl. S. 224).

3. Ästhetische Allianzen. Tanzwissenschaft

4 – *Napoleon Dynamite*, Tanz 1

Die Tanzwissenschaft beschäftigt sich mit dem menschlichen Körper, den Natürlichkeitsdiskursen in seinem Umfeld, und mit den Möglichkeiten, Tanz in anderen Medien zu repräsentieren[71] – was für *Napoleon Dynamite* relevant sein wird –; sie hat über Gedächtnis, Körpergedächtnis, Speicherung von Bewegungsformen, Wissensarchive usw. geforscht[72], sich im Feld der Körper-Geist-Dichotomien kritisch positioniert, aber sie hat sich gleichzeitig auch an Damasios Rede von „Descartes' Irrtum" (der Trennung von Geist und Körper) angeschlossen, den man ja schon früher als Damasio im Tanz gesehen habe: das Mit-Gehen findet im Kopf statt.[73] Annette Hartmann konstatiert, die Spiegelneuronen brächten die Tanzforschung aus der Körper-Geist-Dichotomie heraus, die zwischen dem Körper des Tänzers und dem Geist des Publikums konstruiert werde.[74] Gabriele Klein hat die „unheimliche Allianz" von Tanz

---

[71] Vgl. u. a.: Gabriele Klein/Christa Zipprich (Hg.), *tanz theorie text*, unter Mitarbeit von Sabine Kroß, Münster, Hamburg, 2000; darin dies., „Tanz Theorie Text: Zur Einführung", S. 1-14 sowie Johannes Birringer, „Experimentelle Tanzmedien – Interaktive Systeme", S. 477-498; vgl. außerdem: Gabriele Klein (Hg.), *tanz bild medien*, Münster, Hamburg, 2000; Johannes Birringer/Josephine Fenger (Hg.), *Tanz im Kopf. Dance and Cognition*, Münster, Hamburg, 2006; hierin besonders die kognitionsbezogenen Beiträge: Johannes Birringer, „Introduction: Dancing and Cognition", S. 15-28; Hartmann (2006), Mit dem Körper memorieren; Beatriz Calvo-Merino/Daniel Glaser/Julie Grèzes/Dick Passingham/Patrick Haggard, „Seeing What You Can Do: The Dancer's Brain", S. 201-210.

[72] Ein Band mit einem Schwerpunkt auf Wissen und Gedächtnis in der Tanzwissenschaft: Sabine Gehm/Pirkko Husemann/Katharina von Wilcke (Hg.), *Knowledge in Motion. Perspectives of Artistic and Scientific Research in Dance* (Reihe TanzScripte, hg. von Klein und Brandstetter, Band 9), Bielefeld, 2007; darin u. a.: Gabriele Klein, „Dance in a Knowledge Society", S. 25-36; Gabriele Brandstetter, „Dance as Culture of Knowledge. Body Memory and the Challenge of Theoretical Knowledge", S. 37-48; Claudia Jeschke, „Re-Constructions: Figures of Thought and Figures of Dance: Nijinsky's FAUNE", S. 173-184; Inge Baxmann, „The Body as Archive. On the Difficult Relationship between Movement and History", S. 207-216; Erika Fischer-Lichte, „On the Threshold. Aesthetic Experience in Performances", S. 227-233.

[73] Josephine Fenger, „Welcome to Dancylvania", Birringer/dies. (2006), Tanz im Kopf, S. 1-14: 1 u. 3.

[74] Hartmann (2006), Mit dem Körper memorieren, S. 187.

und Medien beschrieben, die aus der Aufzeichnung von Bewegung resultiert (den Geistern, wie in der frühen Fotografie, nur eben hier bewegt), und auf die ‚heimliche ästhetische Allianz' verwiesen, die beide dennoch unterhielten.[75] Weitere medienwissenschaftliche Fragen nach dem Konnex von technischen Medien, dem Publikum oder nach Performativität können hier anschließen.

Gabriele Brandstetter hat im Rahmen der „Prognosen über Bewegungen"[76] (und im Bezug auf die Neurobiologin Ricarda I. Schubotz) die Lust an der Vorhersage herausgestellt, die mit der Wahrnehmung von Bewegungen einhergeht: Sogar Bewegungen, die wir selbst nicht ausführen können, vielleicht Skispringen oder eine Arabeske tanzen oder ein schwieriges Klavierstück spielen, können wir durch das motorische System vorhersagen. Das ist die Voraussetzung für unser Vergnügen an der Wahrnehmung von Bewegungen. Wir bewundern und verfolgen antizipierend eine schwierige Bewegung und genießen darin die Beherrschung des Körpers im vorhersehbaren Verlauf. Damit fügt Brandstetter der Berechenbarkeit, die diesen Mechanismus in neurophysiologischen Texten kennzeichnet, ein neues Element hinzu, denn in den Genuss einer sich erfüllenden Bewegungsprognose mischt sich noch eine andere Lust: die am Risiko einer vielleicht fehlgehenden Bewegung. Bewegungen haben einen offenen Ausgang, etwa beim Springreiten, oder bei Sportarten mit Gruppen. Oder eben: im Tanz.

Das klingt nicht besonders überraschend, wenn man schon mal ein Fußballspiel gesehen oder gar Sprechakt- und Performativitätstheorien studiert hat, in denen die Möglichkeit des Fehlgehens *conditio sine qua non* jedes Aktes sind. Für Rizzolatti oder Stafford sind beides aber keine Bezugsgrößen. In einem evolutionären Mimesiskonzept hätten Verschiebungen und Neubesetzungen nur als Sackgassen des Lebens Platz und wären nicht wie in der Theorie der Performativität notwendig (ohne Möglichkeit des Scheiterns keine Performanz usw.).[77]

---

[75] Gabriele Klein, „Tanz & Medien: Un/Heimliche Allianzen. Zur Einleitung", in: dies. (2006), *tanz bild medien*, S. 7-17: 8 u. 11 et passim.

[76] Gabriele Brandstetter, „Szenen der Weissagung – Telekinetische Orakel und Prognosen", in: *Prognosen über Bewegungen*, online unter: http://www.prognosen-ueber-bewegungen.de/files/159/file/brandstetter-abstract-de.pdf, zuletzt aufgerufen am 21.11.09.

[77] Katherine Hayles hat das als STA-Paradigma bezeichnet, als: Sense-Think-Act, in dieser Reihenfolge; über die neurowissenschaftliche Reduktion des Verlaufs zwischen Hirnregionen/Spiegelneuronen und der Handlung. Gegen Damasio und mit Rodney Allen Brooks schreibt sie: „Diese Version markiert einen neuen Höhepunkt des Computer-Chauvinismus – und vernachlässigt völlig die wesentliche Funktion der Neurotransmitter und Hormone, in denen unsere Neuronen schwimmen. Sie lässt die Rolle unberücksichtigt, die unsere körperlichen Beschränkungen und die nicht berechenbaren Aspekte unserer Existenz spielen.'" Rodney Allen Brooks, *Menschmaschinen. Wie uns die Zukunftstechnologien neu erschaffen*, Frankfurt/M., New York, 2002 [am. OA 2002 in New York unter dem Titel *Flesh and machines. How Robots Will Change Us* erschienen], S. 225, zitiert in: N. Katherine Hayles, „Rechenmaschinenbilder (Computing the Human)", übersetzt v. Gustav Roßler, in: Bernhard J. Dotzler/Sigrid Weigel (Hg.), *fülle der combination. Literaturforschung und Wissenschaftsgeschichte*, München, 2005, S. 75-98: 81.

Gabriele Brandstetter hat zusammen mit Christoph Wulf zum Problem des Körper-Geist-Verhältnisses Stellung genommen, zunächst ohne auf die Neurowissenschaften Bezug zu nehmen.[78] Hier gibt es ein individuelles und ein kollektives Imaginäres, und die Wiederholung im Üben vollzieht eine „Anähnlichung" beider. Ihnen geht es auch um Disziplinarstrategien bei der Einübung von Körperbeherrschung, um die Möglichkeit der Umkehrung von Stereotypen, der Transgression von Geschlechterklischees, möglicher ekstatischer Zustände usw. Wie das Publikum in einer „kinästhetischen *response*" auf eine Vorführung reagiert, ist offen und keinesfalls so mechanisch, wie ein automatisch feuerndes Neuron nahelegen könnte. Außerdem ist die Erfahrung von Gemeinschaft und Teilhabe zentral.

Diese Befunde lassen sich nun schließlich erstens von der Hochkultur lösen, die die Bezüge der Tanzforscherinnen und -forscher immer noch kennzeichnet, und auf massenmediale Popkultur übertragen, und zweitens lassen sich die Reproduktionstechniken, die diese Teilhabe und Gemeinschaft ebenso allererst ermöglichen wie sie die Wiedererkennbarkeit von z. B. Tänzen garantieren, um die Filmzitate verlängern, wie sie etwa auf YouTube zu finden sind.

5 – *Napoleon Dynamite*, Tanz 2

---

[78] Gabriele Brandstetter/Christoph Wulf (Hg.), *Tanz als Anthropologie*, München, 2007.

4. Tanzkaraoke[79]

Musik ist für die Neurowissenschaften ein mehrfach attraktives Anwendungsfeld, da nicht nur die erwarteten Antizipationen stattfinden, sondern diese zudem mit dem Gehirnareal korrelieren, das für Wellen im Allgemeinen zuständig ist, für Meereswellen oder alles, was in diesem Sinne rhythmisch ist – ein Assoziationsfeld von Ursprüngen.[80]

Wir kennen den Begriff Karaoke vom Singen, und das Karaokesingen war schon eine komplexe Angelegenheit: Hier sind nicht nur eine Stimme und ein Lied, sondern eine ganze Apparatur aus technischen Verteilern, kulturellen Archiven, Präsenzen und Absenzen in einem mimetischen Verfahren beteiligt.[81] Diese Aufführungen sind Wiederaufführungen und schon insofern aus der Perspektive von Performativität – und auch allgemeiner in ihrer Geschlechterperformanz – von Gender Studies beschreibbar. Nimmt die Stimme noch eine medienhistorisch zwittrige Position zwischen Körperlichkeit und Immaterialität ein, so steht der tanzende Körper deutlicher für Materialität und Sichtbarkeit. Tanzkaraoke ist das Wiederaufführen von Bewegungen, wie sie jemand anderes schon gemacht hat, unter der Voraussetzung, dass diese Bewegungen medial reproduziert worden sind, vielen zugänglich waren, dass es ein Publikum für beide gibt, dass das Wiedererkennen des Wiederholten ein

---

[79] Wer den Begriff erfunden hat, weiß ich nicht; ich habe ihn im Februar 2008 in einem Text von Katrin Bettina Müller über ein *Education Project* gelesen, ein Tanzprojekt mit Hauptschulkindern, unter dem Titel „Surrogate Cities", konzipiert von Heiner Goebbels (weitere Texte von Paul Auster und Heiner Müller, mit Musik von Simon Rattle und einer Choreographie von Mathilde Monnier; vergleichbar dem im Film „Rhythm is it"), für 9- und 10-jährige Kinder einer Neuköllner Schule. Monnier: „[I]ch wollte, dass die Kinder nicht wie ‚clevere Monkeys' aussehen, wie gelehrige Nachahmer, sondern wie kluge Kinder, die genau wissen, was sie tun. Das eben ist das Erstaunliche an ihrer Arbeit mit den Laien, dass nichts auswendig gelernt erscheint. Selbst da, wo ganz offensichtlich nachgeahmt wird. Denn mehrmals taucht in ihrer Choreografie eine Art Tanzkaraoke auf, ein Abnehmen der Bewegungen vom Bildschirm. Die Choreografie [...] setzt nicht nur auf Bilder von Zugehörigkeit, sondern lässt sie wirklich entstehen. [...] Denn letztendlich dreht sich alles in diesem Projekt um Teilhabe: Kultur nicht als Ware zu betrachten, sie ohne Austausch zu konsumieren, sondern sich aus ihrem Inneren heraus einen fast familiären Zugang anzueignen." Katrin Bettina Müller, „Hier geht niemand verloren", in: *taz*, 02.02.2008, online unter: http://www.taz.de/1/leben/kuenste/artikel/1/hier-geht-niemand-verloren, zuletzt aufgerufen am 05.07.09.

[80] Nach Ricarda I. Schubotz: „Antizipieren wir etwa eine vertraute Melodie, die wir im Radio hören, so läuft vollautomatisch jenes Areal des PMC [prä-motorischen Kortex] auf Hochtouren, das Singbewegungen steuert. Antizipiert unser Gehirn, wenn wir am Strand liegen, das Eintreffen einer Ozeanwelle, aktiviert es kurioserweise dasselbe Areal. Grund: Wellen treffen in gewissen Rhythmen ein, und Singen ist zuallererst eine hohe rhythmische Leistung." Zit. in Wilhelm (2007), Wie uns das Gehirn bewegt, o.S.

[81] Vgl. Ulrike Bergermann, „Karaoke. Abstand und Berührung", in: dies., *medien//wissenschaft. Texte zu Geräten, Geschlecht, Geld*, Bremen, 2006, S. 15-32; dies., „Vom Fach das nicht eins ist. Selbstberührung, Lippentechniken, Doppeldisziplinen und die Tür zum Wissen", in: Hedwig Wagner (Hg.), *Gendermedia. Zum Denken einer neuen Disziplin*, Weimar, 2008, S. 55-75.

Ereignis ist, das auf Techniken beruht, auf verschiedenen Erinnerungsebenen einsetzen kann, zwischen visuellen und propriozeptiven Sinnen spielt.

6 – Napoleon Dynamite, Familiensofa[82]

5. Napoleon Dynamite[83]

Napoleon Dynamite, Protagonist des gleichnamigen Films, ist kein Gewinnertyp. Außenseiter in seiner Klasse, mit stets halbgeschlossenen Augen und halbgeöffnetem Mund, körperlich wie sozial unbeholfen und undynamisch, wird er von seiner Großmutter aufgezogen, zusammen mit seinem zweiunddreißig Jahre alten Bruder Kip (der keinen Job findet und im Netz stets nach „Babes" sucht); als die Oma zur Kur geht, kommt der Onkel Rick als Aufpasser und dritter Loser im Bunde. Napoleon freundet sich mit einem anderen *slacker* an, dem Mexikaner Pedro, und in lockerer Folge entspannen sich verschiedene Szenen im ländlichen Idaho, die zwischen Sport, Gebärdenpoesie, Männlichkeitsritualen, einer Schultanzparty usw. die verschiedenen stereotypisierten Stadien von Pubertät durchspielen. Der Film wurde ein erstaunlicher Erfolg. Er kostete nur 400 000 Dollar, der Hauptdarsteller Jon Heder erhielt 1000 Dollar Gage, und der Film spielte 156,6 Millionen Dollar ein; er lief erfolgreich beim *Sundance Film Festival*, gewann drei Kategorien bei den *MTV Movie Awards*[84], und alle Rezensionen wundern sich, dass so langweilige Ty-

---

[82] Teilhabe, Zugehörigkeit, Familie sind allerdings ebenfalls zwiespältige Angelegenheiten.
[83] *Napoleon Dynamite*, USA 2004, 82 Minuten, Regie: Jared Hess, Buch: Jared Hess und Jarusha Hess, Darsteller: Jon Heder (N. D.), Efren Ramirez (Pedro Sanchez), Jon Gries (Uncle Rico), Aaron Ruell (Kip Dynamite), Tina Majorino (Deb). In Deutschland kam der Film 2006 in die Kinos.
[84] *Napoleon Dynamite* wurde mitproduziert von MTV Films und hat bei den MTV Movie Awards 2005 in drei Kategorien gewonnen: Best Movie, Best Musical Performance, Breakthrough Male (jeweils für Jon Heder). Beim Sundance Film Festival 2004 wurde er für den Grand Jury Prize als bester dramatischer Film nominiert.

pen und so wenig Handlung eine solche Begeisterung entfachen. Zentraler Auslöser der Begeisterung ist die Szene gegen Ende des Films, in der Napoleon spontan seinen Freund Pedro unterstützen muss. Der will Schulsprecher werden und tritt dazu gegen das prototypische blonde weiße Mädchen an, das Summer heißt, Cheerleaderin ist und einen weißen blonden Macho zum Freund hat.

Wer sich zur Wahl stellt, muss eine Vorführung auf der Schulbühne zum Besten geben. Summer performt einen Cheerleader-Tanz mit ihren Freundinnen zu „Larger than Life" von den Backstreet Boys. Nach einer wenig gewinnenden Rede von Pedro legt Napoleon eine Kassette ein. In vorangegangenen Szenen hatte man nur gesehen, dass er in seinem Zimmer zuhause mit dem Video *D-Qwan's Dance Grooves* hantiert hatte. Jetzt geht Napoleon auf die Bühne. Er hat einen Tanz einstudiert, und er führt ihn seinen gelangweilt-feindlichen Mitschülerinnen und Mitschülern vor.

7 – Napoleon Dynamite

Bevor es zur entscheidenden Tanzszene kommt, sind allerdings noch zwei andere Szenen im Film wichtig: In *Szene 1: Love is a flower* sehen wir den Protagonisten als Teil der „Happy Hands", einem schulischen Gebärdensprachchor, in einer Klassenaufführung.[85] Das scheint eine Frauenangelegenheit zu sein – fünf der sechs „Happy Hands" sind Schülerinnen, der Klassenmacho macht sich lustig, dieses Lied und diese Bewegungen sind keine Männersache. (In der Mitte der Reihe stehen übrigens Zwillingsgeschwister, die als einzige wirklich synchron gebärden, was Genetik noch einmal über die Neurowissenschaften setzt.)

---

[85] Performt wird „The Rose", u. a. gesungen von Barbara Streisand; im Text heißt es u. a., in einer möglichen Anspielung auf Napoleon: „It's the heart afraid of breaking, that never learns to dance, it's the dream afraid of waking, that never takes the chance …".

8 – Napoleon Dynamite, Haus

9 – Napoleon und Pedro

Warum Gebärdensprache?[86] Evolutionsbiologen und Kognitionswissenschaftler sind sich einig, dass die Kommunikation per Geste dem gesprochenen Wort vorausging. Die Neurowissenschaftler nehmen explizit darauf Bezug: Die Sprachentwicklung gehe von einem motorischen, nicht einem vokalen Bereich des Gehirns aus. Und da wir es bei der Gestik also mit einer ursprünglicheren Form zu tun haben, hat auch die Gebärdensprache der Gehörlosen, die zwar arbiträr wie die Lautsprache funktioniert, aber auf vielen Ebenen ikonische Elemente hat (im Liedtext etwa mit der Gebärde für *love*, dargestellt in einer Umarmung), im positiven wie negativen Sinne mit dieser Ursprünglichkeits- und Unmittelbarkeitszuschreibung zu tun.

Die Szene steht am Anfang des Films; bevor also Napoleon tanzen wird, wird das Gebärden geübt, und Napoleon scheint der einzige Mann, der dieses weiblich besetzte Feld des kollektiven Nach-Bewegens begehrt. In der Schlussszene wird die Mädchengruppe rund um Summers sogar Gebärdensprachelemente in ihre Backstreet-Boys-Choreografie einbauen, aber Napoleons Tanz wird sie übertreffen. Seine Mimesis stellt in ihrer Unbeholfenheit den Übersetzungsprozess mit aus, der in der „Larger than Life"-Darbietung

---

[86] Exakter: Hier sieht man American Sign Language, ASL, in Form von sogenannten lautsprachbegleitenden Gebärden.

der Cheerleader verschwunden ist. Seine Unbeholfenheit aber scheint es zu sein, die wiederum beim Publikum so große Empathie auslöst, dass es ihn unvorhergesehen feiert.

10 – Happy Hands

11 – Napoleon Dynamite

Szene 2: Are you ready to get your grooves on?

Napoleon kauft nicht die zu erwartenden ‚männlichen' Ausstattungsdinge im One-Dollar-Shop, keinen Degen, kein Katastrophenvideo. Das Videocover von *D-Qwon's Dance Grooves* wird im Film nur kurz gezeigt: Eine Person, von der man nur erkennt, dass sie schwarz ist, nicht aber, ob sie männlich oder vielleicht doch eher weiblich ist. Mit Bezug auf die *affordance* des Objekts, den Henkel der Tasse, ist hier festzustellen: Während man sich in der Neurowissenschaft zu den Anforderungen, die etwas durch seine Beschaffenheit stellt, verhalten muss, bleiben diese hier unklar: Wir erfahren nicht, ob Napoleon sich den Bewegungen eines Mannes oder einer Frau ‚angeähnelt' hat. Es gibt im Film nie einen Blick in Napoleons Zimmer, nur einen einzigen vom

Flur aus durch die Tür, wenn er das Video einlegt. Zwischen Stofftieren und einem Minigummisoldaten sieht man rosa und blaue Poster, weiße Wölfe, ein Einhorn; er trägt ein hellblaues Shirt mit einem Einhorn („Endurance"), und das Schild an der Tür sagt: „PegasusXing" – Zwischentiere zwischen Pferden und Fabelwesen, geschlechtlich uneindeutig, kreuzen sich hier, in einem versponnenen, kaum männlich attribuierten Zimmer. Man sieht durch den Türspalt nur noch einen hängenden Arm und hört eine Stimme sagen: „This is D-Qwon's Dance Grooves. Are you ready to get your groove on?" Im DVD-Kommentar kann man dann hören, dass diese Stimme dem Regisseur des Films, Jared Hess, gehört (trotzdem haben einige Fans im Netz versucht, das D-Qwon-Video zu bekommen). Das heißt: Es gibt kein Vorbild für den berühmten Tanz am Schluss, jedenfalls nicht eine bestimmte Kassette.

Szene 3: Canned heat in my heels tonight, baby.

Für diese Szene blieb während der Dreharbeiten nur noch eine Rolle Filmmaterial, d. h. 10,5 Minuten Zeit. Der Regisseur erzählt: „Jon [Heder] totally freestyled the whole thing. We had him dance to three different songs, and cut it together."[87] Man erkennt *Michael-Jackson-Moves, Backstreet-Boys-Moves, Saturday Night Fever, John Travolta, Muppets Walking (Moonwalk?), Spirit Fingers (Disco)* und einen „soul train move from *Crooklyn*"[88]; der Zitatenpool löst sich in einen Anspielungshorizont auf, in dem schwarze Musik und die entsprechenden Tänze schon eine Weile auch von Weißen angeeignet und weiterverarbeitet wurden. Die konkreten Tanzvorbilder sind männlich, die entsprechenden Musikstile Soul, Disco usw., allerdings weniger geschlechterdichotom als z. B. Rock oder Hip-Hop.[89]

Was Napoleon bisher nur in geschlossenen Klangräumen, seinem Zimmer oder seinem Körper unter den Kopfhörern seines Walkman, gehört und erprobt hat, ein Vorgang aus geschlossenen Räumen, gerät in die Öffentlichkeit, im Namen seines Freundes Pedro, den er auf seinem Shirt stehen hat. Etwas ‚Inneres' tritt in den Lichtkegel einer dunklen Bühne, das Einüben, der Wiederholungsvorgang, die Nachahmung kultureller Codes, Gesten der Männlichkeit, unter dem Signum des ausländischen Namens des anderen. Irgendwie klappt das nicht. Napoleon ist zu unbeholfen, schlaksig, man sieht den Bewegungen an, dass sie eigentlich mit großer Anspannung, geballter Kraft ausgeführt werden sollen, um die kulturell gebändigte männliche Potenz darzustellen – auch wenn diese gerade in Disco schon selbst mit Augenzwinkern zitiert erscheinen, wenn man etwa John Travolta erinnert –, und diese Bewegungscodes werden hier quasi entleert vorgeführt. Aber: nun ohne Ironie. Fast könn-

---

[87] Andererseits sagt der Regisseur im Off-Kommentar auch: Tina Majorino, die Darstellerin von Deb, sei auch Hip-Hop-Instructor und habe mitchoreografiert.
[88] *Crooklyn* von Spike Lee zeigte 1994 Elemente aus *Soul Train*, einer täglichen TV-Serie seit 1970, die schwarze Stars und einen bestimmten Tanzstil zelebrierte.
[89] Disco kommt aus einer schwulen Subkultur, hat Elemente des Camp.

te man sagen, mit Hingabe. Jedenfalls ist es die Szene des Films, in der Napoleon am konzentriertesten wirkt, wenn auch die Mimik ausdruckslos bleibt. Diese Genderperformance spiegelt oder simuliert die Formen zur Herstellung von Männlichkeit, gerade indem sie ihr Gelingen verfehlt, aber dennoch verliebt in die Formationen bleibt. Ein unerfülltes oder überhaupt unmögliches Begehren, die Rolle zu erfüllen, das gerade dadurch ansteckend wirken kann – oder gerade ein Begehren nach dem Abstand zur Rollenerfüllung.

Napoleon ist natürlich Herr über seine Tanzschritte, aber diese Selbstbestimmung ist eingeschränkt: Disco hatte es von Anfang an mit der Frage nach „Steuerung" bzw. Kontrollverlust zu tun, denn die Aufforderung bestand darin, die Macht über den eigenen Körper dem DJ zu überlassen.[90] Die Musik ist aufgeladen mit der Idee, man könnte gar nicht anders als sich der *canned heat* in seinem Körper hinzugeben[91]; die Bewegungen sind Zitate, die Bewegungsmodi aus einem festen geschlechtsspezifischen Repertoire.

Jamiroquais Album heißt passenderweise „Synkronized"; synchronisiert, in Übereinstimmung – oder auch: Einklang – gebracht werden verschiedene popgeschichtliche Vorgänger. In Rezensionen wurden die Anschlüsse an die Discosounds der 1970er Jahre, an Michael Jackson und Stevie Wonder diskutiert – und wenn das Album nicht so sehr auf dem Stand der 90er-Jahre-Technologien abgemischt sei[92], wäre dieses Synchronisieren eher eine Wiederholung ohne Verschiebung, Fehler, blinde Flecken. Was man nicht hören und nur sehen kann ist, dass *Synkronized* mit k geschrieben ist, ein Fehler hat sich in die Mimesis geschlichen; im Deutschen bezeichnet *Sychronisieren* ja z. B. auch das Neuvertonen von Filmdialogen in anderen Nationalsprachen, also eher ein paralleles Mitsprechen als ein Neusprechen.

Ein Neusprechen, ein Neuvertanzen könnte auf einer der zahllosen YouTube-Seiten gesucht werden, die die Dance Contests amerikanischer High Schools und ihre Wiederaufführungen der „Napoeleon Dynamite Dance

---

[90] Vgl. Ulrike Bergermann/Hartmut Winkler, „Singende Maschinen und resonierende Körper. Zum Verhältnis von Progression und Regression in der Popmusik", in: Werner Keil/Jürgen Arndt (Hg.), ‚Alte' Musik und ‚neue' Medien, Hildesheim, Zürich, New York, 2003, S. 143-172.

[91] Hier im Songtext: „Dance, nothing left for me to do but dance! All these bad times I'm going through – just dance! Got canned heat in my heels tonight, ba-by ... It's just an instant gut reaction ...".

[92] Die Beschreibung des Albums auf der amazon.com-Seite von beth massa, 30.07.08, situiert es in Bezug auf Black Music: „With songs that fall exactly in between Michael Jackson's Off the Wall period and A Taste of Honey, Jamiroquai's Synkronized is a funk-disco inferno that is distinguished from its 1970s counterparts only by its 1990s production. It contains all the same ingredients: wah-wah guitar, electric piano, soft-sided strings oozing out melody, potbellied bass, and a blasted-out horn section that evokes images of three guys stepping in sync while their sequined flairs swipe over white patent-leather loafers. While the funk is steamy enough to flatten the tallest 'fro, Jay Kay's impeccable ability to emulate Stevie Wonder's vocals brings on the cool side. But the album isn't all about a time warp. Just when you think Jamiroquai isn't going to step beyond 1978, ‚Supersonic', the seventh track, throws down an acid-house riff that works in didgeridoo and a synthed-out cow bell."

Scene" zeigen – die Wiederholung und die Lust, seinen „groove ready" zu bekommen, findet keinen Abschluss.[93]

Diedrich Diederichsen hat den *Loop* als popkulturelle Figur mit den zeitgenössischen Fortschrittsideologien und der Gouvernementalität des Selbst zusammengedacht. Wo man dazu angehalten ist und es in der Regel ja auch ‚selbst' verfolgt, im Leben ‚voranzukommen', bildet der Loop eine erstaunliche Rückwende. Diederichsen: „Alle wollen, dass es weitergeht, während der Loop das zentrale formale Modell kultureller Produktion geworden ist."[94] Oder wird in der spezifischen Wiederholung des Loops etwas Neues erlebt?

> Ich, die anderen und schließlich der geloopte Sound oder das geloopte Bild sind wie Subjekte einander anders. Die Wiederholung des geloopten Klang- oder Bildobjekts und unsere vermeintliche Selbstidentität als Subjekte sind die Gleichheitsbeziehungen. Wenn dann aber etwas Gleiches doch anders wird, etwas Anderes gleich wird, wissen wir besser, woran wir sind. Wir machen Fortschritte. Tja, im Loop kommt man weiter.[95]

Weil sich eine Vervielfachung von Beobachter- und Aktionsperspektiven einstellt. Der Karaoketänzer erfährt sein Vorbild aktiv und passiv, und sich selbst[96] (und natürlich bleiben die Trennungen von aktiv und passiv, von Vorbild und Selbst nicht beim Alten).

Das bringt uns zurück zu den Neuro-Philosophien vom Anfang.

6. Schluss: Automatismen und das Neue in der Wiederholung: Nicht dermaßen wiederholen …

Das Bewusstsein von Selbst entstand (nach Taylor und Rizzolatti) durch den Kurzschluss von Vergangenheit (dem Sehen des Videos) und Gegenwart; die gegenwärtige Erfahrung bezog sich auf die vergangene, um zu werden, was sie ist – und wir haben einem solchen Moment irgendwie beigewohnt, wenn wir *Napoleon Dynamite* sehen, die Aufführung einer Selbstfindung zwischen Vorbildern und verfehlter Wiederholung, Žižeks These von der Selbstbezüglichkeit über den Umweg als Möglichkeitsbedingung von roher Selbstbewusstheit. Auch dieses Ibi war nicht ohne Alibi.

Aber wir haben es nicht nur beobachtet, wir haben es mitgemacht. Was Damasio über den Homunculus im Kopf spekulierte, trifft für uns zu: „Die beiden Fragen [nach Erzeuger und Beobachter des Films] sind so eng miteinander

---

[93] Ebenfalls spannend zu analysieren wäre der „Napoleon Dynamite"-Dance der Blutelfen aus *World of Warcraft*, ebenfalls zu finden als Mitschnitt auf YouTube – gerade im Hinblick auf das Stichwort der „Programmierbarkeit".

[94] Diedrich Diederichsen, „Leben im Loop", in: ders., *Eigenblutdoping. Selbstverwertung, Künstlerromantik, Partizipation*, Köln, 2008, S. 15-38: 17.

[95] Ebd., S. 37.

[96] „Im Loop lassen sich unsere Rezeptionsanstrengungen noch als nur sekundenlange Erlebnisse anschauen, werden uns verfügbar." Ebd.

verwandt, dass dieses in jenem enthalten ist."[97] Konstitutiv für die Produktion von Tanz, Selbst, Kultur ist nicht nur das Spiegelverhältnis von D-Qwon und Napoleon oder Napoleon und uns usw. Die ‚Einfühlung' findet nicht nur zwischen menschlichen Figuren statt, sondern bezieht auch die Apparaturen mit ein, ein bestimmtes popkulturelles Repertoire an *dance moves*, die Massenmedien und Fanmassen, die diese *moves* zu bekannten kanonischen gemacht haben, Aufzeichungs- und Distributionstechniken.

Die „Schleife der Freiheit" (Metzinger/Žižek), die notwendigerweise eine Lücke in ihrem Verlauf haben muss, um zu sich selbst zurückzukehren und ein (Selbst-)Bewusstsein zu produzieren, hat *Napoleon Dynamite* vielfach gebunden: Es verbinden sich die Wünsche nach der Freundschaft mit einem *girl*, nach einer positiven *response* des Publikums, nach einem Anschluss an die aktuelle, gemeinsame, aufführbare Popkultur; es geht nicht ohne Risse darin wie die Unsichtbarkeit des Einübens im rosa-hellblauen Zimmer oder das ‚Misslingen' des Ausdrucks in Mimik und Gestik à la Backstreet Boys.

Wir haben gesehen, dass in unseren Beispielen Musterbildungen stattfinden, die mehr oder weniger gelingen, die wenig steuerbar sind, und die in jedem Fall an Bahnungen mitarbeiten, egal ob sie mehr oder weniger willkürlich oder unwillkürlich in Gang gesetzt werden. Im Fall der Tanzkaraoke können wir außerdem im weiteren Sinne von „verteilten Systemen" sprechen, von einem System aus Video, Institution (Schule, Labor), sozialen Netzen (*boys and girls, peer groups*), körperlichen Bewegungsformeln, Kameras, Bühnen, Soundverstärkern, der Musikindustrie. „Abweichung" ist möglich, Veränderung ist nicht immer das Ergebnis einer geplanten Revolution, sondern kann selbst auch mit verteilter Lenkung (des Subjekts und des Zitierten) geschehen. Kann es darin etwas Neues geben?

Nach der Wahl von Barack Obama haben amerikanische Intellektuelle aus verschiedenen Gründen davor gewarnt, mit der Rede vom „change" in Euphorie auszubrechen. Anders wieder einmal Slavoj Žižek.[98] Der fragt sich, ob es Fortschritt in der Geschichte geben kann, und antwortet: Fortschritt sei dort, wo eine Veränderung nicht nur stattfindet, sondern auch eine Möglichkeit eröffnet wird, die Möglichkeit, dass überhaupt etwas grundlegendes Neues passiert. Veränderung liegt schon darin, dass sie überhaupt möglich wird, denn dazu muss sie das, was sie bislang unmöglich gemacht hat und worin sie nicht vorgesehen war, sprengen. Naiv ist, wer an die gegebene Realität glaubt und die Realität der Möglichkeiten verkennt. Aber es ginge darum, die Realität nicht absolut zu setzen und Unerwartetes für möglich zu halten.

Mit Napoleon Dynamite möchte ich hinzufügen: „Unerwartet" kann auch eine unvollendete oder eine misslungene Wiederholung sein, eben kein

---

[97] Damasio (2000), *Ich fühle, also bin ich*, S. 23.
[98] Isolde Charim, „Ist Fortschritt da, wo neue Möglichkeiten eröffnet werden?", in: *taz*, 02.12.2008, S. 17, betr. Žižeks Text „Use your illusions" in der *London Review of Books*, 14.11.2008, online unter: http://www.lrb.co.uk/web/14/11/2008/zize01_.html, zuletzt aufgerufen am 05.07.09.

„Echo", kein „Spiegel", sondern ein Scheitern, vielleicht ein produktives Scheitern, aber auch das ist unabsehbar. Das Selbst, das in dieser Performance identitätsstiftende Prozesse akkumuliert, findet sich in Abweichungen.

Wenn es ein Modell gäbe, das die Produktivität von Automatismen mit der von offenen Möglichkeitshorizonten kombinieren könnte, wäre das sicher das Modell der Wahl für Roboter, Menschen, Tänzer und alle anderen.

Literatur

Angerer, Marie-Luise, *Vom Begehren nach dem Affekt*, Zürich, Berlin, 2007.
Arbib, Michael A./Hesse, Mary B., *The Construction of Reality*, 2. Aufl., Cambridge, 2002.
Bauer, Joachim, *Warum ich fühle, was du fühlst. Intuitive Kommunikation und das Geheimnis der Spiegelneurone*, Hamburg, 2005.
Baxmann, Inge, „The Body as Archive. On the Difficult Relationship between Movement and History", in: Sabine Gehm/Pirkko Husemann/Katharina von Wilcke (Hg.), *Knowledge in Motion. Perspectives of Artistic and Scientific Research in Dance* (Reihe TanzScripte, hg. von Klein und Brandstetter, Band 9), Bielefeld, 2007, S. 207-216.
Bergermann, Ulrike, „Karaoke. Abstand und Berührung", in: dies., *medien//wissenschaft. Texte zu Geräten, Geschlecht, Geld*, Bremen, 2006, S. 15-32.
Dies., „Vom Fach das nicht eins ist. Selbstberührung, Lippentechniken, Doppeldisziplinen und die Tür zum Wissen", in: Hedwig Wagner (Hg.), *Gendermedia. Zum Denken einer neuen Disziplin*, Weimar, 2008, S. 55-75.
Dies./Winkler, Hartmut, „Singende Maschinen und resonierende Körper. Zum Verhältnis von Progression und Regression in der Popmusik", in: Werner Keil/Jürgen Arndt (Hg.), *‚Alte' Musik und ‚neue' Medien*, Hildesheim, Zürich, New York, 2003, S. 143-172.
Birringer, Johannes, „Experimentelle Tanzmedien – Interaktive Systeme", in: Gabriele Klein/Christa Zipprich (Hg.), *tanz theorie text*, unter Mitarbeit von Sabine Kroß, Münster, Hamburg, 2000, S. 447-498.
Ders./Fenger, Josephine (Hg.), *Tanz im Kopf. Dance and Cognition*, unter Mitarbeit von Sabine Kroß, Münster, Hamburg, 2006.
Ders., „Introduction: Dancing and Cognition", in: ders./Josephine Fenger (Hg.), *Tanz im Kopf. Dance and Cognition*, Münster, Hamburg, 2006, S. 15-28.
Brandstetter, Gabriele/Wulf, Christoph (Hg.), *Tanz als Anthropologie*, München, 2007.
Dies., „Dance as Culture of Knowledge. Body Memory and the Challenge of Theoretical Knowledge", in: Sabine Gehm/Pirkko Husemann/Katharina von Wilcke (Hg.), *Knowledge in Motion. Perspectives of Artistic and Scientific Research in Dance* (Reihe TanzScripte, hg. von Klein und Brandstetter, Band 9), Bielefeld, 2007, S. 37-48.
Dies., „Szenen der Weissagung – Telekinetische Orakel und Prognosen", in: *Prognosen über Bewegungen*, online unter: http://www.prognosen-ueber-bewegungen.de/files/159/file/brandstetter-abstract-de.pdf, zuletzt aufgerufen am 21.11.09.

Calvo-Merino, Beatriz/Glaser, Daniel/Grèzes, Julie/Passingham, Dick/Haggard, Patrick, „Seeing What You Can Do: The Dancer's Brain", in: Johannes Birringer/Josephine Fenger (Hg.), *Tanz im Kopf. Dance and Cognition*, unter Mitarbeit von Sabine Kroß, Münster, Hamburg, 2006, S. 201-210.

Charim, Isolde, „Ist Fortschritt da, wo neue Möglichkeiten eröffnet werden?", in: *taz*, 02.12.2008, S. 17, online unter: http://www.lrb.co.uk/web/14/11/2008/zize01_.html, zuletzt aufgerufen am 05.07.09.

Curtis, Robin, „Expanded Empathy: Mirror Neurons and Einfühlung", in: Joseph D. Anderson/Barbara Fisher Anderson (Hg.), *Narration and Spectatorship in Moving Images: Perception, Imagination, Emotion*, Newcastle, 2007.

Damasio, Antonio R., *Ich fühle, also bin ich. Die Entschlüsselung des Bewusstseins*, übersetzt v. Hainer Kober, München, 2000. [Engl. OA 1999 in New York unter dem Titel *The Feeling of What Happens. Body and Emotion in the Making of Consciousness* erschienen.]

Ders., *Descartes' Irrtum. Fühlen, Denken und das menschliche Gehirn*, 4. Aufl., übersetzt v. Hainer Kober, München, 2006. [1997] [Am. OA 1994 in New York unter dem Titel *Descartes' Error: Emotion, Reason, and the Human Brain* erschienen.]

Dennett, Daniel C., *Freedom Evolves*, New York (u. a.), 2003.

Diederichsen, Diedrich, „Leben im Loop", in: ders., *Eigenblutdoping. Selbstverwertung, Künstlerromantik, Partizipation*, Köln, 2008, S. 15-38.

Fenger, Josephine, „Welcome to Dancylvania", in Johannes Birringer/dies. (Hg.), *Tanz im Kopf. Dance and Cognition*, Münster, Hamburg, 2006, S. 1-14.

Fischer-Lichte, Erika, „On the Threshold. Aesthetic Experience in Performances", in: Sabine Gehm/Pirkko Husemann/Katharina von Wilcke (Hg.), *Knowledge in Motion. Perspectives of Artistic and Scientific Research in Dance* (Reihe TanzScripte, hg. von Klein und Brandstetter, Band 9), Bielefeld, 2007, S. 227-233.

Freud, Sigmund, „Entwurf einer Psychologie", in: *Gesammelte Werke, Nachtragsband, Texte aus den Jahren 1885 bis 1938*, Frankfurt/M., 1987, S. 375-348: 391 f.)

Gallese, Vittorio/Fadiga, Luciano/Fogassi, Leonardo/Rizzolatti, Giacomo, „Action Recognition in Premotor Cortex", in: *Brain*, 119 (1996), S. 593-609.

Ders., „The Manifold Nature of Interpersonal Relations. The Quest for a Common Mechanism", in: *Philosophical Transactions of the Royal Society*, London, 358 (2003), S. 517-528.

Ders., „Intentional Attunement. The Mirror Neural System and its Role in Interpersonal Relations", online unter: www.interdisciplines.org/mirrir/papers/1, 15.11.04, zuletzt aufgerufen am 18.11.08.

Gehm, Sabine/Husemann, Pirkko/Wilcke, Katharina von (Hg.), *Knowledge in Motion. Perspectives of Artistic and Scientific Research in Dance* (Reihe TanzScripte, hg. von Klein und Brandstetter, Band 9), Bielefeld, 2007.

Gross, Liza, „Evolution of Neonatal Imitation", in: *PLoS Biology* 4, 9, e311, online unter: http://www.plosbiology.org/article/, veröffentlicht am 05.09.2006.

Hagendorn, Ivar, „Einige Bemerkungen zu einer künftigen Neurokritik des Tanzes", in: Johannes Birringer/Josephine Fenger (Hg.), *Tanz im Kopf. Dance and Cognition*, unter Mitarbeit von Sabine Kroß, Münster, Hamburg, 2006, S. 233-240.

Hartmann, Annette, „Mit dem Körper memorieren. Betrachtung des Körpergedächtnisses im Tanz aus neurowissenschaftlicher Perspektive", in: Johannes Birringer/Josephine Fenger (Hg.), *Tanz im Kopf. Dance and Cognition*, Münster, Hamburg, 2006, S. 185-200.

Hayles, N. Katherine, „Rechenmaschinenbilder (Computing the Human)", übersetzt v. Gustav Roßler, in: Bernhard J. Dotzler/Sigrid Weigel (Hg.), *fülle der combination. Literaturforschung und Wissenschaftsgeschichte*, München, 2005, S. 75-98.

Hempel, Claudia, „Der Körper als Speicher. Klaus Theweleit über Hirnforschung, das Unbewusste und die Realität", in: *Telepolis. Die Zeitschrift der Netzkultur*, 25.12.2007, online unter: http://www.heise.de/tp/r4/artikel/26/26844/1.html, zuletzt aufgerufen am 04.05.2009.

Jeschke, Claudia, „Re-Constructions: Figures of Thought and Figures of Dance: Nijinsky's FAUNE", in: Sabine Gehm/Pirkko Husemann/Katharina von Wilcke (Hg.), *Knowledge in Motion. Perspectives of Artistic and Scientific Research in Dance* (Reihe TanzScripte, hg. von Klein und Brandstetter, Band 9), Bielefeld, 2007, S. 173-184.

Klein, Gabriele (Hg.), *tanz bild medien*, Münster, Hamburg, 2000.

Dies., „Tanz & Medien: Un/Heimliche Allianzen. Zur Einleitung", in: dies. *tanz bild medien*, Münster, Hamburg, 2000, S. 7-17.

Dies., „Dance in a Knowledge Society", in: Sabine Gehm/Pirkko Husemann/Katharina von Wilcke (Hg.), *Knowledge in Motion. Perspectives of Artistic and Scientific Research in Dance* (Reihe TanzScripte, hg. von Klein und Brandstetter, Band 9), Bielefeld, 2007, S. 25-36.

dies./Zipprich, Christa (Hg.), „Tanz Theorie Text: Zur Einführung", in: dies. (Hg.), *tanz theorie text*, unter Mitarbeit von Sabine Kroß, Münster, Hamburg, 2000, S. 1-14.

Labahn, Rüdiger, „Lernen durch Beobachten: Schlaganfallpatienten könnten von Videoverfahren profitieren", in: *Informationsdienst Wissenschaft*, 09.04.2003, innovations-report, online unter: http://www.innovations-report.de/html/berichte/medizin_gesundheit/bericht-17706.html, zuletzt aufgerufen am 05.07.09.

Marsiske, Hans-Arthur, „Lösen Erdnüsse das Rätsel der Sprache?", in: *Telepolis. Die Zeitschrift der Netzkultur*, 03.08.2002, online unter: http://www.heise.de/tp/r4/artikel/13/13031/1.html, zuletzt aufgerufen am 05.07.2009.

Metzinger, Thomas, *Being No One. The Self-Model Theory of Subjectivity*, Cambridge, MA, 2004.

Müller, Katrin Bettina, „Hier geht niemand verloren", in: *taz*, 02.02.2008, online unter: http://www.taz.de/1/leben/kuenste/artikel/1/hier-geht-niemand-verloren, zuletzt aufgerufen am 05.07.09.

Rizzolatti, Giacomo/Sinigaglia, Corrado, *Empathie und Spiegelneurone. Die biologische Basis des Mitgefühls*, aus dem Italienischen von Friedrich Griese, Frankfurt/M., 2008. [Ital. OA 2006 in Mailand unter dem Titel *So quel que fai. Il cervello che agisce e i neuroni specchio* erschienen.]

Ders./Arbib, Michael A., „Language within Our Grasp", in: *Trends in Neuroscience* 21, 5 (1998), S. 188-194.

Schmitz, Sigrid, „Frauen und Männergehirne. Mythos oder Wirklichkeit?", in: Smilla Ebeling/dies. (Hg.), *Geschlechterforschung und Naturwissenschaften. Einführung in ein komplexes Wechselspiel*, Wiesbaden, 2006, S. 211-233.

Schubotz, Ricarda I., „Zum neurophysiologischen Zusammenhang von Bewegung und Vorhersage", in: Gabriele Brandstetter/Sibylle Peters/Kai van Eikels (Hg.), *Prognosen über Bewegungen*, Berlin, 2009, S. 144-149.

Spitzer, Manfred, *Musik im Kopf. Hören, Musizieren, Verstehen und Erleben im neuronalen Netzwerk*, 5. Aufl., Stuttgart, New York, 2005. [2002]

Stafford, Barbara Maria, *Voyage into Substance: Art, Science, Nature and the Illustrated Travel Account, 1760-1840*, Cambridge, MA, 1984.

Dies., *Body Criticism: Imaging the Unseen in Enlightenment Art and Medicine*, Cambridge, MA, 1991.
Dies., *Good Looking: Essays on the Virtue of Images*, Cambridge, MA, 1996.
Dies., *Kunstvolle Wissenschaft. Aufklärung, Unterhaltung und der Niedergang der visuellen Bildung*, übersetzt v. Anne Vonderstein, Amsterdam, Dresden, 1998. [Am. OA 1994 in Cambridge, MA, unter dem Titel *Artful Science. Enlightenment Entertainment and the Eclipse of Visual Education* erschienen.]
Dies., *Visual Analogy: Consciousness as the Art of Connecting*, Cambridge, MA, 1999.
Dies., *Echo Objects. The Cognitive Work of Images*, Chicago, London, 2007.
Taylor, John G., *The Race for Consciousness*, Cambridge, MA, 2001.
Versendaal, Danielle van, „On Mirror Neurons or Why it is Okay to be a Couch Potato", in: *Articles* 4, (18.10.2007).
Waldenfels, Bernhard, „SichBewegen", in: Gabriele Brandstetter/Christoph Wulf (Hg.), *Tanz als Anthropologie*, München, 2007, S. 14-30.
Wilhelm, Klaus, „Wie uns das Gehirn bewegt", in: *Max-Planck-Forschung*, 1 (2007), S. 32-36, online unter: http://www.mpg.de/bilderBerichteDokumente/multimedial/mpForschung/2007/heft/pdf14.pdf, zuletzt aufgerufen am 05.07.09.
Žižek, Slavoj, *Parallaxe*, aus dem Englischen von Frank Born, Frankfurt/M., 2006.

REINHARD KEIL

DAS DIFFERENZTHEATER.
KOAKTIVE WISSENSARBEIT ALS SOZIALE SELBSTORGANISATION

Einleitung

In seinem Buch *Leonardo's Laptop* baut Ben Shneiderman den Unterschied zwischen Artificial Intelligence und User Interface Design auf. Der Untertitel, *Human Needs and the New Computing Technologies*[1], macht deutlich, worum es ihm bei der Gegenüberstellung von AI versus UI geht: Statt menschliche Intelligenz zu modellieren und auf den Computer zu übertragen, sollen Prinzipien einer universellen Benutzbarkeit entwickelt und bei der Gestaltung der Mensch-Maschine-Interaktion in allen Bereichen angewandt werden, die heute oftmals mit dem kleinen „e" gekennzeichnet werden wie z. B. e-learning, e-business, e-healthcare und e-government. Obwohl das Buch eine Fülle von innovativen Ideen ausbreitet und an Beispielen Prinzipien und Konzepte erläutert, bleibt das Konzept einer universellen Benutzbarkeit insgesamt relativ vage, da es keinen theoretisch kohärenten Unterbau gibt, der es gestatten würde, Konzepte wie Bedeutung, Verständnisbildung, Informationsverarbeitung etc. unter einem einheitlichen Gesichtspunkt zu betrachten. Die größte Herausforderung besteht jedoch in der Aufgabe, Konzepte und Prinzipien für eine prospektive oder hypothesengeleitete Technikgestaltung zu finden, die Entwicklern eine Gestaltungsorientierung liefert und zugleich anschlussfähig für den Diskurs mit anderen Disziplinen ist.

Insgesamt fehlt es in der Informatik an Konzepten und theoretischen Grundlagen, die es erlauben würden, so etwas wie eine Gebrauchstheorie zu entwickeln. Nachfolgend sollen die spezifischen, damit verbundenen Probleme skizziert und ein möglicher Ansatz vorgestellt werden, der unter der Bezeichnung Produkt-Prozess-Komplementarität versucht, die Prozesse der Herstellung und des Gebrauchs von Softwaresystemen systematisch auf das Produkt zu beziehen.

Dabei stehen zunächst die Besonderheiten des ‚Baustoffs Software' im Vordergrund der Betrachtung. Es wird deutlich, dass mindestens zwei semantische Ebenen, die des Produkts und die der menschlichen Verständnisbildung (Prozess), betrachtet werden müssen. Prozess steht dabei immer für die Gene-

---

[1] Ben Shneiderman, *Leonardo's Laptop – Human Needs and the New Computing Technologies*, Cambridge, MA, 2002.

se, deren wesentliche Qualitäten über den Begriff der biologischen Informationsverarbeitung (Evolution) bestimmt werden. Ein daran angelehntes Modell menschlicher Informationsverarbeitung oder auch kultureller Entwicklung ist aus der Sicht ihrer Genese plausibler als die Maschinenmetapher einer künstlichen Intelligenz, denn diese gehören in die Produktkategorie, weil – einmal fertig gestellt – jedwedes Verhalten nur von der Form und Anordnung der Zeichen abhängt, nicht aber davon, wofür diese stehen. Die Produkt-Prozess-Komplementarität soll insbesondere an der Gegenüberstellung von Speicher und Gedächtnis verdeutlichen, wie beide zusammenspielen: Der Begriff externes Gedächtnis verdeutlicht beispielsweise, dass ein physischer Speicher (Produkt) zwar unverzichtbar ist, zugleich sich aber die Bedeutung der gespeicherten Inhalte nur über die Prozesse ihrer Erzeugung und ihres Gebrauchs erschließt.

Da ein evolutionäres Modell mit Konzepten wie Irreversibilität und Selbstorganisation zwar selbst organisiertes Verhalten charakterisieren kann, damit aber zugleich die Grenze des Vorhersagbaren und Beeinflussbaren markiert, werden im darauf folgenden Abschnitt grundlegende Überlegungen angestellt, wie durch die Gestaltung der Umgebung, in der solche Prozesse ablaufen, Einfluss auf den Prozess selbst genommen werden kann bzw. Unterstützungsfunktionen identifiziert werden können.

In einem letzten Schritt werde ich das Konzept der Mediarena vorstellen, das wir in Paderborn auf der skizzierten theoretischen Basis entwickeln. Hier werden grundlegende Qualitäten digitaler Medien in Bezug auf die Unterstützung von menschlicher Informationsverarbeitung bzw. Wissensarbeit deutlich werden. Ein kritischer Ausblick wird meine Überlegungen abschließen.

Produkt-Prozess-Komplementarität

Informatiksysteme unterscheiden sich in vielerlei Hinsicht von anderen technischen Gebilden wie Brücken, Autos oder auch Fernsehgeräten. Software besteht aus einem einheitlichen und für Ingenieure ungewöhnlichen Baustoff: Text. Es handelt sich um ein typografisches Produkt, Schriftzeichen (Typen), die nach bestimmten Regeln zusammengesetzt werden. Im Gegensatz zu anderen Ingenieurprodukten, wo z. B. textuelle Beschreibungen und Konstruktionszeichnungen lediglich dazu verwendet werden, das eigentliche Produkt zu beschreiben, fallen in der Softwaretechnik Beschreibung und Produkt hinsichtlich des verwendeten Materials zusammen. Typografien sind physische Gebilde, denn nur so können sie als Maschinenelemente energetische Prozesse beeinflussen, die letztlich für eine maschinelle Verarbeitung erforderlich sind. Insofern kann man feststellen, dass auch Software Hardware ist.[2] Prinzipiell

---

[2] Ich folge hier weitgehend der Sprechweise von Rolf Todesco, *Technische Intelligenz oder Wie Ingenieure über Computer sprechen*, Stuttgart-Bad Cannstatt, 1992.

lässt sich jedes Zeichen eines Programms auch als Schalter und Leitungsweg eines Prozessors abbilden bzw. realisieren. Beispielsweise waren noch bis Anfang der siebziger Jahre im industriellen Bereich Datenverarbeitungsanlagen in Betrieb, die durch die Verwendung von Stecktafeln programmiert wurden. Das Programm wurde mithilfe von Kabeln auf dieser Tafel gesteckt; es wurde gewechselt, indem eine andere Tafel in die Maschine geklemmt wurde. Ein weiteres Beispiel ist ein Festwertspeicher (PROM), bei dem ein Bitmuster durch das Programmieren von PROM-Zellen mittels Durchschmelzen von Sicherungen (Isolationsfilm) durch hohe Stromimpulse gespeichert wird. Die Konsequenz: Hardware und Software sind logisch äquivalent.[3]

Das entscheidende Problem ist jedoch, dass der Mensch mit dieser (Programmier-)Technik nur vergleichsweise bescheidene Probleme lösen kann. Niemand wäre in der Lage, beispielsweise eine komplexe Büroanwendung auf diese Weise zu implementieren. Eine binäre oder hexadezimale Codierung des Programms bietet für den menschlichen Geist keine adäquate Unterstützung zur Formulierung der Verarbeitungsprozeduren; ein Gewirr von gesteckten Leitungen ebenso wenig. Die Strukturen im Code sind nicht genügend „einsichtig" und problemnah. Dies ändert sich z. B. mit höheren Programmiersprachen, die besser lesbar sind. Ein Compiler erzeugt dann aus einem Programm in einer höheren Programmiersprache einen ausführbaren Code für die Maschine. Obwohl es sich bei dieser Art der Ersetzung um eine semantikerhaltende Transformation handelt, wäre kein Entwicklerteam in der Lage, auf der Ebene des Maschinencodes Programme arbeitsteilig über einen längeren Zeitraum zu entwickeln und zu warten. Dabei geht es nicht um die Frage, ob denn prinzipiell ein menschliches Genie, wenn es denn beliebig lange leben würde und sich mit nichts anderem als solchen Prozessorschaltungen beschäftigte, letztlich nicht doch fähig wäre, eine solche Schaltung hervorzubringen. Durchschnittlich Begabte könnten solche geistigen Höchstleistungen nicht nachvollziehen und damit auch nicht überprüfen. Sie könnten folglich auch nicht an einer Weiterentwicklung mitwirken. Eine breite Nutzung dieser Technologie wäre damit ausgeschlossen, die Informatik wäre ein esoterischer Randbereich der Gesellschaft. Die Konsequenz ist, dass sich Verstehensprozesse in einer sprachlichen Sphäre vollziehen (Prozess), die Operationsausführungen jedoch auf Maschinenebene (Produkt).

Diese Unterscheidung ist aber in keiner Weise selbstverständlich, denn die Präzisierung des Algorithmenbegriffs führte in den dreißiger Jahren über die Bedeutungsäquivalenz von Formalisierung und Mechanisierung. So zeigt Bettina Heintz[4] am Beispiel von Emil Post, Alonzo Church und Alan Turing mit ihrer Grundlagengeschichte des Computers auf, wie menschliches und maschi-

---
[3] Andrew S. Tanenbaum, *Structured Computer Organization*, Englewood Cliffs, NJ, 1976, S. 10 ff.
[4] Bettina Heintz, *Die Herrschaft der Regel. Zur Grundlagengeschichte des Computers*, Frankfurt/M., New York, 1993.

nelles Verhalten in eins gesetzt wurden, um den Algorithmenprozess zu präzisieren. Alan Turing überlegte, dass jede menschliche Handlung, die nach einer präzisen Vorschrift ausgeführt werden kann, auch von einer Maschine ausgeführt werden kann. Was also ein menschlicher Rechner tut, lässt sich prinzipiell auch durch eine Maschine ersetzen. Emil Post dagegen benutzte das Bild eines Fließbandarbeiters, der in seinem Modell die Ausführungen der Turingschen Maschine übernahm. Ob Maschine oder Arbeiter ist gleichgültig, wenn die Ausführungsvorschriften hinreichend präzise und eindeutig sind. Jedes Problem, das präzise beschreibbar ist, kann somit auch von einer Maschine gelöst werden. Der Turing-Test ist entsprechend eine experimentelle Anordnung, um zu zeigen, dass Mensch und Maschine funktional äquivalent sind, wenn es gelingt, Intelligenz präzise zu formulieren.

Zwar lässt sich prinzipiell jedes Programm als mathematische Funktion beschreiben, nur treten dabei ähnliche Schwierigkeiten auf wie bei der Realisierung von Software in Form von Leitungen und Schaltern. Für große Softwareprojekte wäre eine vollständige mathematische Beschreibung der Programme vielfach noch aufwendiger als das Programm selbst. Bei vielen traditionellen Ingenieurprodukten kann „ein Ingenieur, der durch sorgfältigen Entwurf dafür Sorge trägt, dass die Systemkomponenten immer innerhalb ihres normalen Betriebsbereichs arbeiten, mithilfe einer mathematischen Analyse sicherstellen, dass es keine Überraschungen gibt"[5].

Demgegenüber zeichnet sich Software durch eine enorme Fülle diskreter Betriebszustände aus und weist in der Regel nur eine sehr schwache repetitive Struktur (d. h. Wiederverwendung ein und desselben Bausteins) auf. Die mathematischen Funktionen sind folglich keine kontinuierlichen Funktionen. Die Folge ist, dass da, wo im klassischen Ingenieurbereich *gerechnet* werden kann, in der Softwaretechnik die Korrektheit *bewiesen* werden muss. Da Rechenprozesse vollständig formalisierbar sind, können sie an Maschinen delegiert werden. Beweise könnten u. U. auch vollständig formalisiert sein, sind es aber in der Regel nicht. Bis heute ist es umstritten, ob eine von einer Maschine generierte Ableitung als Beweis anerkannt werden kann oder als Teil eines Beweises zulässig ist. Entscheidend ist die prinzipiell vollständige Überprüfbarkeit durch den menschlichen Geist. Wo jedoch komplexe formale Operationsfolgen überschaubar sind, erzeugen sie keine neuen Einsichten, sondern voraussehbare Resultate. Wo sie aber nicht überschaubar sind, fehlt das Vertrauen in das Ergebnis, denn Formalismen werden nicht durch Formalismen bestätigt oder falsifiziert, sondern durch die sozialen Prozesse der Überprüfung und argumentativen Begründung. Das gilt auch für die Informatik.[6] Erneut gibt es

---

[5] David Lorge Parnas, „Software Wars", in: *Kursbuch Nr. 83, Krieg und Frieden. Streit um SDI*, Berlin, 1986, S. 49-69: 53.

[6] Richard A. DeMillo/Richard J. Lipton/Alan J. Perlis, „Social Processes and Proofs of Theorems and Programs", in: *Communications of the ACM* 22, 5, 1979, S. 271-280, zeigen, dass die Funktion von Beweisen in der Mathematik nicht oder nur punktuell auf die Softwaretechnik übertragbar ist.

zwei unterschiedliche Ebenen der Verständnisbildung (Beweisen als sozialer Prozess) und der präzisen Ausführung einer Vorschrift (logische Ableitung als Produkt).

Diese Unterscheidung ist grundsätzlicher Natur, denn nach Sybille Krämer[7] kann ein Formalismus durch drei Merkmale charakterisiert werden: Schriftlichkeit, Schematisierbarkeit und Interpretationsfreiheit.

Physische Zeichen in ihrer räumlichen Anordnung bilden die materielle Grundlage nicht nur von Kalkülen, sondern jedweder Software. Interpretationsfreiheit bedeutet dabei, dass jede formale Operation nur von der Form und Anordnung der Zeichen abhängig ist, nicht jedoch davon, wofür die Zeichen stehen.

Analoges gilt für eine Berechnung, denn ein mathematischer Formalismus gestattet es, korrekt zu rechnen, ohne zu verstehen, was man tut. Die Rechenregeln sind anzuwenden und nicht hinsichtlich ihrer Sinnhaftigkeit zu bewerten – genau deshalb kann man Rechenvorgänge auch an eine Maschine delegieren. Insofern sind in der Tat die Turing-Maschine und Informatiksysteme äquivalent, da die korrekte Transformation der jeweiligen Zeichen, wie das Programm sie vorschreibt, sich jeweils nur auf die Form und Anordnungen der Zeichen bezieht, nicht jedoch deren Bezug zur Welt interpretiert.[8] Sobald aber die Frage nach dem Sinn bzw. dem Wofür gestellt wird, kommt Verständnis ins Spiel und damit menschliche Urteilskraft. Nur wenn man weiß, ob z. B. zwei miteinander vermengte Flüssigkeiten eine chemische Reaktion auslösen, kann man bestimmen, ob das sich daraus ergebende Volumen als additive Zusammensetzung adäquat modelliert werden kann oder ob eine andere Berechnung erforderlich ist. Vielleicht erübrigt sich sogar die Berechnung, weil das Gemisch explodiert. Letzteres ist nicht eine Frage der Mathematik, sondern der Erfahrung und der Empirie.

Deshalb kommt es bei der Softwareentwicklung generell nicht nur auf die Programmierung an, sondern vor allem auf die Modellierung. Die Entwickler müssen dabei nicht nur bekannte Wirklichkeitsbereiche abbilden, sondern sich, wie Naur[9] feststellt, eine Theorie darüber bilden, wie die Probleme im Anwendungsbereich durch Ausführung des Programms gelöst werden können. Floyd[10] hat dies auf kooperative Gestaltungsprozesse ausgedehnt und den Entwicklungsprozess als gemeinschaftlichen Lernprozess (Realitätskonstruktion) charakterisiert. Natürlich entsteht auch hier sofort wieder die Frage, wie denn

---

[7] Sybille Krämer, *Symbolische Maschinen. Die Idee der Formalisierung in geschichtlichem Abriß*, Darmstadt, 1988.
[8] Konsequenterweise verweist Krämer (ebd.) auf den irreführenden Begriff „Programmiersprachen" und gebraucht stattdessen den Begriff „formale Typographie".
[9] Peter Naur, „Programming as Theory Building", in: *Microprocessing and Microprogramming* 15, 5 (1985), S. 253-261.
[10] Christiane Floyd, „Software Development as Reality Construction", in: dies./Heinz Züllighoven/Reinhard Budde/Reinhard Keil-Slawik (Hg.), *Software Development and Reality Construction*, Berlin, 1992, S. 86-100.

ein solcher Lernprozess angemessen durch Softwaresysteme unterstützt werden kann.

Auf der Suche nach einem Modell, das geeignet ist, grundlegende Aspekte für die Unterstützung menschlicher Wissensarbeit zu identifizieren, scheidet aufgrund der schon beschriebenen Produkt-Prozess-Komplementarität das maschinelle Datenverarbeitungsmodell aus, da dieses grundsätzlich die Abarbeitung einer formalen Vorschrift beinhaltet, nicht jedoch die Frage, wie ein sinnvoller Formalismus zustande kommt. Da es hier um die Genese von Produkten (maschinelle wie semiotische Artefakte) geht, nicht um ihre qualitativen Merkmale selbst, bietet sich eher ein aus der Biologie entlehntes Modell der Informationsverarbeitung an.[11]

Biologische Informationsverarbeitung

Aufbauend auf den theoretischen Grundlagen von Charles Darwin, der als erster das Prinzip der natürlichen Auslese formulierte, entwickeln Manfred Eigen[12] und seine Gruppe am Max-Planck-Institut in Göttingen ein Modell zur Beschreibung evolutionärer Prozesse, das besonders die Qualitäten von biologischer Information in den Mittelpunkt rückt. Die Frage ist, wie sich aus der Vielzahl an kombinatorisch möglichen Sequenzalternativen des Erbgutes genau die ermitteln lassen, die vorteilhaft, d. h. überlebensfähig sind. Evolution ist nach Eigen ein naturgesetzliches Phänomen, das sich überall dort einstellt, wo drei Voraussetzungen erfüllt sind:

1. *Selbstreproduktivität*: Individuen, einmal entstanden, dürfen sich ausschließlich durch Kopieren vorhandener Individuen bilden, nicht aber *de novo*.
2. *Mutagenität*: Das Kopieren muss mit Fehlern behaftet sein, weil Varietät eine unabdingbare Eigenschaft des Prozesses ist.
3. *Metabolismus*: Selbstreproduktion muss fernab vom Gleichgewicht erfolgen, d. h. das Reproduktionssystem benötigt ständig die Zufuhr von chemischer Energie.

Auf der molekulargenetischen Stufe konnten Eigen und Mitarbeiter sowohl mathematisch als auch experimentell vier grundlegende Merkmale evolutionärer Prozesse bestimmen, die über ein naives Verständnis von Auslese als einem passiven Filtern nicht angepasster Lebewesen hinausgehen:

---

[11] Ausführlich in Reinhard Keil-Slawik, *Konstruktives Design. Ein ökologischer Ansatz zur Gestaltung interaktiver Systeme*, Habilitationsschrift, Forschungsbericht des Fachbereichs Informatik, TU Berlin, Nr. 90-14, 1990 und zusammengefasst in ders., „Bio-Informatik einmal anders. Zum Verhältnis von menschlicher Informationsverarbeitung und maschineller Datenverarbeitung", in: *FIfF-Kommunikation* 20, 1 (2003), S. 37-41.

[12] Manfred Eigen, *Stufen zum Leben. Die frühe Evolution im Visier der Molekularbiologie*, München, 1987.

1. *Irreversibilität*: Die mathematische Funktion zur Bewertung des selektiven Vorteils arbeitet auf der Verteilung der gesamten Population, nicht auf einzelnen Individuen. In jedem Reproduktionsschritt ist das Ergebnis des vorigen Schritts der Ausgangspunkt für den nächsten – der Prozess ist unumkehrbar.
2. *Relative Semantik*: Die Bedeutung des genetischen Codes ist nicht absolut gegeben, sondern nur relativ zur Umwelt zu verstehen, gegen die sich das jeweilige Individuum selektiv behauptet hat.
3. *Vorausschauende Selektion*: Es entstehen bevorzugt dort neue überlebensfähige Individuen, wo schon gute Reproduktionsbedingungen vorhanden sind. Es handelt sich hier aber nicht um einen Optimierungsprozess, da sich mit jedem Evolutionsschritt die Ausgangsbedingungen verändern; es können nur lokale Optima in dem jeweiligen Reproduktionsschritt erreicht werden.
4. *Selbstorganisation*: Das Ergebnis eines Evolutionsschritts ist weder vorhersagbar noch kann es erzwungen werden; Fremdsteuerung zerstört den Prozess der Selbstorganisation.

Da Evolution in diesem Sinne auch das Gewordensein des Menschen umfasst, ist es sinnfälliger, für die Charakterisierung menschlichen Verhaltens das Modell biologischer Informationsverarbeitung zugrunde zu legen als das Modell der maschinellen Datenverarbeitung. Allerdings ist hier zu betonen, dass zum einen der biologische Informationsbegriff nur als Metapher genutzt werden kann, denn bis heute ist es nicht gelungen, im Bereich der menschlichen Kultur ein Äquivalent zu den Genen zu identifizieren, das eine Übertragung rechtfertigen könnte; es gibt im kulturellen Bereich keine semantischen Atome.[13] Zum anderen ist der Informationsbegriff selbst heftig umstritten, so dass ein einheitliches Verständnis kaum erzielbar scheint.[14] Gleichwohl lassen sich die vier angegebenen Charakteristika nutzen, um z. B. anhand der Gegenüberstellung von technischem Speicher und menschlichem Gedächtnis die Komplementarität menschlicher und maschineller Zeichenverarbeitung zu verdeutlichen. Das kann hier allerdings nur sehr skizzenhaft und illustrativ erfolgen.

Irreversibilität

Ein technischer Speicher kann gelöscht oder seine Inhalte können überschrieben werden. Das menschliche Gedächtnis verfügt über keine solche Funktion. Zwar gibt es das Phänomen des Vergessens, doch wird man kaum in der Lage sein, etwas bewusst zu vergessen. Das ist auch kennzeichnend für verschie-

---

[13] Vgl. hierzu auch die Überlegungen zur Frage semantischer Einheiten im Diskurs in Michel Foucault, *Archäologie des Wissens*, Frankfurt/M., 1981.
[14] Vgl. hierzu die beiden Diskurseinheiten zum Informationsbegriff in *Ethik und Sozialwissenschaften* 9, 2 (1998) und 12, 1 (2001).

denste Formen psychotherapeutischer Behandlung: Da man das Erlebte nicht löschen kann, gilt es, dieses Erleben in neue Erfahrungen so einzubetten, dass diese allmählich die alten Erfahrungen verblassen lassen bzw. der Person mehr Selbstkontrolle geben, weil z. B. Zwangshandlungen eben nicht mehr zwangsläufig durch einen bestimmten Reiz ausgelöst werden. Auch Anwälte machen sich in Gerichtsverfahren die Tatsache zunutze, indem sie hoffen, dass bestimmte Äußerungen, die vom Gericht als unzulässig erachtet werden, zwar nicht zur Urteilsbegründung herangezogen werden dürfen, sie aber das Verhalten der Zuhörenden gleichwohl beeinflussen können. Insgesamt kann festgehalten werden, dass der Versuch, ein menschliches Gedächtnis bzw. das menschliche Gehirn einer Art „Wäsche" zu unterziehen, in der Regel mit der Zerstörung der Persönlichkeit einhergeht, d. h. die Integrität und Authentizität des Systems verletzt.

Relative Semantik

Die Botschaft, die ein Mensch erhält, ist nicht nur durch den Absender determiniert, sondern auch durch den Empfänger, der ihr vor dem Hintergrund seiner eigenen Erfahrungen, Wünsche und Vorstellungen eine Bedeutung verleiht. Menschen verstehen Dinge unterschiedlich, da Sinn und Bedeutung nicht übertragbar sind, sondern von jedem Individuum individuell rekonstruiert werden müssen. Insofern kann man zwar eine andere Person für sich arbeiten, aber man kann sie nicht für sich lernen lassen. Einsicht und Verständnis lassen sich nicht transportieren oder übertragen. Dabei zeigt sich, dass das Gedächtnis kein Speicher ist, um Vergangenes stabil und unverändert aufzubewahren, sondern ein Organ, das das Überleben sichern soll. Jede neue Erfahrung färbt frühere Erfahrungen ein, weil Abweichungen ebenso wie Bestätigungen dazu dienen, die Sicht auf die Welt so zu verändern, dass die Chancen zum Überleben bzw. zur Durchsetzung der eigenen Interessen steigen. Gedächtnisinhalte ändern sich aufgrund von neuen Erfahrungen ebenso wie Geschichten aus anderen Kulturkreisen beim Wiedererzählen so angepasst werden, dass sie im Kulturkreis des Empfängers einen Sinn erhalten.[15] Bei einem technischen Speicher wollen wir uns jedoch darauf verlassen können, dass separat eingespeicherte Entitäten auch in der gleichen Form wieder abgerufen werden können.

---

[15] Siehe dazu die vielen Beispiele in Howard Gardner, *The Mind's New Science. A History of the Cognitive Revolution*, New York, 1987.

Vorausschauende Selektion

Ein Experte mit reichhaltiger Erfahrung verfügt in der Regel über eine gute Intuition beim Problemlösen in seinem Feld. Dabei werden aber nicht Erfahrungen summativ gespeichert oder aggregiert, denn dann müsste jedes Verfahren, bei dem das Finden einer Lösung einer Suche im „Erfahrungsschatz" entspräche, umso länger dauern, je mehr Erfahrungen bzw. Lösungsansätze gespeichert wären. Tatsächlich wird er aber zunehmend schneller und die Fähigkeit wächst, intuitiv, d. h. ohne explizite Begründung oder logische Ableitung, an der richtigen Stelle zu suchen bzw. in die richtige Richtung bei der Lösung zu gehen. Tatsächlich finden im Laufe von Lernprozessen vielfältige Restrukturierungen kognitiver Strukturen statt mit dem Ziel, neue, besser angepasste Strukturen auszuprägen. Begriffe wie Phasensprung, Paradigmenwechsel oder Einsicht stehen allesamt für Verständnismodelle, die darauf verweisen, dass Lernen nicht in erster Linie ein Aggregationsprozess bzw. eine Anhäufung von Wissen ist, sondern eine funktionale Anpassung, die hilft, schneller, besser oder adäquater zu entscheiden, was in einer gegebenen Situation relevant ist. Ein Durchspielen der vielen Möglichkeiten und ein passives Filtern wären weder bei der Sinneswahrnehmung noch beim Denken probate Mittel.[16]

Selbstorganisation

Der Pädagoge Hans Bussmann[17] begründet mit dem Konzept des „Eigensinns" eine Qualität, die die Lernfähigkeit von Kindern auszeichnet. Interessant ist dieses Konzept insofern, als Eigensinnigkeit hier vor allem auf die Fähigkeit der Kinder verweist, sich durch ein entsprechendes Verhalten gegenüber Forderungen der Umwelt zu erwehren, die ihre Selbstorganisation angreifen oder gefährden würden. Bussmann zeigt, dass Eigensinnigkeit nicht eine Trotzreaktion ist, sondern ein produktives Verhalten, um das Selbst und seine produktive Kraft zu bewahren. Computer verfügen nicht über solche Mechanismen der Selbstabschirmung oder Selbstheilung, um ein eigenes, inneres mentales Milieu aufrechtzuerhalten. Programme werden grundsätzlich so gestaltet, dass sie ablauffähig im Speicher liegen und im Fehlerfall der Ablauf unterbrochen wird, damit die Entwickler den Fehler lokalisieren und korrigieren können. Entwickler müssen diese Strategie verfolgen, um die Kontrolle über das Verhalten des Programms zu behalten. Würden sie diese Kontrolle an die Maschine delegieren, könnten sie das Ergebnis weder vorhersehen noch kontrollieren. Bislang gibt es keine auf Anhieb fehlerfrei funktionierenden Softwaresysteme,

---

[16] Vgl. Richard L. Gregory, *Eye and Brain. The Psychology of Seeing*, 5. Aufl., Oxford, 1998. [1966] Dt. Übersetzung: *Auge und Gehirn. Psychologie des Sehens*, Reinbek bei Hamburg, 2001.

[17] Hans Bussmann, *Computer contra Eigensinn. Was Kinder dem Computer voraus haben*, Frankfurt/M., 1988.

bei denen das System ohne Intervention der Entwickler evolviert. Sollte ein Softwaresystem trotzdem in der Lage sein, einen „produktiven Eigensinn" zu entwickeln, müsste es in der Lage sein, Entwicklungs- und Programmierfehler selbst zu korrigieren und zwar auch die Fehler, die in seinem Fehlerkorrekturprogramm programmiert worden wären. Dies würde auch für jeden Korrekturmechanismus gelten, der den Korrekturmechanismus korrigieren kann usw. Ein unendlicher Regress entsteht. Der Ansatz käme somit dem Versuch gleich, ein kognitives Perpetuum mobile zu bauen. Der Beweis, dass es nicht geht, kann nicht geführt werden, aber die Annahme, dass es ginge, kann bezüglich der Folgen als unsinnig bis desaströs bezeichnet werden, insbesondere unter der Annahme, man könne das Ergebnis vorhersehen.[18]

Zusammenfassend lässt sich feststellen, dass es eine Evolutionstheorie des menschlichen Geistes, die es gestatten würde, generelle Vorhersagen über menschliches Verhalten zu machen, nicht gibt und momentan – trotz vieler Fortschritte – eine solche auch nicht in nächster Zeit in Aussicht steht. Wohl aber lassen sich mithilfe des Evolutionsbegriffs Grenzen der Beherrschbarkeit bzw. Beschreibbarkeit evolutionärer Prozesse angeben, die weitgehend auch auf viele Prozesse der Genese kognitiver oder kultureller Leistungen übertragbar sind. Das skizzierte Evolutionsmodell ist eine Metapher für schöpferische, geistige Prozesse, in denen Produkte hervorgebracht werden, die wiederum selbst die weiteren Prozesse beeinflussen.[19] Entscheidend ist, dass die Prozesse selbst nicht in dem Sinne gestaltbar sind, dass man durch entsprechende Maßnahmen ein bestimmtes Ergebnis vorhersagen oder erzwingen könnte. Wenn evolutionäre Prozesse aber nicht gestaltbar sind, dann kann man nur die Umgebung gestalten, in der sie ablaufen, und darüber versuchen, einen Einfluss insofern auszuüben, als einige Ereignisse wahrscheinlicher werden als andere.

Differenzerfahrung und externes Gedächtnis

Ausgangspunkt der weiteren Überlegungen ist der Satz: Das Denken findet nicht im Kopf, sondern mit dem Kopf statt. Nur im Kopf, also ohne Bezug auf sinnlich wahrnehmbare Tatbestände, kann kein Wissen verarbeitet werden, weil es nicht möglich ist, Gedachtes und Tatsächliches gegeneinander (Juxtaposition) zu stellen. Jeder Versuch, durch eine rein gedankliche Aktivität etwas auf seinen Realitätsgehalt zu überprüfen, ist zum Scheitern verurteilt, weil ja die entsprechende Reaktion oder Konsequenz wiederum mental geschaffen wird und somit nur das ausdrücken kann, was der eigenen Vorstellung entspricht. Dadurch ist es nicht möglich, Differenzerfahrungen zu machen, also

---

[18] Vgl. hierzu Reinhard Keil-Slawik, „Das kognitive Perpetuum mobile", in: Gotthard Bechmann/Werner Rammert (Hg.), *Technik und Gesellschaft. Jahrbuch 5: Computer, Medien, Gesellschaft*, Frankfurt/M., 1989, S. 105-125.
[19] Vgl. hierzu den Begriff der Praxen bei Hartmut Winkler, *Docuverse. Zur Medientheorie der Computer*, München, 1997.

eine Diskrepanz zwischen Vorstellung und Realität festzustellen. Ohne Differenzerfahrung kann man aber Vorstellungen über die Welt weder bestätigen noch widerlegen, denn die Unterscheidung zwischen Illusion und Wirklichkeit ist nach J. J. Gibson[20] nur möglich, wenn man durch Handeln neue Informationen gewinnt; über einen nur vorgestellten Gegenstand kann man keine neuen Informationen gewinnen. Differenzerfahrung ist somit die Voraussetzung für Wissen und Gewissheit.

Entscheidend ist also, dass die Umwelt zu uns spricht, indem die über sie vermittelten Sinneseindrücke unabhängig von unseren Vorstellungen oder Absichten sind. Das gilt für den Umstand, dass wir z. B. durch den Wechsel der Blickrichtung oder durch Abtasten unterschiedliche Bereiche wahrnehmen und diese Unterschiede mit unseren Bewegungen und Erwartungen abgleichen (*Perspektivwechsel*). Eine weitere Form der Differenzerfahrung besteht darin, ein manipulierbares physisches Arrangement zu schaffen, in dem Umweltänderungen, die unabhängig von unseren Handlungen erfolgen – z. B. durch Einwirken der Schwerkraft –, mit unserem Handeln und unseren Erwartungen abgeglichen werden (*Konstruktion*). Experimentelle Arrangements in den Naturwissenschaften verkörpern beispielsweise solche Konstruktionen. Schließlich gilt es noch, Formalismen zu betrachten, denn wenn ein Phänomen oder Sachverhalt einmal formal modelliert worden ist, dann hängen alle Operationen, Berechnungsschritte oder logischen Ableitungen nur noch von der Form und Anordnung des Kalküls ab, so dass das erzielte Ergebnis unabhängig vom erwarteten Resultat ist (*Formalisierung*). Die weitaus reichhaltigste, letztlich kulturell entscheidende und alle anderen Arten umfassende Form der Differenzerfahrung besteht im Austausch mit anderen Personen, die aufgrund ihrer je eigenen Genese und Verständnisbildung auch eigenständig agieren (*soziale Interaktion*).

Differenzerfahrung steht somit im Kern aller Wissensarbeit, wobei festzuhalten ist, dass unsere geistigen Kapazitäten recht begrenzt sind. Nur mit direkter Kommunikation und unserem Gedächtnis ist es nicht möglich, komplexe arbeitsteilige Gesellschaften aufzubauen. Entscheidend für unsere kulturelle Entwicklung sind Zeichensysteme, die den Prozess der Erzeugung und Rezeption überdauern (*Persistenz*), wie z. B. Bild und Schrift. Unter Zuhilfenahme geeigneter Transportmittel erlauben sie es, sich auf das, wofür sie stehen, unabhängig vom Zeitpunkt und Ort ihrer Erzeugung zu beziehen. Persistente Zeichen brauchen einen Träger, sind also physische Artefakte, die ein externes Gedächtnis verkörpern. Zusammen mit den Techniken ihrer Erzeugung, Übertragung, Vervielfältigung, Speicherung etc. verkörpern sie technische Medien, die die Möglichkeiten des Menschen zur Differenzerfahrung erweitern; sie fungieren gewissermaßen als Denkzeug. Sie bilden die entschei-

---

[20] James Jerome Gibson, *Wahrnehmung und Umwelt. Der ökologische Ansatz in der visuellen Wahrnehmung*, München, 1982.

dende Voraussetzung zur Entfaltung von Handel und kultureller Identität im großen Maßstab.[21]

Nicht die genetische Ausstattung des Menschen hat sich in den letzten zigtausenden von Jahren geändert, sondern vor allem die von ihm entwickelten Ausdrucksmittel.[22]

Ohne physische Hilfsmittel, wie beispielsweise Stift und Papier oder Rechengeräte, beschränkt sich die Fähigkeit eines Durchschnittsmenschen auf einfache Additions- oder Multiplikationsaufgaben. Schon wenn man mehr als zwei bis drei Zwischenergebnisse zusätzlich im Kopf behalten muss, ist man im Alltag nicht mehr in der Lage, verlässlich zu rechnen. Selbst wenn eine Person mit außergewöhnlichen kognitiven Fähigkeiten dabei wäre, die es könnte, könnten ihr die anderen nicht folgen und damit ihre Leistung weder überprüfen noch würdigen. Grundpfeiler der wissenschaftlichen Methodik wie Messbarkeit, Überprüfbarkeit, Wiederholbarkeit etc. wären ebenfalls als rein gedankliche Verrichtungen wenig geeignet, den organisierten Prozess des Wissenschaffens zur Entfaltung zu bringen.

Wissen, Konstruieren, Verwalten haben bezüglich der technischen Unterstützungsfunktionen die gleichen Wurzeln bzw. Grundlagen. Nicht umsonst werden sie in unseren heutigen Computersystemen zunehmend zusammengeführt. Schriftliche Repräsentationen sind dabei die entscheidende Voraussetzung, um Erkenntnis-, Lern-, Konstruktions- und Verwaltungsprozesse arbeitsteilig gestalten zu können. Arbeitsteiliges Handeln setzt aber immer die Einbettung in einen sozialen Zusammenhang voraus, in dessen Rahmen die Relevanz des jeweils Repräsentierten bewertet und dadurch bedeutsam wird.

Soziale Interaktion ist durch ein hohes Maß an Flexibilität gekennzeichnet.[23] Diese ist auch erforderlich, denn solange ein Problem noch nicht geistig abschließend durchdrungen ist, müssen durch immer wieder neue Variationen Möglichkeiten für Erfahrungen geschaffen werden und zwar so lange, bis sich wiederholte Bestätigungen zur Gewissheit verdichten. Dabei ist es insbesondere auch erforderlich, Fehler machen zu können und zumindest gedanklich Grenzen zu durchbrechen, um zu verstehen, was etwas ist und was es nicht ist. Ohne soziale Einbettung kein Verständnis und kein Wissen, denn wie Habermas feststellt:

---

[21] Vgl. hierzu Jan Assmann, *Das kulturelle Gedächtnis: Schrift, Erinnerung und politische Identität in frühen Hochkulturen*, München, 1992; Michael Giesecke, *Sinnenwandel, Sprachwandel, Kulturwandel: Studien zur Vorgeschichte der Informationsgesellschaft*, Frankfurt/M., 1992 sowie Peter Damerow/Wolfgang Lefèvre (Hg.), *Rechenstein – Experiment – Sprache. Historische Fallstudien zur Entstehung der exakten Wissenschaften*, Stuttgart, 1981.

[22] André Leroi-Gourhan, *Hand und Wort. Die Evolution von Technik, Sprache und Kunst*, Frankfurt/M., 1988.

[23] Vgl. dazu auch das Konzept der doppelten Kontingenz in Tilmann Sutter, „‚Interaktivität' neuer Medien – Illusion und Wirklichkeit aus der Sicht einer soziologischen Kommunikationsanalyse", in: Herbert Willems (Hg.), *Weltweite Welten. Internetfigurationen aus wissenssoziologischer Perspektive*, Wiesbaden, 2008, S. 57-73.

[M]it der Analyse des Begriffs „einer Regel folgen" führt Wittgenstein den Nachweis, dass die Identität von Bedeutungen auf die Fähigkeit zurückgeht, intersubjektiv geltenden Regeln zusammen mit mindestens einem weiteren Subjekt zu folgen; dabei müssen beide über die Kompetenz sowohl zu regelgeleitetem Verhalten wie auch zur kritischen Beurteilung dieses Verhaltens verfügen. Ein vereinzeltes und einsames Subjekt, das zudem nur über eine der genannten Kompetenzen verfügt, kann das Konzept der Regel so wenig ausbilden wie Symbole bedeutungsidentisch verwenden.[24]

Eine dynamische Interaktion zwischen Menschen ermöglicht es, verständnisvoll und einfühlsam auf die jeweils aktuelle Problemlage einzugehen, hat aber den Nachteil mangelnder Dauerhaftigkeit (Persistenz). Äußerungen sind so schnell verflogen, wie sie kommen, und sind damit der Wahrnehmung zu einem späteren Zeitpunkt oder an einem anderen Ort nicht mehr zugänglich, es sei denn, man verwendet eine Aufzeichnungstechnik oder notiert Zwischenergebnisse symbolisch. Dynamische Interaktion und Persistenz stehen im Gegensatz zueinander. Dieser Gegensatz wird durch Technik verschärft.

1 – Abakus versus schriftliches Rechnen

Das wird deutlich, wenn man sich den Streit zwischen dem „Rechnen auf Linien" (analog zum Abakus) und dem schriftlichen Rechnen mit arabischen Ziffern vor Augen hält (vgl. Abbildung 1). Ersteres war in Mitteleuropa bis zum 15. Jahrhundert gängig, weil das Rechnen mit römischen Zahlzeichen massive Probleme bereitet. Deshalb werden Rechenpfennige auf Linien mit

---

[24] Jürgen Habermas, *Theorie des kommunikativen Handelns*, Band 1 und 2, Frankfurt/M., 1982, S. 34.

entsprechender Wertigkeit (Einer, Zehner, Hunderter etc.) gelegt und durch Hinzulegen bzw. Wegnehmen einer entsprechenden Anzahl von Pfennigen Additionen und Subtraktionen ausgeführt. Dieses Verfahren wurde später durch das arabische Ziffernrechnen ersetzt, das sich aufgrund seiner Vorteile über die Mauren von Südspanien allmählich nach Mitteleuropa ausbreitete.

Beim schriftlichen Rechnen bleibt die Spur des Rechenprozesses erhalten. Will man ein mit dem Abakus oder dem Rechenbrett erzieltes Ergebnis überprüfen, muss man einen Medienwechsel vollziehen, um das Ergebnis zu notieren, und dann den gesamten Rechenprozess so oft wiederholen, bis der Vergleich mit den jeweils notierten Ergebnissen einen entsprechenden Grad an Übereinstimmung aufweist. Dieser Prozess lässt sich nicht abkürzen und auch nicht aufteilen. Im Gegensatz dazu kann man beim schriftlichen Rechnen Teilergebnisse unabhängig voneinander überprüfen, weil alle Zwischenergebnisse aufgezeichnet sind. Diese Unabhängigkeit ist zugleich der Schlüssel für die Aufteilung des Berechnungsverfahrens auf verschiedene Rechner. Und es können jetzt unterschiedliche Rechenspuren gleichzeitig ins Wahrnehmungsfeld gebracht werden, eine wesentliche Voraussetzung, um Invarianten in den Rechenspuren erkennen zu können. Die Verschmelzung von Rechnen und Aufzeichnen in ein und demselben Medium markiert zugleich den Übergang von der Arithmetik zur Algebra.

Überprüfbarkeit, Übertragbarkeit und Arbeitsteiligkeit sind entscheidende Momente, warum sich das schriftliche Rechnen letztlich durchsetzte, denn die Entdeckung neuer Kontinente und damit einhergehend die Entfaltung des Handelskapitals erforderten umfangreiche Berechnungen für nautische Tabellen ebenso wie für geschäftliche Transaktionen und diese mussten zugleich effektiv aufgezeichnet und übermittelt werden. Allerdings ist der Preis für die Verschriftlichung vergleichsweise hoch, doch wird dieser Umstand erst im Zuge der Entwicklung digitaler Medien bzw. präziser digitaler Einschreibtechnologien deutlich, weil es bis dahin keine mediale Alternative gab.

Mediarenen als Differenztheater

Technisch betrachtet sind Schriften Inschriften. Zeichen werden in ein Trägermaterial eingeschrieben bzw. aufgezeichnet. Analoge Aufzeichnungstechnologien haben allesamt den Nachteil, dass ein Zeichen, einmal eingeschrieben, nicht mehr manipulierbar ist. Mit technischen Mitteln ist immer nur der Träger bearbeitbar, nicht aber das Zeichen selbst, zumindest nicht als eigenständiges Objekt. Insofern lassen sich z. B. Zeichen radieren oder wegkratzen, aber dies ist letztlich nichts anderes als eine neue Einschreibung durch Überlagerung. Die technischen Bearbeitungsfunktionen finden nicht auf der Gegenstands-, Objekt- oder Inhaltsebene statt, sondern auf Ebene des Trägermaterials, das z. B. mit physischen (Schnitt), chemischen (Filmentwicklung) oder magnetischen (Tonbandaufzeichnung) Verfahren traktiert wird. Analoge Aufzeichnungstechnologien führen somit zwangsläufig zu einer Art medialer Einbahnstraße. Produzenten bzw. Autoren legen mit ihren Einschreibungen im Kontext des jeweiligen medialen Produkts die Wahrnehmungsstruktur fest. Was an verschiedenen Orten steht, kann u. U. nicht gleichzeitig ins Wahrnehmungsfeld gebracht werden.

Responsive Funktionen dagegen gestatten es den Nutzern, Einschreibungen nach eigenen Vorstellungen auszuwerten und ein entsprechendes Wahrnehmungsfeld zu kreieren, indem sie sich beispielsweise eine Liste aller Webseiten anzeigen lassen, in denen ein bestimmtes Stichwort enthalten ist. Durch das Auswerten wird generell das Wahrnehmungsfeld modifiziert, um bestimmte Differenzerfahrungen zu ermöglichen, beispielsweise durch eine Selektion (Datenbankabfrage), eine numerische Berechnung (Funktionswert), die Umwandlung verschiedener Codierungen (z. B. Visualisierung), das Ordnen von Entitäten (Sortieren) oder das Auszeichnen (z. B. Unterschlängeln eines Worts bei der Rechtschreibkontrolle). Solche Restrukturierungen des Wahrnehmungsfelds erfordern mit analogen Aufzeichnungstechnologien aufgrund der vielen damit verbundenen Neueinschreibungsprozesse oft einen zu hohen Aufwand, um produktiv wirksam werden zu können oder um eine neue Qualität der Differenzerfahrung zu ermöglichen. Ein Medienbruch ist dann gegeben, wenn Neueinschreibungen erforderlich sind, die dem kognitiven Prozess der Differenzerfahrung im Wege stehen.

Dies gilt auch für die Strukturierung des Handlungsfelds. Zeichen, einmal mit analogen Techniken eingeschrieben, können durch die Nutzer nicht mehr arrangiert, d. h. physisch manipuliert werden. Die Möglichkeit, Zeichen am Bildschirm manipulieren zu können, erfordert Algorithmen, die es den Nutzern gestatten, Basiseinheiten der internen Repräsentation (z. B. Pixel, abgeleitet von engl. „picture elements") als aggregierte Entitäten (Objekt) mit einer einzigen Operation zu manipulieren, d. h. ihre Eigenschaften (Position, Farbe, Größe etc.) zu verändern. Objektorientierung bedeutet in der Informatik, dass man nicht nur die Attribute eines festgelegten Objekts ändern kann, sondern vor allem auch, dass man sowohl vorhandene Objekte zu neuen Objekten zusammenfassen als auch Objekte wieder in Teilobjekte zerlegen kann. So ist es möglich, einen einzelnen Bildpunkt, eine Reihe von Bildpunkten (Linie), ein Aggregat von Linien (Figur) usw. jeweils zu manipulieren.

Hinter dem Konzept der Interaktivität – so vielfältig und unterschiedlich es auch in der Literatur definiert wird – stecken letztlich die beiden Qualitäten der Responsivität und der Objektorientierung. Ein Kreis kann z. B. durch die Eingabe zweier Zahlenwerte wie Mittelpunkt und Radius auf einer Fläche generiert werden (Auswertung). Objektorientierung aber gestattet es, einen Kreis durch „direkte Manipulation"[25] mit einem Zeigegerät aufzuspannen, ihn zu be-

---

[25] Der Begriff wurde von Ben Shneiderman geprägt, um die neue Qualität grafischer Benutzungsoberflächen zu charakterisieren. Wesentliche Aspekte sind die kontinuierliche Sichtbarkeit der Objekte, die Ersetzung komplexer syntaktischer Befehle durch physisches Zeigen

wegen oder zu vergrößern etc. (Manipulation). Natürlich braucht es die Verzahnung beider Qualitäten, um flüssig arbeiten zu können, denn dem Vorteil der leichten Manipulierbarkeit steht z. B. der Nachteil einer exakten Positionierung gegenüber. Analog ist es mal vorteilhafter, eine Farbe aus dem Farbkreis durch Klicken mit der Maus auszuwählen, ein anderes Mal wird z. B. der genaue RGB-Wert gewünscht. Entscheidend ist, dass sich sowohl responsive als auch objektorientierte Funktionen auf dasselbe (Daten-)Objekt beziehen können, also auch hier Medienbrüche reduziert werden, die mit analogen Einschreibtechnologien verbunden sind. Das Objekt der Wahrnehmung kann zugleich zum Objekt der Manipulation werden.

Interaktivität ist somit eine entscheidende Qualität digitaler Einschreibtechniken, die es den Nutzern gestattet, unabhängig von zuvor eingeschriebenen Medienobjekten, den Wahrnehmungs- und Handlungsraum gemäß den eigenen Erfordernissen zur Differenzerfahrung zu gestalten. Zum ersten Mal in unserer Kulturgeschichte ist es möglich, ein persistentes, d. h. durch Einschreibung erzeugtes Objekt zugleich zum Objekt der Manipulation zu machen. Das Konzept der Mediarena (siehe Abbildung 2) steht für unterschiedliche technische Ausprägungen von Räumen, in denen persistente Medienobjekte nicht nur wahrgenommen, sondern zugleich auch manipuliert werden können.

2 – Media-Arena als Aufführungsort für Wissensarbeit

---

und Manipulieren und die Ausführung schneller inkrementeller und reversibler Aktionen mit unmittelbarer Rückmeldung. Ders., „Direct Manipulation: A Step Beyond Programming Languages", in: *IEEE Computer* 16, 8 (1983), S. 57-69.

Neben den unterschiedlichen Ausprägungen von Interaktivität als Verschmelzung von Handlungs- und Wahrnehmungsraum in der individuellen Nutzung gilt es aber noch eine zweite, soziale Dimension zu betrachten, die ich nachfolgend mit dem Begriff der Koaktivität bezeichnen will. Auch hier geht es um zwei grundlegende Qualitäten digitaler Einschreibtechnologien, die ich mit dem Begriff der „verteilten Persistenz" und der Ereignisbehandlung umreißen will und die weitere Medienbrüche analoger Einschreibtechnologien aufheben. Der entscheidende Punkt ist, dass die Verschmelzung von Wahrnehmungs- und Handlungsraum nicht mehr auf einen Ort und auf einen Zeitpunkt beschränkt ist. Der Zugriff auf entfernte Objekte und ihre Modifizierung erfolgt aufgrund der Schnelligkeit des Datentransports unterhalb der Wahrnehmungsschwelle, weshalb es mit einer durchgängigen Vernetzung möglich ist, verteilte Speicherorte für persistente Medienobjekte bezüglich der Bearbeitung ihrer Inhalte wie einen einzigen Speicher zu betrachten.

Bei analogen Einschreibtechnologien und nicht vernetzten Rechnern sind die Berechtigungen zum Lesen und Bearbeiten von Medienobjekten unmittelbar mit den physischen Produktionsprozessen und an die Zugangsgeräte gekoppelt. In dem Maße, in dem die Berechtigungen zum Betrachten oder Verändern, Verknüpfen oder Bewerten von den Produktions- und Zugangstechniken entkoppelt sind, müssen differenzierte Berechtigungen vergeben werden, um z. B. die Authentizität von Medienobjekten sicherstellen zu können. Die von Ted Nelson bereits in den 60er Jahren konzipierte weltweite Bibliothek Xanadu kann – obwohl sie bis heute noch ein Entwicklungsprojekt ist[26] – hier als exemplarisches Vorbild dienen. Nelson hatte den Begriff Hypertext geprägt und ihn als *nicht sequenzielles Schreiben* definiert. Ein Lexikon als Vorläufer von Hypertext ist insofern irreführend, als hier bereits alle Verweise von den Autoren zusammen mit dem Inhalt eingeschrieben sind, jede Veränderung daran also die Authentizität des Dokuments verletzen würde.[27] Erst wenn beispielsweise ein Dokument und ein Verweis auf selbiges getrennte Objekte sind, die mit jeweils unterschiedlichen Berechtigungen versehen werden können, ist es möglich, private und öffentliche Links an einem Dokument anzubringen, für das man selbst keine Schreibrechte hat. Ein durch die Qualität der verteilten Persistenz ermöglichter gemeinsamer Wahrnehmungs- und Handlungsraum, in dem fremde und eigene Objekte betrachtet und modifiziert werden, braucht die Möglichkeit, differenzierte Berechtigungen objektbezogen zu vergeben, denn nur so kann die Sphäre des technisch Medialen unabhängig von den Einschreibungen der Softwareentwickler gemäß den Vorstellungen der beteiligten Akteure bzw. Nutzer gestaltet werden.

---

[26] Theodor H. Nelson prägte den Begriff „Hypertext". Siehe hierzu die Webseite des Projekts: http://www.xanadu.net/.

[27] Theodor H. Nelson, „Replacing the Printed Word: A Complete Literary System", in: Simon H. Lavington (Hg.), *Information Processing 80, Proceedings of IFIP Congress 80, Tokyo, Japan, Oktober 6-8, 1980, Melbourne, Australia, Oktober 14 - 17, 1980*, Amsterdam (u. a.), 1980, S. 1013-1023.

Eine weitere entscheidende Qualität ist mit der Ereignissteuerung gegeben. Sie ist Voraussetzung für die Koordination gemeinsamer Aktivitäten, sei es implizit über die Bereitstellung von Gewärtigkeitsinformationen (*Awareness*) oder explizit über die Steuerung von Bearbeitungsschritten (*Workflows*). Bei der Gewärtigkeit geht es darum, das Zusammenwirken von Akteuren dadurch zu unterstützen, dass sie z. B. angezeigt bekommen, wenn andere online sind und was sie tun, welche Objekte verändert worden sind oder ob neue Medienobjekte eingestellt wurden. D. h., Aktionen eines Akteurs lösen Ereignisse aus, die dazu führen, dass die entsprechenden Tatbestände zugleich an alle anderen Akteure übermittelt werden. Dies gilt auch, wenn zu bestimmten Zeitpunkten oder zu festgelegten Ereignissen bzw. Bedingungen Vorgänge angestoßen werden, wie z. B. das Sperren oder Freigeben von Ressourcen, das Versenden einer Nachricht oder auch die sequenzielle Kopplung verschiedener Handlungen.

Gewärtigkeit ermöglicht die Anschlussfähigkeit von verteilten Handlungen durch die Schaffung eines gemeinsamen Wahrnehmungs- und Handlungsraums. Ob dies zeitgleich (synchron) oder versetzt (asynchron) geschieht, ist vom technischen Grundkonzept her sekundär, denn eine durchgängige Vernetzung ermöglicht nebenläufige Prozesse, bei denen Zeitgleichheit ein inhärenter Spezialfall ist, der nur durch Unterbrechungen, mangelnde Übertragungskapazitäten oder die Nutzung eines verbindungslosen Protokolls (z. B. http) ausgeschlossen wird.

Entscheidend ist, dass die Einschreibungen jeweils im gemeinsam geteilten Raum an gemeinsam genutzten Objekten stattfinden. Es gibt eine unübersehbare Fülle unterschiedlicher Konstellationen solcher Einschreibungen, die je nach Anwendungssituation als Kommunikation, Koordination, Kooperation, Kollaboration, Konsultation etc. bezeichnet werden. Da diese Begriffe selbst sehr unterschiedlich definiert werden und sie dadurch schwer voneinander abgrenzbar sind, sollen die durch die Qualitäten der verteilten Persistenz und der Ereignisbehandlung eröffneten Handlungsmöglichkeiten unter dem Begriff der Koaktivität zusammengefasst werden.

Das Konzept der Mediarena soll verdeutlichen, welches die grundlegenden technischen Qualitäten sind, die es gestatten, technisch bedingte Hindernisse zu beseitigen, die der Differenzerfahrung im Wege stehen. Zugleich verdeutlichen die Handlungsbereiche Auswertung, Objektorientierung, Berechtigung und Koordination, welche Möglichkeiten Nutzern zur Ausgestaltung spezifischer Nutzungsszenarien seitens der Systementwickler eröffnet werden können. In einer Mediarena steht die koaktive Inszenierung medialer Ausdrucksformen im Vordergrund, nicht die technisch bedingte Einbahnstraße von Produktion/Einschreibung, Übertragung/Transport und Rezeption. Dahinter steckt die Vorstellung, dass – soweit möglich – die Formen und Konstellationen der Mediennutzung durch die Akteure bestimmt werden sollten und nicht durch die Einschreibungen von Softwareentwicklern. Die Reduzierung von Medienbrüchen ist eine entscheidende Voraussetzung, damit unnötige Übergänge, bedingt durch verschiedene Codierungen, Anwendungsformate oder Trägersysteme, der jeweiligen Differenzerfahrung nicht im Wege stehen, weil sie den Akteuren unnötige bewusstseinspflichtige Handlungen aufnötigen. Natürlich ist nicht zu erwarten, dass sich Medienbrüche grundsätzlich auflösen lassen, da jede Gestaltung eines hinreichend komplexen technischen Systems mit vielen Designkonflikten behaftet ist. Diese entstehen immer dort, wo berechtigte Anforderungen nur auf Kosten anderer, gleichermaßen berechtigter Anforderungen umgesetzt werden können. Das gilt auch schon für traditionelle Einschreibtechnologien.

Moderationstechniken beispielsweise bauen darauf, Konzepte und Ideen verteilt zu kreieren, dann aber zusammenzuführen und gemeinsam zu bearbeiten. Aus Karten, Stiften, Pinnwänden und Tafeln entsteht ein gemeinsamer Wahrnehmungs- und Handlungsraum, in dem Strukturen kooperativ erzeugt, modifiziert, arrangiert und annotiert werden. Das Problem traditioneller Medientechniken ist jedoch, dass die Räume, in denen diese kooperativen Prozesse stattfinden, leer vorgefunden und nach einer Sitzung wieder entsprechend *aufgeräumt* werden müssen. Das mediale Arrangement kann allerdings aufgrund des damit verbundenen hohen Aufwands selten mitgenommen und woanders rekonstruiert werden. Mit einem (digitalen) Foto kann man zwar das Wissensarrangement einfrieren, es multiplizieren, verteilen etc., aber eine weitere Bearbeitung ist auch bei einem digitalen Foto nicht möglich, weil es zwar digital codiert, aber mit einer analogen Einschreibtechnik aufgezeichnet wird (CCD-Sensor).[28] Ein durchgängiger persistenter Wahrnehmungs- *und zugleich* Handlungsraum kann auf diese Weise nicht entstehen, es sei denn, der Raum steht zur exklusiven Nutzung zur Verfügung.

Das Konzept der Mediarena soll hier neue Dimensionen in der Verknüpfung und Ausgestaltung koaktiver Wissensarbeit eröffnen, indem es die selbst administrierte Bearbeitung und Verwaltung von Wissensobjekten in virtuellen Räumen betont. Nicht die Antizipation und technische Implementierung semantischer Strukturen oder die Modellierung selbstorganisierender Prozesse stehen hier im Vordergrund der Betrachtung, sondern die Frage, wie durch Technikgestaltung Hindernisse aus dem Weg geräumt werden können, die die Entfaltung der Selbstorganisation be- oder gar verhindern.[29]

---

[28] Dies würde sich erst ändern, wenn bei der Aufnahme durch Bildanalysealgorithmen eine Zerlegung in manipulierbare, d. h. getrennt bearbeitbare Objekte erfolgen würde. Ein Digitalfoto ist – ebenso wie z. B. eine Musik-CD – in diesem Sinne noch kein digitales Medium, sondern nur eine digitale Codierung eines analogen Einschreibprozesses.

[29] Beispielsweise kommt Sabrina Geißler, *Mediale Destillation als innovative Qualität sozialer Software*, Dissertation: Universität Paderborn, Fakultät für Kulturwissenschaften, Institut für Medienwissenschaft, 2008, urn:nbn:de:hbz:466-20080715018, online unter: http://ubdok.uni-paderborn.de/servlets/DerivateServlet/Derivate-6860/Diss_Geissler.pdf, zu dem Schluss, dass erst durch die bessere Überlagerung von Handlungs- und Wahrnehmungsraum auch im Netz ein Qualitätswandel von der Aggregation zur medialen Destillation bei verteilten koaktiven Schreibprozessen möglich ist.

Eine prospektive Gestaltung kann – wie bei jedem Gestaltungsprozess[30] – letztlich nur über die Reduktion von Unangepasstheiten auf der Produktebene erfolgen, denn die kreative Innovation unterliegt selbst den Randbedingungen selbstorganisierender Prozesse, die nicht vorschreibbar oder vorhersehbar sind. Nur im Nachhinein ist es möglich, Verhaltensmuster zu identifizieren, die sich im Rahmen dieser Prozesse stabilisiert haben, und daraus klare Unterstützungsfunktionen abzuleiten. Allerdings macht es wenig Sinn, blind bestimmte technische Konstellationen zu realisieren, um zu schauen, ob sie Anlass zur Ausprägung neuer Handlungsschemata oder Automatismen sind. Ein solcher passiver Filterprozess wäre wie in fast allen evolutionären Prozessen insgesamt nicht produktiv. Es gilt aus Erfahrungen zu lernen und ähnlich dem Prinzip der vorausschauenden Selektion sollte eine hypothesengeleitete Technikentwicklung helfen, den Suchraum für produktive Innovationen einzuschränken bzw. den Entwicklern eine Richtung zu geben und zugleich anschlussfähige Konzepte für den interdisziplinären Diskurs zu bieten.

Insofern lautet die Kernhypothese, dass das wesentliche Innovationspotenzial elektronischer Datenverarbeitung und damit auch digitaler Medien in dem hier beschriebenen Sinn darauf beruht,

- Medienbrüche zu reduzieren und dadurch mentale Kapazitäten für die eigentlichen Aufgaben und Lernprozesse freizusetzen und darüber zugleich
- neue Möglichkeiten zur Differenzerfahrung durch eine bessere Verknüpfung von Handlungs- und Wahrnehmungsraum zu eröffnen.

Im Sinne der eingangs besprochenen Produkt-Prozess-Komplementarität stellt das hier skizzierte Konzept der Mediarena insofern einen Fortschritt dar, als sie es den selbstorganisierenden Prozessen der sozialen und individuellen Differenzerfahrung ermöglicht, die Granularität, Verknüpfung, Verteilung, Bearbeitung, Lokalisierung, Platzierung etc. von Medienobjekten unabhängig von den Einschreibvorgängen ihrer Erzeugung zu gestalten. Das technische System verkörpert gewissermaßen eine Arena für Aufführungen des Geistes, deren Ablauf, Dramaturgie und Gestaltung den Akteuren selbst überlassen bleibt und nicht den Architekten des Aufführungsorts übertragen wird bzw. werden sollte. Diese Sicht ist anschlussfähig zum Konzept der *zurückhaltenden Technik* von Werner Sesink[31] und zielt darauf, im Sinne der Produkt-Prozess-Kom-

---

[30] Vgl. hierzu die grundlegenden Betrachtungen in Christopher Alexander, Notes on the Synthesis of Form, Cambridge, MA, 1964 sowie den später von ihm entwickelten Ansatz einer „Pattern Language" zur Gestaltung (ders./Sara Ishikawa/Murray Silverstein, *A Pattern Language. Towns Buildings Construction*, New York, 1977 sowie ders., *The Timeless Way of Building*, New York, 1979).

[31] Siehe hierzu Werner Sesnik, „Poietische und zurückhaltende Technik oder Vom Bildungsgehalt des Computers. Umrisse eines informationspädagogischen Konzepts", in: Reinhard Keil-Slawik/Johannes Magenheim (Hg.), *Informatikunterricht und Medienbildung. Infos 2001. 9. GI-Fachtagung Informatik und Schule 17.-20. September 2001 in Paderborn*, Bonn, 2001, S. 31-45 sowie den Beitrag von Alexander Unger, „Umgebungsanalyse – Nachhaltige Gestaltung von virtuellen Lernumgebungen", in: Werner Sesink (Hg.), *Subjekt – Raum – Technik. Beiträge zur Theorie und Gestaltung Neuer Medien in der Bildung*, Münster, 2006, S. 91-117.

plementarität Unterstützungsfunktionen für selbst organisiertes Verhalten zu identifizieren, ohne den Prozess der Selbstorganisation selbst zum Modellierungsgegenstand erheben zu müssen.

Ausblick

Bei der Entwicklung eines theoretischen Rahmens zur Bestimmung von Gebrauchsqualitäten von Software steht nicht die Modellierung kognitiver oder semantischer Strukturen als (formales) Produkt im Vordergrund, sondern die Frage, wie Prozesse, die solche Strukturen hervorbringen und die von ihrer Natur her evolutionären Charakter haben, durch Technik unterstützt werden können. Das heißt, das in soziale Systeme eingebettete menschliche, interpretierende Bewusstsein wird von seiner Natur her als selbstorganisierend im Sinne biologischer Informationsverarbeitung betrachtet. Wenn also Differenzerfahrung als selbstorganisierender Prozess unterstützt werden soll, so geht dies letztlich nur über die Gestaltung der Umwelt, in der sich diese Prozesse vollziehen.

Dieser Ansatz betont die Einbettung menschlichen Denkens in eine körperlich vermittelte Umwelt, in der Instrumente und symbolische Artefakte ebenso wie Formalismen und Computer als Medien der erweiterten Differenzerfahrung dienen. Produkt-Prozess-Komplementarität verweist darauf, dass Technik und Selbstorganisation nicht Gegensätze sind, sondern beide sich wechselseitig bedingende Sichten bzw. Perspektiven verkörpern. Formalismen und damit auch Softwaresysteme ermöglichen einerseits Formen der Differenzerfahrung, die ohne sie nicht oder nur mit erheblichem Aufwand möglich wären. Auf der anderen Seite kann man menschliches Verhalten nur dort adäquat modellieren und durch Technik ersetzen, wo es nicht mehr selbstorganisierenden Charakter hat, sich also alle relevanten Verhaltensmomente letztlich befriedigend auf physische Änderungen in der Umwelt, in der sich das Handeln vollzieht, zurückführen lassen.

In diesem Fall hat man es mit lokalen Automatismen zu tun, bei denen die Randbedingungen der Situation und die auslösenden Momente ein quasi automatisch ablaufendes Verhalten bewirken. Automatismen dienen der kognitiven Entlastung ebenso wie der Reduzierung sozialer Komplexität, denn ihre Steuerung ist nicht bewusstseinspflichtig. Medienbrüche dagegen erzwingen bewusste Hinwendung, binden Aufmerksamkeit und Energie. Die Arbeitswissenschaft betrachtet den damit verbundenen Aufwand als belastendes Regulationshindernis und nicht als persönlichkeitsförderliches Regulationserfordernis, denn sie steht der jeweiligen Zielerreichung im Wege.[32]

---

[32] Als Regulationshindernisse werden handlungserschwerende Bedingungen bezeichnet, die zielgerichtetes Handeln erschweren, Stress erzeugen und zu psychischen Belastungen führen.

Der Abbau solcher Regulationshindernisse ist eine wichtige Voraussetzung für neue Differenzerfahrungen und damit für die Ausprägung neuer Automatismen. Im Sinne einer Handlungs-Regulations-Theorie[33] betrachte ich Automatismen nicht wie im medizinischen Bereich als unwillentlich ausgelöste oder nicht willentlich steuerbare Handlungen, sondern als Handlungssequenzen, die einschließlich ihrer Regulationserfordernisse quasi zu einer Elementarhandlung verschmolzen wurden. Die damit gewonnene kognitive Entlastung kann ebenso wie die Reduzierung von Medienbrüchen für neue Differenzerfahrungen genutzt werden. Das funktioniert jedoch nur, wenn die Automatismen je nach individueller Konstitution, Erfahrung, Wissen etc. selbstorganisiert ausgeprägt werden können. Zwar kann man sie von außen anregen, doch ebenso wenig wie man jemanden für sich lernen lassen kann, kann man Automatismen weitergeben oder aufnehmen – das handelnde Subjekt muss sie ausprägen. Automatismen als geronnene Handlungsstrukturen können somit nicht wie mediale Objekt- und Funktionsstrukturen in die Produktkategorie gefasst werden.

Die grundlegende Hypothese lautet jedoch, dass über den Abbau von Regulationshindernissen, durch die Reduzierung von Medienbrüchen der Aufbau von Automatismen erleichtert wird. Das Konzept der Mediarena verdeutlicht, unter welchen Rahmenbedingungen und technischen Grundlagen vermittels digitaler Medien Medienbrüche reduziert und damit neue Handlungsperspektiven eröffnet werden können. Welche Funktionen im Speziellen und welche Konfigurationen in einer Mediarena im Allgemeinen sich dabei als besonders brauchbar erweisen werden, ist nicht vorhersehbar. Mediarenen eröffnen jedoch

- zum einen ein Experimentierfeld zur Reduzierung von Medienbrüchen und zum Aufbau spezifischer Konfigurationen, die zur Ausprägung lokaler Automatismen führen können, aus denen sich neue Strukturen in Bezug auf die mediale Objektwelt ergeben,
- zum anderen einen theoretischen Rahmen zur Formulierung von Gebrauchsqualitäten digitaler Medien mit dem Ziel, die Anschlussfähigkeit von Gestaltungskonzepten der Informatik zu psychologischen und pädagogischen Konzepten zu sichern.

Insofern verkörpert das Konzept der Mediarena zugleich einen Ansatz für eine hypothesengeleitete Technikgestaltung, in dem einerseits die Untersuchung lokaler, auf die jeweilige Objekt- und Funktionswelt bezogener Automatismen ermöglicht wird und andererseits sich die Frage anschließt, wie sich solche Automatismen in der Summe ihrer wiederholten Ausführung durch mehrere Nutzer in Strukturen niederschlagen. Dazu müssen jedoch die skizzierten An-

---

Vgl. hierzu Heiner Dunckel (Hg.), *Handbuch psychologischer Arbeitsanalyseverfahren*, Zürich, 1999.

[33] Ausführlich dargestellt in Winfried Hacker, *Allgemeine Arbeitspsychologie: Psychische Regulation von Wissens-, Denk- und körperlicher Arbeit*, 2. Aufl., Bern, 2005.

sätze noch weiter geschärft und systematisiert werden, um sie dann in spezifischen Einsatzfeldern erproben zu können.

Die von mir zugrunde gelegte Sichtweise ist eine technische und zielt auf die Bestimmung technischer Merkmale ab, die die Handlungs- und Entscheidungsmöglichkeiten der Nutzer vom Grundsatz her erhöhen (erweiterte Differenzerfahrung). Überall dort, wo Informatiksysteme durch neue Möglichkeiten der Verknüpfung von Handlungs- und Wahrnehmungsraum diese Rolle erfüllen, spreche ich von digitalen Medien (Denkzeug) und zwar unabhängig davon, ob sich dieses Potenzial nur in kleinen sozialen Nischen oder in größeren gesellschaftlichen Dimensionen entfaltet.

Eine solche Medienperspektive schärft zugleich den Blick für die Gebrauchsstrukturen, die sich erst in der Nutzung ergeben. Nicht jede Konfiguration von Funktionen aus den vier Handlungsbereichen einer Mediarena wird sich als brauchbar erweisen. Zu wenig differenzierte Berechtigungen können zum Verlust der Privatheit führen und damit die Ausprägung neuer Automatismen ebenso behindern wie ein Zuviel an Zugriffsregelungen, die als unnötige Gängelei empfunden werden. Neben der Reduzierung von Medienbrüchen wird es deshalb vor allem darauf ankommen, solche Designkonflikte zu identifizieren und die Bedingungen und Merkmale zu erheben, wie sie am besten aufzulösen sind. Das Auflösen solcher Designkonflikte stellt eine entscheidende Gestaltungsherausforderung dar, denn sie sind von ihrer Natur her weder aus technischen oder formalen Eigenschaften her verstehbar noch allein mit technischen oder formalen Mitteln zu lösen. Entscheidend ist die Einbettung in das Einsatzumfeld hinsichtlich der Gestaltung konkreter Produkte und die interdisziplinäre Einbettung hinsichtlich der Forschung und Grundlagenentwicklung.

Der hier skizzierte Entwurf einer Art Gebrauchstheorie für Informatiksysteme zielt in erster Linie darauf, aus dem Blickwinkel der Technik anschlussfähige Konzepte für den interdisziplinären Diskurs zu erarbeiten, ohne dass dabei Systementwickler zu amateurhaften Wilderern im „disziplinären Ausland" mutieren müssen oder sich als imperialistische Grenzüberschreiter eine universelle Problemlösekompetenz anmaßen.

Literatur

Alexander, Christopher, *Notes on the Synthesis of Form*, Cambridge, MA, 1964.
Ders., *The Timeless Way of Building*, New York, 1979.
Ders./Ishikawa, Sara/Silverstein, Murray, *A Pattern Language. Towns Buildings Construction*, New York, 1977.

Assmann, Jan, *Das kulturelle Gedächtnis: Schrift, Erinnerung und politische Identität in frühen Hochkulturen*, München, 1992.
Bussmann, Hans, *Computer contra Eigensinn. Was Kinder dem Computer voraus haben*, Frankfurt/M., 1988.
Church, Alonzo, „An Unsolvable Problem of Elementary Number Theory", in: *American Journal of Mathematics* 58, 2 (1936), S. 345-363.
Damerow, Peter/Lefèvre, Wolfgang (Hg.), *Rechenstein – Experiment – Sprache. Historische Fallstudien zur Entstehung der exakten Wissenschaften*, Stuttgart, 1981.
Dunckel, Heiner (Hg.), *Handbuch psychologischer Arbeitsanalyseverfahren*, Zürich, 1999.
DeMillo, Richard A./Lipton, Richard J./Perlis, Alan J., „Social Processes and Proofs of Theorems and Programs", in: *Communications of the ACM* 22, 5, 1997, S. 271-280.
Eigen, Manfred, *Stufen zum Leben. Die frühe Evolution im Visier der Molekularbiologie*, München, 1987.
Ders./Winkler, Ruthild, *Das Spiel. Naturgesetze steuern den Zufall*, 5. Aufl., München, 1983. [1981]
Elias, Norbert, *Über die Zeit*, hg. v. Michael Schröter, Frankfurt/M., 1988.
Ethik und Sozialwissenschaften 9, 2 (1998) und 12, 1 (2001).
Floyd, Christiane, „Software Development as Reality Construction", in: dies./Heinz Züllighoven/Reinhard Budde/Reinhard Keil-Slawik (Hg.), *Software Development and Reality Construction*, Berlin, 1992, S. 86-100.
Foucault, Michel, *Archäologie des Wissens*, Frankfurt/M., 1981.
Gardner, Howard, *The Mind's New Science. A History of the Cognitive Revolution*, New York, 1987.
Geißler, Sabrina, *Mediale Destillation als innovative Qualität sozialer Software*, Dissertation: Universität Paderborn, Fakultät für Kulturwissenschaften, Institut für Medienwissenschaft, 2008, urn:nbn:de:hbz:466-20080715018, online unter: http://ub dok.uni-paderborn.de/servlets/DerivateServlet/Derivate-6860/Diss_Geissler.pdf.
Gibson, James Jerome, *Wahrnehmung und Umwelt. Der ökologische Ansatz in der visuellen Wahrnehmung*, München, 1982.
Giesecke, Michael, *Sinnenwandel, Sprachwandel, Kulturwandel: Studien zur Vorgeschichte der Informationsgesellschaft*, Frankfurt/M., 1992.
Gregory, Richard L., *Eye and Brain. The Psychology of Seeing*, 5. Aufl., Oxford, 1998. [1966]
Dt. Übersetzung: *Auge und Gehirn. Psychologie des Sehens*, Reinbek bei Hamburg, 2001.
Habermas, Jürgen, *Theorie des kommunikativen Handelns*, Band 1 und 2, Frankfurt/M., 1982.
Hacker, Winfried, *Allgemeine Arbeitspsychologie: Psychische Regulation von Wissens-, Denk- und körperlicher Arbeit*, 2. Aufl., Bern, 2005.
Hampel, Thorsten, „sTEAM – Cooperation and Structuring Information in a Team", in: Paul de Bra/John Leggett, *Proceedings of WebNet 99 – World Conference on the WWW and Internet*, Honolulu, 24.-30. Oktober 1999, Charlottesville, VA, 1999, S. 469-474.
Heintz, Bettina, *Die Herrschaft der Regel. Zur Grundlagengeschichte des Computers*, Frankfurt/M., New York, 1993.
Keil-Slawik, Reinhard, „Das kognitive Perpetuum mobile", in: Gotthard Bechmann/ Werner Rammert (Hg.), *Technik und Gesellschaft. Jahrbuch 5: Computer, Medien, Gesellschaft*, Frankfurt/M., 1989, S. 105-125.

Ders., *Konstruktives Design. Ein ökologischer Ansatz zur Gestaltung interaktiver Systeme*, Habilitationsschrift, Forschungsbericht des Fachbereichs Informatik, TU Berlin, Nr. 90-14, 1990.

Ders., „Artifacts in Software Design", in: Christiane Floyd/Heinz Züllighoven/Reinhard Budde/ders. (Hg.), *Software Development and Reality Construction*, Berlin, 1992, S. 168-188.

Ders., „Bio-Informatik einmal anders. Zum Verhältnis von menschlicher Informationsverarbeitung und maschineller Datenverarbeitung", in: *FIfF-Kommunikation* 20, 1 (2003), S. 37-41.

Krämer, Sybille, *Symbolische Maschinen. Die Idee der Formalisierung in geschichtlichem Abriß*, Darmstadt, 1988.

Leroi-Gourhan, André, *Hand und Wort. Die Evolution von Technik, Sprache und Kunst*, Frankfurt/M., 1988.

Naur, Peter, „Programming as Theory Building", in: *Microprocessing and Microprogramming* 15, 5 (1985), S. 253-261.

Ders., *Computing: A Human Activity*, Reading, MA, 1992.

Nelson, Theodor H., „Replacing the Printed Word: A Complete Literary System", in: Simon H. Lavington (Hg.), *Information Processing 80, Proceedings of IFIP Congress 80, Tokyo, Japan, Oktober 6-8, 1980, Melbourne, Australia, Oktober 14 - 17, 1980*, Amsterdam (u. a.), 1980, S. 1013-1023.

Parnas, David Lorge, „Software Wars", in: *Kursbuch Nr. 83, Krieg und Frieden. Streit um SDI*, Berlin, 1986, S. 49-69.

Post, Emil L., „Finite Combinatory Processes – Formulation I", in: *The Journal of Symbolic Logic* 1, 3 (1936), S. 130-135.

Sesink, Werner (Hg.), „Poietische und zurückhaltende Technik oder Vom Bildungsgehalt des Computers. Umrisse eines informationspädagogischen Konzepts", in: Reinhard Keil-Slawik/Johannes Magenheim (Hg.), *Informatikunterricht und Medienbildung. Infos 2001. 9. GI-Fachtagung Informatik und Schule 17.-20. September 2001 in Paderborn*, Bonn, 2001, S. 31-45.

Ders., *Subjekt – Raum – Technik. Beiträge zur Theorie und Gestaltung Neuer Medien in der Bildung*, Münster, 2006.

Shneiderman, Ben, *Leonardo's Laptop – Human Needs and the New Computing Technologies*, Cambridge, MA, 2002.

Ders., „Direct Manipulation: A Step Beyond Programming Languages", in: *IEEE Computer* 16, 8 (1983), S. 57-69.

Sutter, Tilmann, „‚Interaktivität' neuer Medien – Illusion und Wirklichkeit aus der Sicht einer soziologischen Kommunikationsanalyse", in: Herbert Willems (Hg.), *Weltweite Welten. Internetfigurationen aus wissenssoziologischer Perspektive*, Wiesbaden, 2008, S. 57-73.

Tanenbaum, Andrew S., *Structured Computer Organization*, Englewood Cliffs, NJ, 1976.

Todesco, Rolf, *Technische Intelligenz oder Wie Ingenieure über Computer sprechen*, Stuttgart-Bad Cannstatt, 1992.

Turing, Alan M., „On Computable Numbers with an Application to the Entscheidungsproblem", in: *Proceedings of the London Mathematical Society* 2, Volume 42, 3 (1936), S. 230-267.

Unger, Alexander, „Umgebungsanalyse – Nachhaltige Gestaltung von virtuellen Lernumgebungen", in: Werner Sesink (Hg.), *Subjekt – Raum – Technik. Beiträge zur Theorie und Gestaltung Neuer Medien in der Bildung*, Münster, 2006, S. 91-117.

Winkler, Hartmut, *Docuverse. Zur Medientheorie der Computer*, München, 1997.

THESENBAUKASTEN ZU EIGENSCHAFTEN, FUNKTIONSWEISEN UND FUNKTIONEN VON AUTOMATISMEN. TEIL 3

These 12: Automatismen wirken innerhalb von Diskursen. Ein Beispiel für diskursive Automatismen ist das Konzept der ‚Naturalisierung'.

Nach Michel Foucault involviert ein Diskurs[1] – als Teil einer diskursiven Praxis – immer eine Vielzahl von Aussagen, Texten, Handlungen oder Personen; und niemals kann er auf einen einzelnen Punkt des Ursprungs zurückgeführt werden.[2] Diskurse haben damit – wie die Automatismen – einen ‚verteilten Charakter'. Als Materialisierung gesellschaftlich strukturierten Wissens ist ein Diskurs niemals abgeschlossen, immer nur temporär verfestigt – also kontinuierlich in Bewegung und, wie Siegfried Jäger schreibt, „etwas, das *so* keiner gewollt hat, an dem aber alle in den verschiedensten Formen und Lebensbereichen (mit unterschiedlichem Gewicht) mitgestrickt haben".[3] Der Diskurs erschafft eine eigene Wirklichkeit, die nicht im Rahmen intentionaler Manipulation gedacht werden kann, sondern die vielmehr an den gesellschaftlichen Akteuren vorbei und zugleich *durch sie* eine Wirkung erzielt. Diskurs und Automatismus sind somit Ergebnis einer nicht überschaubaren „Pluralität der beteiligten Kräfte".[4]

Dies aber kann nicht bedeuten, dass Diskurs und Automatismus einfach gleichzusetzen wären. Vielmehr scheinen Automatismen – im Rahmen ihrer Prozesshaftigkeit – innerhalb von Diskursen wirksam zu sein, indem sie die Fortschreibung und Transformation von Wissen vorantreiben.

Ein Beispiel für einen solchen diskursiven Automatismus findet sich in dem Konzept der ‚Naturalisierung'.[5] Stuart Hall z. B. würde hierunter bereits auf

---

[1] Ich verwende den Begriff ‚Diskurs' in Anlehnung an Michel Foucault im Sinne eines spezifisch geregelten und in Bezug auf einen Gegenstandsbereich charakteristischen Aussagenkomplexes. Vgl.: Michel Foucault, *Archäologie des Wissens*, Frankfurt/M., 1981. [Frz. OA 1969.]

[2] Vgl. ebd., S. 58; Stuart Hall, *Representation. Cultural Representations and Signifying Practices*, London, 2003, S. 49. [1997]

[3] Siegfried Jäger, *Kritische Diskursanalyse. Eine Einführung*, 4. Aufl., Münster, 2004, S. 148.

[4] Forschungsprogramm des Graduiertenkollegs *Automatismen*, online unter: http://www.uni-paderborn.de/institueeinrichtungen/gk-automatismen/forschungskonzept/, zuletzt aufgerufen am 28.03.2008.

[5] Darüber hinaus existieren weitere Beispiele für diskursive Automatismen, die an dieser Stelle nicht ausgeführt werden können: Zu nennen wären hier Kollektivsymbole, bzw. die im Rahmen kollektivsymbolischer Codierungen wirksame symbolische Logik (vgl. Jürgen Link/Ursula Link-Heer, „Kollektivsymbolik und Orientierungswissen", in: *Der Deutschunterricht*, 4 (1994), S. 44-55). Auch die Bildung von Stereotypen oder weiter gefasst, das was die Cultu-

der Zeichenebene die *Natürlich-Machung* eines Codes verstehen; das Aufsteigen einer kulturell etablierten Signifikant-Signifkat-Verknüpfung zu einer unhinterfragten und nahezu nicht hinterfragbaren Selbstverständlichkeit:

> Natürlich können bestimmte Kodes in einer bestimmten Sprache, Gemeinschaft oder Kultur so weit verbreitet sein und in einem so jungen Alter erlernt werden, dass sie nicht als konstruiert erscheinen mögen – als Effekt einer Verkoppelung von Zeichen und Referent – sondern als ‚naturgegeben'. [...] Das Wirken naturalisierter Kodes offenbart nicht die Transparenz und ‚Natürlichkeit' der Sprache, sondern die Tiefe, den Gewöhnungsgrad und die Quasi-Universalität der angewandten Kodes. Sie garantieren offensichtlich eine ‚natürliche' Wahrnehmung. Dies hat den (ideologischen) Effekt, dass die tatsächlichen Kodierungspraktiken im Verborgenen bleiben.[6]

Das Prinzip der Naturalisierung wird hier von Hall explizit auf die Ebene der einzelnen Zeichen bezogen. Bereits sechzehn Jahre vorher findet Roland Barthes eine ähnliche Behauptung von Natürlichkeit in den kulturellen Semantiken der Kunst und im medialen Diskurs:

> Der Anlaß für eine solche Reflexion war meistens ein Gefühl der Ungeduld angesichts der ‚Natürlichkeit', die der Wirklichkeit von der Presse oder der Kunst unaufhörlich verliehen wurde, einer Wirklichkeit, die, wenn sie auch die von uns gelebte ist, doch nicht minder geschichtlich ist.[7]

Barthes untersuchte alltägliche Gegenstände wie das Beefsteak, den neuen Citroën oder Einsteins Gehirn, und stieß dabei auf ein Mehr an Bedeutung, das aus der Signifikant-Signifkat-Beziehung allein nicht zu erklären war. Diese zweite Bedeutungsebene, die der ersten wie eine parasitäre Metasprache quasi ‚aufsitzt', hat er *Mythos* genannt.[8] Aufgabe dieser Metasprache ist es nach Barthes, „Geschichte in Natur"[9] zu verwandeln – und somit Selbstverständlichkeiten zu produzieren:

> Vor der Alternative, den Begriff zu entschleiern oder zu liquidieren, findet der Mythos einen Ausweg darin, ihn ‚natürlich' zu machen. Wir sind hiermit beim eigentlichen Prinzip des Mythos: Er verwandelt Geschichte in Natur. [A]lles vollzieht sich, als ob das Bild auf *natürliche* Weise den Begriff hervorriefe, als ob das Bedeutende das Bedeutete *stiftete*. [...] [D]er Mythos ist eine *exzessiv* gerechtfertigte Aussage.[10]

---

    ral Studies als *Othering* bezeichnen, kann unter dem Schlagwort der diskursiven Automatismen summiert werden (vgl. Stuart Hall, „The Spectacle of the Other", in: ders. (2003), *Representation*, S. 223-279). Zu der Verbindung von Diskursen und Naturalisierung siehe auch den Beitrag von Hannelore Bublitz in diesem Band.

[6] Stuart Hall, „Kodieren/Dekodieren" [engl. OA 1973], in: Ralf Adelmann/Jan-Otmar Hesse/Judith Keilbach/Markus Stauff/Matthias Thiele (Hg.), *Grundlagentexte zur Fernsehwissenschaft*, Konstanz, 2002, S. 105-125: 111 f.

[7] Roland Barthes, *Mythen des Alltags*, Frankfurt/M., 2005, S. 7. [Frz. OA 1957.]

[8] Vgl. ebd., S. 92 f.

[9] Ebd., S. 113.

[10] Ebd., S. 112 f. [Herv. i. O.]

Aufbauend auf der Verknüpfung von Signifikant und Signifikat erlangt die mythische Aussage im Akt der Lektüre den Status einer nicht hinterfragbaren Tatsache:

> Das Bedeutende und das Bedeutete haben in seinen [des Lesers, T. C.] Augen Naturbeziehungen. Man kann diese Verwirrung auch anders ausdrücken: jedes semiologische System ist ein System von Werten. Der Verbraucher des Mythos faßt die Bedeutung als ein System von Fakten auf.[11]

Naturalisierung und Automatismen also haben gemeinsam, dass beide weitgehend unbewusst funktionieren. Naturalisierung zeigt, wie „den Subjekten ihre eigenen Zeichensysteme in den Rücken geraten"[12].

Eine kritische Betrachtung der Naturalisierung rückt die ihr zugrunde liegende spezifische Blindheit in den Blick, das *Gemachtsein* kultureller Semantiken und Objekte; der Bezug auf die Automatismen weist auf den Prozess ihrer Entstehung und auf ihre Wirkmächtigkeit hin. Gleichwohl zeigt die zeichenkritische Dimension des Konzepts den ungeplanten Charakter der Naturalisierung an. Der Code kann nicht intentional, von einem Individuum, einem Ideologen, intendiert in die Unsichtbarkeit geführt werden. Vielmehr kann die Naturalisierung auf dieser Ebene selbst nur als Automatismus – ungeplant und unbewusst – funktionieren.[13] Indem die Naturalisierung als diskursiver Automatismus betrachtet wird, rückt auch bezüglich des Barthes'schen Mythos etwas Weiteres, Entscheidendes ins Blickfeld: Barthes führt an, dass der Adressat des Mythos (im Gegensatz zu seinem Produzenten oder dem Wissenschaftler, der ihn entziffert) diesen als ein „unentwirrbares Ganzes von Sinn und Form"[14] betrachte.[15] Gleichzeitig sind in dieses ‚unentwirrbare Ganze' weit verzweigte kulturelle Wissensbestände verwoben. Das von Barthes gewählte Bild eines jungen Schwarzen, der vor der Trikolore salutiert, kann nur dann den Mythos der ‚französischen Imperialität' bedienen, wenn kulturelles Wissen vorausgesetzt werden kann.

---

[11] Ebd., S. 115.
[12] Hartmut Winkler, *Diskursökonomie*, Frankfurt/M., 2004, S. 210.
[13] Wenn berücksichtigt wird, dass das Konzept der Naturalisierung immer auch ein ideologiekritisches Projekt darstellt, ist hier im Weiteren die Frage, mit welchem Ideologiekonzept die Frage nach Automatismen vereinbar ist. Es scheint plausibel, dass es sich hier nicht um eine dichotomische Beziehung von Wahrheit versus Ideologie handelt.
[14] Barthes (2005), *Mythen des Alltags*, S. 111.
[15] In Barthes' zweigliedrigem Schema des Mythos findet sich aufbauend auf dem Zeichen (bestehend aus Signifikant und Signifkat) ein zweites semiologisches System. Hier wird das Zeichen aus der ersten Signifkant-Signifikat-Verknüpfung zum Signifkanten des Mythos. Diesen mythologischen Signifkanten erkennt Barthes als „doppeldeutig" (ebd., S. 96): Er ist einerseits (im Bereich der Sprache) ‚Sinn' – er besitzt Vergangenheit, Geschichte und „postuliert Wissen" (ebd.) – andererseits, auf der Ebene des Mythos, ist das Bedeutende die ‚Form'. Der Begriff der Form deutet dabei auf eine spezifische *Leere* hin, die mit ‚etwas' gefüllt werden kann: „Der Sinn ist für die Form wie ein Vorrat an Geschichte, wie ein unterworfener Reichtum, der in raschem Wechsel zurückgerufen werden kann" (ebd., S. 97).

Hier zeigt sich schließlich, dass Naturalisierung als ein Automatismus tatsächlich auf der Ebene des *Diskurses* und eben nicht auf der der einzelnen Äußerung funktioniert: Wissen schreibt sich innerhalb eines spezifischen Zeitraums und abgegrenzten Wissensfeldes fort. Wissen basiert auf vorhergehendem Wissen. Insbesondere innerhalb des medialen Diskurses kann – trotz ständigem Wechsel auf der Oberfläche – kaum von heute auf morgen eine neue ‚Wahrheit' etabliert werden. *Neues Wissen* ist abhängig von zuvor Gewusstem. Die Natürlichkeit des Diskurses selbst entsteht auf diese Weise aus einer Verkettung von Selbstverständlichkeiten, die dafür sorgt, dass – basierend auf der Annahme, dass alles *erklärbar* und *sinnvoll* zu sein hat – ein sich selbst verstärkendes Wissensgefüge emergiert. Naturalisierung als diskursiver Automatismus resultiert somit in einer stetigen retrospektiven Plausibilisierung aller ‚unberechenbaren Ereignishaftigkeit'[16]. Dem Eindruck nicht zu beherrschender Kontingenz steht somit die Suggestion einer unaufhaltsamen Kontinuität entgegen, welche schließlich die Struktur des Diskurses bestimmt.

Für die Automatismen-Forschung hat dies die Konsequenz, dass sie immer verspätet ist. Sie kann nur rekonstruieren, und vielleicht Mechanismen, wahrscheinlich aber niemals konkrete Inhalte vorhersagen. Ihre – wohl in keinem Fall geringe – Aufgabe beschränkt sich zunächst darauf, das Selbstverständliche zu *Ent-Selbstverständlichen*. Genau hierdurch aber, so ließe sich mutmaßen, können schließlich Brüche und Diskontinuitäten erkannt werden. Die Aufgabe bestände darin, was innerhalb einer diskursiven Praxis als Fortschreibung erscheint und als unausgesprochene Selbstverständlichkeit ein spezifisches Wissen strukturiert, zum Gegenstand der Analyse zu machen.

Tobias Conradi

These 13: Automatismen haben einen engen Bezug zur Wiederholung, zur Gewohnheit und zur Schemabildung.

Die Nähe zu Gewohnheit und Wiederholung hat fast definitorischen Wert; und es sind ebenfalls vor allem die Psychologen, die diesen Aspekt betonen. Ob Landauer sagt, alle häufig ausgeführten, komplexen Leistungen hätten die Tendenz zu Praxien bzw. zu beruflichen Automatismen zu werden[17], oder ob Bargh/Chartrand schreiben, „making repeatedly the same choices in situation" münde in Automatismen[18] – Vorgänge und Handlungen scheinen nur dann zu Automatismen zu werden, wenn der wiederholte Gebrauch sie *eingeschliffen*

---

[16] Vgl. Michel Foucault, *Die Ordnung des Diskurses*, Frankfurt/M., 1991, S. 10 f. [Frz. OA 1971.]

[17] Karl Landauer, „Automatismen, Zwangsneurose und Paranoia", in: *Internationale Zeitschrift für Psychoanalyse*, 13 (1927), S. 10-17.

[18] John A. Bargh/Tanya L. Chartrand, „The Unbearable Automaticity of Being", in: *American Psychologist*, 54 (July 1999), S. 462-479: 469.

hat. Wer Automatismen beobachtet, sieht sich zurückverwiesen auf deren Entstehungsprozess, Automatismen haben immer Geschichte.

Gleichzeitig haben Automatismen prozesshaften Charakter, also eine zeitliche Dimension. Auf diese Weise überlagern sich drei Zeiten: der Ablauf des Vorgangs selbst, die Frist bis zu seiner Wiederholung, und schließlich die lange Dauer, bis aus der Serie der Wiederholungen ein Automatismus wird. Bezieht man die kollektive Ebene der Traditionsbildung ein, gibt es vielleicht noch eine vierte Zeit: die Tradition, d. h. den Dauerprozess der Tradierung des Automatismus.

Die zweite wichtige Bestimmung scheint diesem Prozesscharakter fast entgegengesetzt; als Automatismus nämlich wird man nur ansprechen können, was sich im Vorgang der Wiederholung *verfestigt*. Landauer spricht von ‚Erstarrung', in gewissem Sinne bieten Automatismen das Schauspiel einer Reifizierung.

Aber ist dies nicht eine Übertreibung? Rücken Automatismen tatsächlich in die Nähe von Dingen? Ein Spezifikum von Automatismen scheint zu sein, dass die Handlung – einmal automatisiert – als Handlung, als Prozess *unverfügbar* wird. Die einzelnen Schritte, aus denen sich die Handlung zusammensetzt, werden im Automatismus quasi eingekapselt, der Ablauf wird stereotypisiert. Und häufig betrifft die Stereotypisierung sogar die Umwelt, etwa wenn – hier haben die behavioristischen Zeugen recht – festgelegte äußere Umstände zum Auslöser von Automatismen werden.

Und noch eine weitere Bestimmung scheint mir wichtig zu sein: Wenn es zu den Eigenheiten von Automatismen gehört, dass sie auf Bewusstsein nicht angewiesen sind bzw. mehr noch: Wenn man von Automatismen überhaupt nur dann sprechen kann, wenn diese ohne Bewusstsein ablaufen, wenn Landauer gleichzeitig aber zeigt, dass z. B. Kinder dieselben Vorgänge noch sehr bewusst ausführen, dann wird klar, dass Automatisierung eine Entwicklung, einen *Weg von bewusst zu unbewusst* impliziert. Im Prozess der Automatisierung gerät der automatisierte Vorgang „unter die Barre"; entsprechend hatten schon Bargh/Chartrand gesagt, dass das Bewusstsein sich aus diesem Prozess *zurückzieht* („removal of conscious role in process (automatization)"[19]).

Die anfangs konstatierte Spannung zu Kontrolle und Bewusstsein ist also *Resultat*. Und dies, denke ich, macht vor allem den ‚dinghaften' Charakter von Automatismen aus: Ein Vorgang, der als Vorgang dem Bewusstsein einmal verfügbar war, hat sich im Verlauf der Automatisierung dem Bewusstsein *entzogen*. Völlig vergleichbar, sagt die Techniktheorie, verschwinden Inhalte (Entscheidungen, Wertsetzungen) *in der Hardware, der Technik.*

Die meisten der bislang getroffenen Bestimmungen gelten nicht für Automatismen allein. Gewohnheiten, Konventionen und Schemata vielmehr gehorchen ähnlichen Regeln, und es bietet sich an, die Frage nach den Automatismen im Feld einer allgemeineren Schematheorie zu verorten.

---

[19] Ebd.

Innerhalb dieses Feldes sind Automatismen ein Sonderfall, ein Extrem. Spezifisch wäre, dass Automatismen immer ganze Handlungs*sequenzen* umfassen, die sie zu einem fixiert-stereotypisierten Ganzen zusammenziehen. Im Fall von Gewohnheiten etwa wäre diese Festschreibung ‚weicher'. Das zweite Spezifikum wäre, dass Automatismen Bewusstsein soweit ausschließen, dass eine Bewusstwerdung den Automatismus außer Kraft setzen kann. Hier wären Konventionen und Schemata sicher robuster: In ihrem Funktionieren vom Bewusstsein ebenfalls weit entfernt, würden die Regeln, auch wenn sie bewusst gemacht würden, weiterlaufen.

Ein drittes Spezifikum liefert eher einen Unterschied: Automatismen haben, was man von Konventionen wahrscheinlich nicht sagen würde, einen generativen Aspekt; unter bestimmten Umständen verfestigen sie nicht allein was der Fall ist, sondern *bringen neue Strukturen hervor*.

Hartmut Winkler

These 14: Automatismen teilen bestimmte Eigenschaften mit dem Instinkt.

Mechanismen, die Automatismen ähnlich sehen, gibt es auch in der Natur, die Festlegungen des *Instinkts* liefern hierfür vielfältige Beispiele; gleichzeitig wird man kulturelle Automatismen von solchen des Instinkts sauber trennen müssen; eine Überlegung zum Instinkt kann nicht mehr als eine Grenzfläche der hier verfolgten Frage markieren.

Festlegungen des Instinkts werden – wie Automatismen – eine bestimmte Starrheit zugeschrieben. So gibt es eine Wespenart, die ihr Nest in Lehmwände baut und dabei vierzehn festgelegte Schritte abarbeiten muss. Wird sie unterbrochen, hat sie keine Möglichkeit, die Arbeit am Punkt der Unterbrechung wieder aufzunehmen, sondern muss die Sequenz von vorne beginnen.

Die Instinkte anderer Tiere oder des Instinktwesens Mensch sind sicherlich komplizierter, und die gegenwärtige Biologie betont, dass Instinkte weitaus plastischer und flexibler sind, als man dachte. Gerade die Starrheit aber hat menschliche Beobachter immer erschreckt und befremdet. Und mehr noch: Immer wieder in der Kulturgeschichte wurde die Menschheitsentwicklung in Frontstellung zum Instinkt, als eine Loslösung von seiner Determination und als eine schrittweise Eroberung immer neuer Freiheitsgrade beschrieben. So definiert Schiller den Menschen über den „Abfall von seinem Instinkte":

> Der Philosoph hat recht, es einen Riesenschritt der Menschheit zu nennen, denn der Mensch wurde dadurch aus einem Sklaven des Naturtriebes ein freihandelndes Geschöpf, aus einem Automat [!] ein sittliches Wesen, und mit diesem Schritt trat er zuerst auf die Leiter, die ihn nach Verlauf von vielen Jahrtausenden zur Selbstherrschaft führen wird.[20]

---

[20] Friedrich Schiller, „Etwas über die erste Menschengesellschaft nach dem Leitfaden der mosaischen Urkunde", in: *Thalia. Dritter Band, 11. Heft, 1790*, S. 3-29; zit. nach: http://de.wiki

Gehlen[21] nimmt, im Rückgriff auf Scheler, dieselbe Denkfigur auf:

> Das besondere menschliche Prinzip, das den Wesensunterschied setze, sei vielmehr ein dem Leben überhaupt entgegengesetztes, das er [Scheler] Geist nannte. Das Wesen aber des Geistes bestimmte er als seine Ablösbarkeit vom Leben: ein geisttragendes Wesen ist nicht mehr triebgefesselt, es geht nicht mehr wie ein Tier in seiner Umwelt auf, sondern es vermag die Umwelt zur Gegenständlichkeit zu erheben, sich von ihr zu distanzieren.[22]

An die Stelle des Instinkts treten, folgt man Gehlen, das Handeln als eine tätig-explorative Auseinandersetzung mit der Natur, die auch Probehandeln[23], aufgeschobenes und symbolisches Handeln mit einschließt, und zweitens „Weltoffenheit, d. h. [...] [die] Beeindruckbarkeit durch beliebig mannigfache Außenweltdaten, auch dann, wenn sie biologisch gleichgültig oder gar schädlich sind."[24]

Auf der einen Seite also die „starre Erbmotorik der Tiere"[25]; auf der anderen nicht mehr wie bei Schiller die Freiheit, sondern nun die *Flexibilität*.

Die Stellen sind deshalb so interessant, weil die Automatismen – selbst der Kultur – plötzlich in die Nähe des Instinkts und seiner unbewussten Starrheit rücken. Drohte bei Le Bon der Rückfall in die Barbarei, so hier der Rückfall hinter jene Standards, die den Menschen definieren. Allerdings: man muss Gehlens Menschenbild nicht teilen. Und klar wird immerhin, warum die Automatismen *Abwehr* auf sich ziehen.

Hartmut Winkler

These 15: Bei einer Konditionierung handelt es sich zwar um einen automatischen Prozess, nicht aber um einen Automatismus.

Das Erlernen von Reiz-Reaktions-Mustern wurde zuerst von Iwan Petrowitsch Pawlow thematisiert, sein Konzept erhielt als klassische Konditionierung Eingang in die Verhaltensbiologie. Pawlow entdeckte zunächst, dass bestimmte Reaktionen reflexhaft auftreten. In einem weiteren Schritt konnte er außerdem zeigen, dass bereits vorhandene Verhaltensweisen (z. B. die Speichelproduktion) reflexhaft mit neuen, ursprünglich nicht mit diesen Verhaltensweisen verbundenen Reizen verknüpft werden können. Die klassische Konditionierung bleibt allerdings auf das Gebiet bereits vorhandener Verhaltensweisen

---

source.org/wiki/Etwas_über_die_erste_Menschengesellschaft, zuletzt aufgerufen am 8.8.2008 [Herv. H. W.].
[21] Arnold Gehlen, „Zur Geschichte der Anthropologie", in: ders., *Anthropologische Forschung. Zur Selbstbegegnung und Selbstentdeckung des Menschen*, Reinbek bei Hamburg, 1961, S. 7-25. [1957] sowie ders., „Über instinktives Ansprechen auf Wahrnehmung", in: ders. (1961), *Anthropologische Forschung*, S. 104-126.
[22] Gehlen (1962), Zur Geschichte der Anthropologie, S. 15. [Erg. H. W.]
[23] Ebd., S. 18; ders. (1961), Über instinktives Ansprechen, S. 122.
[24] Gehlen (1962), Zur Geschichte der Anthropologie, S. 17. [Erg. H. W.]
[25] Ebd., S. 19.

beschränkt. Um jedoch zu erklären, wie neue Verhaltensweisen in einem Organismus ausgelöst werden können, wurde die klassische Konditionierung in Richtung der behavioristischen Lernpsychologie erheblich erweitert. So wurde die instrumentelle und operante Konditionierung bereits Anfang des 20. Jahrhunderts durch den Psychologen Edward Lee Thorndike[26] theoretisiert und in den 1950er Jahren durch Burrhus Frederic Skinner weiterentwickelt. Skinner baute auf Thorndikes wichtigster Erkenntnis auf, nämlich dass das Verhalten eines Lebewesens abhängig ist von den Konsequenzen, die dieses Verhalten verursacht. Ein Lebewesen lernt also bestimmte Verhaltensweisen durchzuführen, um damit in der Außenwelt bestimmte Ergebnisse (*consequences*) zu erreichen: „Skinner held that organisms learn responses that *operate* on the environment to produce consequences; he therefore called this learning process *operant conditioning*."[27] Zweifelsfrei handelt es sich bei der Konditionierung um einen automatischen Prozess, keineswegs aber, so würde ich denken, um einen Automatismus, denn in der Formulierung „shaped by its consequences" wird ein Moment der Fremdeinwirkung deutlich. Sobald aber ein Prozess zielgerichtet, in Hinblick auf seine Konsequenzen stattfindet, ist ein planvoll handelndes Subjekt immer schon unterstellt.

Zur Verdeutlichung dieser Problematik bietet es sich an, auf einen Film zu verweisen, der meist im Zusammenhang mit Phänomenen der Fremdbestimmtheit, Automatisierung und Mechanisierung[28] genannt wird: Charlie Chaplins Film *Modern Times* (1936). Tatsächlich wird hier der Zusammenhang von Stimulus und Response in seiner Starrheit wunderbar karikiert. Einer der Arbeitstitel dieses Films lautete „*The Masses*"[29], und passend zu diesem Sammelband zeigt die erste Einstellung des Films eine Herde Schafe aus der Aufsicht. In der Mitte der Herde befindet sich ein einzelnes schwarzes Schaf; dieses ist bereits eine Referenz auf den Protagonisten, dem es „im Laufe der Handlung zu keiner Zeit gelingen wird, sich in die modernen Arbeitsabläufe einzufügen"[30]. Zunächst aber führt Chaplin vor, wie sich die Bewegungen der Fabrikarbeit in den Körper einschleifen und in Wiederholungen münden, die er willkürlich nicht mehr beeinflussen kann. Doch lassen sich diese automatisierten Prozesse als Automatismen fassen?

Tatsächlich visualisiert der Film eher eine operative Konditionierung: Zunächst ist zu sehen, wie Chaplin am Fließband ständig die gleiche Bewegung

---

[26] Edward L. Thorndike, *Animal Intelligence. Experimental Studies*, New Brunswick, NJ, 2000. [1911]
[27] Jeffrey S. Nevid, *Psychology. Concepts and Applications*, Boston, MA, 2009, S. 188. [Herv. i. O.]
[28] Zum Beispiel: Sigfried Giedion, *Die Herrschaft der Mechanisierung. Ein Beitrag zur anonymen Geschichte*, Frankfurt/M., 1987, S. 150. [1948]
[29] Wes D. Gehring, *Film Clowns of the Depression. Twelve Defining Comic Performances*, Jefferson, NC, 2007, S. 140.
[30] Jörn Glasenapp, „Bergson – Bazin – Chaplin. Anmerkungen zur Körperkomik", in: *Weimarer Beiträge. Zeitschrift für Literaturwissenschaft, Ästhetik und Kulturwissenschaften* 55, 3 (2009), S. 380-391: 381.

wiederholen muss; sobald zwei Schrauben auf dem Fließband ankommen (visueller Reiz), müssen diese mit zwei Schraubenschlüsseln festgedreht werden. Die hier erzwungene Beschränkung des natürlichen Umfangs an Bewegung lässt sich bereits als „Unterordnung unter die Maschine"[31], als Stadium der *animatedness*[32] fassen.

Als negative Verstärkung der Konditionierung dienen das Schimpfen der Arbeitskollegen und die wiederholte Erniedrigung durch den Vorarbeiter. Da die Geschwindigkeit des Fließbandes vom Fabrikdirektor stetig erhöht wird, muss die Bewegung immer mehr verinnerlicht, das Bewusstsein immer mehr ausgeschaltet werden. Die wiederholt auftretenden Unterbrechungen des Arbeitsablaufs werden zudem immer schlimmer geahndet, die negative Verstärkung nimmt also zu. Diese stetige Erhöhung des Drucks führt zu zwei Effekten, die bereits seit Anfang des 20. Jahrhunderts theoretisiert wurden.[33] Im Bereich der Ethologie würden sie kaum überraschen; in ihrer direkten Übertragung auf den eigentlich als flexibler, intelligenter und bewusster geltenden Menschen wirken sie im Film aber umso komischer. Dass *Modern Times* aber genau diese Übertragung beabsichtigt, wird deutlich, wenn direkt auf das Eingangsbild der Schafe eine visuell sehr ähnliche Einstellung mit aus der U-Bahn strömenden Menschen folgt.[34]

Welche beiden aus dem Bereich der Ethologie bekannten Effekte werden also visualisiert? Zum einen hat Charlie die Bewegung am Fließband so verinnerlicht, dass er gar nicht mehr aufhören kann. Obwohl der Arbeitsablauf für die Mittagspause unterbrochen wurde, kann er die Drehbewegungen nicht vollständig unterdrücken. Durch seine unwillkürlichen Zuckungen verschüttet er sogar noch die Suppe seines Arbeitskollegen. Auf den ersten Blick erinnert ein solches Verhalten zwar an einen Wiederholungszwang, viel eher jedoch handelt es sich um eine Übersprungshandlung (*displacement activity*).[35] Die Übersprungshandlung macht *prima facie* keinen Sinn: Während die Drehbewegung am Fließband gewollt war, so ist sie in der Mittagspause überflüssig, ja sogar schädlich. Ein Erklärungsansatz für das Auftreten von Übersprungshandlungen (Übersprunghypothese) lautet, dass der Drang zur Ausführung der Endhandlung so stark erregt wurde, dass zunächst ein Erregungsstau abgebaut werden muss. Da das Fließband jedoch gestoppt wurde, bleibt nur das Ausführen einer leeren, deplatziert wirkenden Bewegung übrig, um die aktionsspezifische Erregung wieder zu entladen. Bereits Marshall McLuhan stellte fest, dass diese deplatziert wirkenden Bewegungen die eines Roboters, also eines Automaten sind:

---

[31] Giedion (1987), Die Herrschaft der Mechanisierung, S. 150.
[32] Sianne Ngai, *Ugly Feelings*, Cambridge, MA, 2005, S. 100.
[33] Vgl. W. David Pierce/Carl D. Cheney, *Behavior Analysis and Learning*, Mahwah, NJ, 2004, S. 11.
[34] Vgl. Siegfried Kracauer, *Theorie des Films. Die Errettung der äußeren Wirklichkeit*, Frankfurt/M., 1964, S. 176.
[35] Vgl. Nikolaas Tinbergen, *Instinktlehre*, Berlin, 1952.

On the street, in social situations, on the assembly line, the worker continues his compulsive twitchings with an imaginary wrench. But the mime of this Chaplin film and others is precisely that of the robot, the mechanical doll whose deep pathos it is to approximate so closely to the condition of human life.[36]

Das Bild des Roboters impliziert eine Programmierung von außen. So stellte auch Karlheinz Stierle fest, dass gerade durch das Fortsetzten der Bewegung außerhalb des Fließbands die Fremdbestimmtheit, der Determinismus dieser Bewegung entlarvt wird:

> In *Modern Times* wird die Komik der Fremdbestimmtheit gleichsam aus ihrer Latenz gehoben, indem die Fließbandbewegung ohne Fließband sich kontextlos fortsetzt und damit erst eigentlich als Fremdbestimmtheit sinnfällig wird. [...] Die Komik der automatisierten Bewegung in *Modern Times* ist nicht nur komisch als diese selbst, sondern indem sie die abstrakte Fremdbestimmtheit des Arbeiters durch einen anonymen Produktionsapparat zu komischer Anschauung bringt.[37]

So steht als grundsätzliche Idee hinter den Fabrikszenen in *Modern Times* der Gedanke, dass die Arbeiter in der Fabrik schließlich selbst zu einer Maschine werden: „Another influence on Chaplin's ideas for *Modern Times* was René Clair's satire *À nous la liberté* (1931), set in a mechanized factory where workers are reduced to mere automatons."[38]

Wenn das Moment der Steuerung von außen aber so entscheidend ist, dann kann es sich bei den Bewegungen kaum um Automatismen handeln. Viel eher exemplifizieren die hilflosen Zuckungen einen fremdgesteuerten, wenn auch „dysfunktionalen Automaten"[39], die Figur des Fabrikarbeiters wäre dann „one of the first romantic cyborgs in U.S. cinema"[40]. Chaplins Bewegungen sind also nur scheinbar willkürlich, nicht gesteuert oder gar frei, vielmehr sind sie das zwar nicht erwünschte, aber dennoch zwangsläufige Ergebnis eines Dressurprozesses. Konsequenterweise dient *Modern Times* auch als Illustration für Foucaults Praktiken der Körperdisziplinierung.[41]

---

[36] Marshall McLuhan, *Understanding Media*, New York, 1964, S. 253.
[37] Karlheinz Stierle, „Komik der Handlung, Komik der Sprachhandlung, Komik der Komödie", in: Wolfgang Preisendanz/Reiner Warning (Hg.), *Das Komische. Poetik und Hermeneutik Band VII*, München, 1976, S. 237-268: 239; vgl. auch Oliver Fahle, „Woher kommt das Lied? Alain Resnais' *Das Leben Ist Ein Chanson*", in: Jörn Glasenapp/Claudia Lillge (Hg.), *Die Filmkomödie der Gegenwart*, Paderborn, 2008, S. 33-47: 43.
[38] Rob Nixon, „The Big Idea Behind MODERN TIMES", auf: Turner Classic Movies, online unter: http://www.tcm.com/thismonth/article/?cid=191513&rss=mrqe, zuletzt aufgerufen am 30.09.2009. [Herv. i. O.]
[39] Glasenapp (2009): Bergson – Bazin – Chaplin, S. 385.
[40] Annalee Newitz, *Pretend We're Dead. Capitalist Monsters in American Pop Culture*, Durham, 2006, S. 125.
[41] Ohne Autor: „The Production of Habit: On Two Conceptions of Difference in Foucault's Discipline and Punish", online unter: http://mediaecologiesresonate.wordpress.com/2008/11/10/the-production-of-habit, veröffentlicht am 10.10.2008.

Charlies zweites Fehlverhalten in der Fabrik entspricht dem bereits von Iwan Pawlow thematisierten Phänomen der Reizgeneralisierung.[42] Mit zunehmendem Stress in der Fabrik schraubt Charlie schließlich nicht mehr nur die vorgesehenen Schrauben, sondern auch visuell ähnliche Objekte. Sehr schön visualisiert ist das Erkennen des (falschen) Schlüsselreizes in Abbildung 1. Hier erblickt Charlie das Kostüm der Sekretärin mit einer Reihe von Knöpfen. Zunächst lässt er – scheinbar aus Faszination – die Schraubenschlüssel wie Ohrringe seitlich des Kopfes baumeln, nur um sie dann – als Ausdruck höchster Spannung und Erregung – wie die Ohren eines Tieres aufzurichten. Gebannt verfolgt Charlie die Sekretärin nach draußen, dort wird seine Aufmerksamkeit aber bereits wieder von den Schrauben eines Hydranten abgelenkt.

1 – *Modern Times*, 14. Minute

2 – *Modern Times*, 14. Minute

In der nächsten Einstellung (Abb. 2) ist eine Dame zu sehen, die die Knöpfe nicht hinten auf ihrem Kostüm hat, sondern vorne, direkt auf ihrer Brust. Der Zuschauer hat das Konzept der Reizgeneralisierung an diesem Punkt schon verinnerlicht und ahnt, was passieren wird. In seiner Erwartung wird er jedoch enttäuscht – die Dame flüchtet sich in die Arme eines Polizisten.

---

[42] Ivan P. Pavlov, *Conditioned Reflexes: An Investigation of the Physiological Activity of the Cerebral Cortex*, Minneola, New York, 2003, S. 110 ff. [1927]

Letztlich kann man also bei den besprochenen Szenen nicht von Automatismen sprechen, es handelt sich um eine Konditionierung mit den Folgeerscheinungen der Reizgeneralisierung und der Übersprungshandlung. Zudem ist die Konditionierung von externen Faktoren bestimmt, etwa dem Reiz selbst, der Verstärkung oder gar einem planvoll handelnden Dritten (dem Erzieher, dem Dompteur, dem Versuchsleiter). Entsprechend stellt der Filmwissenschaftler Michael North fest, dass sich im gesamten Film überhaupt das Motiv der Fremdbestimmung zeigt, und zwar auf mehreren Ebenen:

> But there is another level of humor as well, apparent in the salacious pun the tramp creates when he tries to tighten the nipples on a coworker's chest. It is a monstrous coincidence that the two women in this scene wear buttons, front and back, that look just like the bolts the tramp has been used to tightening, but the humor here is not just based on coincidence. People do have, as it is said, buttons to be pushed, locations both physical and mental that if manipulated will yield a more or less automatic response.[43]

Vor diesem Hintergrund lesen sich die Szenen „maschinell bewirkte[r] Fremdmechanisierung"[44] aus *Modern Times* auch als eine auf die Spitze und ins Absurde getriebene Kritik am Behaviorismus und am Stimulus-Response-Modell. In der filmischen Fiktion wird so besonders deutlich, warum man den Prozess der Konditionierung, das Automatisieren von Arbeitsabläufen, die Entstehung von Routine nur schwerlich als Automatismus fassen kann, denn alle diese Prozesse sind letztendlich fremdbestimmt.

Roman Marek

These 16: In der zerstreuten Wahrnehmung der Zuschauer im Kino wird der Film zum Rohmaterial für mögliche Prozesse der Entautomatisierung.

Automatismen können definiert werden als Prozesse, die sich einer bewussten Steuerung und Planung entziehen. Für schlichte Bewegungsabläufe wie das Setzen auf einen Stuhl sind zwar hochkomplexe, aber unbewusst bleibende motorische und psychische Prozesse notwendig, um die Einzelschritte zu einer kontinuierlichen Bewegung zu integrieren. Der Vorgang hingegen erscheint gleichermaßen nach außen wie auch für den sich Setzenden selbst als eine fließende Bewegung. Man kann dieses Verhältnis von kleinteiligen mechanischen Abläufen und der Erscheinungsform als fließende Bewegung auf den Film übertragen. Der Filmstreifen besteht aus vierundzwanzig Einzelkadern pro Sekunde, die einen komplexen Mechanismus durchlaufen, der von Bewegung, Stillstand, Ruckartigkeit und Wiederholung gekennzeichnet ist, um auf der Leinwand die Illusion einer kontinuierlichen Bewegung zu erzeugen. An den beiden Polen der Produktion dieser Illusion liegen der Apparat des Kinos und

---

[43] Michael North, *Machine-Age Comedy*, New York, 2009, S. 197.
[44] Glasenapp (2009), Bergson – Bazin – Chaplin, S. 388.

der Projektion und ein Automatismus der Wahrnehmung, das sogenannte Phi-Phänomen.

Trotz allen Scheins der Bewegung als Kontinuum und der Fülle an Erscheinungen, bildet ein Kennzeichen des Filmischen seine Fragmentierung. Dies bezieht sich ebenso auf die Dauer der Einstellungen, wie auf Perspektive, Schnitt und Montage. Sie verbindet Elemente ebenso wie sie Sprünge in Ort und Zeit erzeugt. Diese ‚Lückenhaftigkeit' des Mediums (die einzelnen Kader, Verbindung und Trennung von Elementen zu Einheiten durch Schnitt) verweist auf seine Herkunft aus der Fotografie. Doch gegenüber dieser entsteht im ‚Bildmedium Film' eine Paradoxie: Mithilfe der fragmentierten Einzelbilder versetzt der Apparat Kino ‚aus sich heraus' Körper und Dinge in Bewegung, verleiht ihnen Dauer und Präsenz, schafft ständig neue Zusammenhänge und bildet Realitätsillusionen. In der sinnlichen Wahrnehmung der Zuschauer erlangen die Einzelbilder eine bewegliche, physische Präsenz. Diese Verknüpfung wird in der Theorie unterschiedlich bewertet. Von besonderem Interesse, da sie technischen mit psychischem Apparat verbindet, ist beispielsweise die sogenannte Apparatusdebatte[45]: Ihre Vertreter betonen eher die passive Seite der Zuschauer, die sich dem Apparat Kino „unterwerfen" und an seine Automatismen angeschlossen werden. In der zentralperspektivischen Konstruktion der Kamera, der Wahl des Objektivs und der Anordnung des Projektionsautomaten liegt jenseits aller ideologischen Gehalte schon auf der technischen Seite eine Vor-Schrift verborgen, die ideologisch zu nennen ist. Optische Gesetzmäßigkeiten werden als Ideologeme gedeutet, die ‚automatisch' der Technik eingeschrieben seien und sich somit selbst zum Verschwinden brächten. Sie sind dem bewussten Zugriff des Zuschauers vor allem in der regressiven Anordnung des Kinos[46] entzogen und wirkten damit quasi automatisch.[47]

Der Apparatusdebatte immanent ist in gewisser Weise unausgesprochen ein männlicher – ‚strukturell bewirkter' – Zuschauer. Die technisch induzierte Zentralperspektive erzeugt, so wird angenommen, imaginär ein allmächtiges, „männliches" Subjekt in der illusionären Beherrschung des Raums. (Der

---

[45] „Apparatus and Ideology" bezeichnet eine Debatte, die in verschiedenen Filmzeitschriften in Frankreich 1969 begann und im amerikanischen filmwissenschaftlichen Kontext fortgesetzt wurde. Zentrale Vertreter der Debatte sind Jean-Louis Baudry, Marcelin Pleynet, Jean-Patrick Lebel und Jean-Louis Comolli.

[46] Mit regressiver Anordnung ist die Situation des Zuschauers vor der Leinwand gemeint. Das Dunkel des Saals, die motorische Ruhigstellung im Kinosessel, die Anordnung des Projektors im Rücken der Zuschauer erzeugen eine Realitätsillusion, die durchlässig für die Bilder der Leinwand macht und quasi ‚osmotisch' zu einer Produktion eigener (Erinnerungs-)Bilder anregt.

[47] Diese verallgemeinerten Annahmen der Apparatustheorie wurden im Laufe der Debatte unterschiedlich bewertet und diskutiert. Jean-Louis Comolli etwa betont die nie vollständige Illusionierung des Zuschauers – und seinen Genuss der Illusion trotz des Wissens darum. Im Material, im fotochemischen Prozess, in der Fundierung der eigenen Körperlichkeit, die selbst nicht Teil des Bildes ist, liegen Möglichkeiten der Realitätsprüfung für die Zuschauenden. Jean-Louis Comolli, „Machines of the Visible", in: Teresa De Lauretis/Steven Health (Hg.), *The Cinematic Apparatus*, New York, 1980, S. 121-142.

Kinoraum hingegen wird mütterlich als „Gebärmutter" imaginiert). Diesem Automatismus, der vor allem dem vorherrschenden kommerziellen Spielfilm zugeschrieben wird, begegnen Filmprodukte, die oft jenseits kommerzieller Verwertung liegen und sich damit in Opposition zu ökonomischen wie psychologischen Mechanismen befinden. Experimentalfilme[48] machen es sich manchmal gezielt zur Aufgabe, die zentralperspektivische Darstellung, die Automatismen der Kamera und des Projektionsapparates aufzuzeigen und sie mit eben deren Hilfe gleichzeitig auf ästhetischer Ebene zu durchbrechen.[49] Oder aber sie nehmen den automatisch entstehenden Bewegungsablauf des Film/des Filmstreifens zur Grundlage einer Entautomatisierung der Bewegungswahrnehmung.[50] In Bezug auf Automatisierung bilden Film und Kino in dieser Hinsicht ein Paradoxon: Trotz seines „entautomatisierenden" Kunstanspruches bleibt der Experimentalfilm auf den reproduzierenden Kinoapparat – der jede Einmaligkeit eines Kunstwerks grundsätzlich in Frage stellt – sowie auf ein wahrnehmendes Publikum angewiesen. Hier müssten die entautomatisierenden Prozesse zu suchen sein, die auf die automatisierten Wahrnehmungsgewohnheiten der Zuschauer treffen und sie durchbrechen.

Bereits der Begriff Publikum lässt sich also als ein Verhältnis denken. In ihm gehen die Wahrnehmungsfähigkeit der Einzelnen und das Gezeigte ebenso eine Beziehung ein, wie körperliche Reaktionen zur eigenen Wahrnehmung und zu den Reaktionen der anderen in Resonanz stehen. Je nach theoretischer Perspektive lässt sich dies deuten als Automatismus oder bereits als Entautomatisierung: Neuere Theorien greifen die somatische Affizierung durch Film auf (Sobchak[51]/Shaviro[52]) und stellen gerade ein über die Technik des Films vermitteltes, körperliches, ‚mimetisches' Vermögen als Voraussetzung für „entautomatisierte" Prozesse im Zuschauer heraus. Im Kino würden – vermit-

---

[48] Zur Begriffsgeschichte des Experimentalfilms gibt es eine lange Tradition der Auseinandersetzung, die an dieser Stelle vernachlässigt wird. Verwiesen sei auf den Sammelband von Gottfried Schlemmer (Hg.), *Avantgardistischer Film 1951-1971: Theorie*, München, 1973 sowie Ingo Petzke, *Das Experimentalfilm-Handbuch*, Frankfurt/M., 1989. Birgit Hein zeichnet ebenfalls die Begriffsgeschichte nach und schlägt einen umfassenderen Begriff vor, der Ende der fünfziger Jahre in Gebrauch kommt und eine Relation zum kommerziellen Film beschreibt: den „unabhängigen Film". Einschränkend heißt es dazu: „Alle Begriffe wie avantgarde, experimentell, underground, unabhängig sind im Grunde nur Hilfskonstruktionen. Sie beinhalten alle nur mehr oder weniger den Stellenwert, den der unabhängige Film im Gesamtgefüge des Mediums Film innehat. Diese Begriffe sagen nichts darüber aus, was bisher auf dem Gebiet dieses speziellen Films geleistet wurde." Birgit Hein, *Film im Underground. Von seinen Anfängen bis zum Unabhängigen Kino*, Frankfurt/M., Berlin, Wien, 1971, S. 10.

[49] Oftmals resultiert aus diesem reflektierten Umgang mit filmischen Mitteln gerade der Kunstanspruch des Experimentalfilms. Als Beispiel könnten Filme der sogenannten zweiten amerikanischen Avantgarde dienen, wie sie von Carolee Schneeman, Stan Brakhage und Michael Snow repräsentiert wird.

[50] Dies findet vor allem im strukturellen Film statt.

[51] Vivian Sobchack, *Carnal Thoughts: Embodiment and Moving Image Culture*, Berkeley, CA, 2004; dies., *The Address of the Eye. A Phenomenology of Film Experience*, Princeton, NJ, 1992.

[52] Steven Shaviro, *The Cinematic Body*, Minneapolis, MN, 1993.

telt über den Gesichtssinn, der nur scheinbar privilegiert ist – alle Sinne angesprochen und dabei Sinneshierarchien zerstreut. Das Verhältnis zwischen ästhetischem Produkt und Zuschauer(körper) ist dabei nicht determiniert. In den körperlichen Reaktionen des Publikums spielen sich zahlreiche ungeplante Prozesse ab (die kollektiv wie Automatismen wirken, aber sehr subjektiv ausfallen können und empirisch nicht fassbar sind), die im Lachen und Weinen einerseits nach *außen* dringen (Schlüpmann[53]) und in der Erinnerung, die in der Filmwahrnehmung produktiv wird (Klippel[54]), sowie in mimetischen Prozessen nach *innen* wirken.

Die Fähigkeit der Hingabe an die Dingwelt und an Stimmungen wird in manchen feministischen Filmtheorien als Chance begriffen, im Kino automatisierte Rollenbilder, scheinbar starre oder angestrebte Subjektgrenzen und die deutliche Identifikation mit der narrativ vor-geschriebenen Idee durch „polyforme" Identifikationsprozesse hinter sich lassen zu können. Diese meist phänomenologisch orientierten Theorien insistieren auf Wahrnehmungsformen des Publikums, die sich gegen die ganzheitlichen Vorgaben des Produktionsapparates in eine selektiv-mimetische Haltung zerstreuen. Dabei nähern sie sich jenseits identifikatorischer oder kognitiver Prozesse dem Wahrgenommenen auch in seiner flüchtigen Form, seiner sich entziehenden Materialität an.

In der Art und Weise filmischer Auseinandersetzungen mit der Dialektik von Automatisierung und Entautomatisierung können sich grundlegende geschlechtsspezifische, gesellschaftliche Erfahrungen manifestierten – und das ebenso im Spiel- wie im Experimentalfilm. Der exklusiven (einem Kunstverständnis verhafteten) Vorstellung, dass nur Experimentalfilme in der Lage zu sein scheinen, festgefahrene Wahrnehmungsstrukturen im Publikum zu „entautomatisieren", haftet durchaus etwas Deterministisches an: „Entautomatisierung" erschiene in dem Maße als „harter" Vorgang, wie Prozesse der Automatisierung im Kino als „leicht" und „natürlich" hingenommen würden – als gewissermaßen schmerzhaftes Verfahren am Zuschauer, dessen Automatismen der Wahrnehmung durchbrochen werden sollen.[55] An der Geschlechterdiffe-

---

[53] Heide Schlüpmann, *Abendröthe der Subjektphilosophie. Eine Ästhetik des Kinos*, Frankfurt/M., 1998; dies., *Öffentliche Intimität. Die Theorie im Kino*, Frankfurt/M., 2002.
[54] Heike Klippel, *Gedächtnis und Kino*, Frankfurt/M., 1997.
[55] Für den Kunstbereich (am Beispiel der Literatur) behauptet dies auch Viktor Šklovskij, der den Prozess der Entautomatisierung als ein hemmendes Verfahren beschreibt, das er gleichzeitig sehr diametral den zur „Unlebendigkeit" führenden Automatismen der Alltagswahrnehmung gegenüberstellt – der Begriff Automatismus erhält hierbei eine eindeutig negative Färbung: „Und gerade, um das Empfinden des Lebens wiederherzustellen, um die Dinge zu fühlen, um den Stein steinern zu machen, existiert das, was man Kunst nennt. Ziel der Kunst ist es, ein Empfinden des Gegenstands zu vermitteln, als Sehen, und nicht als Wiedererkennen; das Verfahren der Kunst ist das Verfahren der ‚Verfremdung' der Dinge und das Verfahren der erschwerten Form, ein Verfahren, das die Schwierigkeit und Länge der Wahrnehmung steigert, denn der Wahrnehmungsprozeß ist in der Kunst Selbstzweck und muß verlängert

renz gemessen, brillieren auf den ersten Blick offenbar vor allem männliche Experimentalfilmemacher im suggestiven, mathematisch kalkulierten Spiel des Strukturalismus, der die Filmwahrnehmung mithilfe des Apparats „dekonstruiert", während das fragmentarische und vorläufige Alltägliche zu finden und als ästhetisches Material der Wahrnehmung dem Publikum zuzuführen, ein Merkmal von Experimentalfilmen von Frauen zu sein scheint.[56] Eine Hinwendung zu Alltagsgegenständen, zur unmittelbaren Umgebung, zu Nicht-Identität und Geschlechtlichkeit führt zu einer Enthierarchisierung ästhetischen Materials und einer Vermischung der Bedeutungsebenen, die konventionelle Wahrnehmungsschemata verunsichern.[57] Weniger in narrativer Handlung als in subjektiver Wahrnehmung machen diese Filme gesellschaftliche Strukturen transparent und zeigen das für den herrschenden Blick nicht Sichtbare. Der oftmalige Verzicht auf fiktionale Zusammenhänge und Ganzheiten konfrontiert die Zuschauer mit einer Visualität, die sich den eingeprägten Wahrnehmungsmustern widersetzt und mit der subjektiven auch eine vorläufige (Kamera-)Perspektive nahelegt. Somit spielt für den Begriff der Entautomatisierung auch die jeweils historische Situation des Kinos eine Rolle: Entfaltet das Kino die Möglichkeiten des Films oder begrenzt es sein Potenzial durch gesellschaftliche Zwänge, die sich in den Produkten spiegeln – und zu einer Herstellung alternativer Filmformen herausfordern?

Siegfried Kracauer, gleichzeitig Theoretiker wie Zuschauer, hat dies in vielen seiner Schriften ausgeführt: Seine Überlegungen zur konkreten historischen Situation der Lichtspielhäuser in den zwanziger Jahren des zwanzigsten Jahrhunderts könnten der Frage nach den Automatismen im Kino auch eine aktuelle Perspektive abgewinnen, da sie einen generellen Zwiespalt des Kinos thematisieren. In seinem Essay „Kult der Zerstreuung" wird gerade dem Publikum eine Möglichkeit der Erkenntnisbildung an den Phänomenen der Massenkultur selbst zugesprochen. Im Kino erfahren sich die Zuschauer als zerstreute Menge der Großstadt, als Publikum, „das vom Bankdirektor bis zum Hand-

---

werden; die Kunst ist ein Mittel, das Machen einer Sache zu erleben; das Gemachte hingegen ist in der Kunst unwichtig." Viktor Šklosvskij, „Die Kunst als Verfahren", in: Jurij Triedter (Hg.), *Russischer Formalismus. Texte zur allgemeinen Literaturtheorie der Prosa*, 5. Aufl., München, 1994, S. 3-35: 15. [Russ. OA 1916 unter dem Titel *Iskusstvo kak priem* veröffentlicht.]

[56] Während Stan Brakhage beispielsweise die Beobachtung familiärer Vorkommnisse in der Reflexion von Lichtverhältnissen ästhetisch funktionalisiert, ist Michelle Citron mittels der Brechung von Lichtverhältnissen an den Implikationen familiärer Rituale für die Sozialisierung kleiner Mädchen interessiert. Selbst auf der Ebene des sogenannten abstrakten Films wird im Vergleich mit Oskar Fischinger der Filmemacherin Mary Ellen Bute „mehr Sinnlichkeit" attestiert: „[L]ess rigid [...], tactile [...], more sensuous in their use of light and color rhythms". Lewis Jacobs zit. in: Jan-Christopher Horak, *Lovers of Cinema. The First American Film Avant-Garde, 1919-1945*, Madison, WI, 1995, S. 316.

[57] Dazu näher: Christine Noll Brinckmann, „Die weibliche Sicht", in: Ingo Petzke (Hg.), *Das Experimentalfilmhandbuch*, Frankfurt/M., 1989, S. 171-190.

lungsgehilfen, von der Diva bis zur Stenotypistin *eines* Sinnes ist"[58]. Im Unterschied zu Bereichen der bildenden Kunst, des Theaters, der Literatur, spielen im Dunkel des Kinos Bildungshintergründe, Jobpositionen und Distinktionen nach Geschlecht, so wie sie in der Gesellschaft zu Buche schlagen, zunächst keine Rolle.[59] Diese öffentliche Sphäre ist gleichzeitig durch eine Intimität gekennzeichnet wie in ihr eine allgemeine ‚Zerstreuung' nicht aufgehoben, sondern mit technischen Mitteln fortgesetzt wird[60]:

> Hier, im reinen Außen, trifft es [das Publikum, C. H.] sich selber an, die zerstückelte Folge der splendiden Sinneseindrücke bringt seine eigene Wirklichkeit an den Tag. Wäre sie ihm verborgen, es könnte sie nicht angreifen und wandeln; ihr Offenbarwerden in der Zerstreuung hat eine *moralische* Bedeutung.[61]

Zunächst fällt die positive Konnotation des Begriffs Zerstreuung auf. Mehr als gegen überkommene bildungsbürgerliche Vorstellungen von Innerlichkeit und Kunstgenuss, die wiederum ein schichtspezifisches Distinktionsmerkmal darstellen, richtet er sich allerdings gegen sich selbst. Genauer gesagt, liegt die positive Bedeutung der Zerstreuung in ihrem offenbarenden, dialektischen Charakter: Mit und gegen das Funktionale der gesellschaftlichen Wirklichkeit, die sich im Technischen des Mediums Film spiegelt, trifft das Publikum in der gleichen Sphäre, im „reinen Außen" der bewegten, zerstückelten Bilderfolge, die ihm im Kino zustößt, auf seine eigene Realität. Splendide Sinneseindrücke (Sprünge in Raum und Zeit, Montagetechniken und Schnitte) sind technisch vermittelt, und erst dadurch vermögen sie die Zerstückelung des Alltags, der Lebenszusammenhänge − und der gesellschaftlichen Ordnung zu offenbaren. Weiter heißt es dazu bei Kracauer:

> Freilich dann nur, wenn die Zerstreuung sich nicht Selbstzweck ist. Gerade dies: daß die ihrer Sphäre zugehörigen Vorführungen ein so äußerliches Gemenge sind wie die Welt der Großstadtmasse, daß sie jedes echten sachlichen Zusammenhangs entraten, es sei denn des Kittes der Sentimentalität, der den Mangel nur verdeckt, um ihn sichtbar zu machen, daß sie genau und unverhohlen die *Un-*

---

[58] Siegfried Kracauer, „Kult der Zerstreuung. Über die Berliner Lichtspielhäuser", in: ders., *Das Ornament der Masse. Essays*, Frankfurt/M, 1977, S. 311-317: 313. [1926] [Herv. i. O.]

[59] Seit seinen Anfängen haftete dem Kino daher der Geruch des „nicht Kulturwürdigen" an; sein Halbdunkel machte es ‚halbseiden' und damit dem Bürgertum und seinen Moralwächtern des frühen zwanzigsten Jahrhunderts suspekt. Es entstand als Konkurrenz und öffnete einen Raum für die vom kulturellen und gesellschaftlichen Leben ausgeschlossenen Schichten und Gruppen; das Kinopublikum bildet sich in den Anfängen auch und vor allem aus Frauen. Dazu näher: Heide Schlüpmann, *Unheimlichkeit des Blicks. Das Drama des frühen deutschen Kinos*, Frankfurt/M., 1990, darin bes. die „Einleitung", S. 16 ff.

[60] Hannelore Bublitz beschreibt, dass die ordnende Organisierung der Massen − unmerklich − über die Zerstreuung (im doppelten Sinne des Amüsements und der statistischen Normalisierung) funktioniert. Hannelore Bublitz, *In der Zerstreuung organisiert. Paradoxien und Phantasmen der Massenkultur*, Bielefeld, 2005. Die Hoffnung, die Siegfried Kracauer in den zwanziger Jahren in die Massenkultur setzt, richtet sich auf die Überwindung jener Paradoxien durch die ‚zentrifugalen' Kräfte, die in der Zerstreuung potenziell entfaltet werden können.

[61] Kracauer (1977), *Kult der Zerstreuung*, S. 315. [Herv. i. O.; Erg. C. H.]

ordnung der Gesellschaft den Tausenden von Augen und Ohren vermitteln – dies gerade befähigte sie dazu, jene Spannung hervorzurufen und wachzuhalten, die dem notwendigen Umschlag vorangehen muß.[62]

Zerstreuung und der „notwendige Umschlag" umfassen laut Kracauer also die gesamte Gesellschaft und nicht einen Teil (wie „die Klasse der Arbeiter"). Historisch gesehen fand dieser „Umschlag" einer hierarchisch geordneten Gesellschaft nicht statt. Dies aber meint der Begriff Zerstreuung: Als ‚mimetische' Form der Erkenntnis ist in ihr eine Möglichkeit des „Umschlags" in eine neue Qualität angelegt, wenn die Zerstreuten sich ihrer Lage bewusst werden, d. h., wenn sie sich als Teil der allgemeinen Unordnung begreifen (statt als Angehörige einer Schicht oder als kohärente Subjekte).[63] Der Begriff Zerstreuung beschreibt einerseits einen allgemeinen Zustand und im weiteren Sinne einen möglichen reflexiven Prozess der Erkenntnis. Erst wenn Zerstreuung als struktureller Seinszustand der Moderne – und des eigenen Lebens – begriffen wird, wird er als Zustand transparent – und wandelbar. Ein Ort, an dem diese Erkenntnis gebildet werden kann, ist laut Kracauer das Kino: Das Einlassen auf und Erfassen von filmischen Realitäten, in denen Filme nicht nur als Träger für außerfilmische Aussagen fungieren, hat gesellschaftliche wie historische Bedeutung. Sie liegt in einer Zerstreuung von Ganz- und Gewissheiten im Zuschauer, von Vorstellungsbildern, die gesellschaftliche Prozesse vermittelt in ihm hervorbringen. Der Film bildet für Siegfried Kracauer eine erkenntnistheoretische Möglichkeit der Errettung der äußeren Wirklichkeit in der Wahrnehmung eines Subjekts, das nicht automatisch nach den ideologischen Strategien des herrschenden Kinos als geschlossene Identität adressiert und eingebunden wird (wie es die Apparatustheorie formuliert), sondern in der Zerstreuung durchlässig wird für mimetische Anschmiegung, vielfältige Wahrnehmungspositionen, die nicht unbedingt ich-identisch sind und das sinnliche Erkennen des Dargestellten als Rohmaterial für eine Neuordnung der Dinge ermöglichen – kurz: Entautomatisierung. Was Kracauer als „Vabanquespiel" für den Film als Medium insgesamt geltend machte, die Möglichkeit der Neuordnung der stillgestellten Fragmente, lässt sich dabei in spezifischer Ausprägung für den Experimentalfilm behaupten. Entautomatisierung hieße gewissermaßen, „die Zerstreuung, die sinnvoll einzig als Improvisation ist, als

---

[62] Ebd. [Herv. i. O.]
[63] Maßstab der Analyse war für Siegfried Kracauer, inwieweit Kinos seiner Zeit dem Film den Platz einräumen, einen inhärenten Zerfallsprozess zu entblößen und transparent zu machen, von dem Individuum und Gesellschaft gleichermaßen betroffen sind. Bei Kracauer wird dieser Zerfall als Chance begriffen, aus dem heraus sich die Möglichkeit eines „Umschlags" (von Quantitäten in Qualitäten) ergebe. Verhindert werde dies unter anderem von der Ratio des kapitalistischen Systems, die diese Bewegung still stelle – in dem Essay „Ornament der Masse" spricht Kracauer davon, dass der Weg durch das Ornament, Sinnbild der kapitalistischen Produktionsweise, hindurchführe, zu einer Vernunft geleiteten Gesellschaft. Arbeit an der Zersetzung des Mythos einer Einheit, die nicht mehr existiert – sie wird für Kracauer auch im Kino erfahren und geleistet.

Abbild des unbeherrschten Durcheinanders unserer Welt"[64], als Prozess sicht- und erfahrbar zu machen.

Christian Hüls
unter Mitwirkung von Anke Zechner und Annette Brauerhoch

These 17: Automatisierungen lassen sich ent-automatisieren, Automatismen hingegen scheinen sich ihrer Entautomatisierung fortwährend zu entziehen.

Automatisierte Prozesse sind dem Bewusstsein entzogen, das Ziel der in Linguistik, Poetik- und Filmtheorie (Ostranenie/остранение), Literatur- und Theaterwissenschaften (Verfremdungseffekt) thematisierten Entautomatisierung ist, die Automatisierungen (Gewöhnung, Konvention und Norm) wieder bewusst zu machen, um so eine kritische Reflexion zu ermöglichen. In seinem Aufsatz „Die Kunst als Verfahren" beschreibt Viktor Šklovskij, wie die Kunst über das Mittel der Verfremdung zu einer Entautomatisierung führen soll:

> So kommt das Leben abhanden und verwandelt sich in nichts. [...] Und gerade, um das Empfinden des Lebens wiederherzustellen, um die Dinge zu fühlen, um den Stein steinern zu machen, existiert das, was man Kunst nennt. Ziel der Kunst ist es, ein Empfinden des Gegenstandes zu vermitteln, als Sehen, und nicht als Wiedererkennen; das Verfahren der Kunst ist das Verfahren der ‚Verfremdung' der Dinge und das Verfahren der erschwerten Form, ein Verfahren, das die Schwierigkeit und Länge der Wahrnehmung steigert, denn der Wahrnehmungsprozeß ist in der Kunst Selbstzweck und muß verlängert werden; die Kunst ist ein Mittel, das Machen einer Sache zu erleben; das Gemachte hingegen ist in der Kunst unwichtig.[65]

Interessant ist, dass es Šklovskij letztlich darum geht, über eine Entautomatisierung das „Empfinden des Lebens" zu wecken. Im Umkehrschluss bedeutet dies, dass er den automatisierten Prozessen eine lebendige oder Leben schaffende Komponente eher abspricht. Es stellt sich nun die Frage, ob der Begriff der Entautomatisierung sich in diesem Sinne überhaupt auf Automatismen beziehen lässt, denn als ungeplante und nicht gesteuerte Prozesse scheinen diese doch geradezu ein Eigenleben zu entwickeln. Wie lässt sich nun der gedankliche Dreiklang aus Automat, Entautomatisierung und dem Eigenleben eines Automatismus bildlich fassen? Hier kann man noch einmal auf eine Szene aus Charlie Chaplins Film *Modern Times* (1936) zurückgreifen, nämlich jene mit „Billows Feeding Machine". Sie illustriert nicht nur einen entscheidenden Wesenszug von Automatismen, sondern auch mehrfache Versuche, einen Automatismus zu entautomatisieren. Die „Feeding Machine" entstammt zunächst dem rationalen Umfeld der Fabrik, sie ist damit Teil einer nach ökonomischen Kriterien planvoll-kontrollierte Anordnung. Um die Effizienz dieser gesteuer-

---

[64] Kracauer (1977), *Kult der Zerstreuung*, S. 316.
[65] Šklosvskij (1994), Die Kunst als Verfahren, S. 15.

ten Umgebung noch zu erhöhen, wird dem Fabrikdirektor der Vorschlag unterbreitet, anstelle der Mittagspause eine „Feeding Machine" für die Arbeiter anzuschaffen. Diese könnten dann während des Essens mit ihren Händen weiterarbeiten.[66] Während der anschließenden Verkaufsvorführung muss Chaplin als Versuchsperson herhalten. Er nimmt am Automaten Platz und zunächst funktioniert alles nach Plan. Während der Vorführung kommt es jedoch zu einem Kurzschluss, und die Maschine gerät außer Kontrolle.

3 – *Modern Times*, 12. Minute

Zwar bleiben die ungeplanten Bewegungen des Automaten im Rahmen seiner Möglichkeiten, schließlich fängt er nicht an zu fliegen. Aber die Bewegungen verweigern sich der zuvor einprogrammierten Steuerung, sie laufen schneller ab, sind wilder, wiederholen sich chaotisch (siehe Abb. 3):

> Außer Zweifel steht zudem, daß die Maschine wie kaum ein anderes Objekt in der Filmgeschichte über das Attribut „tückisch" näher charakterisiert zu werden verdient, womit vor allen Dingen ihr Eigenleben, genauer: ihr geradezu boshaft wirkender, gegen den Helden gerichteter Akteurstatus profiliert wäre.[67]

---

[66] Der vollständige Verkaufstext der abgespielten Werbeschallplatte lautet: „Good morning, my friends. This record comes to you through the Sales Talk Transcription Company, Incorporated: your speaker, the Mechanical Salesman. May I take the pleasure of introducing Mr. J. Widdecombe Billows, the inventor of the Billows Feeding Machine, a practical device which automatically feeds your men while at work? Don't stop for lunch: be ahead of your competitor. The Billows Feeding Machine will eliminate the lunch hour, increase your production, and decrease your overhead. Allow us to point out some of the features of this wonderful machine: its beautiful, aerodynamic, streamlined body; its smoothness of action, made silent by our electro-porous metal ball bearings. Let us acquaint you with our automaton soup plate – its compressed-air blower, no breath necessary, no energy required to cool the soup. Notice the revolving plate with the automatic food pusher. Observe our counter-shaft, double-knee-action corn feeder, with its synchro-mesh transmission, which enables you to shift from high to low gear by the mere tip of the tongue. Then there is the hydro-compressed, sterilized mouth wiper: its factors of control insure against spots on the shirt front. These are but a few of the delightful features of the Billows Feeding Machine. Let us demonstrate with one of your workers, for actions speak louder than words. Remember, if you wish to keep ahead of your competitor, you cannot afford to ignore the importance of the Billows Feeding Machine."

[67] Glasenapp (2009), Bergson – Bazin – Chaplin., S. 385.

Als technischer Apparat ist die „tückische" „Feeding Machine" zwar durch ihren Aufbau determiniert, dennoch aber gäbe es denkbare, von dem gezeigten Verhalten deutlich abweichende Alternativen. Wie anders ließe sich erklären, dass nach dem – von den Beteiligten durchaus wahrgenommenen – Kurzschluss sämtliche Beobachter der Szene so überrascht reagieren? Wäre der Automat einfach tot gewesen, hätte sich wohl niemand gewundert; die beteiligten Personen hätten gewartet und wären enttäuscht gewesen, dass nichts passiert. Die zahlreichen Reparaturversuche verdeutlichen aber gerade, dass wiederholt probiert wird zu verhindern, was nicht sein darf: das – dem Automatismus eigene – Eigenleben der Maschine. Doch „Billows Feeding Machine" lässt die wiederholten Reparaturversuche an sich abperlen, sie widersetzt sich ihrer erneuten Determination von außen, sie bleibt störrisch und lebendig. Schließlich winkt der Fabrikdirektor entnervt ab, dem Automaten wird die Stromzufuhr abgedreht, nur so kann sein Eigenleben ausgelöscht werden.

In dieser Szene zeigt sich der Gegensatz zwischen Automatisierung und Automatismus. Denn während der automatisierte Automat nur geplante Ergebnisse produzierte, fremd bestimmt und damit sozusagen tot war, scheint der Automatismus geradezu ‚Leben in die Bude zu bringen': Etwas Unvorhergesehenes geschieht – ein Kurzschluss – und schon werden geordnete Prozesse gestört und es entstehen überraschende Ergebnisse. So zeigt sich, dass auch aus geplanten und kontrollierten Anordnungen Ungeplantes entstehen kann. Jedoch muss es dafür eine Lücke geben, einen kurzen anarchischen Moment ohne determinierende Faktoren. In einem solchen Moment werden dann die Karten neu gemischt und es entsteht die Möglichkeit der Alternative, und damit die Möglichkeit zum Automatismus. Wurde bei der Automatisierung gerade die Unterbrechung, die Lücke, das Stutzigwerden (z. B. durch eine Verfremdung) gefordert, um diese zu entautomatisieren, so ist es bei den Automatismen im Gegenteil gerade die Lücke und Unterbrechung im geregelten Ablauf, die diese erst ermöglicht.

Wie könnte man sich die Entautomatisierung eines Automatismus nun vorstellen? Wäre es die Umkehr des Prozesses seiner Entstehung – nämlich die Rückkehr zur Kontrolle, zum Geplanten, zum „Normalen"? Sowohl bei der Automatisierung als auch beim Automatismus würde es demnach bei der Entautomatisierung also um ein Zurückholen in das Bewusstsein, in den bewusst kontrollierten Bereich gehen, jedoch unter umgekehrten Vorzeichen: Bei der Automatisierung soll aus etwas Totem etwas Lebendiges werden, beim Automatismus jedoch würde aus etwas Lebendigem etwas Totes werden, denn nur so könnte es wieder kontrolliert werden. Vor diesem Hintergrund stellt sich die Frage, ob es berechtigt ist, den Begriff der Entautomatisierung in beiden Zusammenhängen zu benutzen. Vielleicht sollte man im Zusammenhang mit Automatismen und ihrer Rückabwicklung eher von einer „Deautomatisierung" oder einer „Entautomatismierung" sprechen?

Eine viel weitreichendere Frage ist, ob sich Automatismen überhaupt unter Kontrolle bringen lassen – bei „Billows Feeding Machine" ist dies jedenfalls nicht geglückt. Sicherlich kann man Automatismen erkennen, man kann probieren, Einfluss zu nehmen, man kann vielleicht sogar nach Erklärungen suchen. Aber ist es nicht gerade ein Kennzeichen von Automatismen, dass sie sich ihrer Rückabwicklung fortwährend entziehen? Denn wie kann aus dem nicht gesteuerten, verteilten System ein kontrolliertes, steuerbares werden? Und wenn es doch gerade ein Merkmal von Automatismen ist, dass sie sich der Kontrolle entziehen, dass es kein planvoll handelndes Subjekt geben darf, ist es dann überhaupt denkbar, dass nach einer gewissen Zeit doch jemand die Kontrolle an sich reißen kann? Diese Fragen können hier nicht beantwortet werden; aber der Gedanke, dass Automatismen zwar quasi lebendig auf Versuche der Kontrollnahme reagieren, sich diesen aber letztlich nicht unterwerfen, könnte ein Ausgangspunkt weiterer Überlegungen sein.

Roman Marek

Literatur

Barthes, Roland, *Mythen des Alltags*, Frankfurt/M., 2005. [Frz. OA 1957.]

Bublitz, Hannelore, *In der Zerstreuung organisiert. Paradoxien und Phantasmen der Massenkultur*, Bielefeld, 2005.

Comolli, Jean-Louis, „Machines of the Visible", in: Teresa De Lauretis/Steven Health (Hg.), *The Cinematic Apparatus*, New York, 1980, S. 121-142.

Fahle, Oliver, „Woher kommt das Lied? Alain Resnais' *Das Leben Ist Ein Chanson*", in: Jörn Glasenapp/Claudia Lillge (Hg.), *Die Filmkomödie der Gegenwart*, Paderborn, 2008, S. 33-47.

Foucault, Michel, *Archäologie des Wissens*, Frankfurt/M., 1981. [Frz. OA 1969.]

Ders., *Die Ordnung des Diskurses*, Frankfurt/M., 1991. [Frz. OA 1971.]

Gehlen, Arnold, „Zur Geschichte der Anthropologie", in: ders., *Anthropologische Forschung. Zur Selbstbegegnung und Selbstentdeckung des Menschen*, Reinbek bei Hamburg, 1961, S. 7-25. [1957]

Ders., „Über instinktives Ansprechen auf Wahrnehmung", in: ders., *Anthropologische Forschung. Zur Selbstbegegnung und Selbstentdeckung des Menschen*, Reinbek bei Hamburg, 1961, S. 104-126.

Gehring, Wes D., *Film Clowns of the Depression. Twelve Defining Comic Performances*, Jefferson, NC, 2007.

Giedion, Sigfried, *Die Herrschaft der Mechanisierung. Ein Beitrag zur anonymen Geschichte*, Frankfurt/M., 1987. [1948]

Glasenapp, Jörn, „Bergson – Bazin – Chaplin. Anmerkungen zur Körperkomik", in: *Weimarer Beiträge. Zeitschrift für Literaturwissenschaft, Ästhetik und Kulturwissenschaften* 55, 3 (2009), S. 380-391.

Hall, Stuart, *Representation. Cultural Representations and Signifying Practices*, London, 2003. [1997]

Ders., „Kodieren/Dekodieren" [engl. OA 1973], in: Ralf Adelmann/Jan-Otmar Hesse/-Judith Keilbach/Markus Stauff/Matthias Thiele (Hg.), *Grundlagentexte zur Fernsehwissenschaft*, Konstanz, 2002, S. 105-125.

Ders., „The Spectacle of the Other", in: ders., *Representation. Cultural Representations and Signifying Practices*, London, 2003, S. 223-279. [1997]

Hein, Birgit, *Film im Underground. Von seinen Anfängen bis zum Unabhängigen Kino*, Frankfurt/M., Berlin, Wien, 1971.

Horak, Jan-Christopher, *Lovers of Cinema. The First American Film Avant-Garde, 1919-1945*, Madison, WI, 1995.

Jäger, Siegfried, *Kritische Diskursanalyse. Eine Einführung*, 4. Aufl., Münster, 2004.

Klippel, Heike, *Gedächtnis und Kino*, Frankfurt/M., 1997.

Kracauer, Siegfried, *Theorie des Films. Die Errettung der äußeren Wirklichkeit*, Frankfurt/M., 1964.

Ders., „Kult der Zerstreuung. Über die Berliner Lichtspielhäuser", in: ders., *Das Ornament der Masse. Essays*, Frankfurt/M, 1977, S. 311-317. [1926]

Link, Jürgen/Link-Heer, Ursula, „Kollektivsymbolik und Orientierungswissen", in: *Der Deutschunterricht*, 4 (1994), S. 44-55.

McLuhan, Marshall, *Understanding Media*, New York, 1964.

Nevid, Jeffrey S., *Psychology. Concepts and Applications*, Boston, MA, 2009.

Newitz, Annalee, *Pretend We're Dead. Capitalist Monsters in American Pop Culture*, Durham, 2006

Ngai, Sianne, *Ugly Feelings*, Cambridge, MA, 2005.

Nixon, Rob, „The Big Idea Behind MODERN TIMES", auf: Turner Classic Movies, online unter: http://www.tcm.com/thismonth/article/?cid=191513&rss=mrqe, zuletzt aufgerufen am 30.09.2009.

Noll Brinckmann, Christine, „Die weibliche Sicht", in: Ingo Petzke (Hg.), *Das Experimentalfilmhandbuch*, Frankfurt/M., 1989, S. 171-190.

North, Michael, *Machine-Age Comedy*, New York, 2009.

Pavlov, Ivan P., *Conditioned Reflexes: An Investigation of the Physiological Activity of the Cerebral Cortex*, Minneola, New York, 2003. [1927]

Petzke, Ingo, *Das Experimentalfilm-Handbuch*, Frankfurt/M., 1989.

Pierce, W. David/Cheney, Carl D., *Behavior Analysis and Learning*, Mahwah, NJ, 2004.

Schiller, Friedrich, „Etwas über die erste Menschengesellschaft nach dem Leitfaden der mosaischen Urkunde", in: *Thalia. Dritter Band, 11. Heft, 1790*, S. 3-29; online unter: http://de.wikisource.org/wiki/Etwas_über_die_erste_ Menschengesellschaft, zuletzt aufgerufen am 08.08.2008.

Schlemmer, Gottfried (Hg.), *Avantgardistischer Film 1951-1971: Theorie*, München, 1973.

Schlüpmann, Heide, *Unheimlichkeit des Blicks. Das Drama des frühen deutschen Kinos*, Frankfurt/M., 1990.

Dies., *Abendröthe der Subjektphilosophie. Eine Ästhetik des Kinos*, Frankfurt/M., 1998.

Dies., *Öffentliche Intimität. Die Theorie im Kino*, Frankfurt/M., 2002.

Shaviro, Steven, *The Cinematic Body*, Minneapolis, MN, 1993.

Šklosvskij, Viktor, „Die Kunst als Verfahren", in: Jurij Triedter (Hg.), *Russischer Formalismus. Texte zur allgemeinen Literaturtheorie der Prosa*, 5. Aufl., München, 1994, S. 3-35. [Russ. OA 1916 unter dem Titel *Iskusstvo kak priem* veröffentlicht.]

Sobchack, Vivian, *The Address of the Eye. A Phenomenology of Film Experience*, Princeton, NJ, 1992.

Dies., *Carnal Thoughts: Embodiment and Moving Image Culture*, Berkeley, CA, 2004.

Stierle, Karlheinz, „Komik der Handlung, Komik der Sprachhandlung, Komik der Komödie", in: Wolfgang Preisendanz/Reiner Warning (Hg.), *Das Komische. Poetik und Hermeneutik Band VII*, München, 1976.

„The Production of Habit: On Two Conceptions of Difference in Foucault's Discipline and Punish", online unter: http://mediaecologiesresonate.wordpress.com/2008/11/10/the-production-of-habit, veröffentlicht am 10.10.2008.

Thorndike, Edward L., *Animal Intelligence. Experimental Studies*, New Brunswick, NJ, 2000. [1911]

Tinbergen, Nikolaas, *Instinktlehre*, Berlin, 1952.

Winkler, Hartmut, *Diskursökonomie*, Frankfurt/M., 2004.

Tausch, Zirkulation, unsichtbare Hand

GISELA ECKER

UNGESCHRIEBENE REGELN
AUTOMATISMEN UND TABU

1. Ungeschriebene Regeln

Wenn Automatismen als Strukturen gefasst werden, die sich außerhalb geplanter Prozesse und *bottom up* entwickeln, als Strukturen, die Unerwartetes und Überraschendes produzieren, müssen sie dennoch bestimmte Regeln aufweisen, um überhaupt als Strukturen erkennbar und performativ nachvollziehbar zu sein. Häufig handelt es sich dabei – das ist meine erste These – um sogenannte ungeschriebene Regeln. Gebe ich ‚ungeschriebene Regeln' als Terminus in Suchmaschinen ein, so lande ich bei Ratschlägen für Wirtschaftsunternehmen, die zur Steigerung der Effizienz die ungeschriebenen Regeln ihres Betriebs herausfinden sollen, und bei Ausführungen über die ungeschriebenen Regeln von E-Mail-Korrespondenz, von Blogs, von Chats, Kommunikation und so fort, also von emergenten Strukturen, die sich rasch weiterverändern. Es ist sicherlich von Interesse, herauszufinden, wann, durch wen und in welcher Form die Regeln einer neu entstandenen Struktur ‚geschrieben' bzw. explizit ausformuliert werden. Ich benutze mit dem Begriff ‚ungeschrieben' hier eine Schriftmetapher, deren Spannbreite ich so formulieren würde: Am ‚geschriebensten' sind Regeln in Form von Gesetzen (von Moses' Tafeln bis zum BGB), am ‚ungeschriebensten' sind sie, wenn sie in Form von Automatismen funktionieren, wobei natürlich das Trägermedium eine nicht unbedeutende Rolle spielt. Die Achse „ungeschrieben – geschrieben" sagt allerdings nicht zwingend etwas darüber aus, ob Regeln eingehalten werden oder nicht. Und es ist zu unterscheiden, ob Regeln *noch nicht* geschrieben sind, also auf die explizite Benennung noch warten, ob es *nicht nötig* ist, sie zu schreiben, weil sie allen bekannt sind, oder ob sie nicht geschrieben werden *dürfen*, weil sie einen tabuisierten Bereich schützen. Dem Tabu als Modus einer ganz spezifischen Unbewusstheit, die einen Automatismus zusammenhält, soll nun mein Interesse gelten.

Ein Blick auf literarische Texte vermag die Aufmerksamkeit zu schärfen. Ihnen gelingt es, in erlaubt übertriebener Form Automatismus, ungeschriebene Regeln und unbewusste Kontrolle zusammenzubinden. So beginnt Martin Becker seine skurrilen und provokativen Erzählungen über die Provinz mit folgenden Sätzen: „Das Schlimmste hier sind die ungeschriebenen Gesetze, das Allerschlimmste aber die, über die niemand spricht. Eines davon heißt: Wer dableibt, der schafft sich Hunde an. Und ein anderes: Wer es nicht schafft, wegzukommen, geht auf den Dachboden und hängt sich auf."[1] Und schließlich kommt er noch „zum ungeschriebensten Gesetz: Spar dir die Wahrheit!"[2]

2. Gabentausch: Automatismus der Praxis

Mein Interesse in diesem Beitrag geht nun nicht in Richtung von rasch und spontan emergierenden Strukturen, sondern es richtet sich auf kulturelle Automatismen, auf Denk- und Handlungsmuster, die von ausgesprochen langer Dauer sind. Solche langlebigen Automatismen sind im Bereich sozialer Handlungsmuster und alltagsbezogener Denkschemata zu finden, sie liegen im Bereich von Sexualität, von emotionalen Schemata, von Stereotypenbildung. Auf den ersten Blick mag es verwundern, dass solche Muster ebenfalls nach ungeschriebenen Regeln ablaufen, da ja Zeit genügend gewesen wäre, sie zu codifizieren. Gerade die Langlebigkeit solcher Automatismen – so meine zweite These – lässt darauf schließen, dass es Hinderungsgründe für die Codifizierung gibt, dass wir es möglicherweise mit Regeln zu tun haben, die nicht geschrieben werden *dürfen*. Der Gabentausch ist ein klassisches Gebiet, auf dem soziale Automatismen besonders wirkungsvoll zum Tragen kommen; das wissen wir spätestens seit Marcel Mauss' diskursbildendem *Essai sur le don*[3] aus dem Jahr 1924.

Die ungeschriebenen Regeln des Gabentauschs lassen sich in folgender Liste umreißen:

1. Nimm die Gabe an.
2. Sei dankbar und zeige deine Dankbarkeit.
3. Erwidere die Gabe.

Letztere Regel ist mit einer ganzen Reihe von Einschränkungen versehen, unter anderem:

a) Gib deine Gegengabe nie sofort, sondern lasse eine angemessene Zeit verstreichen, bevor du die Gabe erwiderst; der Zeitraum ist dabei weder unbestimmt noch endlos aufschiebbar.

b) Die Gegengabe darf nicht das gleiche oder gar selbe Ding sein.

c) Versuche, eine Gegengabe von ungefähr gleichem Wert zu geben, aber

d) sprich nie über Geld (plumper gesagt: entferne das Preisschild).

Während diese Regeln die Praxis bestimmen (Varianten natürlich einbezogen), die nach den formulierten Regeln quasi selbstgesteuert abläuft, existiert gleichzeitig im kollektiven Denken und nicht nur dort eine Auffassung von Gabe, nach der die eingegangenen Verpflichtungen, nämlich zur Annahme, zur Dankbarkeit und vor allem zur Gegengabe, verdrängt werden. Und darü-

---

[1] Martin Becker, *Ein schönes Leben*, München, 2007, S. 11.
[2] Ebd.
[3] Marcel Mauss, *Die Gabe. Form und Funktion des Austauschs in archaischen Gesellschaften*, Frankfurt/M., 1990. [1924]

ber hinaus: Gaben gelten als grundsätzlich uneigennützig, als freiwillig, als frei von Bedingungen. Der Geber/die Geberin handelt, als ob sie oder er nicht damit rechne, dass eine Gabe erwidert wird. Gaben tragen eine Menge idealisierender Konnotationen mit sich, die Freiheit über Verpflichtung stellen und Großzügigkeit über Spielarten von Berechnung und vieles mehr. Es tut sich eine Schere auf zwischen dem, was sich tatsächlich im Vollzug ereignet und dem Wunschmodell und Denkmuster Gabe, so wie es im Kontext der ‚westlichen' Kulturen existiert. Ganz besonders auffällig ist, dass die Regeln des Gabentauschs nicht nur explizit nicht codiert sind, sondern es treten regelmäßig ganz bestimmte Leerstellen auf, im Sinn von Zusammenhängen, die nicht artikuliert werden. Die Regeln, um bei unserem Begriff zu bleiben, sind nicht nur ungeschrieben, sondern sie scheinen nicht geschrieben werden zu *dürfen*, damit die Gabe nach einem Wunschmodell aufgefasst und performativ umgesetzt werden kann. Nehmen wir ein ganz banales Beispiel: Ich nehme eine Gabe meiner Gäste – sagen wir mal einen Dekoartikel – an und bedanke mich herzlich, auch wenn er mir nicht gefällt. Ich stecke den Gegenstand zwar zunächst weg, aber wenn die Geber wieder zu Besuch kommen, stelle ich ihn auf die Fensterbank. Ich handle, als ob ich durch die Annahme eine Verpflichtung eingegangen wäre und mache mir daraufhin Gedanken über eine angemessene, im Wert äquivalente Gegengabe. Die empfangenden Partner nehmen diese dann wie eine Überraschung an, obwohl sie wissen, dass ich mit der Annahme des Geschenks eine Verpflichtung eingegangen bin. Genauso wird/soll der Empfänger einer solchen Gabe in der Regel handeln. Ich handle so wie im (Fall-)Beispiel skizziert, weil ich die Beziehung zu den Gebern nicht riskieren möchte. Nach dem Wesen der Gabe befragt, würde ich (wenn ich mich nicht schon so lange mit ihr befasst hätte) von Akten der Großzügigkeit sprechen. Ein solcher Automatismus in der Performanz ist, wie wir sehen, einerseits durch grundsätzliche, nicht explizit benannte Ambivalenzen gezeichnet, gleichzeitig aber ist er einem von Ambivalenzen gereinigten benennbaren Denkmodell verpflichtet. Der Soziologe Pierre Bourdieu, der sich vielfach mit dem Gabentausch auseinandergesetzt hat, spricht von einem „Tabu der expliziten Formulierung"[4] und versteht den Gabentausch als eine Praktik, bei der es „stets zwei Wahrheiten gibt"[5], und zwar als eine Praktik, innerhalb derer immer Handeln und Verschleiern Hand in Hand gehen.

---

[4] Pierre Bourdieu, *Praktische Vernunft. Zur Theorie des Handelns*, Frankfurt/M., 1998, S. 165. Vgl. auch ders., „Marginalia – Some Additional Notes on the Gift", in: Alan Schrift (Hg.), *The Logic of the Gift. Toward an Ethic of Generosity*, New York, London, 1997, S. 231-241.
[5] Ebd., S. 164.

3. Gabentausch: idealisierende Modelle

Bevor wir der Frage nachgehen, was denn im Einzelnen verschleiert werden soll und mit welchen Mechanismen dies erfolgt, erscheint es interessant, einen Blick auf die wichtigsten Gabentheorien zu werfen und sie auf das beschriebene Doppelgesicht der Gabe hin zu befragen. Die Theorien selbst sind nämlich häufig ebenfalls von Ambivalenzen gekennzeichnet, oder sie halten an dem Wunschmodell der ‚reinen' Gabe fest, das sich, wie wir gesehen haben, durch die Praxis nicht immer bestätigen lässt. Marcel Mauss zum Beispiel zeichnet in seinem berühmten *Essai sur le don*[6] einerseits ein Bild von Verpflichtung und – auf den Spezialfall des Potlatsch bezogen – von kalkulierender Überbietung, andererseits aber entwerfen seine „moralischen Schlussfolgerungen"[7] die Vision einer besseren, von Gaben bestimmten Welt. Jean Starobinskis einflussreicher Band *Gute Gaben, schlimme Gaben. Die Ambivalenz sozialer Gesten*[8] trägt die Ambivalenz schon im Titel vor, ebenso der 2001 erschienene zweisprachige Band *Il dono. The Gift. Offerta ospitalità insidia. Generous Offerings. Threatening Hospitality*[9]. Maurice Godeliers *Das Rätsel der Gabe*[10] spielt mit dem ‚offenen Geheimnis', auf das ich später noch zu sprechen komme und fordert eine Rückkehr zur Solidarität. Die Anthologie von Alan Schrift mit dem Titel *The Logic of the Gift*, die auch einen eigens für jenen Band geschriebenen Text Bourdieus enthält, insistiert im Untertitel *Toward an Ethic of Generosity* auf der klassischen utopischen Sichtweise, die der Band selbst wiederum nicht aufrecht erhalten kann[11], und gerade eben ist, mit viel Lob versehen, die Übersetzung von Lewis Hydes diffus-pathetischer Hymne auf die Gabe aus dem Jahr 1983 erschienen: *The Gift. Imagination and the Erotic Life of Property*[12], deutsch *Die Gabe. Wie Kreativität die Welt bereichert*. Diskutiert wird regelmäßig der Idealfall der ‚reinen Gabe', eine Idealität, die sich gegen das Kalkül der Warenwelt stellt und die Freiheit und Freizügigkeit gegen verpflichtende Zwänge postuliert. Und noch Derridas Schriften zur Gabe, allen voran *Falschgeld*[13], die in ihrer Mehrdeutigkeit nicht zu reduzieren sind, spielen mit der hypothetisch ‚reinen Gabe'; „wenn es sie gibt"[14], ist eine der

---

[6] Mauss (1990), *Die Gabe*.
[7] Vgl. ebd., S. 157-183.
[8] Jean Starobinski, *Gute Gaben, schlimme Gaben. Die Ambivalenz sozialer Gesten*, Frankfurt/M., 1994.
[9] *Il dono. The Gift. Offerta ospitalità insidia. Generous Offerings. Threatening Hospitality*, hg. v. Maraniello, Gianfranco/Risaliti, Sergio/Somaini, Antonio, Mailand, 2001.
[10] Maurice Godelier, *Das Rätsel der Gabe. Geld, Geschenke, heilige Objekte*, München, 1999.
[11] Alan Schrift (Hg), *The Logic of the Gift. Toward an Ethic of Generosity*, New York, London, 1997.
[12] Lewis Hyde, *The Gift. Imagination and the Erotic Life of Property*, New York, 1983. Dt. Übersetzung: *Die Gabe. Wie Kreativität die Welt bereichert*, Frankfurt/M., 2008.
[13] Jacques Derrida, *Falschgeld. Zeit geben I*, München, 1993.
[14] Vgl. ebd., S. 17: „Aber ist die Gabe, wenn es sie gibt, nicht auch gerade das, was die Ökonomie unterbricht?"

beständig wiederholten Redeformeln des Autors. Auf ihre spezifische Weise nehmen die meisten theoretischen Texte über die Natur der Gabe – Bourdieu einmal ausgenommen – Teil an dem umfassenden Prozess der Euphemisierung, der den Traum von einer nicht-ökonomischen Form gesellschaftlicher Existenz nährt.

4. Zeit als Dimension des Gabentauschs

Als Dreh- und Angelpunkt des Gabentauschs gilt die Zeit, die zwischen dem Empfang einer Gabe und dem Erwidern durch eine Gegengabe zu verstreichen hat; diese ist eine der unhintergehbaren ungeschriebenen Regeln, mit denen sich die Gabe von anderen Tauschformen unterscheidet. (Der Titel der französischen Originalversion von Derridas Studie zur Gabe lautet: *Donner le temps*; in der deutschen Ausgabe ist er zum Untertitel geworden). Simplifiziert ausgedrückt: Wenn ich eine Gabe erhalte, kann ich nicht sofort zur Gegengabe schreiten. Die Spanne kann sehr unterschiedlich lang sein und rituellen Verläufen folgen (etwa bei Geschenken zu Festen und Geburtstagen) – im Jenseits, durch eine höhere Instanz und nach einer sehr viel längeren imaginierten Zeitspanne. Für Bourdieu erlaubt die Zeit Einlass dessen, was er als die „gelebte Dualiät" der Gabe bezeichnet, denn die verstreichende Zeit bringt Unsicherheit mit sich, birgt das Risiko, dass eine Gabe nicht oder falsch erwidert wird. Der Wissenschaft wirft er vor, sie unternähme eine „mechanische Verkettung von Pflichthandlungen"[15], ohne die Effekte der Zeitspanne einzubeziehen:

> Die „Zyklen der Wechselseitigkeiten" als mechanisches Räderwerk von Praktiken der Pflichtschuldigkeit gibt es nur in der Sicht des allwissenden und allgegenwärtigen Betrachters, der sich mit seiner Wissenschaft der *Sozialmechanik* in die verschiedenen Zeitpunkte des „Zyklus" hineinversetzen kann: in Wirklichkeit kann aber das Geschenk durchaus ohne Gegengeschenk bleiben, wenn man einen Undankbaren beschenkt, es kann als Beleidigung zurückgewiesen werden, sofern es die Möglichkeit der Wechselseitigkeit, also die Dankbarkeit unterstreicht oder gar einfordert.[16]

Nimmt man die Zeit ernst, die notwendig zwischen Gabe und Gegengabe verstreichen muss, eröffnet sich in der Tat eine immense Variationsbreite von Möglichkeiten: Sie reicht von der zurückgewiesenen bis zur nicht erwiderten Gabe, sie lässt versteckte Täuschungen zu, sie geht davon aus, dass nicht immer die erwartete Dankbarkeit und Verpflichtung eintritt. Es ergibt sich ein – nach den Vorgaben der jeweiligen Kultur eingeräumter – Spielraum, eine „permanente Ungewissheit"[17], ein Spielraum der „beobachtbaren Praktiken

---
[15] Pierre Bourdieu, *Sozialer Sinn. Kritik der theoretischen Vernunft*, Frankfurt/M. 1993, S. 48.
[16] Ebd., S. 181.
[17] Ebd.

[...], die durch ihre zugleich unerschöpfliche Vielseitigkeit und offenbare Zwangsläufigkeit verblüffen"[18], wie Bourdieu erklärt. In den Vordergrund wird dabei die Performanz der Gaben gerückt, die von den *Effekten* und nicht von den Intentionen ausgeht. Auch eine gut gemeinte Gabe kann nicht geplante Effekte nach sich ziehen. Michael Wetzel nimmt hier eine sehr viel rigorosere Position ein, denn für ihn ist „jede Gabe [...], unabhängig vom Wollen des Schenkenden, ein Danaergeschenk, dessen sich der Beschenkte nicht bedingungslos erfreuen kann, sondern das ihn zu bestimmten Verpflichtungen, Reaktionen und Gegenreaktionen zwingt: das seine *Revanche* herausfordert."[19]

5. Tabu

Zurück zur Frage nach dem Tabu, also danach, was im Einzelnen verschleiert werden soll und aus welchen Gründen. Nach Bourdieu arbeiten beide, „der Gebende und der Empfangende, ohne es zu wissen, gemeinsam an einer Verschleierung [...], die der Verneinung der Wahrheit des Tauschs dient, jenes *do ut des*, das die Vernichtung des Gabentauschs wäre."[20] Wenn man genauer hinsieht, lässt sich erkennen, dass alles das nicht anerkannt oder benannt wird, was die Gabe in die Nähe ökonomischer Tauschverhältnisse rücken könnte. Die Gabe muss kategorial unterschieden sein vom ökonomischen Austausch. Kalkül, das Denken in Wertäquivalenzen und in Dimensionen, die präzise Vergleichbarkeiten über die Vermittlung einer Währung herstellt (also dass die Gegengabe ungefähr gleichwertig sein soll), wird ausgeblendet. Ich zitiere Bourdieu: „Der individuellen *self-deception* [...] liegt eine kollektive *self-deception* [er benützt auch im französischen Text das englische Wort, G. E.] zugrunde, eine echte *kollektive Verkennung*."[21] „Tabus wirken von innen heraus und werden nicht wie ein Verbot als von außen gesetzt erlebt [...], als ganz natürliche Verhaltensweisen"[22], so die Tabuforschung: „Direkte Verbote und die damit verbundenen Regeln sind immer *diskursiv* bzw. Ergebnis gesellschaftlicher Diskurse – Tabus hingegen haben die Neigung sich Diskursen zu entziehen und sind daher ihrem Wesen nach eher *intuitiv*."[23] Natürlich wissen die Empfänger um die Verpflichtungen, die mit der Annahme einer Gabe entstehen, doch ist der explizite Ausdruck dieses Wissens tabu. Nicht einmal der Potlatsch mit seiner Struktur der Überbietung im Sinne des Machtzugewinns

---

[18] Ebd., S. 183.
[19] Michael Wetzel, „Danaergeschenke. Von der Gastfreundschaft zum Geist der Gabe", in: Wolfgang Pircher (Hg.), *Das Fremde – der Gast*, Wien, 1993, S. 73-94: 80. [Herv. i. O.]
[20] Bourdieu (1998), *Praktische Vernunft*, S. 164.
[21] Ebd., S. 165. [Herv. i. O.]
[22] Hartmut Schröder, „Phänomenologie und interkulturelle Aspekte des Tabus – Ein Essay", in: Tzveta Sofronieva (Hg.), *Verbotene Worte. Eine Anthologie*, München, 2005, S. 287-314: 295.
[23] Ebd., S. 296. [Herv. i. O.]

und der Unterwerfung des Gegners würde funktionieren, wenn er ohne die fingierte Großzügigkeit auskommen müsste, die eine ostentative Verschwendung und Freigebigkeit suggeriert. Der Mechanismus der Verkennung führt interessanterweise auch dazu, dass die Dimension der Kontingenz überbetont wird, zum Beispiel, wenn regelmäßig eine Gegengabe als Überraschung verstanden wird. Vieles davon rührt an die Unentschiedenheit des Maßes in Gaben und Gegengaben, das sich in der tabuisierten Zone befindet. So sieht Wetzel „die soziologische Würdigung der Gabe als tauschabstraktiver Garant von Gleichheit" als Selbsttäuschung: „Gaben sind immer schon Danaergeschenke kraft der *unentscheidbaren Maßlosigkeit* aller Dosierungen des Gebens. Es bleibt immer die Doppeldeutigkeit eines *pharmakon*, das als Droge entsprechend der *Dosis* einerseits Heilmittel, andererseits Gift sein kann."[24] Doch, wie noch zu zeigen sein wird, kommt es nicht nur auf die *Dosis* an, wenn man versucht, die soziale Wirksamkeit des Doppelgesichts von Gabe zu würdigen.

Dass sich Tabus einer eindeutigen Definition entziehen, wissen wir. Man kann ein spezifisches Tabu, also ein „kulturelles Verbot, etwas zu tun oder über etwas zu sprechen" (ich verwende hier eine Lexikondefinition[25]), nur umschreiben oder vage klassifizieren, denn es manifestiert sich in der Performanz der Unterlassung und des Verschweigens. Für Freud sind Tabus das „Resultat einer Gefühlsambivalenz"[26]: Tabus stammen von „*ambivalenten* Regungen und Tendenzen, wobei sie [...] gleichzeitig dem Wunsche wie dem Gegenwunsche entsprechen"[27], wie er mehrfach in seinem Essay *Totem und Tabu* hervorhebt. Auch zu dem, was wir hier unter ‚Automatismus' verstehen, äußert sich Freud, wenn er hervorhebt, dass Tabus etwas anderes sind als explizit bestehende Verbote, denn „sie verbieten sich eigentlich *von selbst* [...] entbehren jeder Begründung; [...] für uns unverständlich, erscheinen sie jenen *selbstverständlich*, die unter ihrer Herrschaft stehen."[28] Wichtig sind mir hier die beiden Formulierungen „von selbst" und „selbstverständlich". Gerade dadurch, dass Tabus sich als nicht zu begründende geben, verweisen sie auf Geheimnisse, und als solche können sie, wie Braungart vorschlägt, „soziale Ordnung fundieren und aufrechterhalten."[29] Auch hier gibt uns die Sprache wieder wichtige Hinweise, wenn zum Beispiel gesagt wird, Tabus basieren auf ‚still-

---

[24] Wetzel (1993), Danaergeschenke, S. 83; vgl. auch Gisela Ecker, *‚Giftige' Gaben. Über Tauschprozesse in der Literatur*, München, 2008. [Herv. i. O.]
[25] Wolfgang Braungart, „Tabu", in: Reallexikon der deutschen Literaturwissenschaft, Band 3, Berlin, New York, 2003, S. 570-573: 570. Vgl. auch Mary Douglas, Ritual, Tabu und Körpersymbolik. Sozialanthropologische Studien in Industriegesellschaft und Stammeskultur, Frankfurt/M., 1981. [1973]
[26] Sigmund Freud, „Totem und Tabu" [1913], in: *Studienausgabe Band IX*, Frankfurt/M., 1974, S. 287-444: 357.
[27] Ebd., S. 327.
[28] Ebd., S. 311. [Herv. G. E.]
[29] Wolfgang Braungart, „Tabu, Tabus. Anmerkungen zum Tabu ‚ästhetischer Affirmation'", in: Klaus Ridder/Wolfgang Braungart/Friedmar Apel (Hg.), *Wahrnehmen und Handeln. Perspektiven einer Literaturanthropologie*, Bielefeld, 2004, S. 297-327: 302.

schweigender Übereinkunft', was beide Aspekte, den sozialen, gruppenbildenden Aspekt und ihre Existenz außerhalb expliziter Diskurse, zusammenbindet. In Bezug auf Sexualität zum Beispiel ist dieser Zusammenhang deutlich zu erkennen. So betitelt Heinrich Detering seine Studie über Homosexualität in der Literatur seit Winckelmann mit *Das offene Geheimnis* und folgt der Spur von Automatismen zwischen Verhüllen und Enthüllen. Hartmut Winkler weist darauf hin, dass Tabuisiertes gerade im Bereich der Sexualität auf Zeichen übertragen werden kann, die dieses verschlüsselt transportieren.[30] Wenn wir nach entsprechenden, das Geheimnis transportierenden Zeichen im Gabentausch suchen, so finden wir sie in einer Fülle von feststehenden Redensarten und Sprichwörtern, wie „Einem geschenkten Gaul schaut man nicht ins Maul", „Geben ist seliger denn Nehmen" oder „Geschenke bringen Ränke"[31].

Die Benennung eines Tabus selbst wiederum ist eine Setzung, denn das Tabu hat ja keinen Namen. Die Setzung ist von dem Rahmen bestimmt, in den ein Tabu gestellt wird. Für die Gabe könnte man drei Vorschläge machen, die sicherlich ergänzungsbedürftig sind: 1. Gaben schaffen soziale Bindungen (auf vielen gesellschaftlichen Ebenen), die durch genau dieses Zusammenspiel von impliziter Verpflichtung und demonstrativer Großzügigkeit gefestigt werden und nicht riskiert werden dürfen, indem die Verpflichtung und die entstehenden Abhängigkeiten ins Licht gerückt werden; 2. Gaben verschleiern (nach Bourdieu und anderen) soziale Asymmetrien und Machtinteressen, die sich einer Offenlegung verweigern, und schließlich 3., der Gabentausch kann als ein großes kollektives Phantasma gesehen werden, das uns immer wieder zu bestätigen hat, dass es etwas außerhalb einer kapitalistischen Ordnung gibt, er ist Garant einer An-Ökonomie mit einem ganzen Set von alternativen Werten. Sagen wir es mit den Worten von Godelier, welcher der Gabe – in seinem Nachwort, wohlgemerkt – eine solche Wertsetzung zuschreibt:

> [I]m Imaginären der Individuen und der Gruppen präsentiert sie sich ein wenig wie das geträumte Gegenteil, wie der „umgekehrte Traum" der auf Gewalt, Interesse, Manipulation und Unterwerfung gegründeten Beziehungen, die von den Warenbeziehungen und dem Profitstreben einerseits, den politischen Beziehungen, der Eroberung und der Ausübung von Macht andererseits impliziert werden. Indem sich die Gabe „ohne Berechnung" idealisiert, fungiert sie im Imaginären als letzte Zuflucht einer Solidarität [...]. Die Gabe wird zur Trägerin von Utopie.[32]

---

[30] Vgl. Heinrich Detering, *Das offene Geheimnis. Zur literarischen Produktivität eines Tabus von Winckelmann bis zu Thomas Mann*, Göttingen, 1994. Vgl. dazu auch Hartmut Winkler, *Basiswissen Medien,* Frankfurt/M., 2008, S. 305: „Bestimmte Gehalte werden auf der Oberfläche der Produkte nicht geduldet. Sie unterliegen gesellschaftlichen Tabus. Von der Sexszene, die nicht gezeigt wird, schwenkt die Kamera aufs Kaminfeuer." Im Film *Celluloid Closet* zum Beispiel werden solche subtile Bildmetaphern und Subtexte aufgedeckt.

[31] Vgl. zum Beispiel diese und viele weitere Eintragungen in: Karl Simrock (Hg.), *Die deutschen Sprichwörter*, Stuttgart, 2000, S. 1988.

[32] Godelier (1999), *Das Rätsel der Gabe*, S. 292.

Auf der dritten Ebene, derjenigen der Konstruktion einer phantasmatischen Qualität, ist gegenwärtig die wissenschaftliche Auseinandersetzung mit dem Thema ausgesprochen lebhaft. Das heißt, dass wir uns gegenwärtig in einer Phase einer als dringlich eingeschätzten Besinnung auf Solidarität und vergleichbaren persönlichen und politischen Werten befinden – das erklärt die Konjunktur von Gabentexten – und dass in dieser Situation die Gabe mitsamt den an sie gehefteten Visionen herhalten muss. Wenn sie allerdings ein solches generalisiertes Versprechen nicht einhalten kann – die Gründe sind, denke ich, offensichtlich geworden – ist es angebracht, eine angemessenere Definition von Gabe zu reflektieren.

Ich fasse noch einmal zusammen: Explizit formuliert und formulierbar ist das Wunschmodell von Gabe; jeder kann über Großzügigkeit, Selbstlosigkeit, Freiwilligkeit als Regel der Gabe etwas sagen. Nicht formuliert ist der Automatismus dessen, was in der Praxis abläuft, weil es Anteile des Ökonomischen, der Berechnung, der asymmetrischen Beziehungen beinhalten kann und meist auch beinhaltet. Gegen die phantasmatische Konstruktion könnte man halten, dass erst die Kombination von beidem, dem Wunschmodell und den möglichen Formen der Berechnung, die Gabe konstituiert. Erst wenn wir Strukturen des Automatismus in unsere Überlegungen einbeziehen, wird dies einsehbar.

6. Konsequenzen

Welche Konsequenzen ergeben sich nun aus der Einsicht, dass im Automatismus des Gabentauschs ein Tabu wirksam ist, das gerade durch das Funktionieren des Automatismus als solches aufrecht erhalten wird? Wenn man sich denjenigen zuschlägt, die mit einem im Grunde aufklärerischen Gestus fordern, dass Tabus abgeschafft werden sollen, indem man sie ans Licht bringt, wenn man also den Stimmen folgt, die fordern, das Tabu auszusprechen, somit aus ungeschriebenen Regeln geschriebene zu machen und die Tabus ihrer Wirksamkeit zu berauben, dann befindet man sich fast automatisch in der Gruppe derjenigen, die der Utopie der ‚reinen‘, ‚ungiftigen‘ Gabe anhängen und mit der Abschaffung der durch das Ökonomische kontaminierten Gabe endlich bei ihrem Ideal ankommen möchten. Dagegen sprechen viele Soziologen und Anthropologen, darunter auch zum Beispiel Mary Douglas, die erklären, dass Tabus gesellschaftskonstituierend sind und dass auf die Abschaffung eines Tabus die Errichtung von neuen folgt. Gerade weil Tabus nicht diskursiv begründet werden, „können sie gesellschaftliche Traditionen und Werte, aber auch gesellschaftliche Geheimnisse schützen, soziale Ordnung fundieren und aufrechterhalten."[33] Nehmen wir diese Position ernst, können wir – aufgrund der dargelegten Zusammenhänge – formulieren, dass die Gabe gerade im Span-

---

[33] Braungart (2004), Tabu, Tabus, S. 302.

nungsverhältnis zwischen Ökonomie und An-Ökonomie funktioniert, und zwar indem sie in ihrer Performanz einerseits Aspekte des Ökonomischen (wie Äquivalenz, Verpflichtung etc.) integrieren kann, diese aber konsequent aus ihrer expliziten Formulierung ausblendet. Nichts wäre gewonnen, wenn wir ‚normal' Gebende und Empfangene als Scheinheilige und Heuchler brandmarken würden und die sogenannte Heuchelei ausmerzen wollten. Und wenig wäre gewonnen, wenn man jede Gabe mit einem grundsätzlichen Verdachtsmoment belegt. Es gilt, auch über Bourdieu noch einen Schritt hinausgehend, gerade die Doppelgesichtigkeit der Gabe anzuerkennen. Die Zeitdifferenz als konstituierendes Merkmal der Gabe bleibt Voraussetzung dafür, dass die benannten Verschleierungen möglich sind. Auch sind ‚reine' Gaben („wenn es sie gibt") innerhalb des gesamten Spannungsverhältnisses nicht im Geringsten ausgeschlossen, sie ereignen sich, sie sind aber nicht vorhersehbar, nicht definierbar, nicht programmierbar, und sie hängen über ihre Unfassbarkeit eng mit dem einer Verschleierung entgegenkommenden Zeitaspekt der Gabe zusammen. Mit Bezug auf grundsätzliche Wirkungsweisen von Automatismen würde ich nun nicht so weit gehen zu behaupten, dass dauerhaft existierende kulturelle Automatismen zwingend etwas mit Tabus zu tun haben; dafür muss noch viel weitere Forschung eingesetzt werden. Strukturelle Korrespondenzen allerdings legen nahe, jeweils nach entsprechenden Zusammenhängen zu fragen, denn wir haben am Beispiel der Gabe gesehen, dass Automatismen Tabus überspielen[34] können und damit gleichzeitig ihre Wirkung sichern. Die ungeschriebenen Regeln persistierender Automatismen korrespondieren mit der ‚stillschweigenden Übereinkunft' von Tabus und halten damit ein komplexes Spiel zwischen Wissen und Sagen im Schwebezustand.

7. Ausblick: Literatur und Tabu – Literatur und Automatismus

Auf dem Spielfeld von Literatur finden sich, so das Ergebnis meiner eigenen Forschungen[35], zuhauf ‚unreine' Gaben, die ihr Kalkül nicht verleugnen und trotzdem nicht verworfen werden, sondern als Gaben sehr wohl funktionieren. Es gibt Gaben, die im Karussell des zirkulierenden Gabentauschs wieder zum Geber zurückkehren wie zum Beispiel in einer satirischen Erzählung von Kishon[36]; es gibt Gaben ohne Dankbarkeit und Dankbarkeit ohne Gaben wie bei Jane Austen[37], es gibt demütigende Almosen, zurückgewiesene Gaben, tücki-

---

[34] Hier müsste man noch genauer hinsehen und die Frage verfolgen, ob mit ‚überspielen' nicht vielleicht ein Modus erfasst werden könnte, der von einem Teilwissen um die tatsächlichen Zusammenhänge ausgeht und nicht von der Idee einer Kontrolle durch ein Tabu.
[35] Vgl. Ecker (2008), ‚Giftige' Gaben.
[36] Ephraim Kishon, „Ringelspiel", in: ders., *Kishons beste Familiengeschichten. Satiren*, München, 1975, S. 265-266.
[37] Jane Austen zeichnet einen Typus von jungen Frauen ohne ökonomischen Rückhalt, die als eine ihrer charakterlichen Ausstattungen Dankbarkeit ohne Begründung durch eine bereits

sche Geschenke, listig berechnende Gaben, die kalkulatorisch präzise eingesetzt werden wie zum Beispiel bei Balzac[38], und es gibt hemmungslose Verausgabungen. Solche Gaben halten das Erzählen am Laufen, ermöglichen Plots, die gleichzeitig Charaktertypen und Gesellschaftsformen kommentieren. Auch wenn in der Literatur sehr oft mit krassen Übertreibungen und Verzerrungen gearbeitet wird, besitzen die Gaben dort einen hohen Wiedererkennungswert als Alltagserfahrungen, um in narrativen Plots überhaupt funktionieren zu können. Ausgestellt werden gerade die Ambivalenzen des Gabentauschs, wenn zum Beispiel Saul Bellows Protagonist in *The Bellarosa Connection*[39] ein Leben lang dem Wohltäter nachstellt, um ihm zu danken, dieser jedoch den Dank nicht annehmen will, wenn Henry James' „golden bowl" „a ricordo of nothing"[40] genannt wird oder die zweite Hälfte des Mantels vom heiligen Martin[41] eingefordert wird.

Mit welchem Begriff von Literatur arbeiten wir, wenn wir mit solchen Gaben umgehen und aus ihnen Rückschlüsse ziehen wollen? Führen literarische Texte und künstlerische Präsentationen Automatismen bruchlos fort? Werden Automatismen über diese Medien weiter eingeübt, oder halten uns die Übertreibungen einen Spiegel vor, der Automatismen durchbricht, Tabus entschleiert und entkräftigt?

Beides, Entautomatisierung und Tabukritik wird ja als eine der Domänen der Literatur bzw. der Künste im Gefolge von Modernisierungsprozessen seit dem 20. Jahrhundert gesehen (angebahnt allerdings in der „Originalitäts- und Genieästhetik des 18. Jahrhunderts"[42]). Dies in vielerlei Variationen, angefangen beim poetologisch normativ formulierten Programm des Russischen Formalismus, der Entautomatisierung als spezifische Aufgabe der Künste postuliert hatte, lebhaft weitergeführt bis hin zum impliziten Literaturbegriff des zeitgenössischen Feuilletons. Dort wird regelmäßig die Risikobereitschaft literarischer Texte hervorgehoben, ihre Fähigkeit, nicht Ausgesprochenes zu formulieren, Habitualisiertes zu enthabitualisieren. Ob durch Thematisierung in

---

empfangene Gabe mit sich führen, was sie regelmäßig als mögliche Kandidatinnen für eine Heirat auszeichnet. Vgl. dazu Ecker (2008), ‚Giftige' Gaben, darin das Kapitel „Dankbarkeit als Disposition: Jane Austens Heldinnen", S. 69-92.

[38] Honoré de Balzac, der große französische Romanautor des 19. Jahrhunderts, versuchte mit seinem ausladend angelegten Entwurf der *Comédie humaine* ein umfassendes Sittenbild, eine Gesellschaftsstudie seiner Zeit zu zeichnen und geht in vielfältigster Weise auf Situationen und Exzesse des Gabentauschs ein. Hier wird ein Wissen transportiert, das sich in theoretischen Texten noch nicht findet.

[39] Saul Bellow: *The Bellarosa Connection*, New York, 1989.

[40] Henry James: *The Golden Bowl*, Harmondsworth, 1966, S. 101. [1904]

[41] Vgl. Ilse Aichinger, „Nachruf", in: dies., *Verschenkter Rat. Gedichte*, Frankfurt/M., S. 60. „Gib mir den Mantel, Martin, // aber geh erst vom Sattel // und laß dein Schwert, wo es ist, // gib mir den ganzen."

[42] Braungart (2004), Tabu, Tabus, S. 301.

den Künsten gleich ein Prozess der Enttabuisierung eingeleitet wird oder ein Tabu gar aufgelöst wird[43], ist eine Frage, die einer gesonderten Studie bedarf.

Literatur:

Aichinger, Ilse, „Nachruf", in: dies., *Verschenkter Rat. Gedichte*, Frankfurt/M., S. 60.
Becker, Martin, *Ein schönes Leben*, München, 2007.
Bellow, Saul, *The Bellarosa Connection*, New York, 1989.
Bourdieu, Pierre, *Sozialer Sinn. Kritik der theoretischen Vernunft*, Frankfurt/M., 1993.
Ders., *Praktische Vernunft. Zur Theorie des Handelns*, Frankfurt/M., 1998.
Ders., „Marginalia – Some Additional Notes on the Gift", in: Alan Schrift (Hg.), *The Logic of the Gift. Toward an Ethic of Generosity*, New York, London, 1997, S. 231-241.
Braungart, Wolfgang, „Tabu", in: *Reallexikon der deutschen Literaturwissenschaft*, Band 3, Berlin, New York, 2003, S. 570-573.
Ders., „Tabu, Tabus. Anmerkungen zum Tabu ‚ästhetischer Affirmation'", in: Klaus Ridder/Wolfgang Braungart/Friedmar Apel (Hg.), *Wahrnehmen und Handeln. Perspektiven einer Literaturanthropologie*, Bielefeld, 2004, S. 297-327.
Derrida, Jacques, *Falschgeld. Zeit geben I*, München, 1993.
Detering, Heinrich, *Das offene Geheimnis. Zur literarischen Produktivität eines Tabus von Winckelmann bis zu Thomas Mann*, Göttingen, 1994.
Douglas, Mary, *Ritual, Tabu und Körpersymbolik. Sozialanthropologische Studien in Industriegesellschaft und Stammeskultur*, Frankfurt/M., 1981. [1973]
Ecker, Gisela, *‚Giftige' Gaben. Über Tauschprozesse in der Literatur*, München, 2008.
Freud, Sigmund, „Totem und Tabu" [1913], in: *Studienausgabe Band IX*, Frankfurt/M., 1974, S. 287-444.
Godelier, Maurice, *Das Rätsel der Gabe. Geld, Geschenke, heilige Objekte*, München, 1999.
Hyde, Lewis, *The Gift. Imagination and the Erotic Life of Property*, New York, 1983. Dt. Übersetzung: *Die Gabe. Wie Kreativität die Welt bereichert*, Frankfurt/M., 2008.
Il dono. The Gift. Offerta ospitalità insidia. Generous Offerings. Threatening Hospitality, hg. v. Maraniello, Gianfranco/Risaliti, Sergio/Somaini, Antonio, Mailand, 2001.
James, Henry, *The Golden Bowl*, Harmondsworth, 1966. [1904]
Kishon, Ephraim, „Ringelspiel", in: ders., *Kishons beste Familiengeschichten. Satiren*, München, 1975, S. 265-266.
Mauss, Marcel, *Die Gabe. Form und Funktion des Austauschs in archaischen Gesellschaften*. Frankfurt/M., 1990. [1924]
Schrift, Alan (Hg.), *The Logic of the Gift. Toward an Ethic of Generosity*, New York, London, 1997.
Schröder, Hartmut, „Phänomenologie und interkulturelle Aspekte des Tabus – Ein Essay", in: Tzveta Sofronieva (Hg.), *Verbotene Worte. Eine Anthologie*, München, 2005, S. 287-314.

---

[43] Ebd., S. 303: „Womöglich verstärken die Künste sogar den Schrecken und so das Bedürfnis nach Tabuisierung."

Simrock, Karl (Hg.), *Die deutschen Sprichwörter*, Stuttgart, 2000.
Starobinski, Jean, *Gute Gaben, schlimme Gaben. Die Ambivalenz sozialer Gesten*, Frankfurt/M., 1994.
Wetzel, Michael, „Danaergeschenke. Von der Gastfreundschaft zum Geist der Gabe", in: Wolfgang Pircher (Hg.), *Das Fremde – der Gast*, Wien, 1993, S. 73-94.
Winkler, Hartmut, *Basiswissen Medien,* Frankfurt/M., 2008.

BERND BLASCHKE

AUTOMATISMEN UND DAS ENDE DER KOMÖDIE.
TAUSCH, MARKT UND (UN)SICHTBARE HAND ALS MOTIVE IM LACHTHEATER

Die Aufgabe, über ‚*Automatismen*' und über *Tausch, Zirkulation und die unsichtbare Hand* nachzudenken, ist zunächst irritierend. Freilich können, wie wir spätestens seit Niklas Luhmann wissen, Irritationen willkommene, stimulierende Provokationen für Systeme oder Wissenschaftlergehirne sein. So wich meine initiale Irritation einer gewissen Faszination am Zusammenhang von Literatur und Automatismus. Das Abjekte war mir also zum Faszinosum geworden. Und da vermutlich die meisten Geisteswissenschaftler ähnliche Berührungsängste gegen wirtschaftliche Zusammenhänge, gegen Märkte, Geld und Kredite hegen wie gegen Maschinen oder Automatismen, eröffnen sich hier weite Forschungslandschaften, die noch überwiegend unbetreten sind. Solche nahezu unmarkierten Landstriche des Denkens sind beim Lesen und Schreiben stimulierende und ergiebige Terrains.

Zum gegebenen Thema, den kulturellen Modellen des Automatismus und der unsichtbaren Hand, kann der Literaturwissenschaftler etwas über Handlungs- und Schlussmodelle von Komödien beisteuern. Denn hatte nicht Henri Bergson in seiner lebensphilosophischen Studie über *Das Lachen* festgestellt: „Automatismus ist immer etwas Komisches"?[1] Zwar erscheint einem beim eingehenderen Nachdenken und beim Vergleichen mit anderen Theorien der Komik Bergsons Theorie des Lachens selbst arg reduktionistisch, doch ist es richtig, dass die Automatisierung menschlicher Handlungen ebenso wie die Vermenschlichung von Automaten durchaus komisch wirken kann und mithin oft Lachen provozieren. Diesem Zusammenhang werde ich in einem ersten Abschnitt nachgehen, wo ich kurz Bergsons Lachtheorie vorstelle und sie an den berühmten Eingangsszenen aus Charlie Chaplins Film *Modern Times* veranschaulichen werde.

Es wäre freilich nicht sehr weit und nicht sehr tief gedacht, wenn wir es nun beim Aufweis dieses grotesk-komischen Potenzials in Automatisierungsprozessen belassen würden, und wenn zudem die Denkfigur der *unsichtbaren Hand* nur anhand der überaus präsenten und überaus komischen menschlichen und automatisierten Hände Charlie Chaplins auf ihre literaturwissenschaftliche Anwendbarkeit hin erprobt würde. So werde ich also in meinen Schritten zwei bis vier einen weiteren, tiefgründigeren Zusammenhang von Komödie, Tausch

---

[1] Henri Bergson, *Das Lachen*, Meisenheim am Glan, 1948, S. 23.

und unsichtbarer Hand untersuchen. Denn Komödien gewinnen zwar ihr Potenzial des Lachens aus einer Serie von einzelnen komischen, oft automatenhaften Handlungen. Sie werden aber nur dadurch zur Komödie, dass diese einzelnen Szenen des komischen Scheiterns weitgehend harmlos bleiben. Wie von einer unsichtbaren Hand gelenkt, ist im Gattungsgesetz der Komödie das Happy End garantiert: die finale Versöhnung, die Wiederherstellung der im Spielverlauf durch A-Soziaiität bedrohten Ordnung. Oft sind diese großen Handlungsbögen der Komödie im Übrigen durch Tauschprozesse und Kreditprobleme bestimmt. Am Ende vieler Komödien steht gattungstypisch die Hochzeit eines Liebespaars, also der Tausch von Ringen und Treueversprechen. Die Komödie ist *die* literarische oder theatrale Gattung, die in besonderem Maße die Entstehung von Ordnung aus dem Durcheinander vorführt. Die Logik – zumindest der älteren, klassischen – Komödienplots lässt sich formalisieren als Emergenz von Ordnung aus einem Chaos. Dabei wird das komische Chaos – und die Ordnung, die aus diesem Chaos entspringt – meist durch idiosynkratisch egoistisch handelnde Individuen bewirkt.

In seiner 2005 publizierten Habilitationsschrift *Schauspiele des Geldes. Die Komödie und die Entstehung der Marktgesellschaft von Shakespeare bis Lessing* hat Daniel Fulda eine heuristisch überaus anregende Beobachtung formuliert. Fulda behauptet eine Strukturhomologie zwischen dem Handlungsgang der Komödie hin zum glücklichen Ende und dem Marktoptimismus Adam Smiths. Das gute Ende, der Anstieg des Gemeinwohls als Folge egoistischer Markthandlungen wird bei Smith bekanntlich durch das Wirken einer unsichtbaren Hand (als Allegorie für die optimale Aussteuerung von Angebot und Nachfrage durch den Markt) garantiert. In der Komödie sorgt das Gattungsgesetz als unsichtbare Hand für die Aussteuerung divergierender Einzelinteressen und für das glückliche Ende nebst Restitution einer moralischen Ordnung.

Daniel Fulda bemerkt im Übrigen, dass in Adam Smiths Moralphilosophie und Wirtschaftstheorie bei der Transformation der Theodizee in eine Ökonomidizee (also: bei der Rechtfertigung des Marktes und der Tauschwirtschaft als guter, gemeinwohlorientierter Institutionen) auf grundlegende Aspekte der Theatralität zurückgegriffen wird.[2] Theatrale Modelle der Beobachtung und des Rollenwechsels liegen Smiths moralphilosophischer Theorie der Sympathie – als Einfühlung und mithin als einem Rollenwechsel – zugrunde. Und auch das Theorem der unsichtbaren Hand verdankt sich nicht nur Anleihen bei den theologischen Ideen der Theodizee und göttlicher Prädestination, sondern greift zudem auch auf den Gedanken eines göttlichen Beobachters zurück, vor dem sich das weltliche Handelsgeschehen wie vor einem Theaterzuschauer abspielt. Gemäß Daniel Fulda beruhen die Strukturparallelen zwischen dem Marktoptimismus liberaler Wirtschaftstheorie und den Spiellogiken der Komödie nicht nur auf einseitigen thematischen Übernahmen der Theaterleute,

---

[2] Daniel Fulda, *Schauspiele des Geldes. Die Komödie und die Entstehung der Marktgesellschaft von Shakespeare bis Lessing*, Tübingen, 2005, S. 455 ff.

die einen genuin modernen Marktglauben in die Handlungen ihrer Stücke übersetzen. Vielmehr herrsche eine kulturgeschichtlich tiefgründige Ko-Implikation wechselseitiger Anleihen. Der Wirtschaftsdenker Smith nimmt Anschauungsformen des Theaters auf, und die Theaterautoren, Theaterpraktiker und letztlich wohl vor allem auch das Publikum wünschen und produzieren wiederum das gute, sozial-integrative Ende der Schauspiele. So emergieren Homologien zwischen Theorie und Theater im spezifisch neuzeitlichen Glauben an die Selbststeuerung menschlicher Handlungen.[3]

Als Erprobung dieser Fuldaschen Hypothese von Strukturhomologien zwischen der unsichtbaren Hand in freien Märkten und in Komödienhandlungen wird im Folgenden eine weniger bekannte Komödie Lessings (*Der Freygeist*) vorgestellt. In einem zweiten Schritt werden wir Goethes als ‚Tragödie' überschriebenes Meisterwerk *Faust* auf komische Strukturmuster befragen; besonders was die Prologe und den Stückschluss betrifft, an denen die durchaus sichtbare Hand Gottes die *Faust*-Handlung rahmt und (zum guten Ende) prädestiniert. Als drittes Paradigma werde ich die drei Wirtschaftsdramen Hermann Brochs aus den 1930er Jahren vorstellen. Broch schrieb in der großen Wirtschaftskrise eine Tragödie und zwei Komödien. Hier werden angesichts der Gattungswahl die Automatismen literarischer Wirtschaftsdarstellungen überaus deutlich: Wo in der Tragödie die Wirtschaftshandlung zu Toten und Bankrotten führt, bewirkt die unsichtbare, marktoptimistische Hand in den Komödien die vitalisierende Paarstiftung sowie die Restitution bedrohter Betriebsvermögen.

1. Bergson und Chaplin:
„Automatismus aber ist immer etwas Komisches"

Henri Bergson konstruiert seine Theorie des Lachens um die genuin lebensphilosophische Opposition von unmenschlicher, starr wiederholender Mechanik versus menschlich organischer Wandlungsfähigkeit. Automatische Handlungen sind für Bergson die Quelle eines strafenden Auslachens, mit dem die Gesellschaft auf „Mechanisches als Kruste über Lebendigem"[4] reagiere. Der französische Philosoph formuliert in diesem Zusammenhang das folgende ‚Gesetz': „Stellungen, Gebärden und Bewegungen des menschlichen Körpers

---

[3] Daniel Fulda hat auf weitere Strukturhomologien von Geld und Komödienform hingewiesen. Geld erlaubt als Medium den pointenhaft schnellen Wechsel, der auch die Handlungslogik der Komödie kennzeichnet. Das vorgeschriebene Happy End der Komödie nach einem oft riskannten und zufallsreichen Handlungsverlauf entspreche dem wirtschaftstheoretischen Providenz-Optimismus, der seit Adam Smiths Denkfigur einer unsichtbaren Hand die individuellen, eigennützigen Handlungen der Gesellschaftsmitglieder zum Wohl aller aussteure. Für eine ausführliche Besprechung dieser wichtigen Schrift zum Verhältnis von Komödie und Ökonomie vgl. meine Rezension: http://www.theaterforschung.de/rezension.php4?ID=179.

[4] Bergson (1948), *Das Lachen,* S. 24.

sind in dem Maße komisch, als uns dieser Körper dabei an einen bloßen Mechanismus erinnert".[5] Und er führt zur Veranschaulichung dieses ‚Gesetzes' einige Beispiele an:

> Die Grundidee einer Rede ist etwas, was entsteht, Knospen treibt, blüht und reift. Nie bricht sie jäh ab, nie wiederholt sie sich im Verlauf der Rede. Sie ändert sich in jedem Augenblick, denn nicht mehr sich ändern hieße nicht mehr leben. So sei denn die Gebärde lebendig wie sie! Sie folge dem vornehmsten Gesetz des Lebens, das da ist, nie sich wiederholen. Da aber kehrt ein und dieselbe stehende Bewegung der Hand oder des Kopfes in periodischen Abständen immer wieder. Wenn ich sie bemerke, wenn sie so ist, daß sie mich ablenkt [...] werde ich ganz von selber lachen. Warum? Weil ich jetzt vor mir einen automatisch funktionierenden Mechanismus habe. Da ist kein Leben mehr, das ist Automatismus, der im Leben sitzt und seine Stelle einnimmt. Automatismus aber ist immer etwas Komisches.[6]

Bergsons Darlegungen zielen auf den Kontrast von Mensch und Maschine ab und rechnen den ‚Automatismus' ganz auf die Seite des Mechanischen, des Automaten. Gleichzeitig aber geht es ihm um das Mechanische auf dem Terrain *menschlichen Verhaltens*. Das Komische entsteht erst dort, wo das Mechanische sein Terrain verlässt und auf menschliches Verhalten durchgreift. Die vielleicht schönste und eindringlichste Veranschaulichung von Bergsons These bietet Charlie Chaplins Film *Modern Times* (1936), der zum filmischen Vorläufer einer verwickelten Verschmelzung von Mensch und Maschine geworden ist. In der ersten Viertelstunde dieses Filmklassikers mutiert zuerst ein Mensch zur Maschine. Dies ist der arme Charlie als Fließbandarbeiter, der auch in Arbeitspausen oder angesichts ungeeigneter Objekte nicht aufhören kann, mit seinen beiden Schraubenschlüsseln die durch stundenlange repetitive Handlungsmuster eingefleischten Drehbewegungen zu vollführen. So schraubt Charlie an den Nasen von Kollegen und den Knöpfen auf dem Rücken des Kostüms einer Kollegin besinnungslos, automatenhaft – also: verrückt und äußerst komisch – herum.

Neben dem zur Maschine gewordenen Menschen ist der zweite komische Automat in Chaplins *Modern Times* eine Fütterungsmaschine. Diese soll, als hyperbolische Verkörperung tayloristischen Optimierungsdenkens, die Esspausen der Fließbandarbeiter einsparen. Wieder sind es übrigens die Hände, an denen sich die Komik entzündet. Denn diese Maschine soll die Hände des Menschen von der Nahrungsaufnahme entlasten, damit diese Hände am Fließband weiter ihre industriellen Handgriffe vollziehen können. Doch bekanntlich entwickelt diese Essmaschine, diese künstliche Hand, ein bedrohliches Eigenleben. Der Maiskolben beginnt, immer wilder in Charlies Mund und Nase zu rotieren. Auch die Eingriffe und Bemühungen der Techniker können das fehlgesteuerte Gerät nicht stoppen. Bald reicht der außer Kontrolle geratene Appa-

---

[5] Ebd., S. 21.
[6] Ebd., S. 22 f.

rat die Suppe nicht zum Mund Charlies, sondern kippt sie auf dessen Schoß. Und der als Serviettenersatz fungierende Mundwischer malträtiert Charlie mit Ohrfeigen und Nasenstümpern. Der Apparat scheint von einem bösen Willen, einer sadistischen unsichtbaren Hand gelenkt. Doch bleiben diese Misshandlungen Charlies, da wir uns in einer Komödie befinden, relativ harmlos. Auf das gute Ende von *Modern Times* werden wir ganz zum Schluss noch einmal kurz zurückkommen.

1 und 2 – *Modern Times*, 7. und 10. Minute

Soviel zu Bergsons lebensphilosophischer Kritik an den mechanischen Automatismen, die wegen ihrer mangelnden Sozialverträglichkeit durch die Gemeinschaft mit Gelächter beantwortet und bestraft werden. Und nun auch Schluss mit Charlie Chaplins so komischer wie satirisch bissiger Kritik an Automatisierungsprozessen, die das menschliche Subjekt zu einem fremdbestimmten Apparat degradieren und es dadurch in seiner Autonomie, seiner Lebendigkeit und seiner Würde verletzen. Kommen wir also zu unserer Hauptfrage nach der Marktthematik in Komödien und zur These vom Wirken einer unsichtbaren, sozial-integrativen Hand als Strukturhomologie zwischen Smithschem Marktoptimismus und Komödienhandlungen.

2. Zum Nexus von Komödie, Ökonomie und Markt

Bevor wir uns die Dramen von Lessing, Goethe und Broch etwas näher ansehen, lassen sie mich auf den so alten wie engen Zusammenhang von Komödie und Ökonomie hinweisen.[7] Das Wort „Ökonomie" geht etymologisch auf Verhältnisse und Gesetze (*nomos*) im Haus (*oikos*) zurück. Gemäß Aristoteles' Bestimmung der *Oikonomia* verweist diese auf die Beziehungen von

---

[7] Ich nehme hier Beobachtungen auf und führe sie weiter, die ich ausgehend vom Lob des Tauschens durch Goethe und G. Simmel an Komödien von Luise Gottsched, Lessing und J. R. M. Lenz entwickelt habe; vgl. Bernd Blaschke, „Was tauscht der Mensch. Ökonomie in deutschen Komödien des 18. Jahrhunderts", in: Dirk Hempel/Christine Künzel (Hg.), *„Denn wovon lebt der Mensch?" Literatur und Wirtschaft*, Frankfurt/M., 2009a, S. 49-73.

Mann und Frau, von Eltern und Kindern, von Hausherr und Gesinde. Die Auflistung dieser Beziehungen umfasst recht exakt die üblichen Themen und die konfliktreichen Antagonismen der Komödie. Während die Tragödie in der Regel Staatsaffären, oder zumindest, gemäß der bis etwa 1750 gültigen Ständeklausel, Schicksalsfälle von Herrschern thematisierte, widmet sich die Komödie seit alters den alltäglichen Irrungen und Wirrungen häuslicher Geld- und Liebesgeschäfte.

Meines Erachtens lässt sich die Geschichte der Komödie kulturwissenschaftlich gewinnbringend entlang der drei strukturbildenden Leitdiskurse Liebe, Ökonomie und Wissen rekonstruieren. Diese Diskurse überkreuzen sich in den *Kredit*problemen zwischen Liebenden. Also in den vertrackten Verhältnissen fragwürdiger Glaubwürdigkeit, von Schein und Sein, von Aufrichtigkeit und Heuchelei, die einen guten Teil der größten Komödien auszeichnen: Von Shakespeare und Molière über Marivaux bis zu Lessings *Minna von Barnhelm* und Kleists *Amphitryon* oder *Der zerbrochene Krug*. Tausch und Täuschung als Grundoperationen des Handelns hängen etymologisch wie komödiantisch eng zusammen.

Komödien waren im Übrigen stets nachfrageorientierte, marktgängige Unterhaltung, wie man an den Programmen der Wandertruppen ablesen kann. Außerhalb höfisch oder staatlich finanzierter Repräsentationsbemühungen konnten sich Tragödien oder Opern kaum halten. Der Tausch von Unterhaltungsspiel gegen Geld und Lachen des Publikums war die Geschäftsgrundlage des quantitativ größten Teils der Theatergeschichte. Jenseits staatlicher Subventionen, als einem Top-down-Mechanismus der Kulturproduktion, dominierte in der populären Kultur des Theaterspiels die Komödie. Das komische Durcheinander mit tröstlich glücklichem Ende regiert im Rahmen einer Bottom-up-Nachfragekultur.

Weil Operationen des Tauschens in den Komödien wie im wirklichen Leben ein nahezu allumfassendes Leitmotiv sind, ist es ratsam, die Kategorie des Tausches zumindest mittels eines Gegenpols zu profilieren. Als Alternative oder Opposition zum marktförmigen Tausch knapper Güter kann man die Verausgabung oder Verschwendung setzen. Die Gabe oder das Geschenk erweisen sich bei genauer Betrachtung der Tauschverhältnisse freilich oft als ein überaus vertrackter Zwischenfall (worüber Gisela Ecker jüngst eine vorzügliche Studie publiziert hat[8]). Freigiebigkeit oszilliert nämlich häufig zwischen interesseloser Verausgabung und der impliziten Verpflichtung zur Gegengabe in einem Zirkel des Tauschens.

Strukturell preist die Komödie den Tausch durch ihre Handlungs- und Lösungsstruktur. Der Tausch des Heiratsversprechens am Ende ist von der Gattung quasi vorgeschrieben. Auf dem Weg zur glücklichen Paarbildung werden

---

[8] Vgl. Gisela Ecker, ‚Giftige‘ Gaben. Über Tauschprozesse in der Literatur, München, 2008; meine Rezension dazu: http://www.literaturkritik.de/public/rezension.php?rez_id=12223 sowie den Beitrag von Gisela Ecker im vorliegenden Band.

oft Hindernisse durch täuschende Spiele der Verstellung ausgetrickst. Und diese Hindernisse sind meist tauschunfähige Egozentriker, Geizige, eingebildete Kranke, eifersüchtig tyrannische Alte und andere komische Autisten und Solipsisten, die dem moralisch sanktionierenden (oder gelegentlich auch sadistischen) Gelächter der Theatergemeinschaft preisgegeben werden.

Beim Nachdenken über den Zusammenhang von Gattungsgesetzen der Komödienplots und dem Wirken sichtbarer oder unsichtbarer Hände lässt sich ein kleiner heuristischer Fragenkatalog gewinnen. (In meinen unten analysierten Fallbeispielen werde ich diese Fragen jedoch gewiss nicht *alle* verfolgen können.) Man könnte, wie Daniel Fulda dies an etwa einem Dutzend Komödien vorführt, weitergehend überprüfen, inwiefern die Konfliktlösungen einzelner Komödien intern, mithin aus den Handlungen der Beteiligten bewirkt werden – oder extern durch das Eintreffen und Eingreifen neuer Figuren. Meist sind diese neuzeitlichen Nachfolger des *deus ex machina* vermisste Verwandte, häufig tot geglaubte Väter, die überraschend zurückkehren und das gute Ende garantieren.

Inwieweit sind es wirklich Marktoperationen, also ‚freie' Tauschhandlungen der Komödienprotagonisten, die die Lösung herbeiführen? Sind es häufig nicht eher patriarchalische, königliche, göttliche oder Lotterie-Eingriffe, die zum harmonischen Ende führen (etwa in *Minna von Barnhelm*: der preußische König; in Molières *Tartuffe*: der französische König). Eine *un*sichtbare Hand als struktureller, marktoptimistischer Produzent des Happy Ends wirkt eigentlich nur, wenn das glückliche Ende aus den individuellen Handlungen der Beteiligten hervorgeht. Eine sichtbare Hand dominiert, wenn es eines *deus ex machina* oder einer kontingenten Verwandtenheimkehr zur Problemlösung und Versöhnung bedarf.[9] Durch welche immanenten oder externen Handlungen und Eingriffe wird also das versöhnliche Ende jeweils hergestellt?

Ferner lässt sich fragen: Welche Charaktere und sozialen Rollenträger können am Schluss in die harmonisierte Gesellschaft integriert werden? Wer muss außen vor bleiben? Es gibt nämlich in zahlreichen Komödienschlüssen Figuren, die in der restabilisierten Ordnung nicht mehr mitmachen dürfen oder wollen; so etwa die Melancholiker bei Shakespeare in *As you like it* oder in Molières *Menschenfeind*, die lieber fern der Gesellschaft weiterleben. Poetologisch relevant ist dabei natürlich auch die Frage nach offenen und geschlossenen Formen. Ist eine weitgehende Integration und finale Schließung überhaupt nur klassizistisch zu haben? Und inwiefern gibt es zunehmend weniger klassische Happy Ends – besonders in Komödien des 20. Jahrhunderts? Fragen muss man auch nach Mischformen, etwa der Tragikomödie, oder dem rührenden Lustspiel als Gattungsinnovation des 18. Jahrhunderts. Welche Lösungs-

---

[9] Dazu: Walter Hinck, „Vom Ausgang der Komödie. Exemplarische Lustspielschlüsse in der europäischen Literatur", in: Reinhold Grimm/Walter Hinck, *Zwischen Utopie und Satire. Zur Komiktheorie und zur Geschichte der europäischen Komödie*, Frankfurt/M., 1982, (Note 22), etwa über *Minnas* Lösung intern oder extern.

automatismen bieten diese Gattungen? Welche Schlusslogiken kennzeichnen wiederum Unterformen des Lachtheaters wie die Farce, die Posse, die Operette? Eine Leitfrage bei der Analyse der Handlungs- und Lösungsmuster lautet: Wie gelangen individuelle Begehren oder Obsessionen sowie egozentrische Handlungen Einzelner zum finalen kollektiven Mehrwert und zu harmonischen Sozialverhältnissen? Welche Rolle haben dabei Diener- oder Helferfiguren, die zur Problemlösung maßgeblich beitragen? Denn oft sind die komischen, idiosynkratisch verschrobenen Hauptfiguren nicht besonders handlungsmächtig und zur finalen Lösung allein nicht fähig. Man kann die Frage nach der ‚verteilten Ordnung' aufnehmen: Wer sind die jeweiligen einzelnen Agenten, und mit welchen individuellen Zielen handeln sie? Inwieweit sind ihre Ziele egoistisch oder schon von Beginn an sozial markiert? Gewinnen am Ende die Egoisten – und mit ihnen auch alle anderen, wie bei Adam Smith? Oder obsiegen die schon von vornherein auf soziale Ziele hin ausgerichteten Figuren? Und als letzte Frage: Sind die komödientypischen zwischenmenschlichen Tauschverhältnisse zwischen Liebenden und Familienmitgliedern in den Komödien wirklich marktförmig inszeniert? Oder eher marktalternativ familiär, also beruhend auf nicht kalkulierenden Gaben?[10]

3. Lessings *Freygeist*. Der Tausch von Liebenden und Krediten. Die prästabilisierte Harmonie von Theologie und Komödie

Lessings Komödienfrühwerk ist gekennzeichnet von einem ganzen Kranz ökonomischer Motive. So bearbeitet er in *Der Schatz* (1750) Plautus' Komödie *Trinummus*. Daneben skizzierte er ökonomische Sujets (die freilich unausgeführt bleiben) wie *Die glückliche Erbin* und *Die Klausel im Testament*. In Lessings späterem Werk überführt der so reiche wie weise Nathan mit seiner Ringparabel den Streit der Religionen in eine produktive Konkurrenz-Heils-Ökonomie.[11] Ökonomisch interpretiert werden kann ferner Minna von Barnhelms Spiel mit den Verlobungsringen, das sie gegen Tellheims stolze Tausch- und Schuldenvermeidung einsetzt. Es ist eine so alte wie bedeutsame Frage der *Minna*-Deutungen, ob alleine Minnas gewitzte und optimistische Handlungsmacht das glückliche Ende, die Heirat mit dem diskreditierten Major

---

[10] Man müsste zur gründlichen Überprüfung dieser Zusammenhänge gewiss einen weit größeren Korpus von Komödien in den Blick nehmen, als ich dies hier vermag. Man könnte vermutlich ein regelrechtes Forschungsprogramm zu Komödienplots und Komödienschlüssen aus diesen Fragen generieren. Hier ließen sich wohl einige aufschlussreiche Doktorarbeiten projektieren. Denn bis auf Aufsätze von Walter Hinck und Peter von Matt (die beide eher gattungsgeschichtlich und sozialhistorisch argumentieren), gibt es bisher kaum Forschungen zu den Schlussmodellen von Komödien; und schon gar nicht in Richtung der heuristisch so anregenden Frage nach Gattungsgesetzen als automatisierten Handlungsgeneratoren. Vgl. Peter von Matt, „Das letzte Lachen. Zur finalen Szene der Komödie", in: Ralf Simon (Hg.), *Theorie der Komödie. Poetik der Komödie*, Bielefeld, 2001, S. 127-140.

[11] Vgl. dazu Fulda (2005), *Schauspiele des Geldes*, S. 3-15.

Tellheim, herbeiführen kann.¹² Joseph Vogl erläutert in seinem Buch *Kalkül und Leidenschaft* Minnas listige Re-Integration Tellheims in Liebe und Gesellschaft in Analogie zu Adam Smiths Modell einer moralischen wie ökonomischen Steuerung von Sympathie durch Sympathie. Daniel Fulda hingegen insistiert (in *Schauspiele des Geldes*) auf Tellheims überaus realen, keineswegs nur eingebildeten Problemen durch den entehrenden Vorwurf der Bestechlichkeit. Der preußische Offizier leide an Vorwürfen, die nicht durch Minnas Tausch- und Täuschungsspiel aus der Welt geschafft und gelöst werden können. Letztlich verweise das Stück, gemäß Fulda, also auf die Steuerung durch den Staat (und den königlichen Herrscher) – nicht auf eine liberale, intersubjektive Selbststeuerung. Minnas Liebe und List allein blieben ohnmächtig; sie reichten nicht hin, die Untersuchungshaft und den Ehrverlust Tellheims zu kompensieren. Denn nur der Erlass des Königs und die Rehabilitierung könne die zivile Integrität Tellheims reparieren.

Im Folgenden soll nun freilich die Ökonomik in einem weniger bekannten Frühwerk Lessings untersucht werden. *Der Freigeist* ist ein Lustspiel, das durch Prozesse der Zirkulation und durch die Semantik von Schulden, Lohn und Verdienst gekennzeichnet ist. Der junge Lessing produziert dieses Stück, um gegenüber seinem Pastorenvater den Beweis anzutreten, dass ein Komödienschreiber ein guter Christ sein kann – entgegen den gängigen Vorurteilen gegen das Theater und speziell gegen die komische Gattung:

> Und wenn ich Ihnen nun gar verspräche, eine Komödie zu machen, die nicht nur die Herren Theologen lesen, sondern auch loben sollen? Halten Sie mein Versprechen für unmöglich? Wie, wenn ich eine auf Freigeister und auf die Verächter Ihres Standes machte?¹³

So formuliert Lessing die Intention seiner Komödie in einem Brief an den Vater vom 28. April 1749. Lessings Komödie zielt also zuallererst auf eine Versöhnung in der Familie, auf einen begütigenden Austausch im Haus. Der Vater soll durch das Lob seines Standes und mittels der satirischen Kritik seiner Gegner versöhnt werden mit dem frivolen Hobby seines Sohnes: dem Lustspieldichten. Soviel zur familiären Produktions-*Oikonomia* dieser Komödie. Die thematische Idee zu diesem Lustspiel hat Lessing aus dem Ausland entliehen. Dies ist in der Geschichte der Komödie ganz üblich; gerade auch bei den Genialsten, wie etwa Molière, der viele Stoffe und Szenen aus Spanien oder Italien importierte.¹⁴

Wie sind nun die beiden Protagonisten, der gute Fromme und der besserungsbedürftige, aber keineswegs ganz korrupte Freigeist, ökonomisch situ-

---
¹² Dazu etwa Hinck (1982), Vom Ausgang der Komödie, S. 138 ff. und Fußnote 22 (S. 177 f.).
¹³ Zit. nach dem Nachwort in Gotthold Ephraim Lessing, *Der Freigeist. Ein Lustspiel in fünf Aufzügen verfertigt im Jahre 1749*, mit einem Nachwort und Anmerkungen von Klaus Bohnen, Stuttgart, 1998, S. 103. [1749]
¹⁴ Den Plot des *Freigeists* bezieht Lessing von de Lisle aus Frankreich; das Thema einer Liebe über Kreuz stammt aus dessen Komödie *Les Caprices du cœur et de l'esprit*.

iert? Beide sind reich durch familiäres Erbe. Freilich hat der Freigeist sein Erbe weitgehend verschwendet, während der Fromme gut davon lebt und damit handelt. Die beiden gegensätzlichen jungen Männer sind mit zwei gleichfalls gegensätzlichen Schwestern verlobt. Der Freigeist, Adrast, hat schlechte Erfahrungen mit Kirchenmännern gemacht, so dass er seinem Schwager in spe misstraut, ja ihn verachtet. Der fromme Theophan hingegen möchte die Sympathie und das Vertrauen des Freigeists gewinnen. Der Freigeist sträubt sich gegen dieses Werben. Er hält die Avancen des Frommen für geheuchelt. Er glaubt, hinter dessen (vermeintlicher) Maske von Wohlwollen böse Absichten zu entdecken. Theophan aber betont den Knappheitswert seiner angebotenen Freundschaft: „Ich habe von jeher einigen Wert auf meine Freundschaft gelegt; ich bin vorsichtig, ich bin karg damit gewesen. Sie sind der erste, dem ich sie angeboten habe."[15]

Die Verlobtenpaare loben sich über Kreuz. Die männlichen Opponenten dieser Komödie preisen und schätzen die Vorzüge der jeweils anderen, charakterlich gegensätzlichen weiblichen Figur. Der Fromme schätzt die Vorwitzige; der Freigeist verehrt die Fromme und Zurückhaltende. Und für den Zuschauer (nicht aber für die Protagonisten) wird bald klar, dass die beiden Mädchen gleichfalls mehr in den Verlobten der anderen verliebt sind als in den eigenen Verlobten. Auf der Ebene der Semantik einzelner Dialoge offenbart sich die Komödie ebenso als ein Spiel um Ökonomie wie auf der Ebene des Handlungsverlaufs. So wird etwa ein Streit der Schwestern über die Vorzüge ihrer Freier als ‚Handel' bezeichnet. Im Verlauf dieses Streithandels vergilt Henriette das Lob ihres Bräutigams mit einer Preisung von Julianes Bewerber. Und diese vergeltende Widerrede wird als (ökonomisch balancierender) Dank und zugleich als polemische Streiterei bezeichnet.[16] Tausch und Anerkennung markieren viele der Dialoge, in denen es um Dankbarkeit und um den Verdienst geht.[17]

Die Gegensätzlichkeit der Schwestern wird von ihrem weisen Vater dadurch ausgesteuert, dass ihre einzige Dienerin gerecht zwischen ihnen geteilt wird: Einen Tag arbeitet sie für die eine, einen Tag für die andere. Der Konflikt zwischen den Freiern wird hingegen in der Sphäre des Geldes und des Kredits ausgetragen und gelöst. Der Freigeist ist verschuldet, ein Wechsel wird fällig und der Gläubiger naht. Zur Überraschung aller Beteiligten ist der ebenfalls fromme Vetter Theophans der Gläubiger Adrasts. Und dieser Vetter ist fest entschlossen, den provozierend Ungläubigen für sein atheistisches Verhalten zu bestrafen, indem er ihm seinen Wechsel nicht verlängert und zudem seinen öffentlichen Kredit zerstört. Gegen die christlichen Gebote der Nächs-

---

[15] Lessing (1998), *Der Freigeist,* S. 6.
[16] Vgl. ebd., S. 23.
[17] Zu den tauschnahen Leitmotiven des ‚Dankens' und ‚Verdienens' vgl. ebd., S. 26, 28, 30, 40, 55, 58.

tenliebe und der barmherzigen Schuldvergebung argumentiert er als ein strenger Pädagoge:

> Einem spöttischen Freigeiste, welcher uns lieber das Edelste, was wir besitzen, rauben und uns alle Hoffnung eines künftig glückseligern Lebens zunichte machen möchte, vergilt man noch lange nicht Gleiches mit Gleichem, wenn man ihm das gegenwärtige Leben ein wenig sauer macht.[18]

Der Vetter will dem Freigeist Adrast also mit seinem ‚Stoß' den Kredit für immer nehmen. Er behauptet, ihm durch „diese Grausamkeit gar noch eine Wohltat" zu erweisen, da Adrast durch die so erzwungene Änderung seiner Lebensumstände eventuell seine Lebensanschauung ändere.[19]

Theophan bittet den Vetter jedoch erst ums Wort, dann um Schuldvergebung für den ihn hassenden Schwager. Erstaunlicherweise formuliert er seine Bitte um Nachsicht und Vergebung für den Schuldner ebenfalls *nicht* gemäß dem christlichen Gebot des barmherzigen Gebens. Vielmehr bietet er erst Gründe für die Entschuldbarkeit und Heilbarkeit von Adrasts Verhalten, um sodann sein eigenes Vorgehen als durchaus eigennützig zu deklarieren: „Ich habe es mir fest vorgenommen, ihn nicht mit gleicher Münze zu bezahlen; sondern ihm vielmehr seine Freundschaft abzuzwingen, es mag auch kosten, was es will."[20] Das klingt noch nach Gabe, ja nach rückhaltloser, an-ökonomischer Verausgabung. Und doch erklärt Theophan seinen Wunsch nach Aufhebung der Schulden *nicht* als Großmut, sondern als eine Art Eigennutz und Ehrgeiz seines Ordens. Er will den Freigeist also von der Großzügigkeit und Freundschaft seiner Person und seiner Kirche überzeugen. Der Freigeist aber glaubt, Theophan halte nun die Wechsel, um ihn beim Schwiegervater zu diskreditieren.[21] In einem polemischen Dialog der Opponenten bietet Theophan die billige Vergebung der Schulden des Freigeistes an: Es solle Adrast „nur ein Wort kosten"[22], damit Theophan ihm einen Dienst erweise. Adrast will nicht. Und so folgt eine Potlatsch-Szene der überbieterischen, durchaus aggressiv agonalen Verausgabung; ein Potlatsch der Gabenüberbietung, wie ihn Marcel Mauss demnach nicht nur in der Südsee, sondern auch schon bei Lessing hätte finden können.[23] Theophan gibt Adrast die Schuldscheine, der will sie nicht annehmen. Adrasts Diener Johann, ein unmoralisches Abbild seines freigeistigen Herrn, reißt die Wechsel an sich.[24] Adrast entreißt ihm die Wechsel (entsetzt über den Raub) und gibt sie Theophan zurück; der zerreißt sie gleichgültig und hebt somit die Schulden auf. Doch Adrasts Widerstand gegen

---

[18] Ebd., S. 39 f.
[19] Ebd., S. 40.
[20] Ebd., S. 41.
[21] Vgl. ebd., S. 44.
[22] Ebd., S. 48.
[23] Vgl. ebd., S. 47-51.
[24] Zur Selbstcharakterisierung des eigennützigen Dieners Johann vgl. ebd., S. 34: Er und sein Herr seien Gegner aller Mühen, sie wollen Besitz nicht durch Arbeit (und mithin Tausch) erwerben, sondern durch Ererbung und Erheiratung.

Theophans großzügige Gaben endet damit nicht: „Entweder er sucht mich zu beschämen oder zu gewinnen. Keines von beidem soll ihm gelingen."²⁵ Adrast will nun Grundstücke verkaufen oder beleihen, die ihm trotz Schulden verblieben sind, um wieder liquide zu werden. Und um den zerrissenen Wechsel, den er neu ausstellen will, zurückzuzahlen.²⁶ Doch bei seinem Versuch einer neuen Kreditaufnahme bei einem Geldwechsler stellt sich heraus, dass dieser ihm keinen Kredit mehr einräumen würde, wenn nicht der fromme Theophan zuvor heimlich beim Wechsler für seinen Schwager in spe eine kreditsichernde Bürgschaft abgelegt hätte. Adrast bezichtigt im Gespräch mit dem Wechsler Theophan als seinen Verleumder. Und so muss er vom entsetzten Wechsler aufgeklärt werden über Theophans großmütige Intervention.²⁷ Weiterhin klagt Adrast über die neuen Wohltaten seines vermeintlichen Rivalen: „Hassen werde ich ihn, und wenn er mir das Leben rettete. Er hat mir das geraubt, was kostbarer ist als das Leben: das Herz meiner Juliane; ein Raub, den er nicht ersetzen kann, und wenn er sich mir zueigen schenkte."²⁸ Adrasts Hass auf seinen frommen Schwager ist also doppelt motiviert: Er verachtet dessen Kirche und Glauben. Und er hält ihn für seinen Konkurrenten um das unteilbar knappe Gut der Liebe der einen Schwester. Wegen dieser (vermeintlichen) Konkurrenz hält Adrast den Tausch von Hass für den einzig angemessenen Kommerz, wie er Theophan explizit mitteilt: „Ich hasse Sie ob dieser Liebe, ob ich gleich kein Recht auf den geliebten Gegenstand habe; und Sie, der Sie ein Recht darauf haben, sollten mich, der ich Sie um dieses Recht beneide, nicht auch hassen?"²⁹

Gereizt von der aggressiven Haltung Adrasts lässt sich der milde Theophan schließlich auf Adrasts zornige Umgangsart ein – und kommt der Konfliktlösung durch diese äquilibristische Angleichung überraschenderweise näher: „Wunderbarer Mensch! Muß man sich Ihnen gleichstellen, muß man ebenso stolz, ebenso argwöhnisch, ebenso grob sein, als Sie, um Ihr elendes Vertrauen zu gewinnen?"³⁰ Endlich löst sich Adrast aus seiner blinden, von Schuld und Schulden geprägten Kommunikationsstarre. Und so kann Theophan das vorausgegangene Geständnis Adrasts, dass er nicht die eigene Verlobte liebe, sondern die andere, mit seinem analogen Geständnis vergelten:

Ist es möglich, daß ich Ihren Abscheu gegen mich überwunden habe? Daß ich ihn durch eine Aufopferung überwunden habe, die mich so wenig kostet? Ach!

---

[25] Ebd., S. 51.
[26] Vgl. ebd., S. 78: Als Grund für seine Weigerung, Theophans Geschenk (Schuldenerlass) anzunehmen, verweist Adrast auf seinen Unwillen, dem anderen dann Dank zu schulden: „Ich gebe mir alle Mühe, Ihnen auf keine Weise verbunden zu sein." (Ebd., S. 79.)
[27] Vgl. ebd., S. 72-77.
[28] Ebd., S. 77.
[29] Ebd., S. 80.
[30] Ebd., S. 81.

Adrast, Sie wissen noch nicht, wie eigennützig ich dabei bin; ich werde vielleicht alle Ihre Hochachtung dadurch verlieren: − Ich liebe Henrietten.[31]

Schon zuvor hätte Theophan dem widerstrebenden Adrast gerne sein Geständnis mit einem anderen ähnlichen Geständnis ‚bezahlt', wie es wiederum in ökonomischer Tauschsemantik heißt. Endlich ist Adrast gerührt, und endlich gewährt er seinem Schwager moralischen Kredit.

Während bei den Männern die getauschten Eingeständnisse, die Verlobte des anderen zu lieben, mit dem Kampf um Vergebung oder Rückzahlung der Schulden verquickt waren, nähern sich die Schwestern einem Geständnis ihrer vertauschten Liebe auf anderen, verbalen Wegen. Die freche Henriette äußert eine zynisch korrekte Einschätzung ihrer Ehechancen mit dem gleichartigen Adrast: Als ähnlich vorwitzige Charaktere würden sie voraussichtlich Verächtlichkeiten austauschen.[32] Juliane hält im Gespräch mit Adrast Henriettes giftiges Verhalten für eine löbliche, dankenswerte Nachahmung Adrasts. Der will für eine solche Kopie seiner selbst freilich nicht danken. Das Begehren ist mithin das Begehren nach dem Anderen; die ‚verteilte Ordnung' von Lessings Liebenden beruht auf der Anziehung von Gegensätzen, die schließlich durch einen Tausch der anfangs nach Charakterähnlichkeit arrangierten Liebespartner zu einer neuen, harmonischen Ordnung führt.

Es bedarf nun noch einer Erprobung, ob die Mädchen die vertauschte Liebe der Freier tatsächlich erwidern. Ein kleines, komödientypisches Tausch-und-Verstellungsspiel bringt die Lösung: Die kluge Dienerin Lisette schlägt vor, Theophan und Henriette sollen sich verliebt stellen, um Julianes (inexistente) Eifersucht für die Untreue ihres Verlobten Theophan zu ergründen. Das Spiel im Spiel bringt das gewünschte Ergebnis. Nun bedarf es nur noch der Zustimmung der Brauteltern, um zur finalen Hochzeit, dem Tausch der Ringe, zu gelangen. Der Vater hat sich schon zu Beginn des Stückes als weiser (und dadurch reicher!) Eklektiker und Synthesespezialist präsentiert; er steht über den theologischen Entzweiungen der Schwiegersöhne: „Ich habe euch, Ihn und den Theophan, ja oft genug darüber zanken hören. Ich behalte mir das Beste. [...] [D]enn ich bereichere mich nicht von einem allein. Das nehme ich von dir, mein lieber Adrast; und das von Theophan; und aus alledem mach ich mir hernach ein Ganzes – –."[33] So stimmt der Vater der Neuordnung der Verhältnisse im Haushalt freudig zu: „Also wäre der ganze Plunder mit einem Tausche gutzumachen?", fragt er und kommentiert zustimmend: „Es ist doch immer besser, ihr tauscht vor der Hochzeit, als daß ihr nach der Hochzeit tauscht. Wenn es meine Töchter zufrieden sind, ich bin es auch."[34] Freigiebig stört der wohlhabende Vater sich auch nicht an Adrasts verprasstem Vermögen: „[D]eswegen will ich Dir eine Tochter geben, damit du doch wieder etwas

---

[31] Ebd., S. 85.
[32] Vgl. ebd., S. 58-62.
[33] Ebd., S. 12.
[34] Ebd., S. 89.

hast."³⁵ So wird also auch noch diese generöse Gabe des Vaters, seine großzügige Kompensation der verschwenderischen Verausgabungen des Freigeists, formuliert als eine produktive Zirkulation. Der Vater relativiert seine Gabe, indem er sie als ein Tauschgleichgewicht von Verlust und kompensatorischem Gewinn darstellt.

Im abschließenden moralischen Fazit des Vaters offenbart sich die Triebkraft des Liebens wie die Triebkraft des Marktes: die Objektzirkulation im Tausch. Jeder will, was er nicht *hat* – oder was er selber nicht *ist*: „Ich wollte jedem zu seinem Rocke egales Futter geben, aber ich sehe wohl, Euer Geschmack ist bunt. Der Fromme sollte die Fromme, und der Lustige die Lustige haben: Nichts! der Fromme will die Lustige, und der Lustige die Fromme."³⁶ Die letzten Worte des Vaters hoffen auf ein Ende des Tauschs der Heiratspartner, auf das befriedigte Anhalten der Zirkulation: „Ja, wahrhaftig! da gibt's was zu erzählen! Kommen Sie, Mama. – – Aber keinen Tausch weiter! keinen Tausch weiter!"³⁷ Das allerletzte Wort in Lessings theatralischem Lob des Tauschs (und des Besitzens) hat freilich die gewitzte Dienerin. Sie preist das Glück des Austauschs und beklagt diejenigen, die nichts zu tauschen haben: „Wie übel ist unser eines dran, das nichts zu tauschen hat!"³⁸

4. Fragliche Ökonomiedizee und retheologisierte unsichtbare Hand in Goethes *Faust*. Ist es eine Tragödie, ist es eine Komödie?

Goethes im *Faust* angedeutete oder entfaltete Kritik an den Grundlagen der modernen Wachstumswirtschaft, näherhin: am Kredit als bloß fiktiver Deckung modernen Geldes, am Besitztrieb sowie an ingenieurtechnischen Erfindungen in Krieg und Landgewinnung, möchte ich hier nur äußerst knapp streifen. Denn die ökonomischen Texturen im Meisterwerk des Weimarer Dichters, der ja viele Jahre auch als Finanz- und Wirtschaftsminister des Zwergstaates fungierte, sind mittlerweile relativ gründlich analysiert und diskutiert.³⁹ Viel mehr beschäftigt mich im Folgenden, inwiefern Goethes *Faust*-Dichtung

---

³⁵ Ebd., S. 90.
³⁶ Ebd., S. 92.
³⁷ Ebd., S. 93.
³⁸ Ebd.
³⁹ Zu Ökonomie bei Goethe vgl. grundlegend: Bernd Mahl, *Goethes ökonomisches Wissen*, Frankfurt/M., Bern, 1982. Zur mittlerweile ziemlich reichen Forschungslage zur Ökonomie im *Faust* vgl. die Studie des Wirtschaftsprofessors Hans Christoph Binswanger, *Geld und Magie. Eine ökonomische Deutung von Goethes* Faust, Stuttgart, 1985; Ulrich Gaier, *Johann Wolfgang Goethe. Faust-Dichtungen, Kommentar*, Band 2, Stuttgart, 1999, S. 581-637; Werner Hamacher, „‚Faust. Geld'", in: *Athenäum. Jahrbuch für Romantik*, Paderborn, 1994, S. 131-187; Joseph Vogl, *Kalkül und Leidenschaft. Die Geburt des ökonomischen Menschen*, München, 2002 sowie Bernd Blaschke, „‚Bin die Verschwendung, bin die Poesie'. Überfluss und Verausgabung in Goethes *Faust* und seinen Kontexten", in: Christine Bähr/Suse Bauschmid/Thomas Lenz/Oliver Ruf (Hg.), *Überfluss und Überschreitung. Die kulturelle Praxis des Verausgabens*, Bielefeld, 2009b, S. 173-191.

in ihrem großen Handlungsbogen, also im Zusammenhang von Prologen, einzelnen Handlungsstationen und ihrer Aufhebung im Finale nicht eher der Komödienstruktur folgt als einer Tragödienlogik. Und inwieweit die theologische, providenzielle Rahmung des Stücks wiederum nach dem Muster einer *unsichtbaren* (oder womöglich einer *allzu sichtbaren*) *Hand* funktioniert.

In den ökonomischen Projekten des Goetheschen *Fausts* – also bei der Papiergelderfindung (im ersten Akt von *Faust 2*) sowie bei der Landgewinnung und Gründung einer Hafen- und Handelsstadt (im fünften Akt) – ist es die unsichtbare Hand des mit magischen oder ingenieurstechnischen Tricks begabten Teufels, die das Projektmanagement leitet und die zum jeweils opferreichen Scheitern dieser modernen, expansiven Wirtschaftstechniken führt. Nun aber zur Komödienstruktur von *Faust 1* und *2*.

Von Gottes selbstbewusster Wette mit Mephisto im Prolog bis zu Fausts finaler Rettung ist bei Goethe ein Rahmen gegeben, der letztlich Mephisto scheitern lässt (und gewissermaßen: *ihn* zur tragischen Figur werden lässt). Für den Gesamtbogen der Handlung trifft zwar zu, dass Faust immer wieder mit Projekten scheitert, insbesondere mit der Hybris seiner Ansprüche des Wissens und der Liebe, im *zweiten Teil* auch mit seinen megalomanischen ökonomischen Projekten. Doch gerade ein solches Immer-wieder-Scheitern und doch Weitermachen(können) kennzeichnet nebst der finalen Versöhnung die Plotstruktur der Komödie. Der Handlungsbogen der Tragödie fordert dagegen *eine* Handlungslinie, die zum tragischen Scheitern und Tod des Helden führt.

Neben dem äußeren Rahmen der Vorspiele, neben der Vielfalt der Handlungslinien und der finalen Rettung werden auch im Verlauf der *Faust*-Episoden zahlreiche Mittel zur komischen Perspektivierung des Dargestellten verwendet. Nicht nur Mephisto demonstriert einen zynisch kalten Blick der Komik auf Fausts Mühen und Handlungen. Goethes poetisches Verfahren bewirkt einen solch distanzierenden, sich dem Mitleid entziehenden und Lachen ermöglichenden Blick auf Fausts Irrungen. Nicht zuletzt ist die (von Ulrich Gaiers großem *Faust*-Kommentar so beeindruckend herauspräparierte) dialogische und intertextuelle Anspielungsdichte des Goetheschen Textes ein Mittel, das durch die solcherart produzierten Kontraste eher komisch-karnevalistisch denn tragisch-ernst wirkt. Denn Dialogik und Intertextualität kann man mit Michail Bachtin generell als komische, vielstimmig-kontrastive Verfahren verstehen. Sie durchkreuzen tragische Auswegslosigkeit, weil diese intertextuellen Anspielungen parekbatisch[40] die Perspektive auf das Dargestellte und auf die spezifische Darstellungsweise öffnen.[41]

---

[40] „Parekbasis", altgriechisch für Abweichung, Abschweifung, bezeichnet im Theater das aus der Rolle Fallen einer Figur, die dadurch – etwa als direkte Ansprache ans Publikum – eine reflexive Ebene ins Spiel einzieht.

[41] Die Grenzen der Komik in Goethes *Faust* (die, um die Komödienperspektive hier nicht überzustrapazieren, natürlich anerkannt werden sollten) betreffen wohl zuallererst die Gretchenhandlung, die man mit einigem Recht als ‚Gretchentragödie' und mit historisch genauerer

Ganz anders als in der alles eröffnenden sentimentalen *Zueignung*, viel heiterer und deutlich komisch, werden Tonfall und Stimmung gleich mit dem *Vorspiel auf dem Theater*. Schon das Personal und das Setting sind hier parekbatischer, fiktionsdurchbrechender Natur und weisen somit auf die Gattung der Komödie. Der Theaterdirektor macht sich über sein Publikum tendenziell lustig: „Zwar sind sie an das Beste nicht gewöhnt, / Allein sie haben schrecklich viel gelesen."⁴² Auch der Dichter ist in seiner Angst vor der „bunten Menge", deren Anblick ihm den ‚Geist entfliehen' lässt, und mit seinem ins karikaturhaft Übertriebene neigenden Pathos der Inspiration komisch markiert.⁴³ Er taugt kaum als ein ungebrochenes dichterisches *role model*. Und natürlich ist der Dritte im Bunde des Theaterpersonals, die lustige Figur mit ihren Wünschen an das aufzuführende Stück, ein Anwalt der Komik und der Unterhaltungsansprüche des Publikums: „Laßt Phantasie mit allen ihren Chören, / Vernunft, Verstand, Empfindung, Leidenschaft, / Doch, merkt Euch wohl! Nicht ohne Narrheit hören!"⁴⁴ Mit Ulrich Gaier kann man diese Wünsche der lustigen Person als Ausdruck von Goethes Poetik vielförmiger Verfahren deuten, die den ganzen Menschen in seinen multiplen Vermögen adressieren will.⁴⁵

Um (fehlendes) Lachen und (fehlendes) Pathos geht es auch Mephisto im folgenden *Prolog im Himmel*. Der Teufel bittet Gott um Pardon für seine einfachen Worte und spottet dabei *en passant* über den Gott, der nicht mehr lachen will: „Mein Pathos brächte dich gewiß zum Lachen, / Hättst du dir nicht das Lachen abgewöhnt."⁴⁶ Mephistos Klage über die ‚sich plagenden Menschen' ist nur scheinbar von Mitleid mit den sich mühenden und scheiternden Kreaturen bestimmt.⁴⁷ Tatsächlich hat er eine distanzierte, spottende Perspektive auf den menschlichen Verstand und die menschlichen Handlungen: „Ein wenig besser würd' er leben, / Hättst du ihm nicht den Schein des Himmels-

---

Perspektivierung auch als bürgerliches Trauerspiel bezeichnete. Zwar gibt es auch hier einzelne komische Momente in der Begegnung von weltunerfahrenem (aber durch die Liebesdrogen der Hexenküche aufgegeiltem) Gelehrten und dem einfachen, recht unschuldigen Mädchen. Doch überwiegen hier Gewalt, Scheitern, Kerker und Hinrichtungstod – die auch kaum (und erst in allzu großem Abstand) abgemildert oder revidiert werden durch Margaretes Verklärung am Ende des zweiten Teils, wo Sie als eine Büßerin zur (Dantes Beatrice gleichenden) letzten Lehrerin und Reiseführerin des himmelfahrenden Faust promoviert wird. Auch die Kriege des vierten Aktes sind wohl weniger komisch perspektiviert als die Handlung des Gelehrtendramas oder Fausts Bildungsreisen in den beiden Walpurgisnächten. Doch ist selbst dieser Krieg mittels der von Mephisto herbeigerufenen allegorischen Gestalten und seiner den Gegner illusionierenden Scheinwaffen keineswegs frei von witzigen Volten. Gleiches gilt für die unter zahlreichen Menschenopfern durchgeführten Landgewinnungsprojekte des alten Fausts. Gleichwohl kann man noch in Fausts blinder Verwechslung von menschheitsbeglückendem Fortschrittsprojekt und realer Ausbeutung und Gewalt einen schwarzen Humor komischer Kontraste am Werk sehen.

[42] Johann Wolfgang Goethe, *Faust*, hg. von Albrecht Schöne, Frankfurt/M., 2003, Verse 45 f.
[43] Ebd., Verse 59 f.
[44] Ebd., Verse 86 ff.
[45] Vgl. Gaier (1999), *Faust*, S. 762.
[46] Goethe (2003), *Faust*, Verse 277 f.
[47] Ebd., Vers 280.

lichts gegeben; / Er nennt's Vernunft und braucht's allein, / Nur tierischer als jedes Tier zu sein." Wie eine herumirrende, komisch abstürzende Zikade erscheint der Mensch dem Zyniker Mephisto: „In jeden Quark begräbt er seine Nase".[48]

Gott, der Herr, sieht die Vermögen der Menschen freilich optimistischer und expliziert diese komödienaffine Prädestination (und den Übergang von Verworrenheit/Chaos in Ordnung und Harmonie) an ‚meinem Knecht', dem Doktor Faust: „Wenn er mir jetzt auch nur verworren dient / So werd' ich ihn bald in die Klarheit führen."[49] Mephisto bietet Gott die Wette, diesen Faust zu verführen. Gott räumt zwar ein, dass sich die Menschen auf der Erde immer wieder aus der rechten Ordnung verlaufen: „Es irrt der Mensch, solang' er strebt."[50] Doch ist für Gott dieses Irren nicht fatal, sondern bleibt letztlich harmlos, integrierbar. Es ist somit ein komödientypisches, lachfähiges Irren. Der Teufel möge ruhig versuchen, Faust auf üble Wege zu verführen. Gott ist überzeugt, dass dies Mephisto nicht gelinge, denn seine eigene (göttliche) unsichtbare Hand wirke letztlich mächtiger, zum Positiven aussteuernd: „Ein guter Mensch in seinem dunklen Drange / Ist sich des rechten Weges wohl bewußt."[51] Der Herr erklärt im Prolog sowohl die Nützlichkeit des Teufels wie dessen geistvoll komischen, schalkhaften Charakter:

> Ich habe deinesgleichen nie gehaßt. / Von allen Geistern, die verneinen, / Ist mir der Schalk am wenigsten zur Last. / Der Menschen Tätigkeit kann allzuleicht erschlaffen, / Er liebt sich bald die unbedingte Ruh; / Drum geb' ich gern ihm den Gesellen zu, / Der reizt und wirkt und muß als Teufel schaffen.[52]

In Goethes Himmel herrscht mithin eine Art produktiver ‚verteilter Ordnung' von Gott und Teufel. Des Teufels Job besteht in der Irritation der Menschen. Die Negations- und Ablenkungsarbeit des Teufels wird dabei durch Gottes unsichtbare Hand umgeleitet und dient solcherart integriert als Ansporn zum Nützlichen. Doch führt das individuelle Begehren und Streben Fausts bei Goethe nicht unbedingt zum Glück und Wohlstand auch der Gesellschaft.

In Goethes Menschheitsparabel *Faust* operiert die unsichtbare Hand also in (mindestens) doppelter Hinsicht und auf (mindestens) zwei Ebenen. In der Rahmenhandlung – also im Prolog im Himmel und bei der finalen, erlösenden Himmelfahrt – hält Gott seine schützende Hand über den vielfach irrenden Faust und hebt dessen irrendes Streben auf in einer prästabilisierten Ordnung, die Fausts so tatkräftiges wie egozentrisches Engagement (ganz wie Adam Smith) als nützlich und heilsbringend begrüßt.

Doch wirkt *in* der Binnenhandlung der *Faust*-Episoden eine eher desaströse unsichtbare Hand in Form von Mephistos diversen zauberischen Handreichun-

---
[48] Ebd., Verse 285-292.
[49] Ebd., Verse 308 ff.
[50] Ebd., Vers 317.
[51] Ebd., Verse 328 f.
[52] Ebd., Verse 357 ff.

gen: von der Gretchenverführung durch Geschenke und begleitende Gewalttaten, über das nur unzureichend, fiktiv gedeckte Kredit- und Papiergeld bis zu den Kriegstricks, der Piraterie sowie den sklaventreiberischen und maschinengestützten Landgewinnungsprojekten. Viele dieser teuflischen Dienste (so auch seine Flugreisen mittels des mit Heißluft gefüllten Mantels) lassen sich als Allegorien für Erfindungen moderner Automaten- und Kriegstechniken deuten. So zeigt der fortschrittsskeptische Goethe auf ungewollte Nebenwirkungen dieser Techniken; auch dafür dient ihm das Bild der unsichtbaren, teuflischen Hand, die dessen vorderhand nützlichen Dienste in der Logik des *Zauberlehrlings* verkehrt in unheil- und opferbringende Zerstörungstechniken. Freilich hat in Goethes welttheatralischem Wettkampf dieser beiden unsichtbaren Hände die unsichtbare Hand Gottes (mithin: der Erlösung und des Happy Ends) das letzte Wort. Faust wird an der Himmelspforte gar von der durch ihn gestorbenen Geliebten, also von Margarete, begrüßt und abgeholt: womit der gelingenden, versöhnlichen Paarbildung des Komödienfinales Genüge getan wird. Der Weimarer Dichterfürst war dem Tragischen bekanntlich abgeneigt. Auch wenn Goethes Komödienwerk als Schwachpunkt im Schaffen des Meisters gilt, so lässt sich doch gerade das Wettspiel von teuflischer und göttlicher unsichtbarer Hand in Goethes *Faust*-Dichtung auch als ein bedeutender Beitrag zur Komödiengeschichte begreifen.

5. Marktwirtschaft zwischen Tragödie und Komödie

Betrachten wir nun als letztes Fallbeispiel zum Nexus von Ökonomie und literarischem Gattungsgesetz eine wenig bekannte, doch überaus aufschlussreiche Episode aus der Dramengeschichte des 20. Jahrhunderts.

5.1. Hermann Brochs Scheitern auf dem Theatermarkt der 1930er Jahre

Der Fabrikantenspross Hermann Broch verlor in der Weltwirtschaftskrise sein beträchtliches Vermögen. Seine epochale Romantrilogie *Die Schlafwandler* brachte ihm zwar einigen Ruhm als führender Vertreter der deutschsprachigen modernistischen Romankunst, doch ließ sich damit kaum Geld verdienen. So wendet er sich Anfang der 1930er Jahre dem Theater zu als vermeintlich üppig sprudelnder Einnahmequelle. Broch hofft auf einen Publikumserfolg seines ersten Stücks *Die Entsühnung* auch im Ausland. Er spekuliert, dass der Plot des Stücks über Wirtschaftskrise und Arbeitskämpfe ihn als literarischen Beobachter von Marktkrisen zum Krisengewinner auf dem Theatermarkt machen könnte.[53]

---

[53] An Willa und Edwin Muir schreibt Broch am 12.10.1932. „Und da nun ‚Die Totenklage' [ein Arbeitstitel des schließlich als *Entsühnung* betitelten Dramas, B. B.] nicht nur ein stilistisches

Der dichtungsökonomische Widerstreit der Werte (oder mit Bourdieu: der Kapitalsorten) zwischen der ästhetisch gebotenen neuen Form seiner Werke und der vom Markt geforderten Konventionalität betrifft freilich das Theater noch stärker als den Roman. In seiner *Theoretischen Vorbemerkung* insistiert Broch auf den, im Theater geforderten, unmittelbaren Publikumserfolg: In keiner Kunst sei der „Prozentsatz des konsumierten Schundes so groß wie auf dem Theater. Und das hängt eben von dem Spezialverständnis ab, in dem hier Produktion und Konsumtion, Autor und Publikum zueinander stehen."[54] Brochs Hoffnungen auf Einkünfte aus dem Stück über die Wirtschaftskrise erfüllen sich jedoch keineswegs. Nachdem seine Tragödie über die Arbeitskämpfe, *Die Entsühnung*, nach 1933 weder in Österreich noch Deutschland spielbar war, kam es nur zu drei Aufführungen 1934 in Zürich. Da seine finanziellen Nöte zunahmen, plante Broch eine „Überbrückungsarbeit", welche rascher Geld bringen sollte. 1934 zwingt er sich, Komödien zu schreiben, „allem Weltgeschehen zum Trotz" und erschwert „durch den Ekel, der mich vor dieser Brotarbeit erfüllt [...] Es bleibt die Angst, daß diese Brotarbeit zuletzt ein Schlag ins Wasser gewesen sein könnte."[55] Und tatsächlich wird diese „dramatische Mittelware, die ich nicht einmal unter eigenem Namen publizieren kann"[56], zu keiner Aufführung, zu keinen Einnahmen führen. Das Komödienmarketing Brochs findet seinen grotesk-traurigen Höhepunkt in einem Versuch, das Stück zu exportieren und dann unter exotischem Autornamen wieder zu reimportieren. Broch schreibt (einer Freundin) über diese potenzielle Wertsteigerung durch Zirkulation unter falschen Namen und durchs Ausland:

> Was aber die Aufführungsmöglichkeiten betrifft, so glaube ich nicht, daß man in Budapest ein Ausländerstück aufführen sollte, das im Heimatland noch nicht auf der Bühne gewesen ist. Man müßte es als rein ungarisches Stück ausgeben und

---

und artistisches Experiment ist, sondern überdies auch – was bisher noch nicht geschehen ist – einen Querschnitt durch die sozialen Verhältnisse Deutschlands legt, habe ich eine leise Hoffnung, daß das Stück in England auch inhaltlich interessieren könnte." (Hermann Broch, *Kommentierte Werkausgabe, Band 13/1, Briefe 1938-1945, Kommentare zu Leben und Werk*, Frankfurt/M., 1981, S. 217.) Vgl. auch ebd., S. 227: „Und angeblich soll jetzt für deutsche Stücke große Mode in England und Amerika sein; von den Tantiemen, die der Bruckner-Tagger von dort bezieht, werden fantastische Ziffern genannt – also werden wir vielleicht auch noch miteinander ungeheuer reich werden. Ach ich bin so geldgierig."

[54] Ders., *Kommentierte Werkausgabe, Band 7, Dramen*, hg. v. Paul Michael Lützeler, Frankfurt/M., 1979, S. 403.

[55] An Brody 13.7.1934, in: Broch (1981), *Briefe 1938-1945*, S. 287. Vgl. auch seine Zweifel über das Schreiben an seine Übersetzer Muir: „Hier ist es ein krampfhaftes Seance continue, bei dem ich mitmache, weil ich finanziell dazu gezwungen bin." (Ebd., S. 265).

[56] Ebd., S. 293. Im nächsten Brief an seine ungarische Freundin klagt er: „Ich habe zwei Stücke fertig gemacht, von denen das eine [*Alles beim Alten*] miserabel ist, so daß ich es niemanden zeige, das andere aber sehr gut ist." Die Absage des Josefstädter Theaters bilanziert Broch: „[F]ür mich bedeutet es den geknickten Strohhalm: ich habe alles auf diese eine Karte gesetzt, um aus meinen Geldverlegenheiten herauszukommen. Das Stück hätte, wäre es angenommen worden, sofort eine Akontozahlung von ein paar tausend Schilling gebracht (deshalb habe ich es auch geschrieben), heute kam die Absage und ich weiß buchstäblich nicht, wovon ich für die nächsten Tage das notwendigste Geld herschaffe." (Ebd., S. 294 f.)

einen entsprechenden Strohmann dafür finden. Wäre dem so, und wäre dieser Strohmann ein Arier, dann hätte das Stück sicherlich auch Aussicht auf Erfolg in Deutschland, weil ja ungarische Marke immer gangbar ist.[57]

Das gescheiterte Schreiben für ersehnte Theatertantiemen bilanziert der Autor als reine Zeit- und damit Geldverschwendung.[58] „Hingabe" an ewige Werte als eigentlicher Lebenssinn sei unter diesen Zeitumständen kaum erlaubt, bewirke aber ein „krampfhaftes Aufleben aller Religionsformen."[59] Zugleich insistiert Broch freilich, dass eine „asoziale – und damit letzten Endes unverkäufliche! – Kunst überhaupt nicht lebensberechtigt ist."[60]

5.2. Markt und unsichtbare Hand im Drama: Deflationsästhetik der Tragödie – Inflationsästhetik der Komödie

Betrachten wir nun – nach diesem einleitenden Hinweis auf Brochs gescheiterte Ambitionen, mit Theaterstücken über ökonomische Probleme seine eigene prekäre ökonomische Situation zu lösen – die Formen, die ökonomischen Motive und die Moral dieser Stücke. Deren Plots kreisen, in Fortführung der sogenannten ‚Inflationsdramatik' und der ‚Zeitoper' der Weimarer Republik, allesamt um stockende Wirtschaften und um fehlendes Geld. Brochs Schreibmotivation, auf dem Markt zu reüssieren und Geld zu verdienen, überträgt sich offenbar unmittelbar in die Wahl seiner Plots.

Sein Trauerspiel *Die Entsühnung* bietet ein polyperspektivisches Drama um Arbeitskämpfe und Firmenkonkurrenz in der Weltwirtschaftskrise.[61] Von engagierteren Tendenzstücken unterscheidet es sich durch die programmatische Gleich-Gültigkeit[62] der Perspektiven von Arbeitern, Managern und Fabrikeigentümern; eine Multiperspektivität, die man mit einem Bottom-up-Modell der ‚verteilten Ordnung' analogisieren könnte – wie ja überhaupt das dialogische Modell des Theaters (im Gegensatz zur tendenziellen Einstimmigkeit und Monoperspektive des Roman oder der Lyrik) als eine auf ‚verteilter Ordnung', weil verteilter Rede basierende Text- und Spielform begriffen werden kann. Doch kann in *Entsühnung* der auftretende Wirtschaftsjournalist Hassel in sei-

---

[57] An Edit Rényi-Gyömroi, 30.11.1934, ebd., S. 322.
[58] An Daisy Brody, ebd., S. 296.
[59] An Thiess, ebd., S. 306 f.
[60] An Brody, 19.10.1934, ebd., S. 300.
[61] Thematisch inspiriert war das Trauerspiel von Erik Regers Ruhrgebiets-Arbeitskampf-Roman *Union der festen Hand* (1931), für den der Kleist-Preis auf Vorschlag Carl Zuckmayers vergeben wurde. Broch selbst spekulierte wohl auf den hochdotierten Kleist-Preis erst mit den *Schlafwandlern*, dann mit der Tragödie (dazu: Paul Michael Lützeler, *Hermann Broch: eine Biographie*, Frankfurt/M., 1985, S. 157).
[62] Gleichgültigkeit als ökonomisch-ästhetisches Leitmotiv von Brochs *Schlafwandlern* hat Peter Zima bemerkt und auf die Wertambivalenz in jedem Tauschakt zurückzuführen versucht. Vgl. Peter V. Zima, *Roman und Ideologie. Zur Sozialgeschichte des modernen Romans*, München, 1985, S. 99-136.

nem Plädoyer für Geist und Werte vielleicht doch als Stellvertreter des Autors betrachtet werden. Resigniert kommentiert er gewissermaßen den Ausbildungsweg Brochs: „Eine Zeitlang habe ich gedacht, daß das etwas wäre ... Volkswirtschaft. Ich dachte, daß das Zeitalter des Ingenieurs von dem des Volkswirtschaftlers abgelöst werde ... aber jetzt erkenne ich ... na ... *wegwerfende Geste.*"[63] Die markanteste Opposition in Brochs Arbeitskampftragödie ist freilich die zwischen den Geschlechtern. Die Männer stehen für das sterile, betriebsame und gewalttätige Handeln, bei dem sich alles ums Geld dreht.[64] Frauen stehen für Fruchtbarkeit, Mütterlichkeit, Gabe, für Sühne und Trauer. Brochs Kritik an der kriselnden Marktwirtschaft äußert sich in den Toten, die der Wirtschaftskampf produziert: der ermordete Gewerkschafter, das Kind des Ingenieurs, der suizidär gekränkte Juniorchef.[65] Und eloquenter als die Opfer formuliert diese Kritik an den Marktungleichgewichten der erfolgreiche Manager Menck, der unter den gegebenen schlechten Umständen zu resignativen Ansichten neigt. Im Aufsichtsrat skizziert Manager Menck die Marktlage einer Rezession:

> Wir müssen die Filsmannaktie halten. [...] [W]ollen Sie vielleicht eine Generalaussperrung im ganzen Konzern? Die Börse ist heute sehr empfindlich und wir stehen im Kampf mit der Duriggruppe. Und der wird mehr an der Börse als im Absatz oder den Preisen ausgefochten. Die Aktie führt ja ein Eigenleben. [...] Ich kann heute weder fürs Geld arbeiten noch für die Macht. Selbst wenn wir Gewinne hätten, wüßte man sie nicht anzulegen, weder in Maschinen, noch sonstwie. Es ist das Sonderbare, daß selbst eingenommene Gelder nicht mehr der Wirtschaft zugeführt werden können. Es ist Leerlauf um des Leerlaufs willen.[66]

Bei den Fusionsgesprächen mit dem Konkurrenten Durig beklagt Menck die Handlungsohnmacht der Wirtschaftsführer, die sich von unsichtbaren, doch leider destruktiven Händen gezogen fühlen. Und diese unsichtbare Hand des Wirtschaftsprozesses führt in der *Tragödie* eben nicht zum harmonischen, sozial-integrativen Ende, sondern sie produziert Opfer:

---

[63] Broch (1979), *Dramen*, S. 115.
[64] Dazu etwa ebd., S. 122 Thea: „Die Männer leben in der Vergangenheit und sie leben in der Zukunft ohne Jetzt. Frau Filsmann: Im Jetzt ist die Liebe." Brochs Stellvertreter Hassel darf seine Version des erlösungsorientierten männlichen Feminismus formulieren: „Vielleicht ist die Gemeinschaft des Gefühls den Frauen vorbehalten ... vielleicht wird die Erneuerung von den Frauen ausgehen." (Ebd., S. 75.)
[65] Die zynische Version des Kapitalismus als gewaltförmig, sozialdarwinistisch und desintegrativ lässt Broch den Schuhvertreter Jeckel formulieren, der sich als Erpresser gegenüber dem Freikorpsmann Rosshaupt eine Kompensation für seine rezessionsgeschwächten Schuhgeschäfte verdienen will: „Alle machen das Gleiche. Die Welt denkt kaufmännisch. [...] Wer nicht dem Geld nachläuft, verhungert. [...] Die großen Herren erpressen viel Geld, die kleinen müssen sich weniges schenken lassen. Aber einer nimmt's dem anderen weg, weil jeder fressen muß." (Ebd., S. 89 f.) Zu den Gewalt-, Kriegs- und Apokalypse-Phantasien, welche die *Entsühnung* in verschiedenen Figurenreden durchziehen vgl. ebd., S. 22 f., 29, 37, 39, 49, 57, 64, 73, 82 f. u. 106.
[66] Ebd., S. 40.

> Und wir sind durchaus keine Kämpfer, die gegeneinander antreten, sondern einfach Marionetten, die etwas agieren, was man Wirtschaft nennt. [...] Es wäre sogar ganz heiter ... wenn nicht, sehen Sie Durig, wenn die Marionetten, die dabei kaputt gehen, nicht trotzdem Menschen wären.[67]

Als Ursache dieser fehlenden *Agency* wird – schon bei Broch in den 1930ern – der globalisierte Markt benannt. Der führe dazu, dass kein Ökonom mehr Herr im eigenen Hause sei.[68] Der Manager beklagt den Leerlauf einer nicht mehr autonom steuerbaren und nicht mehr wachsenden Wirtschaft. Broch versuchte in seiner Tragödie das ebenso marktinduzierte wie marktgängige Thema der Zeit, ‚die Not', das ‚Humane' und ‚Metaphysische' in Gestalt des ‚Wirtschaftlichen und Sozialen' darzustellen mittels eines ‚erweiterten Naturalismus': „Wie tiefgreifend das Bedürfnis nach Befassung mit diesem Thema ist, mag an der Flut sozialwirtschaftlicher Literatur ermessen werden, die trotz Geldmangel noch immer vom Publikum gekauft wird."[69]

Die Tragödie *Entsühnung* begann mit Handlungskraft, um in Ohnmacht und Tod zu enden. Die Komödie *Aus der Luft gegriffen* hingegen hebt an mit einer Reihe von Selbstmordversuchen[70], um mit ökonomischer Potenz und glückenden Paarbildungen zu schließen. Sowohl die ökonomischen Verhältnisse als auch die Geschlechterverhältnisse der Komödien sind dem Tragödienplot diametral entgegengesetzt. Vor allem kennzeichnet die Komödienwelt die Handlungsmacht ihrer Protagonisten und eine Ökonomie euphorischer Produktivität. Diese Produktivität durch Trickster-Einfälle und glückliche Zufälle erscheint zwar vorderhand wie eine märchenhafte oder betrügerische *creatio ex nihilo*. Andererseits kann man diese Produktion von Werten aus dem Nichts auch lesen als eine Allegorie fruchtbringender Kreditwirtschaft.

In Brochs Theaterkomödie *Alles beim Alten* ist es die Fiktion (als Theaterspiel-im-Spiel), die wahre Werte, glückende Karrieren und passende Paare produziert. Der träge Bohemien Hans wird durch seine Idee neuer Ventile für Dampfkessel bei seinem Fabrikantenvater akkreditiert. Hans wird solcherart durch den Umweg übers Theater zum ökonomisch wirksamen Subjekt, ja geradezu zum Schumpeterschen Unternehmer promoviert. Sein Freund Robert erklärt die Kombinationsgabe des ‚genialen Menschen', dass er wissen müsse, was notwendig sei und es dann ruhig von Ingenieuren ankaufen könne.[71] Dass

---

[67] Ebd., S. 57.
[68] Zur heute so aktuell klingenden internationalen Konkurrenz in einer globalisierten Marktwirtschaft vgl. ebd., S. 25 und S. 111, wo Menck die Welt als Spielergesellschaft bezeichnet, wo ein einziger alles gewonnen hat und seinen Spielpartnern Marken leiht, damit das Spiel weitergeht. Lauck plädiert daher sozialistisch für eine Neuverteilung der Spielmarken. Das gehe nicht, antwortet Menck, da Deutschland als Ganzes auf Seite der Verlierer stehe und mit geborgtem Geld spiele, also selber gar nicht Kapitalbesitzer sei.
[69] So Brochs *Theoretische Vorbemerkung* zum Stück, in ebd., S. 404.
[70] Ebd., S. 237 Agnes: „Alles ist hoffnungslos und versperrt"; S. 242 Laborde: „Seien Sie überzeugt, daß man sich nicht oft genug erschießen kann."
[71] Ebd., S. 394. In seiner Spiel-im-Spiel-Rolle stellt Hans (als Heini) Brochs Wissen über die einträgliche Ausbeutung von Technik und Patenten dar, wenn er nicht nur die Ventilidee teu-

der Erwerb des Ventilpatents auf der Realitätsebene mit den Theatertantiemen des Spiel-im-Spiel-Stücks bezahlt wird, kennzeichnet die performative Innovations- und Kreditökonomie, die in Brochs beiden Komödien herrscht. Ein erstaunter Ausruf des väterlichen Prokuristen benennt freilich zugleich Brochs – nicht in Erfüllung gegangenes – Komödieninvestment: „Damit kann man Geld verdienen ... mit'm Spüln ... des is a Geschäft?"[72]

Aus der Luft gegriffen heißt die zweite Komödie. Sie verweist mit ihrem Titel auf die phantasievollen Geschäftsideen des Hochstaplers Laborde. Der erklärt den altmodischeren Bankern die performative Kredit-Spielregel des Lebens: Was man sich selbst glaubt, „das wird einem nicht nur geglaubt, sondern wird zur echten Wirklichkeit".[73] Ruthart, der biedere Schwiegersohn in spe des Bankdirektors Seidler, verspekuliert sich ganz ruinös mit Teheran-Oil-Aktien. Doch versteht der eigentlich als Heiratsschwindler berufstätige Laborde mittels weltumspannender Wechselverschiebungen und fiktiver Aufträge die Aktienkurse der Ölfirma und somit die Bank Seidlers zu retten.[74]

Der gewitzte Lügner Laborde inszeniert also eine chinesische Nachfrage nach eigentlich inexistentem Teheran-Öl. Labordes rein performative Ökonomie zur Wiederbelebung der wegen fehlender Ölquellen gefallenen persischen Ölaktien denkt (durchaus modern) das Wirtschaftsgeschehen quasi rückwärts: vom Konsum über die Distribution zur Produktion zu den Rohstoffen: „Das Öl muß verkauft werden ... wenn es einmal verkauft ist, wird es auch fließen ... und dann werden auch die Anteile wieder verkäuflich sein." Diese Münchhausen-Operation[75] lässt die Aktien steigen. Auf Seidlers Einwände, dass er seine Kunden nicht betrügen könne und Labordes Plan nur ein steriler Kreislauf der Schuldenverschiebung sei, erwidert dieser:

[S]o ist es selbstverständlich eine Regierung, die die Kosten zu bezahlen haben wird ... dazu sind Regierungen doch da. [...] Die Hälfte aller Volkswirtschaft besteht aus solch sterilen Kreisläufen ... und das Merkwürdige ist, daß wir davon

---

er an einen Kesselfabrikanten verkauft, sondern zugleich mit dessen Aktien spekuliert: „[Z]uerst kaufen wir noch ein paar Aktien von der Dampfkesselgesellschaft und dann melden wir mit ihr gemeinsam die Patente an." (Ebd., S. 367.)

[72] Ebd., S. 395.
[73] Ebd., S. 261; Labordes performative Kreditregel klingt wie ein Echo zu Mephistos analoger Empfehlung an den naiven Schüler in Goethe (2003), *Faust*, Verse 2022 f.: „Und wenn Ihr Euch nur selbst vertraut, / Vertrauen Euch die anderen Seelen." Mephisto bezieht diese notwendige Selbstakkreditierung hier freilich auf den Medizinerberuf und später erst (bei der Papiergeld-Emission am Kaiserhof) aufs Bankgeschäft. Auf Rutharts Warnung, Laborde sei ein Hochstapler, entgegnet Seidler bei Broch, dass er *deswegen* ja seine Sympathien für ihn entdeckt habe: ein Hochstapler, das sei gerade die „richtige Verbindung für unsere Bank".
[74] Ebd., S. 255 f.
[75] Ebd., S. 278 f. Laborde beruft sich explizit auf Münchhausen, als den vollendeten Typ des Hochstaplers; dessen Aufgabe sei „das Menschenunmögliche kraft der Lüge möglich zu machen, damit die Welt wieder funktioniere."

leben ... jedenfalls wird es sich in der Flottmachung der Teheran Oil auswirken ...".[76]

Zwar ist Labordes Plan, streng genommen, betrügerisch, denn er operiert mit dem Einsatz einiger gefälschter Wechsel.[77] Mit seinem Verweis auf staatliches *deficit spending* in Wirtschaftskrisen praktiziert der kluge Hochstapler strukturell freilich geradezu Keynesianische Ökonomie auf der Höhe seiner (und leider auch unserer) Zeit. Die sichtbare Hand des Staates ersetzt die unsichtbare Hand eines freien Spiels der Marktkräfte – nachdem diese unsichtbare Hand ausfiel oder sich als arthritisch erwies (wie Luhmann einst formulierte).

Der alte Seidler klagt in Brochs Komödie (heute wiederum durchaus aktuell), dass keine soliden, substanzerhaltenden Geschäfte mehr möglich seien; in der spekulativ entfesselten Gegenwart gebe es nur noch heftige Verluste oder Gewinne.[78] Er ist aber Banker genug, um sich den neuen Umständen anzupassen, indem er sich der Künste des Hochstaplers bedient.[79] Passenderweise findet die Bankierstochter ihren bisherigen Verlobten, den langweiligen, allzu häuslichen Ökonomen Ruthart unattraktiv im Vergleich mit der verkörperten Spekulation (oder Fiktion) des windigen Weltenbummlers Laborde.[80] Die hypermobile chrematistische Wesensart Labordes äußert sich in ebenso leidenschaftlicher wie bindungsunfähiger Liebe. Das spekulative (und folglich riskannte) Auf und Ab der außerhäuslichen Chrematistik, die Aristoteles der stabilen, geldfreien innerhäuslichen *oikonomia* opponierte[81], lebt der Heiratsschwindler *uno actu* in Liebesaffären wie in monetären Angelegenheiten. Temporeich forciert durch eine Simultanbühne spielt Brochs Komödie virtuos mit den Inversionen einer solchen verkehrten Welt.[82] Etwa wenn der Bankei-

---

[76] Ebd., S. 298 f.
[77] Laborde muss dem nicht mehr durchblickenden alten Banker Seidler erklären: „Die Wechsel, die ich Ihnen übergeben werde, sind selbstverständlich gefälscht ... aber das brauchen sie nicht zu wissen, und für die Zwecke des Kreislaufs ist das auch ganz gleichgültig ... das nehme ich auf mich ..." (Ebd., S. 301.)
[78] Ebd., S. 254.
[79] Ebd., S. 275 f.
[80] Ebd., S. 260. Agnes liebt Laborde gerade wegen seiner Überschreitung der häuslichen, oikosnomischen Enge: „[I]ch liebe ihn, er ist das Leben. Er wird mich aus dieser Enge herausführen." Vgl. auch ebd., S. 272.
[81] Zur modernen Diskussion über Aristoteles' Definition von *Ökonomie* (in seiner *Politik* und *Nikomachischen Ethik*) und seiner problematischen Eingrenzung auf den Bereich des Hauses (*oikos*), und zur Abgrenzung einer geschlossenen, eben *definierbaren* Ökonomie von der Sphäre der spekulativ-unendlichen *Chrematistik*, verweise ich auf Marc Shell, *The Economy of Literature*, Baltimore, MD, 1978, S. 91 ff. sowie auf Jacques Derrida, *Donner le temps. 1: La fausse monnaie*, Paris, 1991, S. 200.
[82] Broch (1979), *Dramen*, S. 264 ff.: Die Simultanbühne zeigt mehrere Hotelräume und ermöglicht Parallelhandlungen. Analog zur Poetik seiner *Schlafwandler* erreicht Broch so eine Bühnenästhetik der Gleichgültigkeit und Polyperspektivität – mithin der verteilten Ordnung (oder der verkehrten Welt?).

gentümer dem Hochstapler einen Heiratsantrag im Namen der Tochter macht, den dieser ablehnt.[83]

Das gute Komödienende ist hier zwar mit leichten Verwerfungen versehen: Die trickreichen Markttransaktionen Labordes funktionieren nur, weil gefälschte Kreditzeichen ins Spiel gebracht werden. Und doch führt der Plot von todeswilligen zu lebensmutigen Protagonisten, von bankrotten zu solventen Akteuren. Pointiert könnte man das Fazit ziehen, dass Brochs Darstellung und Bewertung der Wirtschaft eine reine Gattungsfrage ist – ein Problem der Poetik. In der Tragödie produziert der globalisierte Kapitalismus Tote und ökonomischen Leerlauf. In der Komödie produziert der Finanzkapitalismus Gewinne für die Protagonisten und glückliche, lebenslustige Paare. Schildert die Tragödie eine Ökonomie in der Rezession mit deflationären Tendenzen, so zeigt die Komödie, zeitgleich mit Keynes *General Theory* (freilich in frivoler Überspitzung), den Nutzen von antizyklischen Staatsausgaben und Inflation für das Wirtschaftswachstum. Die unsichtbare Hand, die hier Opfer und dort Gewinn und Glück produziert, scheint in der Literatur letztlich das Gesetz der Gattung zu sein, das am Schluss für einen guten oder bösen, für einen letalen oder vitalen, für einen anomischen oder harmonischen Ausgang sorgt.

6. Schluss

Aufschlussreich, wenn auch wenig erbaulich wäre nun noch ein Ausblick auf die weitere Entwicklung von Marktdarstellungen im Drama und auf der Bühne. Da landeten wir im deutschen Gegenwartstheater in einer ziemlich apokalyptischen Landschaft – weit jenseits des Lachtheaters: Im zeitgenössischen Wirtschaftstheater herrschen düstere, wenig komödienhafte Schlussszenarien; etwa bei Urs Widmer, Falk Richter, Moritz Rinke, Kathrina Röggla und Roland Schimmelpfennig als den bedeutendsten Wirtschaftsdramatikern der letzten zehn Jahre.[84]

Das Ende von Chaplins *Modern Times* ist hingegen, trotz massiver Wirtschaftskrise (der Film wurde 1934-36 gedreht und kam 1936 in die Kinos), ein gutes. Zwar verlieren Charlie und seine Freundin Paulette Godard (die übrigens im realen Leben Chaplins dritte Frau wurde) immer wieder ihre Jobs und

---

[83] Ähnlich rollenverdreht verhält sich der Heiratsschwindler Laborde, wenn er seine langjährige Gefährtin mit Geld statt mit einem wohlklingenden Abschiedsbrief verabschiedet (ebd., S. 304). Und schon zuvor (ebd., S. 295-300) wurde die schlichte Heiratsschwindelei Labordes überboten durch die Schweige- und Scheidungskosten-Erpressung seiner Begleiterin. Stasi will Geld von Agnes für die ‚Scheidung' von Laborde, mit dem sie gar nicht verheiratet ist. Von Seidler will und bekommt Stasi nach eifrigem Feilschen über die Währung auch 20 000 französische Franken Schweigegeld (ebd. S. 291).

[84] Vgl. dazu: Bernd Blaschke, „‚McKinseys Killerkommandos. Subventioniertes Abgruseln.' Kleine Morphologie (Tool Box) zur Darstellung aktueller Wirtschaftsweisen im Theater", in: Christine Bähr/Franziska Schößler (Hg.), *Ökonomie im Theater der Gegenwart. Ästhetik, Produktion, Institution*, Bielefeld, 2009c, S. 209-224.

kommen so auch nicht zum ersehnten gemeinsamen Haus. Statt dem familiären *oikos* herrscht hier eine Obdachlosigkeit, die in der Komödie freilich weniger eine ‚metaphysische' ist – wie sie Lukács dem modernen Roman attestierte – als vielmehr eine reale. Doch haben Mann und Frau einander gefunden und gehen am Ende gemeinsam, lächelnd, Hand in Hand auf der Landstraße einer offenen Zukunft entgegen. Die letzte Geste, der letzte Einsatz von Chaplins sichtbarer Hand signalisiert übrigens seiner immer noch etwas verzweifelten, von der Wirtschaftsmisere erschöpften Gefährtin, dass man mit Optimismus und Selbstvertrauen durchs Leben gehen sollte. Chaplin zieht seine Mundwinkel mit der Hand zweimal zu einem hergestellten, performativen und seine Gefährtin doch ansteckenden Lächeln nach oben. Die üblicherweise unsichtbare Hand des Gattungsgesetzes der Komödie wird hier zu einer sichtbaren. Kredit, Selbstakkreditierung und Optimismus werden von Chaplin, wie das Lachen, als Gemachte und mithin als Herzustellende vorgeführt.

Optimismus, Kredit und Vertrauen, wie sie die Gattung und die Handlungsstruktur der Komödie auszeichnen, scheinen bitter notwendig nach dem schmählichen Scheitern der unsichtbaren Hand in den liberalisierten Finanzmärkten, insbesondere angesichts der Krise 2008 und zu Beginn des Jahres (2009), für die die schlimmste Rezession seit dem Zweiten Weltkrieg prognostiziert wurde.

Literatur

Bergson, Henri, *Das Lachen*, Meisenheim am Glan, 1948.
Binswanger, Hans Christoph, *Geld und Magie. Eine ökonomische Deutung von Goethes* Faust, Stuttgart, 1985.
Blaschke, Bernd, „Was tauscht der Mensch. Ökonomie in deutschen Komödien des 18. Jahrhunderts", in: Dirk Hempel/Christine Künzel (Hg.), *„Denn wovon lebt der Mensch?" Literatur und Wirtschaft*, Frankfurt/M., 2009a, S. 49-73.
Ders., „‚Bin die Verschwendung, bin die Poesie'. Überfluss und Verausgabung in Goethes *Faust* und seinen Kontexten", in: Christine Bähr/Suse Bauschmid/Thomas Lenz/Oliver Ruf (Hg.), *Überfluss und Überschreitung. Die kulturelle Praxis des Verausgabens*, Bielefeld, 2009b, S. 173-191.
Ders., „‚McKinseys Killerkommandos. Subventioniertes Abgruseln.' Kleine Morphologie (Tool Box) zur Darstellung aktueller Wirtschaftsweisen im Theater", in: Christine Bähr/Franziska Schößler (Hg.), *Ökonomie im Theater der Gegenwart. Ästhetik, Produktion, Institution*, Bielefeld, 2009c, S. 209-224.
Broch, Hermann, *Kommentierte Werkausgabe, Band 7, Dramen*, hg. v. Paul Michael Lützeler, Frankfurt/M., 1979.
Ders., *Kommentierte Werkausgabe, Band 13/1, Briefe 1938-1945, Kommentare zu Leben und Werk*, Frankfurt/M., 1981.
Derrida, Jacques, *Donner le temps. 1: La fausse monnaie*, Paris, 1991.

Ecker, Gisela, ‚Giftige' Gaben. Über Tauschprozesse in der Literatur, München, 2008.

Fulda, Daniel, Schauspiele des Geldes. Die Komödie und die Entstehung der Marktgesellschaft von Shakespeare bis Lessing, Tübingen, 2005.

Gaier, Ulrich, Johann Wolfgang Goethe. Faust-Dichtungen, Kommentar, Band 2, Stuttgart, 1999.

Goethe, Johann Wolfgang, Faust, hg. von Albrecht Schöne, Frankfurt/M., 2003.

Hamacher, Werner, „‚Faust. Geld'", in: Athenäum. Jahrbuch für Romantik, Paderborn, 1994, S. 131-187.

Hinck, Walter, „Vom Ausgang der Komödie. Exemplarische Lustspielschlüsse in der europäischen Literatur", in: Reinhold Grimm/Walter Hinck, Zwischen Utopie und Satire. Zur Komiktheorie und zur Geschichte der europäischen Komödie, Frankfurt/M., 1982.

Lessing, Gotthold Ephraim, Der Freigeist. Ein Lustspiel in fünf Aufzügen verfertigt im Jahre 1749, mit einem Nachwort und Anmerkungen von Klaus Bohnen, Stuttgart, 1998. [1749]

Lützeler, Paul Michael, Hermann Broch: eine Biographie, Frankfurt/M., 1988.

Mahl, Bernd, Goethes ökonomisches Wissen, Frankfurt/M., Bern, 1982.

Matt, Peter von, „Das letzte Lachen. Zur finalen Szene der Komödie", in: Ralf Simon (Hg.), Theorie der Komödie. Poetik der Komödie, Bielefeld, 2001, S. 127-140.

Shell, Marc, The Economy of Literature, Baltimore, MD, 1978.

Vogl, Joseph, Kalkül und Leidenschaft. Die Geburt des ökonomischen Menschen, München, 2002.

Zima, Peter V., Roman und Ideologie. Zur Sozialgeschichte des modernen Romans, München, 1985.

LUDWIG JÄGER, MATTHIAS JARKE, RALF KLAMMA, MARC SPANIOL

TRANSKRIPTIVITÄT.
OPERATIVE MEDIENTHEORIEN ALS GRUNDLAGE VON INFORMATIONSSYSTEMEN FÜR DIE KULTURWISSENSCHAFTEN[1]

Einleitung

Die Mediendebatte in den Geisteswissenschaften war lange Zeit durch zwei weitgehend separierte Stränge gekennzeichnet. Zum einen wurden neue technische Phänomene, oftmals unter Rückgriff auf Konzepte der Technikwissenschaften oder der Informatik, in ihrem Stellenwert für die Geisteswissenschaften diskutiert – wie etwa das Konzept der Adressierung. Zum anderen gab es eine umfangreiche kulturpessimistische Debatte, die – so etwa Baudrillard[2] in seiner historischen Perspektive der Mediennutzung von vorindustrieller Imitation über industrielle Produktion bis hin zur postindustriellen Simulation – vor einem Realitätsverlust durch eine übermäßig realitätsnahe Mediengestaltung und vor einer entsprechenden Verflachung der Kultur warnt. Wenngleich die Beobachtung der zunehmend virtualisierten Kriegsberichterstattung und vieler politischer Kampagnen zugegebenermaßen eine solche Debatte nahezulegen scheinen, führen solche Ansätze letztlich in eine Sackgasse und können

---
[1] Vortrag von Ludwig Jäger und Matthias Jarke in der Ringvorlesung „*Automatismen*"; ursprünglich erschienen in: *Informatik Spektrum* 31, 1 (2008), S. 21-29. Nachdruck mit freundlicher Genehmigung des Springer-Verlags. Anmerkung der Herausgeber: Das Konzept der ‚Transkriptivität' ist für die Frage nach den Automatismen aus verschiedenen Gründen wichtig: Zum einen handelt es sich um eine Theorie, die Tausch und Zirkulation in den Mittelpunkt stellt; die Autoren beschreiben, dass neue Texte nicht im Kopf – durch Kreation – zustande kommen, sondern eben durch Umschreiben (Transkription) vorhandener Texte. Wer schreibt, entnimmt seine Materialien dem Archiv, und sein Produkt wird in dieses Archiv wieder eingehen. In dieser Hinsicht geht es zunächst um Tausch und Austausch mit dem Archiv, und vermittelt über das Archiv mit den Texten/Autoren der Vergangenheit und der Zukunft. Der zweite Bezug ist, dass ein Mikromechanismus beschrieben wird, der, wenn man ihn ins Große hochrechnet, Strukturen generiert. Diese Strukturen, das ist der Kern der Automatismen-These, sind von keinem der Beteiligten intendiert; sie ergeben sich aus der Summe der verteilten Praxen aller, die an der Zirkulation und an der Transkription beteiligt sind. Der dritte Grund ist, dass die These wie das Automatismen-Projekt, eine Brücke zwischen Kulturwissenschaften und Informatik schlägt. Das Konzept der Transkriptivität kann, dies wird im zweiten Teil des Artikels gezeigt, zur Grundlage von Softwarelösungen werden. Hier besteht ein Bezug zu dem Beitrag von Reinhard Keil im vorliegenden Band.
[2] Jean Baudrillard, *Der symbolische Tausch und der Tod*, München, 1982.

einem tieferen und produktiven medientheoretischen Verständnis eher im Wege stehen.

Im Forschungskolleg „Medien und Kulturelle Kommunikation" (SFB/FK-427) der Universitäten Aachen, Bonn und Köln wurde vor dem Hintergrund dieser Situation eine operative Medientheorie entwickelt, die Grundoperationen zum Arbeiten mit Medien in den Vordergrund der Betrachtung stellt.

Der SFB/FK-427 steht im Kontext einer Reihe ähnlicher Bemühungen, die Geisteswissenschaften aus dem Elfenbeinturm hoch spezialisierter Einzelforscher in themenzentrierte Kooperationsnetze zu bewegen und damit auch eine verbesserte Basis für die Interaktion mit anderen Fächern außerhalb der Geisteswissenschaften zu schaffen. Andere kulturwissenschaftliche Forschungskollegs an Standorten wie Siegen, Konstanz oder Berlin befassen sich in diesem Sinne beispielsweise mit Fragen von Medienumbrüchen, sozialer Integration oder Performativität.

Es fällt auf, dass in vielen dieser kulturwissenschaftlichen Kollegs die Informatik eingebunden ist, wenn auch in sehr unterschiedlichen Rollen, die von einer technischen Unterstützungsfunktion über eine Reinterpretation der Informatik als Geisteswissenschaft bis hin zur gemeinsamen transdisziplinären Theorienbildung reichen. Im vorliegenden Aufsatz wird die transdisziplinäre Fruchtbarkeit solcher Kooperationen am Beispiel einer konkreten Medientheorie illustriert, der im Kölner Kolleg entstandenen Transkriptivitätstheorie.

Von der Transkription zur Transkriptivitätstheorie

Der Begriff der *Transkription* hat in den Kulturwissenschaften eine lange Tradition. In der Musik kennen wir beispielsweise Transkriptionen zwischen verschiedenen Instrumenten wie Liszts Klaviertranskription der Beethovensinfonien. Mit dem Begriff Transkription wird aber auch die Verschriftlichung oraler Kommunikation (Interviews, Diskussionen) oder die Übertragung von Texten in altdeutscher Schrift in moderne Druckschrift bezeichnet. Hier dient die Transkription der Lesbarmachung für neue Zwecke oder Leserkreise. Umgekehrt kann Transkription auch zur Arkanisierung von Texten oder Bildern verwendet werden, beispielsweise bei der Transkription eines Textes in eine Geheimschrift oder durch sein Verstecken unter falschen Schlagworten in einem Geheimarchiv. Gemeinsam ist diesen traditionellen Transkriptionsbegriffen, dass oft eine 1:1-Beziehung zwischen dem zu Transkribierenden und dem Transkript besteht, oder gar mehrere Transkripte als Variationen aus einer gemeinsamen Quellen entwickelt werden.

Die im SFB 427 entstandene *Transkriptivitätstheorie*[3] stellt einen erweiterten Transkriptionsbegriff in den Mittelpunkt einer allgemeinen, operativen

---

[3] Vgl. Ludwig Jäger, „Transkriptivität. Zur medialen Logik der kulturellen Semantik", in: Ludwig Jäger/Georg Stanitzek (Hg.), Transkribieren – Medien/Lektüre, München, 2002, S. 19-41

Medientheorie, die insbesondere auch die massive Verfügbarkeit von medialen Objekten der Turing-Galaxis[4], oft als Informationsüberflutung empfunden, in den Blick nimmt und auch die durch Informatik ermöglichte Vielfalt der neuen Medien berücksichtigt.[5]

Die Transkriptivitätstheorie verallgemeinert zunächst den Transkriptionsbegriff auf beliebige *intramediale oder intermediale Transkriptionen* über einer oft großen Menge medialer Ausgangsobjekte. Der Vorspann eines Films wird ebenso als Transkription aufgefasst wie die Darstellung einer historischen Theorie, welche bestimmte Quellen aus der unüberschaubaren Vielzahl vorhandener Spuren auswählt und in bestimmter Weise interpretiert. In der Informatik generiert man mittels Data-Mining aus einer großen Menge computerdokumentierter Spuren von Börsentransaktionen oder Interneteinkäufen statistisch gültige Muster, welche dann als Transkripte dem Fundus vorhandener Wissensquellen hinzugefügt werden. Sobald solche Muster aber bekannt werden, verändern sie oft das Verhalten der Beteiligten und damit die Kontextbedingungen ihrer Entstehung, so dass die Regeln häufig schnell wieder ihre Gültigkeit verlieren. Solche rekursiven Effekte, die gefundene Transkripte umgehend wieder infrage stellen, sieht die Transkriptivitätstheorie als typisch an.

Die Transkriptivitätstheorie stellt zum Zweiten den *Bezug zur kulturellen Semantik* her, in dem sie ‚Lesbarmachung' kulturellen Wissens an die *Adressierungs*leistung von Transkriptionen knüpft[6]: Eine Transkription wird zu dem Zweck durchgeführt, unlesbare oder aufgrund einer Veränderung des Kontextes unlesbar gewordenes kulturelles Wissen für einen bestimmten Adressatenkreis wieder lesbar zu machen. Gerade in Zeiten der allgemeinen Informationsüberflutung wird gern überadressiert. Daher steht der Adressierungsleistung von Transkriptionen auf der Seite der Empfänger eine *Lokalisierungs*leistung gegenüber, mittels derer die Aufmerksamkeit der jeweiligen Gemeinschaft aus deren kulturellen Kontext heraus auf bestimmte Transkripte fokussiert wird und diese auch kulturspezifisch rezipiert werden. So haben etwa Behrend und Kollegen gezeigt, wie westliche Videotechnologien oder auch Internetdarstellungen über Osama Bin Laden in westafrikanischen Kontexten völlig anders rezipiert werden als in westlichen Kulturen.[7] In der Informatik wären Transkriptionsmechanismen wie Spamfilter oder Benutzereinstellungen eines Mobiltelefons der Lokalisierung zuzurechnen. Die Unterscheidung von

---

sowie ders., „Die Verfahren der Medien. Transkribieren – Adressieren – Lokalisieren", in: Jürgen Fohrmann/Erhard Schüttpelz (Hg.), Die Kommunikation der Medien, Tübingen, 2004, S. 69-79.

[4] Friedrich Kittler, „Wenn das Bit Fleisch wird", in: Martin Klepper/Ruth Mayer/Ernst-Peter Schneck (Hg.), *Hyperkultur: Zur Fiktion des Computerzeitalters*, Berlin, 1996, S. 150-162.

[5] Lev Manovich, *The Language of New Media*, Cambridge, MA, 2001.

[6] Stefan Andriopoulos/Gabriele Schabacher/Eckhard Schumacher, *Die Adresse des Mediums*, Köln, 2001.

[7] Matthias Krings, „Osama bin Laden vs. George Bush in Nigeria. Zur lokalen Transkription globaler Ereignisse", in: *Transkriptionen*, 3 (2004), S. 8-11.

Adressierung und *Lokalisierung* in unserem Konzept kann somit auch mit der Unterscheidung von ‚*Agency*' und ‚*Patienthood*' in Latours Akteur-Netzwerk-Theorie[8] in Zusammenhang gebracht werden, die ja auch darauf hinweist, dass Transkripte (Medienobjekte) ein gewisses ‚Eigenleben' als Akteure in der kulturellen Kommunikation entwickeln können. Die Lokalisierung kann sich auch in Transkriptionen von Transkriptionen (Kommentare, Ergänzungen, spezifische Sammlungen[9]) niederschlagen. Zum Dritten postuliert die Transkriptivitätstheorie, dass Wissens- oder Mitteilungsinhalte nicht von ihrer medialen Darstellung zu trennen sind. Sie räumt somit performativen, materiellen und ästhetischen Perspektiven Vorrang gegenüber einer rein ontologisierenden, auf eine prämediale Referenzbeziehung zwischen Begriff und ‚realem Objekt' gerichtete, aristotelischen bzw. cartesianischen Weltsicht ein. Diese Position wird, anschließend an eine bereits im frühen 19. Jahrhundert begonnene Debatte, in mehreren ‚Theoremen' dargestellt.[10]

Spurtheorem: Die Äußerlichkeit der Rede, der performative Auftritt der Zeichen, ist für Wilhelm v. Humboldt der mediale Ort, an dem allein die Bildung mentaler Entitäten (Begriffe, Konzepte, Ideen) möglich wird.[11] Erst in der Spurenlese, der Relektüre, in der der ‚Geist' der medialen Spur des eigenen mentalen Aktes begegnet, in der Transkription des Mentalen in die semiologischen Register des Medialen, kann sich begriffliche Distinktivität einstellen und ein Subjekt möglicher begrifflicher Unterscheidungshandlungen herausbilden. Humboldt versteht deshalb die mediale Zeichenhandlung als einen Akt, in dem „*die Bezeichnung erst das Entstehen des zu Bezeichnenden vor dem Geiste vollendet.*"

Medienimmanenztheorem: Eine ‚beobachtungsinvariante Welt' steht für die Prüfung des Adäquatheitsgrades symbolischer Darstellungssysteme nicht zur Verfügung: „*[D]ie Welt kann nicht von außen beobachtet werden, sondern nur in ihr selbst, das heißt: nur nach Maßgabe von [...] Bedingungen, die sie selbst bereitstellt*".[12] Die medienimmanente Erzeugung von Sinn/Bedeutung folgt also einem semiotischen Gesetz, das Peirce so formuliert hat: „*Aus der Tatsache, daß jeder Gedanke ein Zeichen ist, folgt, daß der Gedanke einen weiteren Gedanken adressieren muss, weil darin das Wesen des Zeichens be-*

---

[8] Bruno Latour, „On Recalling ANT", in: John Law/John Hassard (Hg.), *Actor-Network Theory and After*, Oxford, 1999, S. 15-25.

[9] Vgl. Wolfgang Raible, „Arten des Kommentierens – Arten der Sinnbildung – Arten des Verstehens. Spielarten der generischen Intertextualität", in: Jan Assmann/Burkhard Gladigow (Hg.), *Text und Kommentar. Archäologie der literarischen Kommunikation IV*, München, 1995, S. 51-73

[10] Ludwig Jäger, „Bezugnahmepraktiken. Skizze zur operativen Logik der Mediensemantik", in: *Transkriptionen*, 8 (2007), S. 2-6.

[11] Wilhelm von Humboldt, *Grundzüge des allgemeinen Sprachtypus*, in: *Wilhelm von Humboldts Gesammelte Schriften*, Band 7, hg. v. der Königlich-Preußischen Akademie der Wissenschaften, Berlin, 1936.

[12] Niklas Luhmann, *Die Wissenschaft der Gesellschaft*, Frankfurt/M., 1992.

steht. [...] [J]eder Gedanke muß durch einen anderen Gedanken interpretiert worden sein".[13]

Medialitätstheorem: Neutrale Inhalte/Informationen, die gleichsam unversehrt ('originaliter') zwischen verschiedenen Medien übertragen werden können, sind nicht denkbar, weil es nur mediale Varianten von Inhalten gibt, für die jedoch kein prämediales Original existiert. Jede Form der Übertragung eines Inhaltes aus einem in ein anderes Medium nimmt deshalb notwendig die Form der Transkription, d. h. der Neukonstitution untermedial veränderten Bedingungen an.

Für alle Medien- und Symbolsysteme – für die Musik sowie ihre phonographische Aufzeichnung bzw. skripturale Notation und Transkription, für mündliche Sprache und Schrift, für die digitalen Bilder der Hypermedien und die analogen Bilder der ikonographischen Tradition – ist es charakteristisch, dass sie ihre Semantiken einer inter- und intramedialen Verfahrenslogik verdanken.

Die symbolischen Strukturen, die im Zuge intramedialer oder intermedialer transkriptiver Verfahren erzeugt werden, aber auch die, die aus den Archiven des kulturellen Gedächtnisses herausgegriffen und transkribiert werden, sollen – unabhängig von ihrem medialen Status – *Skripturen* genannt werden. Skripturen sind somit ein in den Sprachspielen der kulturellen Kommunikation zirkulierendes oder in den Archiven des kulturellen Gedächtnisses *stillgestelltes Reservoir möglicher Transkription*. Im Hinblick auf ihre Rolle in transkriptiven Verfahren lassen sie sich wie folgt näher spezifizieren (vgl. Abb. 1):

Transkripte sind Skripturen, die das jeweils transkribierende System im Zuge der Transkription hervorbringt, also etwa Kommentare (zu kommentierten Texten), historische Narrationen (zu Quellenkorpora), Remakes (zu Originalfilmen), Variationen zu den variierten Themen, Samplings (zur verarbeiteten Musik), Appropriation-Art-Kunstwerke (zur 'appropriierten' Kunst) etc.

Skripte sind die durch das Verfahren der Transkription adressierten Skripturen, also die von Kommentaren kommentierten Texte, die von historischen Narrationen genutzten Quellen, die von Remakes remediatisierten Filme, die von Variationen variierten Themen, die von Samplings gesampelten Musikstücke oder die von der Appropriation Art appropriierten Kunstwerke. Skripte existieren also nur in Relation zu ihren Transkripten.

Schließlich sollen die von Transkriptionen adressierten ('Original'-)Texte, Filme, Quellen, musikalische Themen, Musikstücke etc. in der *Rückprojektion* auf den Zustand ihres 'Noch-nicht-transkribiert-Seins' als *Präskripte* bezeichnet werden. Sie sind gleichsam das mediale Material, das die Transkription herausgreift und in Skripte verwandelt.

Mit anderen Worten: Die Transkription fokussiert im offenen Netzwerk von in einer gewissen Hinsicht unlesbaren Präskripten einen Ausschnitt, gibt ihm eine semantische Ordnung und versetzt ihn so in den Status der Lesbarkeit.

---

[13] Charles Sanders Peirce, *Writings of Charles Peirce. A Chronological Edition, Band 2 (1867–1871)*, Bloomington, IN, 1984, S. 173 ff.

Das Verhältnis zwischen Transkript und (Prä-)Skript ist aber keine Abbildung, weil die Transkription in gewissem Sinne das Skript erst hervorbringt. Dieses Generieren wiederum erzeugt jedoch kein einfaches Abhängigkeitsverhältnis des Skriptes von einem Transkript, denn das Skript erhält durch die Transkription den Status einer autonomen Bewertungsinstanz für die Angemessenheit der Transkription selbst. Wenn beispielsweise eine in einem Transkript dargestellte historische Theorie bestimmte Quellen als Basis ihrer Aussagen heranzieht, so muss sie es sich gefallen lassen, dass jeder Schritt der Transkription und damit das Transkript selbst in Postskripten hinterfragt werden kann: die Auswahl der Quellen, die Art der Bezugnahme aus den Quellen, die dargestellten Schlussfolgerungen etc.

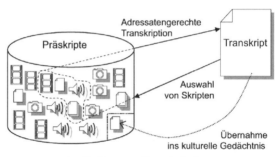

1 – Rollen von Transkriptionen

Offensichtlich ist dies ein allgemeines Verfahren, durch das kulturelle Semantik erzeugt und in Gang gehalten wird. Transkriptionen sind insofern immer *Readressierungen*, die eine Skriptur von ihrer *alten semantischen Rahmung*, d. h. von ihren ‚ursprünglichen' Zirkulations- und *Lokalisierungsbedingungen* trennen, um sie semantisch und ästhetisch zu *reinszenieren*. Transkriptionen tilgen gleichsam die präskripturalen Umgebungen der Skripturen, die sie herausgreifen, und versehen sie mit *neuen Rahmungen* und *neuen Adressen* und damit mit neuen *lokalen* Bedingungen ihrer semantischen und ästhetischen Rezipierbarkeit.

Transkriptivität als informatisches Designprinzip

Die Transkriptivitätstheorie war zunächst als zeichentheoretisch motivierter Versuch gedacht, durch einen operativen Ansatz einerseits über die kulturpessimistische oder euphorische Mediendebatte[14], andererseits aber auch über wenig fruchtbare technologisch bedingte Medienklassifizierungen[15] hinauszuge-

---

[14] Jäger (2002), Transkriptivität.
[15] Ders. (2004), Die Verfahren der Medien.

langen, um so die Diskussion über das Zusammenspiel zwischen Medien und kultureller Kommunikation voranzubringen.

Für die Informatik stellt sich die Frage, welches *praktische Potenzial* eine solche Theorie für internetbasierte Konzepte zur Unterstützung kultureller und kulturwissenschaftlicher Gemeinschaften hat. Mit dem programmierbaren Kommunikationsmedium Computer[16] bietet die Informatik zahlreiche Möglichkeiten für gezielte Transkriptionen in und zwischen Medien. Die breit verfügbare Kommunikationstechnik des Internets schafft neue Adressenordnungen, die sich zudem ständig verändern, wie die Evolution des Internets von einem Publikationsmedium zu einem Partizipationsmedium, dem Web 2.0, demonstriert. ‚Social Software' verbreitert das mediale Spektrum, erleichtert Partizipation und ermöglicht neue Formen der Lokalisierung in spezialisierten Gemeinschaften.

Im SFB/FK-427 wurden die Potenziale der Transkriptivitätstheorie zunächst als Basis informatischer Unterstützung in interdisziplinären Projekten mit einer Vielzahl kulturwissenschaftlicher Fächer exploriert. Anschließend wurde aus den gewonnenen Erfahrungen eine allgemeine Architektur für Transkriptions-, Lokalisierungs- und Adressierungssysteme (ATLAS) in crossmedialen Kommunikationskontexten abgeleitet, deren Modelle, Strukturen und Werkzeuge kulturellen und kulturwissenschaftlichen Gemeinschaften eine Beherrschbarkeit ihrer internetgestützten Kooperation wesentlich erleichtern können.

CESE: Transkription und Adressierung

Der babylonische Talmud (Talmud Bavli)entstand über mehrere hundert Jahre hinweg als ein Gesetzeswerk, in dem jede neue Version Bibeltexte und frühere Äußerungen innerhalb und außerhalb des Talmuds als Prätexte für weitere Aussagen nutzte. Es ergibt sich ein äußerst komplexes Netz von Bezugnahmen, die nur zu einem kleinen Teil in der optischen Struktur von Druckausgaben des Talmuds sichtbar gemacht werden können. Der Talmud wird daher oft auch als erster Hypertext bezeichnet. Das sinnvolle Lesen des Talmuds ist daher traditionell eine Kunst, die jahrzehntelanges Studium voraussetzt, vor allem bei Lesern mit nur unvollständiger Kenntnis der hebräischen Sprache. Jede Lektüre ist dann eher als eine Transkription dieses Hypertextes in eine lineare Form zu sehen, als ein einfaches Vorlesen. In seiner traditionellen Form adressiert der Talmud somit nur eine sehr kleine, hoch spezialisierte Leserschaft.

---

[16] Wolfgang Coy, „Automat – Werkzeug – Medium", in: *Informatik-Spektrum* 18, 1 (1995), S. 31-38.

Ziel der judaistischen Lernumgebung CESE (Comprehensive Electronic Study Environment for a Talmudic Tractate[17]) war es nun, am Beispiel eines der wichtigsten Traktate des Talmuds, des sogenannten Megilla-Traktats, die adressierte Leserschaft wesentlich durch Transkriptionsmechanismen zu erweitern. CESE reduziert einerseits das Sprachproblem durch die Möglichkeit des Hin- und Herschaltens zwischen hebräischem Original, englischen und deutschen Übersetzungen der einzelnen Bausteine, und unterstützt andererseits typische Lesestrategien und Bezugnahmetypen durch eine Hypertextstruktur mit Pfadempfehlungen sowie durch die wahlweise einschaltbare farbliche Markierung bestimmter Textsorten (z. B. Bibelzitate). Wie Experimente in zahlreichen Judaistikstudiengängen von Duisburg bis Stanford gezeigt haben, erleichtert diese Darstellung, die Transkriptionsvorgänge und Skripttypen sichtbar macht, Studierenden wesentlich den Einstieg in das Lesen des Talmuds ebenso wie die Verbesserung der letztlich dazu notwendigen Sprachkenntnisse. Auch für die Forschung bietet der Ansatz Vorteile, denn Übersetzungen, Hypertextpfade und Markierungen reflektieren natürlich eine bestimmte theoretische Vorstellung unserer judaistischen Kolleginnen von Aufbau und Lesestrategien, welche durch die computergestützte Darstellung der Transkription sichtbar und damit auch kritisierbar gemacht wird.

MECCA: Transkription und Lokalisierung

Sowohl in den Geisteswissenschaften als auch in den Ingenieurwissenschaften spielen Begriffssysteme eine bedeutende Rolle. Jedoch sind die Art der Begriffsarbeit und ihr Stellenwert in beiden Bereichen nach unseren Beobachtungen völlig unterschiedlich.

In den Ingenieurwissenschaften steht die Definition eines Systems von Fachbegriffen am Anfang eines Projekts. Man einigt sich möglichst schnell auf eine Projektterminologie (heute gern, wenn auch aus geisteswissenschaftlicher Sicht inkorrekt als ‚Projektontologie' bezeichnet), formalisiert sie so genau wie nötig und nutzt sie anschließend als gemeinsame Bezugsbasis in der Dokumentation des Projekts. Änderungen gibt es nur in Ausnahmefällen, wenn sich die gewählte Ontologie empirisch als völlig ungenügend erweist. Eine allgemeine Begriffsstandardisierung hat sich bisher nur in Bereichen mit starken ökonomischen Anreizen wie technischer Normung, medizinischer Statistik oder betrieblicher Verwaltung durchgesetzt.

Ganz anders in den Geisteswissenschaften: Hier bilden die Begriffsbildung und die Debatte darüber oft den Kern des Forschungsprozesses. Vertreten des eigenen Konzepts gilt als Stärke, Akzeptieren fremder Konzepte fast als Cha-

---

[17] Elisabeth Hollender/Ralf Klamma/Dagmar Börner-Klein/Matthias Jarke, „A Comprehensive Study Environment for a Talmudic Tractate", in: *Dutch Studies-Society Near Eastern Languages and Literatures (DS-NELL)* IV, 2 (2001), S. 219-245.

rakterschwäche. Statt eines einheitlichen Begriffssystems (als strukturierende Transkription einer großen Menge bekannter und zukünftig noch zu erschließender Prätexte) wäre daher Unterstützung für *fluide Archivstrukturen* mit zeitvariablen Begriffssystemen und multiplen Strukturierungen erforderlich. Gefordert bleibt allerdings – wieder im Gegensatz zu den Ingenieurwissenschaften – die Nachvollziehbarkeit von Autorenschaft auch des Begriffssystems, ein weiteres wichtiges Merkmal der traditionell auf individuelle Forscherpersönlichkeiten fokussierten Geisteswissenschaften.

Ein typisches Anwendungsbeispiel sind die Filmwissenschaften. Traditionell werden filmwissenschaftliche Konzepte von Studierenden in stundenlangen, lehrerbestimmten Filmsichtungen erarbeitet, aus denen dann Zuordnungen der Medienobjekte zu bestimmten vorgegebenen Kategorisierungen und Medienbezugstypen erlernt und ggf. diskutiert werden. Ein Vergleich der entstandenen Transkriptionen oder eine systematische Überprüfung gegen die Quellen ist mit extrem hohem Aufwand verbunden. Kurz: Die Lokalisierungsleistung für die Rezeption der Medien und der damit verbundenen Kategorisierungen lässt zu wünschen übrig.

Die in einem interdisziplinären Team mit Bochumer Filmwissenschaftlern entstandene MECCA-Umgebung (Movie E-Learning Classification and Combination Application[18]) reduziert viele dieser Probleme:

1. Eine integrierte Videoschnittumgebung erlaubt es, aus langen Filmen (Prätexten) genau die Teilsequenzen zu extrahieren, welche als Evidenz einer eigenen Transkription zu Skripten gemacht werden sollen.

2. Eigene und von anderen Teammitgliedern ausgewählte Transkripte und Evidenzbausteine stehen parallel rund um die Uhr zur Verfügung, jeder einzelne Benutzer kann jederzeit zwischen ihnen in einer Art „*semantic zapping*' hin- und herschalten, indem einfach optische Zusammenfassungen auf die Spielfläche gezogen werden.

3. Die Aktivierung eines bestimmten Sichtungsobjekts verändert automatisch die Nachbarschaft der um die Spielfläche herum gruppierten Medienobjekte. Dahinter steht ein formaler Nachbarschaftsbegriff in einem Kategoriensystem, welches selbst eine benutzerdefinierbare Transkription der Archivstruktur darstellt. Zum Startzeitpunkt ist dies durch einen Vorschlag des Lehrenden oder des Archivars voreingestellt, kann jedoch von den Lernenden einzeln oder in der Gruppe verändert werden; solche Veränderungstranskriptionen können durch entsprechende Postskripte kritisiert bzw. gerechtfertigt werden. Die Fluidität der so geschaffenen Archivstrukturen betrifft sowohl die Zuordnung von Medienartefakten zu vorhandenen Kategorien als auch das

---

[18] Ralf Klamma/Marc Spaniol/Matthias Jarke, „MECCA: Hypermedia Capturing for Collaborative Scientific Discourses about Movies", in: *Informing Sci* 8, 1 (2005), S. 3-38 sowie Mark Spaniol, *Informatische Methoden zur Unterstützung von Transkription, Lokalisierung und Adressierung in kulturwissenschaftlichen Communities*, Dissertation, RWTH Aachen, 2007.

Aufstellen und Verfeinern eines kontextgebundenen Kategorienschemas (vgl. Abb. 2).

4. In einer Erweiterung, der nichtlinearen ‚Story-Telling-Umgebung' MIST (Multimedia Inspired Story-Telling), wird außerdem die Möglichkeit zur Transkription der selektierten und kategorisierten Objekte in eine zusammenhängende Story ermöglicht, ähnlich wie etwa die Hamburger ‚Warburg Electronic Library' es gestattet, einen Rundgang durch eine virtuelle Version von Isabelle d'Este's Studiolo und Grotta zu konstruieren.[19]

2 – Übertragung lokalisierter Kategorienschemata und Verfolgung semantischer Beziehungen in der filmwissenschaftlichen Sichtungsumgebung MECCA

ATLAS: Architektur für Transkription, Lokalisierung und Adressierung

Die „*Anwendung von Systembildung auf das Resultat von Systembildung*", also etwa die Anwendung von sprachlicher Kommunikation auf die Resultate von sprachlicher Kommunikation, erzeugt nach Luhmann[20] ein ‚*Eigenverhalten*' des Systems, aus dem seine relative Stabilität und Abgeschlossenheit gegenüber anderen Systemen resultiere: Das Eigenverhalten des Systems erzeugt „*relativ stabile Einstellungen, die sich ergeben, wenn eine Operation auf ihre eigenen Resultate angewandt wird*". Dies gilt über Systeme sprachlicher Medialität hinaus natürlich auch für andere Symbolsysteme. Wir können generell die Maxime aufstellen, dass das Prädikat der Medialität nur für solche Systeme in Anspruch genommen werden kann, die über das Verfahren des rekursiven, autoreferenziellen Selbstbezugs verfügen.

Wenn wir daher eine allgemeine Unterstützungsumgebung für Internetgemeinschaften bereitstellen wollen, so muss diese neben operativen Werkzeugen für medienübergreifende Transkription, Adressierung und Lokalisierung

---

[19] Joachim W. Schmidt/Hans-Werner Sehring/Martin Warnke, „Der Bildindex zur politischen Ikonographie in der Warburg Electronic Library", in: Hedwig Pompe/Leander Scholz (Hg.), *Archivprozesse. Die Kommunikation der Aufbewahrung*, Köln, 2002, S. 238-268.

[20] Luhmann (1992), *Die Wissenschaft der Gesellschaft*.

auch Selbstbeobachtungswerkzeuge bereitstellen, die es der Gemeinschaft erlauben, ihre Regeln an erkannte Probleme oder Entwicklungsmöglichkeiten anzupassen (Abb. 3). Das Fehlen solcher Mechanismen – so unsere These – ist einer der wesentlichen Gründe für die in vielen großen Internetgemeinschaften zu beobachtende „Abstimmung mit den Füßen", die bei auftretenden Problemen (etwa unzureichendem Schutz vor unerwünschten Mitgliedern oder Verhaltensweisen) oder neuen technologischen Möglichkeiten bei konkurrierenden Anbietern, sehr schnell zum Zusammenbruch einer Gemeinschaft führen kann und die für längerfristiges Zusammenarbeiten unerlässliche Kontinuität praktisch unmöglich macht. Kommerzielle Anbieter wie eBay führen solche Anpassungen bspw. ihrer Sicherheitspolitiken regelmäßig durch, allerdings in einem zentral gesteuerten Ansatz und nicht in einem Gemeinschaftskonzept.

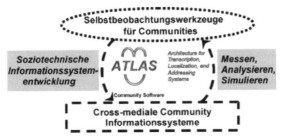

3 – Gesamtkonzept der ATLAS-Community-Umgebung

Technische Basis der ATLAS-Umgebung ist ein ‚*Light-Weight Application Server*' (LAS).[21] Im Vergleich zu anderen jüngeren Entwicklungen wie AJAX (Asynchronous JavaScript and XML) werden Flexibilität und Erweiterbarkeit dadurch erhöht, dass die gleichen Services von mehreren ‚Frontends', ggf. auch unterschiedlicher Gemeinschaften genutzt werden können. Die Reflexivität der Umgebung drückt sich auch dadurch aus, dass Erweiterungen bei laufendem Betrieb vorgenommen werden können.

Eine weitere Besonderheit liegt darin, dass *crossmediale Transkriptionen* explizit durch XML-basierte *Modelle* unterstützt werden, die mittels des Standards MPEG-7 in vielen verschiedenen Dimensionen strukturiert werden können. Zu diesen Dimensionen gehört u. a. auch die Benutzerinformation, so dass eine Lokalisierung auf bspw. mediale Benutzerinteressen und –kompetenzen unterstützt wird. Ein auf dieser Basis entwickeltes XML-Schema-Modell erleichtert den Entwicklern konkreter Gemeinschaftsdokumente wesentlich die Einhaltung dieser Standardstrukturen und sichert die Gebrauchstauglichkeit des Systems.

Das Dokumentenarchiv der medialen Präskripte, mit denen eine Gemeinschaft operieren kann, ist die dritte wesentliche Besonderheit der ATLAS-Um-

---

[21] Spaniol (2007), *Informatische Methoden*.

gebung. Zusätzlich zur MPEG-7-basierten Zugriffsinformation bietet LAS eine weitgehende Unterstützung von Adressierung und Lokalisierung, in Form einer Nutzer-, Gruppen- und Rollenverwaltung auch ein umfassendes, feingranulares *Sicherheitskonzept*, mittels dessen die Gemeinschaft und ihre Teilbestandteile festlegen können, wie breit sie den möglichen Adressatenkreis von Medienobjekten anlegen wollen, aber auch, welche Inhalte explizit einer engen Gruppe vertrauenswürdiger Kooperationspartner vorbehalten bleiben sollen.

Das in Kooperation zwischen Stadtbaugeschichte und Informatik entstandene *Afghan Cultural Heritage Information System* ACIS[22] illustriert die Notwendigkeit und die Vorteile einer solchen Gemeinschaftsunterstützung (vgl. Abb. 4). Über mehr als zwanzig Jahre, von 1980 bis 2001, haben Krieg und Bürgerkrieg die Forschung am reichhaltigen kulturellen Erbe Afghanistans unterbrochen, viele Kulturschätze – allen voran die berühmten Buddhakolossalstatuen im Bamiyan-Tal – wurden zerstört, die Forscher in alle Welt verstreut. Zum Wiederaufbau dieser Forschung und zur Erschließung des kulturellen Erbes für zukünftigen Städtebau und Tourismus muss diese ‚Großelterngeneration' in der Diaspora mit den heute aktiven ‚Enkeln' vor Ort zusammenarbeiten. Zudem sind diverse internationale Hilfsorganisationen aus fachlichen wie finanziellen Gründen einzubinden. Der schrittweise Abbau des tiefen Misstrauens zwischen all diesen Gruppen durch geeignete Sicherheitsmaßnahmen und vertrauensschaffende Prozesse ist ebenso eine Herausforderung wie der Umgang mit verschiedensten, weltweit verstreuten Medienobjekten, die von handschriftlichen Aufzeichnungen und vergilbten Fotos bis zu modernen mobilen Datenerfassungsgeräten in einer sehr unsicheren Umgebung reichen und zudem alle enge geografische und zeitliche Bezüge aufweisen. In den LAS wurden daher neben den MPEG-7-basierten Mediendatendiensten zusätzliche geografische Datendienste integriert, die im Sinne eines ‚Mashups' verschnitten werden können, aber orthogonal dazu auch die üblichen Funktionalitäten geografischer Datenbanken in das System einbringen.

Ein wesentlicher weiterer Bestandteil von ATLAS, der in ACIS intensiv genutzt wird, sind Selbstbeobachtungsdienste, die ebenfalls über den LAS eingebunden sind und es der Gemeinschaft über die statischen Sicherheitskonzepte hinaus erlauben sollen, bestimmte Probleme und unerwünschte Verhaltensmuster dynamisch zu identifizieren und Maßnahmen dagegen zu ergreifen, aber auch durch Kenntnisnahme von konstruktiven und positiven Verhaltensweisen den Vertrauensaufbau zu stärken. Zu diesem Zweck wurde auf der Grundlage einer Kombination von Akteur-Netzwerk-Theorie, Transkriptivitätstheorie und Methoden der Sozialen Netzwerkanalyse eine formale Sprache

---

[22] Ralf Klamma/Marc Spaniol/Yiwei Cao/Michael Jansen/Georgios Toubekis, „ACIS – Intergenerational Community Learning Supported by a Hypermedia Afghan Sites and Monuments Database", *Issue on the 5th IEEE International Conference on Advanced Learning Technologies (ICALT 2005)*, Kaohsiung, 2005, S. 108-112.

entwickelt, mit der solche Muster über den XML-basierten Datenstrukturen und den Ablaufspuren definiert werden können.[23] Meist ist die Erkennung von Mustervorkommen automatisiert, während die Umsetzung der dazugehörigen Handlungsempfehlungen – quasi die Postskripte – der Entscheidung der Gemeinschaft selbst überlassen bleibt.

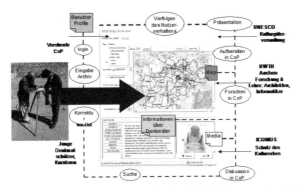

4 – Struktur und Kooperationsszenario der ACIS-Community of Practice

Neben die abstrakte Lokalisierung inhaltlich textueller Transkriptionen tritt hier somit auch die technische Lokalisierung der Infrastruktur. Im Rahmen des Exzellenzclusters UMIC (Ultra-Highspeed Mobile Information and Communication) an der RWTH Aachen wird derzeit daran gearbeitet, zum einen die mobilen Komponenten der ACIS-Gemeinschaft durch geräte- und ortsabhängige Transkriptionsverfahren weiter zu verbessern und zum anderen durch Einbindung der im MECCA-Kontext entstandenen ‚Story-Telling-Dienste' eine adressatengerechte Darstellung von Gesamtforschungsergebnissen aus der Integration alter medialer Präskripte und neuer mobiler Beobachtungen vor Ort zu ermöglichen.

Fazit

Das Verfahren der Transkription im hier vorgestellten Sinne besteht zusammenfassend darin, dass aus den – im Haushalt einer Kultur zirkulierenden oder in kulturellen Gedächtnissen gespeicherten – *Präskripten* Skripturen herausgegriffen, durch ihre Transkription *semantisch reinszeniert* und auf diese Weise in *Skripte* verwandelt werden.

Ähnlich wie Winograd und Flores in den 1980er Jahren die Aufmerksamkeit von statischen Wissensdarstellungen damaliger Expertensysteme hin auf die „conversation for action", also die Sprechakttheorie zur Organisation dele-

---

[23] Ralf Klamma/Marc Spaniol/Matthas Jarke/Yiwei Cao, „Pattern-Based Cross Media Social Network Analysis for Technology Enhanced Learning in Europe", in: *Lecture Notes in Computer Science (LNCS)*, Berlin, 2006, S. 242-256.

gativen, kooperativen Arbeitens gelenkt haben[24], stellt die Transkriptivitätstheorie einer prämedialen, ontologischen Weltsicht das operative Konzept der Transkription, Adressierung und Lokalisierung von Medienobjekten gegenüber, mit der durch intermedialen Diskurs kulturelle Semantik und kulturelles Wissen vorangebracht werden. Spaniol[25] weist darauf hin, dass die Transkriptivitätstheorie auch mit Theorien des Wissensmanagements wie der SECI-Theorie von Nonaka und Takeuchi[26] mit ihren Grundoperationen *socialization*, *externalization*, *combination* und *internalization* in Zusammenhang gebracht werden kann, die sich mit dem Zusammenspiel zwischen implizitem Wissen von Menschen und expliziten Externalisierungen dieses Wissens befasst, aber die Details der Mediennutzung in diesem Zusammenspiel noch außer Acht lässt.

Die informatische Interpretation der Transkriptivitätstheorie setzt in unserer ATLAS-Umgebung eher am Konzept des ‚Social Web' (Web 2.0) an als an den zunächst konkurrierend betriebenen Forschungen am ‚Semantic Web' mit seinen medienfreien Ontologien. Sie zeigt aber auch eine Kombinationsmöglichkeit auf, die sich daraus ergibt, dass Begriffssysteme selbst zum Gegenstand von Transkription, Adressierung und Lokalisierung gemacht werden. Durch die explizite Berücksichtigung intermedialer Transkriptionen und crossmedialer Transkripte in einem einheitlichen Metadatensystem wird auch ein Schritt zu einer konzeptionell sauberen Überwindung der derzeit im ‚Social Web' noch zu beobachtenden Monomedialität geleistet – die strikt getrennte Existenz beispielsweise von Fotosites wie ‚Flickr' und Videosites wie ‚YouTube' mit jeweils inkompatiblen Metadatensystemen illustriert dieses Problem. Eine Reihe erfolgreicher Anwendungen von ATLAS in sehr unterschiedlichen kulturwissenschaftlichen Feldern kann als Evidenz dafür gesehen werden, dass die Transkriptivitätstheorie eine gewisse Validität nicht nur als deskriptive, sondern auch als designorientierte Theorie haben könnte.

Literatur

Andriopoulos, Stefan/Schabacher, Gabriele/Schumacher, Eckhard, *Die Adresse des Mediums*, Köln, 2001.
Baudrillard, Jean, *Der symbolische Tausch und der Tod*, München, 1982.
Coy, Wolfgang, „Automat – Werkzeug – Medium", in: *Informatik-Spektrum* 18, 1 (1995), S. 31-38.

---

[24] Terry Winograd/Fernando Flores, *Understanding Computers and Cognition – A New Foundation for Design*, Norwood, NJ, 1986.
[25] Spaniol (2007), *Informatische Methoden*.
[26] Ikujiro Nonaka/Hirotaka Takeuchi, *The Knowledge-Creating Company*, Oxford, 1995.

Hollender, Elisabeth/Klamma, Ralf/Börner-Klein, Dagmar/Jarke, Matthias, „A Comprehensive Study Environment for a Talmudic Tractate", in: *Dutch Studies-Society Near Eastern Languages and Literatures (DS-NELL)* IV, 2 (2001), S. 219-245.
Humboldt, Wilhelm von, *Grundzüge des allgemeinen Sprachtypus*, in: *Wilhelm von Humboldts Gesammelte Schriften*, Band 7, hg. v. der Königlich-Preußischen Akademie der Wissenschaften, Berlin, 1936.
Jäger, Ludwig, „Transkriptivität. Zur medialen Logik der kulturellen Semantik", in: Ludwig Jäger/Georg Stanitzek (Hg.), *Transkribieren – Medien/Lektüre*, München, 2002, S. 19-41.
Ders., „Die Verfahren der Medien. Transkribieren – Adressieren – Lokalisieren", in: Jürgen Fohrmann/Erhard Schüttpelz (Hg.), *Die Kommunikation der Medien*, Tübingen, 2004, S. 69-79.
Ders., „Bezugnahmepraktiken. Skizze zur operativen Logik der Mediensemantik", in: *Transkriptionen*, 8 (2007), S. 2-6.
Kittler, Friedrich, „Wenn das Bit Fleisch wird", in: Martin Klepper/Ruth Mayer/Ernst-Peter Schneck (Hg.), *Hyperkultur: Zur Fiktion des Computerzeitalters*, Berlin, 1996, S. 150-162.
Klamma, Ralf/Spaniol, Marc/Jarke, Matthias, „MECCA: Hypermedia Capturing for Collaborative Scientific Discourses about Movies", in: *Informing Sci* 8, 1 (2005), S. 3-38.
Dies./Cao, Yiwei/Jansen, Michael/Toubekis, Georgios, „ACIS – Intergenerational Community Learning Supported by a Hypermedia Afghan Sites and Monuments Database", *Issue on the 5th IEEE International Conference on Advanced Learning Technologies (ICALT 2005)*, Kaohsiung, 2005, S. 108-112.
Dies./Cao, Yiwei, „Pattern-Based Cross Media Social Network Analysis for Technology Enhanced Learning in Europe", in: *Lecture Notes in Computer Science (LNCS)*, Berlin, 2006, S. 242-256.
Krings, Matthias, „Osama bin Laden vs. George Bush in Nigeria. Zur lokalen Transkription globaler Ereignisse", in: *Transkriptionen*, 3 (2004), S. 8-11.
Latour, Bruno, „On Recalling ANT", in: John Law/John Hassard (Hg.), *Actor-Network Theory and After*, Oxford, 1999, S. 15-25.
Luhmann, Niklas, *Die Wissenschaft der Gesellschaft*, Frankfurt/M., 1992.
Manovich, Lev, *The Language of New Media*, Cambridge, MA, 2001.
Nonaka, Ikujiro/Takeuchi, Hirotaka, *The Knowledge-Creating Company*, Oxford, 1995.
Peirce, Charles Sanders, *Writings of Charles Peirce. A Chronological Edition, Band 2 (1867–1871)*, Bloomington, IN, 1984.
Raible, Wolfgang, „Arten des Kommentierens – Arten der Sinnbildung – Arten des Verstehens. Spielarten der generischen Intertextualität", in: Jan Assmann/Burkhard Gladigow (Hg.), *Text und Kommentar. Archäologie der literarischen Kommunikation IV*, München, 1995, S. 51-73.
Schmidt, Joachim W./Sehring, Hans-Werner/Warnke, Martin, „Der Bildindex zur politischen Ikonographie in der Warburg Electronic Library", in: Hedwig Pompe/Leander Scholz (Hg.), *Archivprozesse. Die Kommunikation der Aufbewahrung*, Köln, 2002, S. 238-268.
Spaniol, Marc, *Informatische Methoden zur Unterstützung von Transkription, Lokalisierung und Adressierung in kulturwissenschaftlichen Communities*, Dissertation, RWTH Aachen, 2007.
Winograd, Terry/Flores, Fernando, *Understanding Computers and Cognition – A New Foundation for Design*, Norwood, NJ, 1986.

ABBILDUNGSNACHWEISE

Anders Fredrik Johansson
Abb. 5: http://baiturrahmanvni.files.wordpress.com/2007/12/new-jamarat3.jpg, zuletzt aufgerufen am 22.01.2010.

Thesenbaukasten Teil 2
Abb. 1: http://www.bryceduffy.com/#a=0&at=0&mi=2&pt=1&pi=10000&s=9&p=3, zuletzt aufgerufen am 30. 08. 2009.

Hannelore Bublitz
Abb. 1: http://g-ecx.images-amazon.com/images/G/01/books/promos/CCTV_TVCC_Centres_lg.jpg, zuletzt aufgerufen am 22.01.2010.

Ulrike Bergermann
Abb. 2: Giacomo Rizzolatti/Maddalena Fabbri Destro (2008), in: Scholarpedia, The Free Peer Reviewed Encyclopedia, 3 (1): 2055, online unter: http://www.scholarpedia.org/article/Mirror_neurons, zuletzt aufgerufen 21.11.2009
Abb. 3: bis November 2008 online unter http://www.geocities.com/dpirch
Abb. 4, 6 bis 10: Screenshots Napoleon Dynamite, DVD, Paramount, 2004
Abb. 5 und 11: Fotomaterial von der Webseite „Fox Searchlight Pictures", http://www.foxsearchlight.com/napoleondynamite/,Menüpunktmultimedia/downloads / photo gallery, zuletzt aufgerufen November 2008.

ÜBER DIE AUTORINNEN UND AUTOREN

BERGERMANN, ULRIKE, Professorin für Medienwissenschaft an der HBK Braunschweig seit 1/09; wissenschaftliche Mitarbeit im SFB „Medien und kulturelle Kommunikation" Köln 2007/08; bis 12/2006: Lise-Meitner-Habilitationsstipendium („Wissensprojekte. Kybernetik und Medienwissenschaft"); Vertretungsprofessuren an der Ruhr-Universität Bochum 2003, 2004; Forschungsaufenthalte in den USA; wissenschaftliche Mitarbeit an der Univer-sität Paderborn 1999-2003; Promotion an der Universität Hamburg zur disziplinären Verortung von Gebärdensprachnotation; Studium der Germanistik und Kunstgeschichte in Heidelberg und Hamburg. Vorstandsmitglied der Gesellschaft für Medienwissenschaft GfM seit 10/07 (www.gfmedienwissenschaft.de), Gründungs- und Redaktionsmitglied der Zeitschrift für Medienwissenschaft ZfM (zfmedienwissenschaft.de). Arbeitsschwerpunkte: Medientheorie, Wissenschaftsforschung, Gender Studies. Publikationen, Lehre, Vorträge etc.: www.ulrikebergermann.de.

BLASCHKE, BERND, ist wissenschaftlicher Mitarbeiter am Peter-Szondi-Institut für Allgemeine und Vergleichende Literaturwissenschaften der FU Berlin. Veröffentlichungen, neben zahlreichen Aufsätzen, Lexikonartikeln und Rezensionen: *Der homo oeconomicus und sein Kredit bei Musil, Joyce, Svevo, Unamuno und Céline* (2004; komparatistische Dissertation); (Hg.), *Umwege: Ästhetik und Poetik exzentrischer Reisen* (2008).

BÖHM, ANDREAS, geb. 1963, Studium der Philosophie, Soziologie und Politischen Wissenschaften in Frankfurt/M.; Promotion 1997: *Kritik der Autonomie. Freiheits- und Moralbegriffe im Frühwerk von Karl Marx*; lebt als Programmierer in Frankfurt/M.

BUBLITZ, HANNELORE, Professorin für Soziologie an der Universität Paderborn. Forschungsgebiete: Poststrukturalistische (Diskurs-)Theorie und Gesellschaftsanalyse, Körper, Selbst- und Geschlechtertechnologien. Veröffentlichungen u. a.: *Diskurs* (2003); *In der Zerstreuung organisiert. Paradoxien und Phantasmen der Massenkultur* (2005); *Judith Butler zur Einführung* (2010³); *Im Beichtstuhl der Medien. Produktion des Selbst im öffentlichen Bekenntnis* (2010).

BRAUERHOCH, ANNETTE, Professorin für Film- und Fernsehwissenschaften am Institut für Medienwissenschaften der Universität Paderborn. Arbeitsschwerpunkte: Feministische Filmtheorie, Kinotheorie, Wahrnehmungsästhetik und Phänomenologie des Schauspiels. Zahlreiche Aufsätze zu Filmgeschichte und -theorie, letzte Veröffentlichungen: „*Fräuleins*" und *G.I.s: Geschichte und Filmgeschichte* (2006); „,I want to hear bells ringing' – Deep Throat im Kino (1972-2000)", in: Doris Kern/Sabine Nessel, *Unerhörte Erfahrung. Texte zum Kino* (2008).

CONRADI, TOBIAS (M.A.), geb. 1981, Stipendiat am Graduiertenkolleg *Automatismen – Strukturentstehung jenseits geplanter Prozesse*. Promotionsprojekt: „Automatismen in der Repräsentation von Krisen- und Katastrophenereignissen". Bis Februar 2008: Studium der Medien- und Literaturwissenschaft an HBK und TU Braunschweig. Arbeitsgebiete: Diskurstheorie, Cultural Studies, Visual Culture.

DOLAR, MLADEN, 1951 geb. in Maribor, ehemaliges Jugoslawien, Professor und Senior Research Fellow für Philosophie an der Universität Ljubljana. Seine Forschungsfelder sind Psychoanalyse, moderne französische Philosophie, Deutscher Idealismus und Musikphilosophie. Neben zahlreichen Vorträgen in den USA und Europa Autor zahlreicher Beiträge in Fachzeitschriften und Sammelbänden. Buchpublikationen u. a.: *A Voice and Nothing More* (2006) (in fünf Sprachen übersetzt); (Hg.) mit Slavoj Žižek, *Opera's Second Death* (2001). Mitbegründer der „Ljubljana Lacan Schule".

ECKER, GISELA, ist seit 1993 Professorin für Allgemeine und Vergleichende Literaturwissenschaft an der Universität Paderborn, zuvor Lehrtätigkeit an den Universitäten München, Köln, Frankfurt/M. und Sussex, Gastprofessuren in Cincinnati, Berkeley und Atlanta. Buchpublikationen u. a.: (Hg.), *Kein Land in Sicht. Heimat – weiblich?* (1997); (Hg.), *Trauer tragen – Trauer zeigen. Inszenierungen der Geschlechter* (1999); mit Susan Bassnett: Themenhefte der Zeitschrift *Journal for the Study of British Cultures* über *Masculinity* (1998) und *Everyday Life* (1999); mit Susanne Scholz: *UmOrdnungen der Dinge* (2000); mit Martina Stange und Ulrike Vedder: *Sammeln, Ausstellen, Wegwerfen* (2001); mit Claudia Breger und Susanne Scholz: *Dinge – Medien der Aneignung. Grenzen der Verfügung* (2002); mit Susanne Röhl: *In Spuren reisen. Vor-bilder und Vor-Schriften in der Reiseliteratur* (2006); *,Giftige' Gaben. Über Tauschprozesse in der Literatur* (2008).

HÜLS, CHRISTIAN, Promotionsstipendiat des Paderborner Graduiertenkollegs *Automatismen – Strukturentstehung jenseits geplanter Prozesse*. Forschungsinteressen: Geschlechterrollenverhältnisse, Fragen nach der Materialität der Wahrnehmung, Publikumstheorien. Letzte Veröffentlichungen: „Das Programm – zwischen Planung, Vorschrift und ‚Erfahrung'. Film und Programmarbeit in der BRD", in: Heike Klippel (Hg.), *„The Art of Programming". Film, Programm und Kontext* (2008); „Even better than the real thing: Echte Oberflächen bei U2", in: Felix Holtschoppen/Frank Linden/Friederike Sinning/Silke Vitt/Ulrike Bergermann, *Clips. Eine Collage* (2004).

JÄGER, LUDWIG, ist Inhaber des Lehrstuhls für Deutsche Philologie an der RWTH Aachen. Von 2002 bis 2008 war er Geschäftsführender Direktor des Forschungskollegs (SFB/FK-427) „Medien und kulturelle Kommunikation" der Universitäten Aachen, Bonn und Köln und leitete das Teilprojekt „Medialität und Sprachzeichen". 2003 war er Visiting Fellow am Internationalen Forschungszentrum Kulturwissenschaften (IFK) in Wien. 2010/11 ist er Fellow am Internationalen Kolleg Morphomata an der Universität zu Köln. Seine Forschungsschwerpunkte sind Medientheorie, Zeichentheorie, Gebärdensprachen, Fachgeschichte und Theoriegeschichte der Sprachwissenschaft. Er ist u. a. Mitglied des wissenschaftlichen Beirats des Instituts für Deutsche Sprache in Mannheim, Mitglied des Cercle Ferdinand de Saussure in Genf, der Société de Linguistique de Paris und im Review Panel der Swiss National Science Foundation (NCCR Iconic Criticism) in Basel.

JARKE, MATTHIAS, ist Inhaber des Lehrstuhls für Informationssysteme an der RWTH Aachen und Leiter des Fraunhofer-Instituts für Angewandte Informationstechnik FIT in Sankt Augustin und Aachen. Nach dem Doppelstudium der Informatik und Betriebswirtschaftslehre sowie der Promotion an der Universität Hamburg hatte er Professuren an der New York University und der Universität Passau inne, bevor er 1991 nach Aachen kam. Sein Forschungsgebiet sind Informationssysteme für kooperative Anwendungen in Wirtschaft, Ingenieurwesen und Kultur. Er ist aktuell stellvertretender Sprecher des Exzellenzclusters „Ultra-Highspeed Mobile Information and Communication (UMIC)" an der RWTH Aachen. Als Präsident der Gesellschaft für Informatik (GI) war er 2006 Gesamtkoordinator des Projekts „Informatikjahr – Wissenschaftsjahr 2006".

JOHANSSON, ANDERS FREDRIK, wurde nach einem Studium der Elektrotechnik (Complex Adaptive Systems) an der Chalmers University of Technology in Schweden Mitarbeiter des Projekts „Traffic Modeling and Econometrics" an der TU Dresden. Zur Zeit ist er Postdoktorand am Lehrstuhl für Soziologie (Modeling & Simulation) an der ETH Zürich.

KARL, HOLGER, Professor für Praktische Informatik (Rechnernetze) an der Universität Paderborn. Forschungsinteressen: Drahtlose und drahtgebundene Rechnernetze, insbesondere kooperative Übertragungsverfahren, Architekturen des „Future Internet".

KEIL, REINHARD, Prof. Dr.-Ing. Seit 1992 Hochschullehrer am Heinz Nixdorf Institut (Stiftungsprofessur) an der Universität Paderborn. Arbeitsschwerpunkte in den Bereichen Digitale Medien und Bildung, Software-Ergonomie, Computerunterstützte Kooperation (CSCW/L), Informatik und Gesellschaft. Herausgeber von 15 Büchern der HNI-Verlagsschriftenreihe „Informatik und Gesellschaft", und der interdisziplinären Zeitschrift *Erwägen Wissen Ethik*.

KLAMMA, RALF, studierte und promovierte in Informatik an der RWTH Aachen und ist dort derzeit Akademischer Oberrat am Lehrstuhl für Informationssysteme. In seiner Forschung untersucht er multimediale, internetbasierte Community-Informationssysteme vor allem im Anwendungsbereich technikgestütztes Lernen. Er ist derzeit technischer Koordinator des integrierten EU-Projekts ROLE (Responsive Open Learning Environments) und Mitbegründer der European Summer School on Technology Enhanced Learning.

LEISTERT, OLIVER, studierte Philosophie, Informatik und Neuere Deutsche Literatur in Hamburg und forscht derzeit zu Empowerment, Control und Dataveillance in Zusammenhang mit Mobile Media. Forschungsinteressen sind außerdem Medientheorie und -epistemologie, Open Source Privacy, Community Media und ICT4D. Er ist Mitglied im DFG-Graduiertenkolleg *Automatismen* an der Universität Paderborn und war Fellow der Waag Society, Amsterdam, sowie Research Fellow am Centre for Media and Communication Studies der Central European University, Budapest. Zuletzt publiziert: „Data Retention in the European Union: When a Call Returns", in: *International Journal of Communication*, 2 (2008).

MAREK, ROMAN (M.A.), seit 2008 am Graduiertenkolleg *Automatismen* der Universität Paderborn, das Dissertationsvorhaben beschäftigt sich mit der Videokultur im Internet: „Die formale Evolution der Videobilder. YouTube als Ort der Zirkulation und Verhandlung". Davor Studium von International Business & Management Studies in Amsterdam und Dortmund (2003), anschließend Osteuropastudien (Kultur & Politik) an der FU Berlin mit einer Abschlussarbeit (2007) über die BRD und DDR Modefotografie.

MUHLE, FLORIAN, geb. 1981, promoviert im Fach Soziologie am Graduiertenkolleg *Automatismen* der Universität Paderborn sowie an der Graduate School in History and Sociology in Bielefeld (BGHS). Interessengebiete: Mediensoziologie, insbesondere Neue Medien, Qualitative Forschungsmethoden, Sozialtheorie.

SPANIOL, MARC, promovierte in Informatik an der RWTH Aachen. Nach längerer Assistententätigkeit am Aachener Lehrstuhl für Informationssysteme im Rahmen des Kulturwissenschaftlichen Forschungskollegs „Medien und Kulturelle Kommunikation" (SFB/FK-427) ist er derzeit Projektleiter am Max-Planck-Institut für Informatik in Saarbrücken. In seiner Forschung befasst er sich mit offenen, serviceorientierten Softwarearchitekturen als Grundlage von Community-Informationssystemen sowie mit Digitalen Bibliotheken und der Webarchivierung.

STEINMANN, CHRISTINA LOUISE, geb. 1980, Doktorandin der Medienwissenschaft im Paderborner Graduiertenkolleg *Automatismen*. Direktpromotion nach dem BA-Abschluss. Das Projekt soll zeigen, wie sich Traumata und Wünsche in Medien einschreiben und deren Entwicklung beeinflussen. Arbeitsgebiete: Medientheorie und -geschichte, Psychoanalyse.

SUTTER, TILMANN, Dr. phil., Professor für Soziologie mit Schwerpunkt Mediensoziologie an der Fakultät für Soziologie der Universität Bielefeld. Arbeitsgebiete: Mediensoziologie, Methodologie und Methoden Qualitativer Sozialforschung, Soziologische Theorie, Sozialisationstheorie. Neuere Veröffentlichungen u. a.: (Hg.) mit Michael Charlton, *Lese-Kommunikation. Me-di-ensozialisation in Gesprächen über mehrdeutige Texte* (2007); *Interaktionistischer Konstruktivismus. Zur Systemtheorie der Sozialisation,* (2009); *Medienanalyse und Medienkritik. Forschungsfelder einer konstruktivistischen Soziologie der Medien* (2010).

WINKLER, HARTMUT, geb. 1953, Professor für Medienwissenschaft, Medientheorie und Medienkultur an der Universität Paderborn. Arbeitsgebiete: Medien, Kulturtheorie, Techniktheorie, Alltagskultur, Semiotik. Veröffentlichungen: *Docuverse – Zur Medientheorie der Computer* (1997); *Diskursökonomie – Versuch über die innere Ökonomie der Medien* (2004); *Basiswissen Medien* (2008). Webpage: www.uni-paderborn.de/~winkler.

ZECHNER, ANKE, wissenschaftliche Mitarbeiterin am Institut für Medienwissenschaften an der Universität Paderborn; Dissertation über „Filmwahrnehmung jenseits von Repräsentation und Identifikation. Zur Wahrnehmung von Materialität und Zeit im Kino". Arbeitsschwerpunkte: Filmwahrnehmung und Filmphilosophie. Letzte Veröffentlichungen: „Filmwahrnehmung mit allen Sinnen: Von der Programmierung der Nahsinne im Kino. Gedanken zum Verhältnis von visuellen Programmen und Gerüchen", in: Heike Klippel (Hg.), *„The Art of Programming". Film, Programm und Kontext* (2008); mit Cornelia Kaus und Gaby Babić, „Vom Traum der Wahrheit bleibt die Fähigkeit wahrzunehmen", in: Doris Kern/Sabine Nessel, *Unerhörte Erfahrung. Texte zum Kino* (2008).